OS ANUNNAKI
POR ZECHARIA SITCHIN
E SUAS TEORIAS

**ÓVNIS, PIRÂMIDES,
12º PLANETA, REALIDADE**

Compilação de
Janet Sitchin

OS ANUNNAKI
POR ZECHARIA SITCHIN
E SUAS TEORIAS

ÓVNIS, PIRÂMIDES, 12º PLANETA, REALIDADE

Tradução:
Rosalia Munhoz

MADRAS

Publicado originalmente em inglês sob o título *The Anunnaki Chronicles – A Zecharia Sitchin Reader,* por Bear & Company.
© 2015, Bear & Company.
Direitos de edição e tradução para o Brasil.
Tradução autorizada do inglês.
© 2019, Madras Editora Ltda.

Editor:
Wagner Veneziani Costa

Produção e Capa:
Equipe Técnica Madras

Tradução:
Rosalia Munhoz

Revisão da Tradução:
Karina Gercke

Revisão:
Maria Cristina Scomparini
Ana Paula Luccisano
Jerônimo Feitosa

**Dados Internacionais de Catalogação na Publicação
(CIP)(Câmara Brasileira do Livro, SP, Brasil)**

Sitchin, Janet
  Os Anunnaki por Zecharia Sitchin e suas teorias : óvnis, pirâmides, 12º planeta e realidade/ compilação de Janet Sitchin; tradução Rosalia Munhoz. – São Paulo: Madras, 2019.
  Título original: The Anunnakis Chronicles: a Zecharia Sitchin Reader

ISBN 978-85-370-1195-9

  1. Civilização – História 2. Civilização antiga – Influências extraterrestres 3. Encontros humanos-extraterrestres 4. Vida em outros planetas I. Título.

19-24840   CDD-001.942

  Índices para catálogo sistemático:
  1. Civilização antiga: Influências extraterrestres 001.942
  Cibele Maria Dias – Bibliotecária – CRB-8/9427

É proibida a reprodução total ou parcial desta obra, de qualquer forma ou por qualquer meio eletrônico, mecânico, inclusive por meio de processos xerográficos, incluindo ainda o uso da internet, sem a permissão expressa da MADRAS Editora, na pessoa de seu editor (Lei nº 9.610, de 19.2.98).

Todos os direitos desta edição, em língua portuguesa, reservados pela

MADRAS EDITORA LTDA.
Rua Paulo Gonçalves, 88 — Santana
CEP: 02403-020 — São Paulo/SP
Caixa Postal: 12183 — CEP: 02013-970
Tel.: (11) 2281-5555 — Fax: (11) 2959-3090
www.madras.com.br

*Dedicado ao meu tio Zecharia (in memoriam),
que iniciou esta jornada para a família Sitchin,
e em homenagem ao meu pai,
Amnon Sitchin,
que chamou minha atenção para a obra de meu tio.*

Índice

Introdução de Janet Sitchin 10

1 ♦ Apresentando *O 12º Planeta* 16
Trecho do prólogo de 1978 e um artigo não publicado, escrito em 1982, "O 12º Planeta: o livro como uma história"

2 ♦ A Repentina Civilização 26
Compilação da obra O 12º Planeta *(capítulo 2)*

3 ♦ Óvnis, Pirâmides e o 12º Planeta 63
Palestra na UFO Conference, na Grande Pirâmide, janeiro de 1992

4 ♦ O Caminho para o Céu e o Épico da Criação 88
Compilação da obra O Caminho para o Céu *(capítulo 5)
e* O 12º Planeta *(capítulo 7)*

5 ♦ É Nibiru? 120
Artigo não publicado, escrito em 1997

6 ♦ Deus, o Extraterrestre 122
Compilação da obra Encontros Divinos

7 ♦ A Conexão Cósmica – DNA 151
Compilação da obra O Código Cósmico *(capítulo 6)*

8 ♦ As Guerras das Pirâmides 168
Compilação da obra As Guerras dos Deuses e dos Homens *(capítulo 8)*

9 ♦ O Monte Fugidio 188
Artigo não publicado, escrito por volta de 1978

10 ♦ Quando os Deuses, não os Homens, Percorreram o Novo Mundo **206**
Artigo não publicado, escrito em 1992

11 ♦ Cidades Perdidas e Encontradas **230**
Compilação da obra Os Reinos Perdidos *(capítulo 9)*

12 ♦ O Surgimento de *Havia Gigantes na Terra* **264**
Artigos não publicados, escritos em 1991

13 ♦ Histórias de Calendário **280**
Compilação da obra O Começo do Tempo *(capítulo 8)*

14 ♦ O 12º Planeta – a Chave para o Enigma Óvni **304**
Palestra na Conferência Internacional Diálogo com o Universo, Frankfurt, Alemanha Ocidental, em 26 de outubro de 1989

Epílogo de Janet Sitchin **325**

Apêndice I – Jericó **332**
Carta para o New York Times, *publicada em 17 de março de 1990*

Apêndice II – Estrada Egípcia Antiga Preserva Ligação Bíblica **334**
Carta para o New York Times, *publicada em 19 de maio de 1994.*

Índice Remissivo **336**

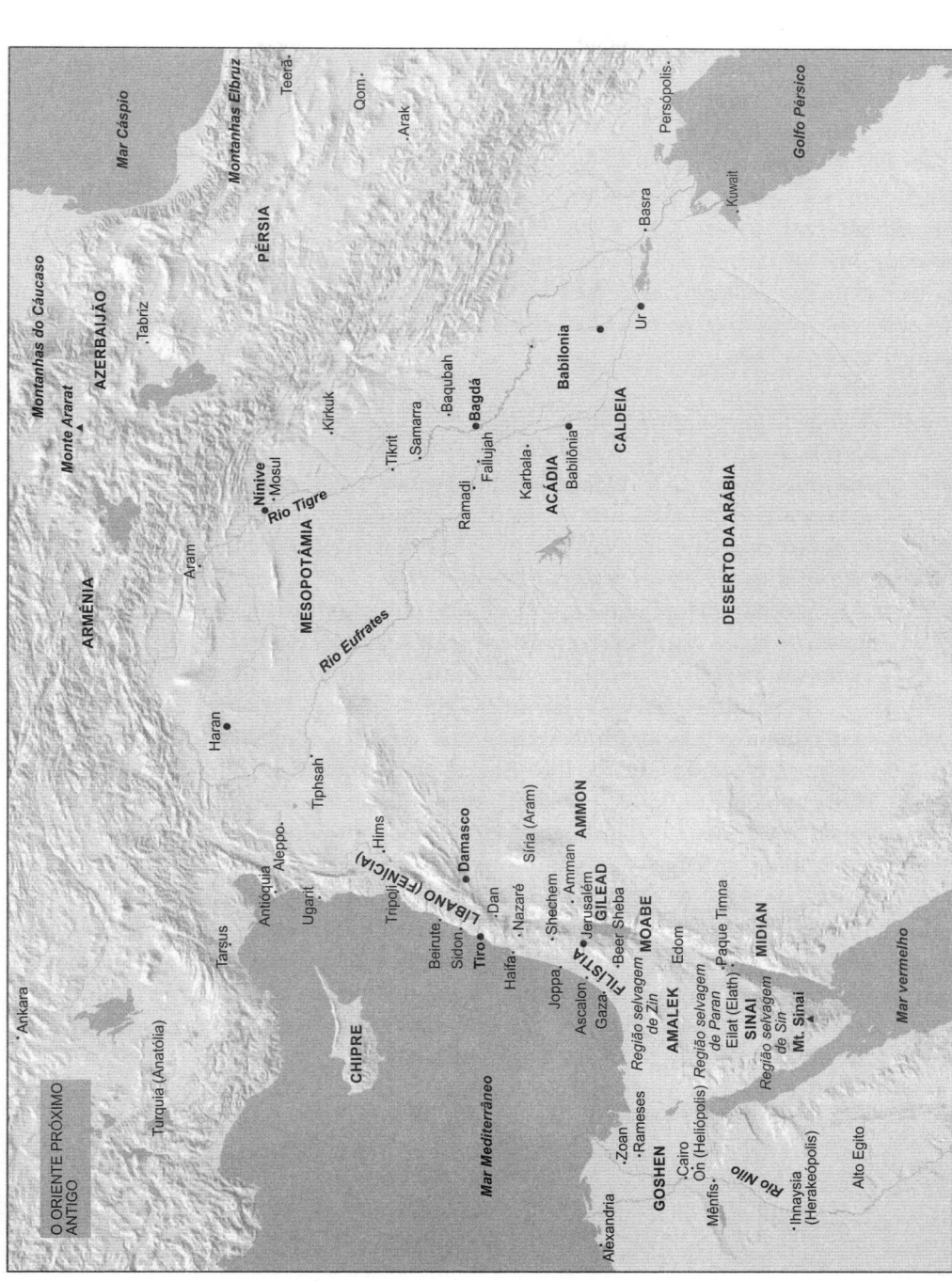

Introdução

Aqueles que tiveram oportunidade de encontrar Zecharia Sitchin – em seminários, viagens, noites de autógrafo ou participações em palestras – conheceram sua modéstia, ternura, intelecto discreto, humor afiado e palavras escolhidas com precisão, em especial quando falava sobre vários assuntos que amava discutir, como o tema das civilizações antigas, que incluía as ideias acerca de antigos extraterrestres vindos à Terra. Quando participava de uma discussão dessa natureza, sua conduta era uma prova de que a conversa era séria; suas ideias estavam embasadas em fatos, não em especulação insensata ou fantasiosa.

O primeiro livro de meu tio Zecharia, *O 12º Planeta*,* foi publicado quando eu era adolescente, mas, de fato, não o li totalmente até terem se passado muitos anos. Suas primeiras cem páginas, ou mais, estão repletas de fatos, provas e mais provas além de mais evidências materiais, todas fundamentando suas teorias. Lendo tudo isso naqueles anos, fiquei intimidada e abandonei o livro. A inclusão de todos aqueles fatos e provas foi feita de modo proposital por ele, para mostrar que estava apresentando material acadêmico, não ideias sensacionalistas. Em especial nesse primeiro lançamento literário, ele queria expor que existe evidência para apoiar suas teorias – não apenas uma ou outra evidência, mas muitas evidências. Quando reli o livro há alguns anos, fiquei completamente fascinada desde a primeira página.

O interesse de meu tio pelo tema das civilizações antigas e origem da humanidade derivou de sua leitura da Bíblia Hebraica, ou Velho Testamento, em seu original hebraico, e da comparação com as traduções em inglês que, em sua maioria, distorceram o conteúdo. A maior parte dos estudiosos da Bíblia, e arqueólogos, consideram os escritos antigos

---

* N. E.: Sugerimos a leitura de *O 12º Planeta*, de Zecharia Sitchin, Madras Editora.

como alegoria, mito e/ou lenda, independentemente de os escritos originais serem da Bíblia, de sumérios, acadianos, assírios, egípcios, gregos ou romanos. Sitchin partia da seguinte suposição: e se essas narrativas antigas não são lendas, mitos ou alegorias? E se forem fatos históricos?

O evento que provocou seu interesse por essa questão intrigante ocorreu quando era estudante em Israel durante a época do mandato britânico. Seu interesse foi despertado em um momento crucial (que discutiremos mais tarde neste livro) – e se desenrolou em uma vida dedicada à pesquisa, ao estudo de línguas, viagens e visitas a museus. Ele acumulou tantas evidências fascinantes, desenvolveu tantas teorias extraordinárias e tantas abordagens conclusivas que sua esposa, Rina, o encorajou a "parar de falar e começar a escrever". Como resultado, ele escreveu 14 volumes de não ficção sobre o tema das civilizações antigas, o primeiro dos quais, *O 12º Planeta*, foi publicado em 1976.

Sitchin organizou viagens para ver os lugares e os artefatos antigos que mencionou em seus livros, e começou a conduzir o que ele chamava de "Seminários de Estudos Sitchin". Comecei a participar dos seminários para dar apoio a ele, ajudando com registros ou fazendo o que precisasse para garantir que as coisas corressem com tranquilidade. Nesses seminários, tive a sorte de poder ouvi-lo falar sobre os temas de seus livros, ouvir as perguntas de seus leitores e as respostas que ele dava.

As suas palavras eram sempre escolhidas com cuidado, uma vez que não queria sugerir ou apresentar uma ideia para a qual não tivesse amplas evidências e uma conclusão comprovada sobre a relação com a teoria dos Anunnaki ("aqueles que desceram dos céus"). Leitores bem-intencionados lhe pediam com frequência para discutir as várias teorias de outros acadêmicos, comentar aspectos das civilizações antigas sobre os quais não tinha pesquisado ou escrito a respeito, ou para os quais ainda não tinha uma conclusão ou evidências suficientes. Nesses casos, ele sempre encontrava um modo educado de declinar e dizer apenas o que sabia ser verdade.

Essa integridade era uma parte importante de sua personalidade e uma das razões pelas quais era respeitado e tinha credibilidade. Seu objetivo ao escrever era compartilhar informações que sentia ser de importância vital para todos nós, como família humana, para que soubéssemos sobre nossas origens. Dizia ser um "repórter", escrevendo a história dos Anunnaki como registrada pelos povos antigos.

Sempre existiram os caluniadores e aqueles que atribuíram a ele ideias que nunca discutiu, menos ainda escreveu a respeito. Contudo, também existiram leitores e parceiros de todas as classes sociais que se aproximavam com materiais que poderiam ajudá-lo com suas pesquisas. Alguns desses colaboradores anônimos eram profissionais que temiam que, ao endossar as ideias dele publicamente, suas carreiras científicas ou acadêmicas seriam comprometidas. A condenação profissional por pensar fora do paradigma estabelecido é a razão pela qual colegas professores, arqueólogos, astrônomos e outros cientistas não falam abertamente sobre a possibilidade de visitas extraterrestres à Terra e de outros tópicos relacionados. É interessante notar que muitos observatórios são dirigidos por padres jesuítas. O Vaticano tem interesse em extraterrestres e os cientistas da Nasa forneceram informações a Sitchin.

Ao destacar que escritos e artefatos antigos pertenciam, sem dúvida, a fatos históricos, e ao ver as mesmas histórias contadas em muitas línguas diferentes e, ainda assim, envolvendo as mesmas personagens, Sitchin explorou um novo paradigma. Esse novo paradigma também reconheceu como tácito que, em geral, os relatos antigos descreveram acontecimentos e processos tecnologicamente muito avançados. Como os povos antigos *descreveriam* o lançamento de um foguete da Nasa? Talvez do mesmo modo pelo qual a história de Gilgamesh discute os episódios que ele, Gilgamesh, testemunhou em tempos antigos. Como os povos antigos *teriam* explicado um telefone celular moderno, em especial, um "smartphone"? Eles não tinham a linguagem tecnológica para explicar exatamente como um celular ou um smartphone funcionavam. Em vez disso, para eles, funcionava como uma providência dos poderes mágicos especiais dos deuses. Como os arqueólogos do século XIX – em uma era em que não existiam carros ou aviões, ou computadores – *iriam* descrever as coisas que os antigos tinham testemunhado e que, de fato, eram parte de suas vidas cotidianas?

As histórias dos antigos *têm de* ser mitos, porque qualquer outra coisa estaria além da compreensão.

Porém, à medida que nossa própria sociedade avançou tecnologicamente, fica mais fácil imaginar culturas anteriores desfrutando dos benefícios da tecnologia. Em uma época em que o homem pisou na Lua, um engenho celeste poderia ser imaginado e descrito com maior acerto. As traduções antigas, que antes não faziam sentido, agora podem ser interpretadas dentro da visão moderna. Essa é outra parte da premissa de Sitchin e o motivo de se afastar, em interpretações pessoais, "dos fatos" que foram aceitos por outros acadêmicos. Ele compreendeu que, *quando* um grupo de fatos em particular era interpretado, existia uma relação direta sobre a interpretação. Olhar para as mesmas ocorrências com um olhar moderno permite uma visão mais ampla desses fatos.

Traduções também estão sujeitas à interpretação baseada na experiência, na formação e na visão de mundo do tradutor, sendo também um produto dos tempos em que o tradutor está trabalhando. Na pesquisa de Sitchin, ele só quis lidar com materiais em sua língua original, para não ter de depender de traduções cujo significado pudesse ser distorcido. Sentia que ler um documento em sua língua original fornece acesso a *nuances* de significado que, de outro modo, poderiam ser perdidas ou modificadas.

A Suméria é conhecida por historiadores como "o berço da civilização". Essa terra que agora é o Iraque, a terra entre os Rios Tigre e o Eufrates e adjacente ao Golfo Pérsico, foi onde existiram as primeiras escolas, as primeiras cortes, a primeira língua escrita, a primeira aritmética, os primeiros animais domesticados e o cultivo de cereais.*

A lista de coisas inéditas é impressionante. Nos documentos sumérios, eles nos dizem que tudo o que conheciam aprenderam dos Anunnaki. Muita informação que era conhecida pela humanidade antiga e documentada em desenhos, selos cilíndricos, conhecimento oral e textos antigos foi redescoberta em tempos modernos por nossos cientistas. Quase diariamente existem mais informações "novas", as quais corroboram conhecimento que os sumérios e outros povos antigos davam como fatos. Como os sumérios conheciam tanto sobre o sistema solar sem telescópios para observar os céus? Os Anunnaki comunicaram esse conhecimento a eles.

A série de livros de Sitchin, As Crônicas da Terra, e muitos volumes complementares a essa série detalham a informação antiga sobre os Anunnaki e criam uma narrativa coerente sobre eles. Quem foram? Por que vieram para cá? O que fizeram quando estavam aqui? Sitchin usa evidências que eles e os sumérios deixaram para trás, para responder a essas questões e a outras relacionadas a elas. Este livro, *As Crônicas Anunnaki*, tenta fornecer uma visão geral das informações apresentadas nos sete volumes de As Crônicas da Terra e inclui, pela primeira vez, palestras, artigos, cartas e outras obras de Zecharia Sitchin que nunca foram publicados em livro.

As Crônicas Anunnaki tem início com uma discussão geral por Sitchin sobre as origens do nosso sistema solar e os planetas em suas órbitas, com isso estabelecendo a base para a conversa decorrente acerca dos Anunnaki. No primeiro capítulo também delineia sua linha do

---

* N. E.: Busque o mapa fornecido no início deste capítulo para se orientar em relação aos locais antigos, à medida que continua a ler.

tempo conceitual cosmológica de eventos relacionados aos Anunnaki e sua presença em nosso planeta. O capítulo 2 examina a cultura suméria em detalhes e investiga sua gênese como uma civilização totalmente formada, surgindo, aparentemente, do nada. Os capítulos seguintes constituem uma análise de antigos relatos bíblicos sobre os visitantes do espaço, em que Sitchin estabelece a ligação vital entre a cultura suméria totalmente formada e esses visitantes antigos. Nesse ponto de nossa narrativa, o épico sumério da criação, o *Enuma Elish,* passa por uma revisão crítica de Sitchin, que ilustra, com passagens daquele texto venerado, quão reais eram os fatos que ele descrevia.

O capítulo 6 proporciona outra análise crítica, dessa vez colocando a questão: quem foi Javé, o Deus dos Céus? O capítulo 7 continua a linha de pensamento crítico de Sitchin com um estudo da criação de "O Adão", homem primordial criado como um híbrido pelos Anunnaki para trabalhar nas minas de ouro da Terra, extraindo o metal precioso que seria usado para restaurar a atmosfera de seu planeta natal, Nibiru. Os capítulos 8 e 9 detalham os traços físicos da paisagem antiga que foram de importância vital para os primeiros habitantes de nosso planeta: as Grandes Pirâmides de Gizé e o Monte Sinai na península do Sinai.

Nos três capítulos seguintes nossa narrativa volta seu foco para o Novo Mundo e aborda tópicos fascinantes, como a evidência de gigantes por lá e de que maneira se encaixam na cosmologia de Sitchin. Em seguida, nós voltamos para a formação do calendário, o que significou no decorrer das eras e como seu desenvolvimento em nossa história reflete a luta pelo poder permanente entre membros da família Anunnaki. Por fim, nosso último capítulo nos traz de volta o círculo completo, com a análise de Nibiru e uma discussão sobre seu retorno iminente à Terra. Em acréscimo, duas cartas que Sitchin escreveu para o *New York Times* estão nos apêndices. Ilustram o cuidado com que Sitchin apresentava sua pesquisa e por que ele era e é considerado um acadêmico das origens antigas da humanidade.

Para os que já são leitores da obra de Sitchin, esperamos que ter um volume conciso, que cubra toda a amplitude de seus escritos, bem como novos materiais, seja um recurso de grande valor para vocês. Para novos leitores, contamos que este volume forneça uma visão geral de sua cosmologia. Mais ainda, esperamos que atice seu interesse e nós sejamos capazes de contar com você entre os que acreditam que Zecharia Sitchin descobriu algo, e você continuará a ler e a explorar esses temas. Para muitos de seus leitores, as informações fornecidas aqui responderam a questões persistentes que nunca foram totalmente explicadas até agora. Se verdadeiro, que é algo em que Sitchin acreditava, então este é um dos conhecimentos mais importantes que nós temos sobre as nossas origens e, talvez, relativo a nosso futuro.

Janet Sitchin

Apresentando
O 12º Planeta

*Trechos do prólogo de 1978 e um artigo não publicado,
escrito em 1982,
"O 12º Planeta: o livro como uma história"*

Como os leitores de Sitchin sabem, quando se trata de explicar a área de interesse dele – alienígenas do passado e civilizações antigas – que foi o foco de sua obra, é uma tarefa um tanto árdua abordar o tema com justeza em apenas algumas sentenças curtas. Para muitos, as ideias que apresenta são fantásticas, e no limite do extravagante. Para outros, sua obra é uma reunião inovadora de peças de quebra-cabeça em uma narrativa plausível e coerente, apoiada em evidências materiais e textos antigos.

Quando conto às pessoas que meu tio era um autor e elas perguntam sobre o que ele escreveu, começo dizendo que ele escrevia sobre o tema das civilizações antigas e que publicou 14 livros antes de morrer, em outubro de 2010. Elas sempre ficam um pouco impressionadas por isso. Digo-lhes que seu primeiro livro, *O 12º Planeta,* foi especialmente acadêmico e, embora seja fascinante, é um pouco difícil de ler em suas primeiras cem páginas exatamente pela abordagem muito acadêmica. Digo às pessoas que devem encarar essas primeiras cem páginas, mesmo assim, embora sejam um pouco mais difíceis de ler, porque, depois de as terem vencido, o material é tão envolvente que não vão querer largar o livro. As páginas começam a ser viradas automaticamente e, para muitos, é uma experiência transformadora.

> É nesse ponto que começo a descrever as premissas do trabalho da vida de meu tio, contar a história dos *Nefilim* (como ele os chamava em seu primeiro livro), quem foram, por que vieram para a Terra e o que fizeram aqui.
>
> Tendo surgido como prólogo da edição de bolso de 1978 de *O 12º Planeta*, o texto seguinte apresenta, nas próprias palavras de Sitchin, um resumo dos tópicos principais em *O 12º Planeta*. Ele lhe dará uma janela para seu pensamento, sua cosmologia e, como tal, é um ponto de partida para as ideias que virão em seguida.

O VELHO TESTAMENTO preencheu minha vida desde a infância. Quando a semente para este livro foi plantada há 15 anos, eu estava totalmente alheio aos debates ferozes entre Evolução *versus* Bíblia, mas, como um jovem universitário estudante do Gênesis em seu original hebraico, criei meu próprio confronto. Um dia, nós estávamos lendo no capítulo VI que, quando Deus resolveu destruir a humanidade pelo Grande Dilúvio, "os filhos dos deuses" que se casaram com as filhas dos homens estavam na Terra. O original hebraico os nomeava *Nefilim*; o professor explicou que significava "gigantes", mas o contestei: não significa literalmente "aqueles que foram lançados", que tinham descido para a Terra? Fui repreendido e ele me disse para aceitar a interpretação tradicional.

Nos anos seguintes, como eu tinha aprendido as línguas, história e arqueologia do Oriente Médio antigo, os *Nefilim* se tornaram uma obsessão. Os achados arqueológicos e a decifração de textos sumérios, babilônicos, assírios, hititas, cananitas, e outros textos antigos e contos épicos confirmaram cada vez mais a precisão das referências bíblicas a reinos, cidades, governantes, lugares, templos, rotas de comércio, artefatos, ferramentas, e costumes da Antiguidade. Não chegou a hora, portanto, de aceitar a palavra desses mesmos documentos antigos a respeito dos *Nefilim* como visitantes vindos do céu?

O Velho Testamento afirma repetidamente: "O Trono de Javé está no Céu" – "do céu o Senhor observa a Terra". O Novo Testamento fala de "Nosso Pai, que está no Céu". Porém, a credibilidade da Bíblia foi perturbada pelo advento e aceitação geral da Evolução. Se o Homem evoluiu, então, com certeza não foi criado, de repente, por um Deus que, com premeditação, sugeriu: "Vamos fazer Adão à nossa imagem e de acordo com nossa semelhança". Todos os povos antigos acreditaram em deuses que desceram dos céus à Terra e que podiam, à vontade, subir aos céus. Contudo, essas histórias nunca tiveram credibilidade, tendo sido rotuladas como mitos desde o início pelos acadêmicos.

Os escritos do Oriente Médio antigo, que incluem uma profusão de textos astronômicos, falam claramente de um planeta de onde esses astronautas ou "deuses" vieram. Porém, quando os eruditos, há 150 anos, decifraram e traduziram a lista antiga de corpos celestiais, nossos astrônomos ainda não sabiam de Plutão (que só foi localizado em 1930). Como, então, se podia esperar que aceitassem a evidência de ainda mais um membro do nosso sistema solar? Mas agora que nós também sabemos sobre os planetas além de Saturno, por que não aceitarmos aquela evidência antiga para o 12º planeta?

Uma vez que nós mesmos nos aventuramos pelo espaço, um olhar renovado e uma aceitação literal das escrituras antigas são mais que apropriados. Agora que os astronautas aterrissaram na Lua e naves espaciais não tripuladas exploram outros planetas, não é mais impossível acreditar que uma civilização em outro planeta, mais avançada do que a nossa, foi capaz de aterrissar os seus astronautas no planeta Terra em algum tempo do passado.

De fato, um número de escritores populares especulou que artefatos antigos, tais como as pirâmides e as esculturas gigantes de pedra, devem ter sido moldados por visitantes avançados de outro planeta – pois o homem primitivo, com certeza, não teria possuído, por si, a tecnologia exigida. Como foi, como outro exemplo, que a civilização da Suméria pareceu florescer de modo tão súbito por volta de 6 mil anos atrás, sem um precursor? Porém, uma vez que esses escritores, em geral, falham em mostrar quando, como e, acima de tudo, de onde tais antigos astronautas vieram – suas questões intrigantes permanecem especulações sem resposta.

Tomou-me 30 anos de pesquisa, de retorno às fontes antigas, para aceitá-las literalmente, para recriar em minha própria mente um cenário contínuo e plausível de fatos pré-históricos. *O 12º Planeta*, portanto, busca fornecer ao leitor uma narrativa dando respostas para questões específicas de quando, como, por que e de onde. As evidências que apresento consistem, primariamente, em textos antigos e pinturas.

Em *O 12º Planeta*, busquei decifrar uma cosmogonia sofisticada que explica, talvez tão bem quanto teorias científicas modernas, como o sistema solar pode ter sido formado, um planeta invasor pego pela órbita solar, e a Terra e outras partes do sistema solar sendo criadas.

As evidências que ofereço incluem mapas celestiais lidando com viagens espaciais a esse Planeta, o 12º. Depois, em sequência, vem a criação dramática das primeiras colônias na Terra pelos *Nefilim*. Seus líderes recebem nomes; seus relacionamentos, amores, ciúmes, realizações e lutas são descritos; a natureza de sua "imortalidade" é explicada.

Acima de tudo, *O 12º Planeta* traça os acontecimentos que levaram à criação do homem, e a metodologia avançada por meio da qual isso foi realizado.

Depois, ele revela os relacionamentos intrincados entre o Homem e seus senhores, e lança uma nova luz sobre o significado do que aconteceu no Jardim do Éden, na Torre de Babel ou no Grande Dilúvio. Por fim, o Homem – provido por seus feitores biológica e materialmente – acaba com seus deuses, voando para fora da Terra.

Este livro sugere que não estamos sós em nosso sistema solar. Ainda assim, ele pode aumentar em vez de diminuir a fé no Todo-Poderoso Universal. Pois, se os *Nefilim* criaram o Homem na Terra, eles deviam estar apenas cumprindo um Plano Diretor mais amplo.

Z. Sitchin
Nova York, fevereiro de 1977.

> Sitchin entra em mais detalhes sobre o tema de *O 12º Planeta* no artigo de 1982, *"The 12th Planet:* The Book as a Story". Nesse artigo, ele traz linhas gerais de acontecimentos históricos de grande importância, começando com a criação do cosmos, nosso sistema solar e o planeta Terra, depois faz um resumo da história do desenvolvimento da humanidade. Em todo este livro nós examinaremos com mais detalhes os tópicos específicos que são abordados nesse esboço, por meio da apresentação de questões surpreendentes: o 12º Planeta está atualmente em sua órbita de retorno para a Terra, e o que isso significa para nós? Como aprenderemos, o 12º Planeta volta para a vizinhança da Terra a cada 3.600 anos. O período de sua volta é dito ser marcado por caos generalizado e desastres naturais na Terra, que parecem estar acontecendo atualmente.
>
> Vamos agora aprender mais sobre o 12º Planeta, definindo o cenário contextual para seu possível retorno ao Planeta Terra em um futuro bem próximo.

O 12º PLANETA se baseia totalmente em textos mesopotâmicos e evidências pictóricas, remontando à primeira civilização conhecida na Suméria, no quarto milênio.

Ao mesmo tempo, constantemente ele traça os paralelos com o Velho Testamento, trazendo o Livro do Gênesis à vida do século XX.

Despojado de sua discussão e de provas científicas abrangentes, *O 12º Planeta* reconta em termos de era espacial a informação transmitida nos escritos antigos:

A Criação do Sistema Solar: primeiro o Sol, Mercúrio e um planeta chamado Tiamat; depois Vênus e Marte; em seguida Júpiter e Saturno, Urano e Netuno.

O Cataclismo da "Batalha Celestial": o surgimento de um planeta grande vindo do espaço sideral, atraído mais e mais para o sistema solar até colidir com Tiamat, rachando-o em duas partes. Então, foram criados o Cinturão de Asteroides, os Cometas, a Terra e a Lua.

A Origem da Vida: o planeta invasor – nosso 12º Planeta – foi o semeador da vida no sistema solar. Sua colisão com Tiamat transmitiu a semente da vida do 12º Planeta para a Terra (a metade de Tiamat) há cerca de 3,8 milhões de anos.

A Realeza do Céu: capturado pela órbita do Sol, o 12º Planeta está em uma órbita principal, parecida com a de um cometa, de 3.600 anos terrestres, sempre voltando ao "Local de Cruzamento" entre Marte e Júpiter (uma vez a cada 3.600 anos). É um planeta radiante, gerando seu próprio calor e atmosfera. Pelos bilhões de anos, a vida evoluiu sobre ele. Há alguns milhões de anos, a evolução culminou com a produção de seres antropomórficos inteligentes no 12º Planeta.

Uma Civilização Superior em Si: desenvolveram-se civilizações. Existem cortes, cidades, palácios, ciência, tecnologia, exploração espacial. Também toda a gama de emoções "humanas": amor, ódio, ciúme. Todo um conjunto de orientações para a sucessão do trono se desenvolve. Filhos derrubam pais, irmãos lutam contra irmãos pelo trono. Existem todos os benefícios/malefícios materiais de uma tecnologia avançada. Então, alguns minerais vitais, alguns radioativos, mas, principalmente ouro, do qual dependem os eletrônicos sofisticados, tornam-se escassos. A civilização do 12º Planeta irá acabar?

Uma Mina de Ouro Chamada "Terra": enquanto uma luta recorrente pelo trono acontece, o 12º Planeta se aproxima "do cruzamento" entre Júpiter e Marte. Um governante deposto salva sua vida fugindo em uma nave espacial – batendo no planeta Terra vizinho. O grupo descobre, para sua felicidade, que a Terra também suporta a vida, menos evoluída, mas bastante semelhante à do 12º Planeta. O grupo também encontra pepitas de ouro nos leitos dos rios da Terra. Nove anos do 12º Planeta se passam; o usurpador é deposto. Os fugitivos são resgatados e voltam da Terra com grandes notícias: o mineral essencial está disponível e ao alcance – na Terra.

Aterrissando no Planeta Terra: "aqueles que desceram dos céus" – o Gênesis os chama assim, os *Nefilim*, em hebraico – voltam para a Terra para obter seu ouro. Enquanto sua nave espacial orbita a Terra, o primeiro grupo é baixado em cápsulas espaciais que caem no Mar

Árabe, do Golfo Pérsico. Levados pelo engenheiro-chefe/cientista dos *Nefilim*, eles chegam à praia. Marchando terra adentro chegam à borda dos pântanos. Lá fundam uma Estação Terra e a chamam de ERIDU. A época é cerca de 445 mil anos atrás, quando a Terra é dominada pela Era do Gelo.

As Cidades dos Deuses: enquanto a Terra orbita o Sol 3.600 vezes, o 12º Planeta orbita o Sol apenas uma. Portanto, enquanto se passam 10 mil anos na Terra, para os *Nefilim* a espera é apenas de duração curta em sua escala de tempo. Logo, a Era do Gelo dá lugar a um clima mais ameno. Os *Nefilim* estabelecem colônias adicionais: uma como um espaçoporto, outra como um centro de controle de missão, uma como um centro médico e uma como uma metalúrgica. Eles dispõem as "cidades" em um padrão que, a partir de cima, se forma um caminho de aterrissagem em forma de seta.

As Sementes do Conflito: a decisão de continuar com a Missão Terra também planta a semente do conflito, pois agora o líder que primeiro aterrissou e, portanto, foi nomeado EN.KI ("Senhor Terra") passa a ser subordinado a um irmão (EN.LIL - "Senhor do Espaço Aéreo") que chega à Terra para assumir o comando. EN.KI é rebatizado E.A. – "Senhor das Águas". Como o cientista-chefe, ele e seus "pescadores" recebem a tarefa de extrair o ouro das águas oceânicas. A mudança de comando lança as sementes do conflito que daí por diante afeta constantemente a sorte dos *Nefilim* e da humanidade. O sexo entre os deuses, tanto terno quanto violento, é destinado a uma sucessão de problemas.

Mineração no Sudeste da África: o plano de extrair ouro dos oceanos falha. Existe apenas uma escolha final: sair e escavar à procura de ouro. O número de bases *Nefilim* é aumentado para 600 e algumas são enviadas para o sudeste da África (Rodésia?) para escavar em busca de ouro. "Barcos submersos" especiais – submarinos – transportam o metal para o sul da Mesopotâmia, onde é fundido e refinado; depois é levado para fora da Terra, em uma aeronave que parte do espaçoporto e leva sua carga para uma nave-mãe em órbita – uma vez por ano na escala de tempo dos *Nefilim* – para o 12º Planeta que se aproxima.

Motim entre os Anunnaki: 40 anos *Nefilim* depois de terem aterrissado – há cerca de 300 mil anos da Terra – os mineiros, os Anunnaki ("aqueles que desceram dos céus"), se amotinaram. A ocasião foi uma visita de EN.LIL às terras de mineração (ele esteve lá uma vez antes – banido da Mesopotâmia, depois de estuprar uma jovem enfermeira, com quem ele se casou mais tarde). Houve um inquérito no tribunal. O governante do 12º Planeta – o pai de Enki e Enlil – veio à Terra, de tão grave que foi a crise. Enlil exigiu que o líder do motim fosse executado. Os outros ficaram do lado dos amotinados: os trabalhos nas minas, de fato, eram muito pesados, eles concluíram.

A Criação do Homem: porém, a mineração tinha de continuar. Foi oferecida uma solução: deixe NIN.TI – "aquela que dá a vida" –, a mulher que estava encarregada da medicina, criar "um trabalhador primitivo". Ela precisou de ajuda do cientista-chefe. "O Ser que você quer", ele disse, "já existe!". Eles extraíram os genes de um membro jovem dos *Nefilim* e os fundiram com o ovo de uma hominídea capturada, uma mulher-macaco. Implantaram o ovo fertilizado no ovário de um membro feminino dos *Nefilim*. Houve tentativa e erro; surgiram seres imperfeitos. Por fim, "um modelo perfeito de homem" foi obtido. Ovos fertilizados do mesmo modo foram implantados em grupos de mulheres dos *Nefilim*: assim foram criados Adãos e Evas – os primeiros *Homo sapiens*. Imediatamente, eles foram colocados para fazer o trabalho pesado, nas minas do sul da África.

O Jardim do Éden: no início, Ea manteve as novas criaturas na Terra das Minas. Enlil precisou transportar algumas delas para a Mesopotâmia para trabalharem nos campos de lá – no "Pomar do Éden". Para isso, ele capturou algumas à força, usando armas sofisticadas. A nova criatura – um híbrido – não podia procriar. Ea viu sua oportunidade de ganhar um novo aliado na Terra contra seu irmão dominador e implacável – o Homem. Como uma serpente bíblica, ele foi o deus que depois manipulou geneticamente o Homem para possibilitar que procriasse. (O termo hebraico bíblico "conhecer" significava copular com o propósito de ter descendentes.) Tendo obtido o Fruto do Conhecimento, Adão conheceu sua esposa Eva e ela deu Caim a ele. Enraivecido, Enlil os expulsou do Jardim do Éden, a Morada dos Deuses.

A Humanidade antes do Dilúvio: contudo, a humanidade, lançada à sua própria sorte, levou com ela o conhecimento adquirido: criação de ovelhas, agricultura, metalurgia. Foram construídas cidades por Caim e sua linhagem a leste da Mesopotâmia. Todavia, uma série de assassinatos assombrava essa linhagem da humanidade. Em seguida, outra mais pura foi iniciada com Seth, e, nos tempos de seu descendente Enoch, foi permitido à humanidade voltar para a terra dos deuses. Foi então que surgiram os templos, os cultos e o sacerdócio.

Prelúdio do Desastre: foi então – nas palavras do Livro do Gênesis e suas origens sumérias – que os filhos dos deuses começaram a coabitar com as filhas do Homem. Enlil ficou enfurecido pela profanação da pureza racial dos deuses. Viu a oportunidade de se livrar da humanidade pela mudança climática. Uma nova Era do Gelo estava se desenvolvendo há mais ou menos 75 mil anos. O clima se tornou mais seco, mais severo. As colheitas não vieram. Houve fome e Enlil decretou que o alimento fosse retirado dos terráqueos. Ea ajudou a humanidade de forma clandestina, principalmente com peixes do mar. No entanto, a fome se espalhou; houve canibalismo. A humanidade foi dizimada – mas não acabou.

O Dilúvio – os Deuses Abandonam a Terra: enquanto deixavam a humanidade perecer, os próprios *Nefilim* foram abalados por notícias impactantes. Sua estação científica no hemisfério sul informou que a camada de gelo sobre o continente antártico estava começando a se movimentar, deslizando sobre sua lama de neve derretida. Os Anunnaki, na nave-mãe em órbita, confirmaram o perigo: à medida que o 12º Planeta se aproximava da Terra, seu empuxo gravitacional daria um empurrão fatal na camada de gelo. E, ao passo que a camada de gelo deslizasse para o oceano, um imenso maremoto engolfaria a Terra.

Jurando manter a calamidade vindoura um segredo para a humanidade, os *Nefilim* se prepararam para escapar da Terra em suas naves espaciais deixando toda a carne perecer. De novo, Ea frustrou os planos ao revelar o segredo para um terráqueo fiel, "Noé". Ele mostra ao humano como construir uma embarcação submersível; ele deve entrar nela e selá-la de dentro quando o céu estiver iluminado pela subida da aeronave no espaçoporto ao norte. Ele deve navegar com a embarcação para o Ararat.

Os Papéis Revertidos – os Deuses Precisam dos Homens: em sua nave espacial, orbitando a Terra, os deuses assistiram à desolação causada pelo imenso maremoto e as chuvas que se seguiram a ele – o Dilúvio. Eles choram, se arrependem por ter causado o fim da humanidade. Quando as águas baixam, os picos do Ararat emergem. A nave começa a aterrissar. Para surpresa deles, os deuses encontram Noé e sua embarcação cheia de homens, mulheres, crianças e animais sobreviventes. Noé acende um fogo, assa um pouco de carneiro – o alimento favorito dos deuses. A nave de Enlil também aterrissa – e ele confirma sua supremacia. Porém, os outros afirmam que também podem tirar o máximo da situação. Com tudo o que tinham na Terra destruído, eles precisam da humanidade para ajudá-los a sobreviver. Enlil concorda, abençoa Noé e sua esposa e os leva em sua espaçonave para a nave-mãe e dali para o 12º Planeta. Aos filhos de Noé são ensinadas agricultura, pecuária, dadas ferramentas (por exemplo, o arado) e sementes. A civilização – civilização pós-diluviana – começa. Estamos por volta de 11000 a.C.

De Volta à Mesopotâmia: acontece que a humanidade e os deuses devem permanecer em terras montanhosas. Os vales estão cobertos de lama. Quando o 12º Planeta se aproxima da Terra de novo, cerca de 7500 a.C., os deuses se reúnem e decidem ir adiante com a civilização dos homens. Eles os ajudam a domesticar os animais, construir lares, e os ensinam como usar a argila para fazer cerâmica e construções. Depois, cerca de 3800 a.C., os deuses fazem nova consulta, e é dada a autorização para prosseguirem: a humanidade e os deuses podem voltar para o sul da Mesopotâmia, para reconstruírem os locais antigos exatamente como eram. A civilização da Suméria irrompe quase da noite para o dia.

A Humanidade Chega aos Céus: quanto de "civilização" – ciência, tecnologia – deve ser ensinado à humanidade? Em sua pressa para desenvolverem o novo relacionamento, Os Elevados (o termo que nós traduzimos como "deuses") ensinam ao homem astronomia, matemática, metalurgia, química, a arte de construir edifícios altos. À medida que as cidades são reconstruídas, centradas em torno de templos, ou lares divinos sendo erigidos, cada zigurate é munido com uma área restrita ("sagrada") onde os Pássaros Divinos ou "Torvelinhos" (como aquele visto por Ezequiel) ficam abrigados. Os deuses voam pelos céus da Terra, para visitarem a humanidade em expansão. Contudo, a humanidade é incapaz de se comunicar com tanta facilidade. Os deuses da ciência, então, combinam um esquema extremo com seus seguidores sumérios. No centro da Mesopotâmia ainda existe o espaçoporto pré-diluviano não reconstruído, o Bab-ili primordial (Babilônia – "Portal dos Deuses"). Eles instruem os terráqueos a reconstruírem a torre de lançamentos, a "Torre de Babel" e "lançar um Shem", um foguete espacial.

No entanto, os outros deuses, percebendo as implicações do esquema, frustram-no. Para prevenir futuros esforços unificados pelos terráqueos, eles confundem a língua única dos homens em muitas línguas. Eles dispersam a humanidade e seus *habitats*, dando a civilização do Nilo aos homens e depois a do Rio Indus, espalhando a humanidade pelos quatro cantos da Terra.

Onde está o 12º Planeta agora?

Os antigos escritos, inclusive o Velho Testamento, descreveram a volta do 12º Planeta para a vizinhança da Terra como um período de terremotos e caos, seguido por uma era de paz e harmonia. Foi o chamado "Dia do Senhor" quando o "Reino dos Céus" voltaria para a Terra.

O 12º Planeta, de acordo com todos os cálculos, está voltando para a nossa vizinhança.

Teria seu povo lançado sua espaçonave em direção à Terra? Seriam os óvnis precursores – batedores avançados – de sua futura visita à Terra?

Nós saberemos a resposta quando nossos astrônomos pararem de procurar explicações em galáxias distantes e, em vez disso, apontarem seus telescópios para as partes do sistema solar indicadas pelos sumérios.

A Repentina Civilização

Compilação da obra O 12º Planeta *(capítulo 2)*

Enquanto a arqueologia estuda as origens da humanidade e nossas primeiras civilizações, a evidência aponta para a Suméria, na Mesopotâmia, como o lugar onde começou a civilização avançada. E, ainda assim, a cultura antiga da Suméria, extremamente sofisticada, é tão impressionante quanto misteriosa, pois ela parece surgir totalmente formada "do nada". Como surgiu essa sociedade avançada e quais as civilizações que a precederam? Zecharia Sitchin discute isso no capítulo 2 de seu primeiro livro, *O 12º Planeta*.

Nós começamos com os reinos da Babilônia e Assíria, que evoluíram na antiga Mesopotâmia bem antes da época de Cristo. As culturas babilônica e assíria floresceram cerca de 1900 a.C. e duraram, aproximadamente, 1.500 anos. Esses dois reinos foram precedidos por outro chamado Acádia. Quanto mais profundamente os eruditos investigaram, mais se tornou óbvio que esse reino de Acádia foi uma cultura de raiz rica, um precursor do qual surgiu uma língua pré-acadiana – a primeira língua escrita – que veio a ser chamada de suméria.

Neste capítulo, Sitchin caminha pelas várias realizações e perícia tecnológica e artística da cultura suméria, que abrangia as disciplinas da matemática, arquitetura, metalurgia, medicina e procedimentos clínicos, só para citar algumas. O nível de sofisticação inigualável encontrado em toda parte é inexplicável... A menos que se cogite a ideia de que esses povos antigos possam ter herdado seu conhecimento avançado de uma cultura – ou culturas – muito sofisticada que os precederam. Ao usar textos antigos para apoiar sua linha de questionamento sempre em expansão, Sitchin olha para a origem prematura e enigmática da civilização no sul da Mesopotâmia.

POR MUITO TEMPO, o homem ocidental acreditou que sua civilização foi um presente de Roma e da Grécia. Porém, os próprios filósofos gregos escreveram, repetidamente, que tinham bebido em uma fonte mais antiga ainda. Mais tarde, viajantes voltando para a Europa informaram a existência no Egito de pirâmides e cidades-templos imponentes semienterradas na areia, guardadas por estranhas bestas de pedra chamadas de esfinges.

Quando Napoleão chegou ao Egito, em 1799, levou eruditos com ele para estudarem e explicarem esses monumentos antigos. Um de seus oficiais encontrou nas proximidades de Roseta uma placa de pedra em que estava gravado um decreto de 196 a.C., na antiga escrita pictográfica egípcia (hieroglífica) e em duas outras escritas.

A decifração da escrita e língua egípcia antiga e o esforço arqueológico que se seguiu revelaram ao homem ocidental que uma civilização avançada tinha existido no Egito bem antes do advento da civilização grega. Os registros egípcios falaram de dinastias reais que começaram cerca de 3100 a.C. – dois milênios inteiros antes do início da civilização helênica. Chegando à sua maturidade nos séculos V e IV a.C., a Grécia foi uma retardatária e não uma precursora.

Então, a origem de nossa civilização foi no Egito?

Embora essa conclusão parecesse a mais lógica, os fatos depunham contra ela. Os estudiosos da Grécia descreveram visitas ao Egito, mas as fontes antigas de conhecimento das quais falavam foram encontradas em outro lugar. As culturas pré-helênicas do Mar Egeu – os minoicos da ilha de Creta e os micênicos do continente grego – revelaram evidência de que a cultura do Oriente Médio, não a egípcia, tinha sido adotada. A Síria e a Anatólia, não o Egito, foram as rotas principais pelas quais uma civilização anterior se tornou disponível para os gregos.

Notando que as invasões dóricas da Grécia e a invasão israelita de Canaã depois do Êxodo do Egito aconteceram mais ou menos na mesma época (por volta do século XIII a.C.), os acadêmicos ficaram fascinados ao descobrir um número crescente de semelhanças entre as civilizações semítica e helênica. O professor Cyrus H. Gordon (*Forgotten Scripts: Evidence for the Minoan Language*) abriu um novo campo de estudo ao mostrar que uma escrita minoica anterior, chamada de Linear A, representava uma língua semítica. Ele concluiu que "o padrão (tão distinto do conteúdo) das civilizações Hebraica e minoica é o mesmo em uma amplitude impressionante", e apontou que o nome da ilha, Creta, soletrado em minoico *Ke-re-ta* era a mesma palavra Hebraica *Ke-re-et* ("cidade murada") e tinha sua contraparte em um conto semítico sobre um rei de Keret.

Até o alfabeto helênico, de onde o latim e nosso próprio alfabeto derivam, veio do Oriente Médio. Os próprios historiadores gregos antigos escreveram que um fenício de nome Kadmus ("antigo") trouxe o alfabeto para eles com o mesmo número de letras, na mesma ordem, que o hebraico. Esse era o único alfabeto grego quando aconteceu a Guerra de Troia. O número de letras foi aumentado para 26 pelo poeta Simônides de Ceos, no século V a.C.

Que a escrita grega e a latina e, portanto, toda a base de nossa cultura ocidental foram adotadas do Oriente Médio pode ser facilmente demonstrado pela comparação da ordem, nomes, sinais e até valores numéricos do alfabeto original do Oriente Médio com o grego antigo muito posterior e o latim mais recente (Figura 1).

Os acadêmicos estavam cientes, é claro, dos contatos dos gregos com o Oriente Médio no primeiro milênio antes de Cristo, culminando com a derrota dos persas por Alexandre, o macedônio, em 331 a.C. Os documentos gregos contêm muita informação sobre os persas e suas terras (que são mais ou menos as do atual Irã). A julgar pelos nomes de seus reis – Ciro, Dario, Xerxes – e os nomes de seus deuses, que parecem pertencer ao ramo linguístico indo-europeu, os estudiosos chegaram à conclusão de que eles faziam parte do povo ariano ("nobres") que surgiu de algum lugar perto do Mar Cáspio no fim do segundo milênio antes de Cristo e espalhou-se para o oeste, para a Ásia Menor, a leste para a Índia e para o sul, o que o Velho Testamento chamou de "terras dos medas e dos persas".

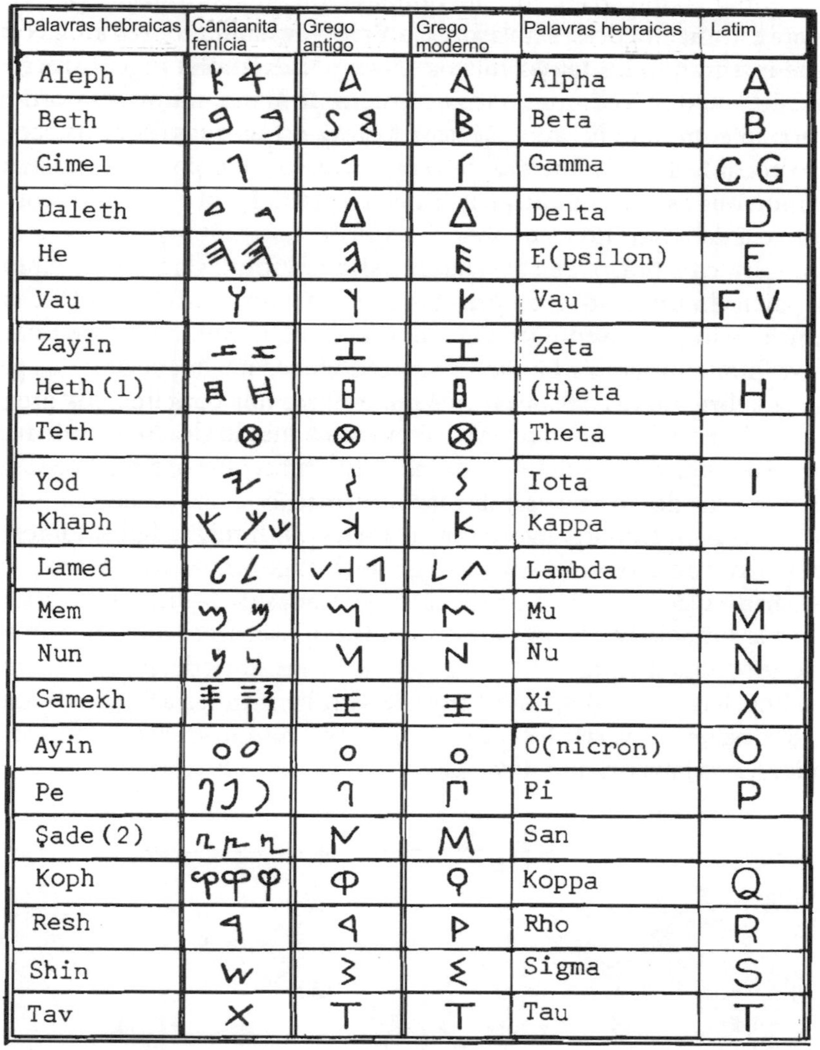

Palavras hebraicas	Canaanita fenícia	Grego antigo	Grego moderno	Palavras hebraicas	Latim
Aleph	⼘⼅	Δ	Α	Alpha	A
Beth	𝟫 𝟫	S ዓ	Β	Beta	B
Gimel	⼁	⼁	Γ	Gamma	C G
Daleth	▵ ▴	Δ	Δ	Delta	D
He	⩚⩚	⩙	Ε	E(psilon)	E
Vau	Y	Y	Ϝ	Vau	F V
Zayin	⊥ ⊤	I	I	Zeta	
Heth (1)	日 H	日	日	(H)eta	H
Teth	⊗	⊗	⊗	Theta	
Yod	⼁	⼁	⼁	Iota	I
Khaph	⼁ ⼁⼁	⼁	K	Kappa	
Lamed	⼁⼁	⼁⼁⼁	L ∧	Lambda	L
Mem	⼁ ⼁	⼁	⼁	Mu	M
Nun	⼁ ⼁	⼁	N	Nu	N
Samekh	⼁ ⼁⼁	Ξ	Ξ	Xi	X
Ayin	o o	o	o	O(nicron)	O
Pe	⼁⼁⼁	⼁	Π	Pi	P
Şade (2)	⼁⼁⼁	M	M	San	
Koph	φφφ	Φ	Ϙ	Koppa	Q
Resh	⼁	⼁	P	Rho	R
Shin	W	Ϟ	Σ	Sigma	S
Tav	X	T	T	Tau	T

Figura 1

(1) "Ḥ", comumente traduzido como "H" por simplificação, é pronunciado nas línguas suméria e semita como "CH" na palavra escocesa ou germânica "loch".

(2) "Ş", comumente traduzido como "S" por simplificação, é pronunciado nas línguas suméria e semita como "TS".

Ainda assim, nada foi tão simples. Apesar da origem assumidamente estrangeira desses invasores, o Velho Testamento os tratou como parte integrante dos fatos bíblicos. Ciro, por exemplo, foi considerado um "ungido de Javé" – um relacionamento bem incomum entre o Deus hebraico e um não hebreu. De acordo com o Livro de Esdra da Bíblia, Ciro reconheceu sua missão de reconstruir o Templo de Jerusalém e afirmou que estava agindo a partir de ordens dadas por Javé, a quem ele chamava de "Deus do Céu".

Ciro e os outros reis de sua dinastia se intitulavam Aquemênidas – a partir do título adotado pelo fundador da dinastia, que foi Hacham-Anish. Não era um título ariano, mas perfeitamente semita, que significava "homem sábio". Em geral, os acadêmicos negligenciaram as pesquisas sobre muitas das pistas que podem apontar semelhanças entre o deus hebraico Javé e o deus aquemênida chamado de "Senhor Sábio", que eles representavam pairando nos céus dentro de um Globo Alado, como mostrado no selo real de Dario (Figura 2).

Está bem firmado agora que as raízes culturais, religiosas e históricas desses antigos persas remontam aos antigos impérios da Babilônia e Assíria, cuja expansão e queda são registradas no Velho Testamento.

Os símbolos que compunham o texto que aparecia nos monumentos e selos aquemênidas foram primeiro considerados desenhos decorativos. Engelbert Kampfer, que visitou Persópolis, a antiga capital persa, em 1686, descreveu os signos como "cuneatas", ou impressões com forma alada. A escrita, portanto, ficou conhecida como cuneiforme.

Figura 2

Quando os esforços para decifrar as inscrições aquemênidas começaram, tornou-se claro que foram feitas na mesma escrita que as inscrições encontradas em artefatos e tabuletas antigos da Mesopotâmia, região de planícies e planaltos que ficam entre os rios Tigre e o Eufrates. Intrigado pelos achados dispersos, Paul Emile Botta partiu, em 1843, para conduzir a primeira escavação oficial. Ele selecionou um local ao norte da Mesopotâmia, perto da atual Mossul, agora chamada Khorsabad. Botta logo foi capaz de afirmar que as inscrições cuneiformes nomeavam o lugar como Dur Sharru Kin. Eram inscrições semíticas, em uma linguagem parente do hebraico, e o nome significava "cidade murada do rei justo". Nossos textos o chamam de rei Sargão II.

Essa capital do rei assírio tinha em seu centro um palácio real magnífico cujos muros eram ladeados por baixos-relevos esculpidos, que, se colocados enfileirados, se estenderiam por 1,6 quilômetro. Dominando a cidade e o complexo real estava uma pirâmide de degraus chamada de zigurate. Ela servia como "caminho para o céu", para os deuses (Figura 3).

Figura 3

A disposição da cidade e as esculturas ilustravam um modo de vida grandioso. Palácios, templos, casas, estábulos, depósitos, muros, portões, colunas, decorações, estátuas, obras de arte, torres, baluartes, terraços, jardins – todos eles foram concluídos em apenas cinco anos. De acordo com Georges Contenau (*La Vie Quotidienne à Babylone et en Assyrie*), "a imaginação oscila diante da força potencial de um império que pôde realizar tanto em um tempo tão curto", por volta de 3 mil anos atrás.

Para não serem superados pelos franceses, os ingleses surgiram na cena na pessoa de *sir* Austen Henry Layard, que selecionou como seu sítio um lugar por volta de 16 quilômetros abaixo no Rio Tigre a partir de Khorsabad. Os nativos o chamavam de Kuyunjik; ele se revelou a capital assíria de Nínive.

Nomes e fatos bíblicos tinham começado a aparecer. Nínive foi a capital real da Assíria sob seus últimos três grandes governantes: Senaqueribe, Esarhaddon (Assaradão) e Assurbanipal. "Agora, no ano 14 do rei Ezequias, Senaqueribe, rei da Assíria, veio contra todas as cidades muradas de Judá", narra o Velho Testamento (Reis II 18:13), e, quando o Anjo do Senhor venceu seus exércitos, "Senaqueribe partiu e voltou, e morou em Nínive".

Os montes onde Nínive foi construída por Senaqueribe e Assurbanipal revelaram palácios, templos e obras de arte que superavam as de Sargão. A área onde se supunha que as ruínas dos palácios de Esarhaddon estavam não pode ser escavada, pois agora é o local de uma mesquita muçulmana erigida sobre o suposto lugar de sepultamento do profeta Jonas, que foi engolido por uma baleia quando se recusou a trazer a mensagem de Javé para Nínive.

Layard tinha lido em antigos documentos gregos que um oficial do exército de Alexandre viu um "local de pirâmides e ruínas de uma cidade antiga" – uma cidade que nos tempos de Alexandre já estava enterrada. Layard a escavou também, e ela acabou sendo Nimrud, um centro militar assírio. Foi lá que Shalmaneser II (Salmanaser II) erigiu um obelisco para registrar suas expedições e conquistas militares. Agora, em exibição no Museu Britânico, o obelisco lista, entre os reis que tiveram de pagar tributo, "Jehu (Jeú), filho de Omri, Rei de Israel".

De novo, as inscrições mesopotâmicas e textos bíblicos apoiaram um ao outro!

Maravilhados com corroborações cada vez mais frequentes da narrativa bíblica por achados arqueológicos, os assiriólogos, como esses estudiosos acabaram sendo chamados, voltaram-se para o capítulo 10 do Gênesis. Lá, Nimrod – "um grande guerreiro, pela graça de Javé" – foi descrito como o fundador de todos os reinos da Mesopotâmia.

> E o início de seu reinado:
> Babel e Erech e Acádia, todas nas terras de Shin'ar.
> Dessa terá emanado Ashur, onde
>   Nínive foi construída, uma cidade de ruas largas;
> e Khalah e Ressen – a grande cidade que fica
>   entre Nínive e Khalah.

Existiram, de fato, montes que os nativos chamavam de Calah, estando entre Nínive e Nimrud. Quando as equipes lideradas por W. Andrae escavaram a área de 1903 a 1914, descobriram as ruínas de Ashur, o centro religioso assírio e sua primeira capital. Entre todas as cidades assírias mencionadas na Bíblia, apenas Ressen ainda não foi encontrada. O nome significa "rédea de cavalo"; talvez ela fosse o local dos estábulos reais da Assíria.

Mais ou menos na mesma época em que Ashur estava sendo escavada, as equipes dirigidas por R. Koldewey estavam completando a escavação da Babilônia, a Babel bíblica – um local vasto de palácios, templos, jardins para recreação e o imponente zigurate. Logo, artefatos e inscrições revelaram a história dos dois impérios adversários na Mesopotâmia: Babilônia e Assíria, um centrado no sul e o outro no norte.

Em alta e em baixa, lutando e coexistindo, os dois constituíram uma civilização sofisticada que durou por volta de 1.500 anos, ambos surgindo por volta de 1900 a.C. Ashur e Nínive foram, por fim, dominadas e destruídas pelos babilônicos em 614 e 612 a.C., respectivamente. Como previsto pelos profetas bíblicos, a própria Babilônia teve um fim inglório quando Ciro, o Aquemênida, a conquistou em 539 a.C.

Embora elas tenham sido rivais durante toda sua história, seria difícil encontrar qualquer diferença significativa entre a Assíria e a Babilônia em questões materiais ou culturais. Embora a Assíria chamasse seu deus maior de Ashur ("que tudo vê") e a Babilônia adorasse Marduk ("filho do monte puro"), os panteões eram praticamente semelhantes.

Muitos dos museus mundiais têm entre seu acervo principal portões cerimoniais, touros alados, baixos-relevos, carruagens, ferramentas, utensílios, joalheria, estátuas e outros objetos feitos de todos os materiais concebíveis escavados dos montes da Assíria e da Babilônia. Porém, os verdadeiros tesouros desses reinos foram seus documentos escritos: milhares e milhares de inscrições na escrita cuneiforme, incluindo cosmologia, contos, poemas épicos, histórias dos reis, registros de templos, contratos comerciais, registros de casamento e divórcios, tabelas astronômicas, previsões astrológicas, fórmulas matemáticas, listas geográficas, textos escolares de vocabulário e gramática, e, não menos importantes, textos lidando com nomes, genealogias, epítetos, feitos, poderes e deveres dos deuses.

A linguagem comum que formou o laço cultural, histórico e religioso entre a Assíria e a Babilônia foi a acadiana. Ela foi a primeira linguagem semítica conhecida, parecendo, porém pré-datando, o hebraico, o aramaico, o fenício e o canaanita. Contudo, assírios e babilônicos não reivindicaram ter inventado a linguagem ou sua escrita. De fato, muitas de suas tabuletas traziam o adendo de que tinham sido copiadas de originais anteriores.

Quem, então, inventou a escrita cuneiforme e desenvolveu a linguagem, sua gramática precisa e vocabulário rico? Quem escreveu os "originais anteriores"? E por que assírios e babilônicos chamam a linguagem de acadiana?

A atenção, uma vez mais, se volta para o livro do Gênesis. "E o início de seu reino: Babel e Erech e Acádia". Acádia – poderia ter existido mesmo tal capital real, antes de Babilônia e Nínive?

As ruínas da Mesopotâmia forneceram uma evidência conclusiva de que um dia, de fato, existiu um reino com o nome de Acádia, criado por um governante bem anterior, que chamava a si de *sharrukin* ("governante justo"). Ele declarou em suas inscrições que seu império se estendeu, pela graça de seu deus Enlil, do Mar Inferior (o Golfo Pérsico) ao Mar Superior (acredita-se ser o Mediterrâneo). Gabava-se de que "no porto da Acádia, fez atracar navios" de muitas terras distantes.

Os acadêmicos ficaram espantados: tinham encontrado um império da Mesopotâmia de 3000 a.C.! Aconteceu um salto – para trás – de por volta de 2 mil anos, do Sargão de Dur Sharrukin assírio ao Sargão da Acádia. E, ainda assim, os montes que foram escavados trouxeram à luz literatura e arte, ciência e política, comércio e comunicações – uma civilização completa – bem antes do surgimento da Babilônia e da Assíria. Mais ainda, era o precursor óbvio e a fonte das civilizações mesopotâmicas posteriores; Assíria e Babilônia eram apenas ramos do tronco acadiano.

O mistério de uma civilização mesopotâmica tão anterior se aprofundou, contudo, à medida que foram encontradas as inscrições registrando os feitos e a genealogia de Sargão da Acádia. Elas afirmavam que seu título completo era "Rei de Acádia, Rei de Kish". Elas explicavam que, antes de assumir o trono, ele tinha sido um conselheiro dos "governantes de Kish". Existiu, então – os acadêmicos se perguntaram – um reino ainda mais antigo, o de Kish, que precedeu a Acádia?

De novo, os versos bíblicos ganham em significado:

E Kush gerou Nimrod;
Ele foi o primeiro a ser Herói da Terra...
E o início de seu reino:
Babel, e Erech e Acádia.

Muitos estudiosos especularam que Sargão de Acádia era o Nimrod bíblico. Se alguém lê "Kish" como "Kush" nos versos bíblicos anteriores, iria parecer que Nimrod de fato foi precedido por Kish, como declarado por Sargão. Os acadêmicos, então, começaram a aceitar literalmente o resto de suas inscrições: "Ele venceu Uruk e derrubou os seus muros... ele foi vitorioso na batalha contra os habitantes de Ur... ele derrotou todo o território desde Lagash até o mar".

A Erech bíblica era idêntica à Uruk das inscrições de Sargão? Quando o sítio hoje chamado de Warka foi escavado, descobriu-se que esse era o caso. E a Ur a que Sargão se refere não era outra além da Ur bíblica, o local de nascimento de Abraão, na Mesopotâmia.

Não só as descobertas arqueológicas justificaram os relatos bíblicos; também pareceu certo que devem ter existido reinos, cidades e civilizações na Mesopotâmia, mesmo antes de 3000 a.C. A única questão era: quanto teria de se recuar no tempo para encontrar o *primeiro* reino civilizado?

A chave que destravou o quebra-cabeça foi outra língua.

Logo os acadêmicos perceberam que os nomes tinham significado não apenas em hebraico e no Velho Testamento, mas também por todo o Oriente Médio antigo. Todos os nomes de pessoas e lugares acadianos, babilônicos e assírios tinham significado. Mas os nomes dos governantes que precederam Sargão de Acádia não faziam nenhum sentido: o rei em cuja corte Sargão foi conselheiro era chamado de Urzababa; o rei que reinou em Erech era chamado de Lugalzagesi, e por aí vai.

Em uma palestra diante da Sociedade Real Asiática, em 1853, *sir* Henry Rawlinson ressaltou que tais nomes não eram nem semíticos nem indo-europeus. De fato, "eles pareciam não pertencer a um grupo conhecido de línguas ou povos". Porém, se nomes tinham significado, qual era a língua misteriosa em que eles tinham significado?

Os acadêmicos olharam de novo para as inscrições acadianas. Basicamente, a escrita cuneiforme acadiana era silábica: cada signo era uma sílaba completa (*ab, ba, bat,* etc.). Porém, a escrita fazia uso extensivo de sinais que não eram sílabas fonéticas, mas transmitiam o significado de "deus", "cidade", "país" ou "vida", "exaltado" e coisas do gênero. A única explicação possível para o fenômeno era que esses signos eram remanescentes de um método de escrita anterior que usava pictogramas. Portanto, o acadiano deve ter sido precedido por outra linguagem que usava um método de escrita parecido com os hieróglifos egípcios.

Logo ficou óbvio que uma linguagem anterior, e não apenas uma forma de escrita anterior, estava envolvida aqui. Os estudiosos descobriram que inscrições e textos acadianos faziam um uso extensivo de palavras de empréstimo – palavras emprestadas intactas de outras línguas (do mesmo modo que um francês moderno emprestaria a palavra inglesa *weekend*). Isso se mostrou especialmente verdade quando a terminologia científica ou técnica estava envolvida, e em questões que lidavam com os deuses e os céus.

Um dos maiores achados dos textos acadianos foram as ruínas de uma biblioteca reunida em Nínive por Assurbanipal. Layard e seus colegas retiraram do sítio 25 mil tabuletas, muitas das quais foram descritas pelos escribas antigos como cópias de "textos antigos". Um grupo de 23 tabuletas terminava com um *post-scriptum*: "23ª tabuleta: língua de Shumer não modificada". Outro texto trazia uma declaração enigmática feita pelo próprio Assurbanipal:

O deus dos escribas concedeu-me o dom do conhecimento de
    sua arte.

Eu fui iniciado nos segredos da escrita.
Eu posso até ler as intrincadas tabuletas em shumeriano.
Eu compreendo as palavras enigmáticas talhadas na pedra
    dos tempos de antes do Dilúvio.

A alegação feita por Assurbanipal de que podia ler tabuletas intrincadas em "shumeriano" e compreender as palavras escritas nas tabuletas "dos tempos antes do Dilúvio" apenas aumentou o mistério. Contudo, em janeiro de 1869, Jules Oppert sugeriu à Sociedade Francesa de Numismática e Arqueologia que fosse dado o reconhecimento para a existência de uma linguagem e povo pré-acadiano. Ressaltando que os primeiros governantes da Mesopotâmia proclamaram sua legitimidade assumindo o título de "Reis da Suméria e Acádia", ele sugeriu que o povo fosse chamado de "sumérios" e sua terra, "Suméria".

Exceto pela má pronúncia do nome – deveria ser S*h*uméria, não Suméria –, Oppert estava correto. A Suméria não era uma terra distante e misteriosa, mas o nome antigo para o sul da Mesopotâmia, exatamente como o livro do Gênesis tinha declarado: as cidades reais da Babilônia e Acádia e Erech estavam na "Terra de Shin'ar". (Shinar era o nome bíblico para a Suméria.)

Quando os acadêmicos aceitaram essa conclusão, os portais foram abertos. As referências acadianas aos "textos mais antigos" se tornaram significativas, e os estudiosos logo perceberam que tabuletas com longas colunas de palavras eram, de fato, léxicos e dicionários de acadiano-sumério, preparados na Assíria e na Babilônia para seu próprio estudo da primeira linguagem escrita, o sumério.

Sem esses dicionários do passado distante, nós ainda estaríamos longe de sermos capazes de ler sumério. Com sua ajuda, um vasto tesouro cultural e literário se abriu. Também ficou claro que a escrita suméria, originalmente pictográfica e entalhada na pedra em colunas verticais, foi depois transformada em horizontal e, mais tarde ainda, estilizada para ser escrita com estilete em tabuletas de argila até se tornar a escrita cuneiforme, que foi adotada por acadianos, babilônicos, assírios e outras nações do Oriente Médio antigo (Figura 4).

A decifração da língua e da escrita suméria, e a percepção de que os sumérios e sua cultura eram a fonte principal das realizações acadianas-babilônicas-assírias, impulsionaram as buscas arqueológicas no sul da Mesopotâmia. Todas as evidências, agora, indicavam que o início estava lá.

A primeira escavação significativa de um sítio sumério começou em 1877 pelos arqueólogos franceses; e os achados desse único sítio foram tão abrangentes que outros continuaram a escavar até 1933, sem completar a tarefa.

Chamado pelos nativos de Telloh ("monte"), o sítio provou ser uma cidade suméria antiga, a própria Lagash de cuja conquista Sargão da Acádia tinha se gabado. De fato, ela era uma cidade real cujos governantes tinham o mesmo título que Sargão adotou, exceto por ser em língua suméria: EN.SI ("rei justo"). Sua dinastia havia começado cerca

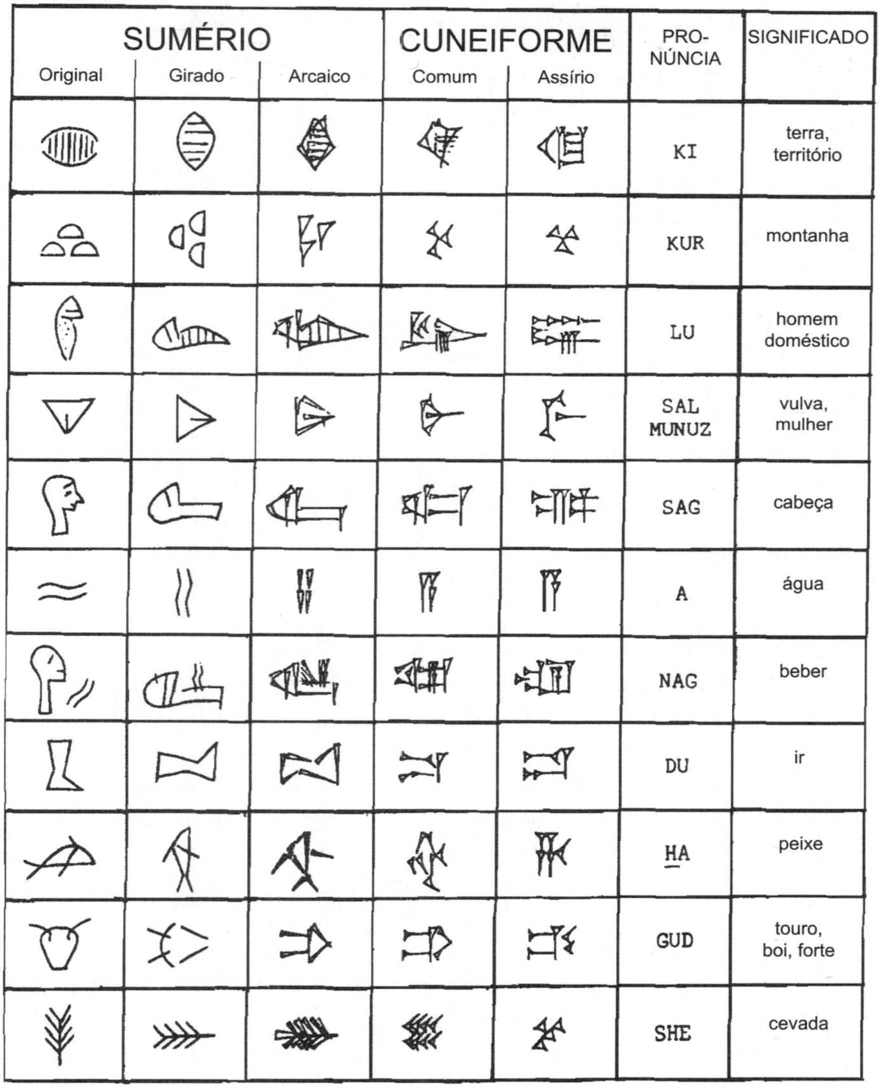

SUMÉRIO			CUNEIFORME		PRO-NÚNCIA	SIGNIFICADO
Original	Girado	Arcaico	Comum	Assírio		
					KI	terra, território
					KUR	montanha
					LU	homem doméstico
					SAL MUNUZ	vulva, mulher
					SAG	cabeça
					A	água
					NAG	beber
					DU	ir
					HA	peixe
					GUD	touro, boi, forte
					SHE	cevada

Figura 4

de 2900 a.C. e durou 650 anos. Durante esse tempo, 43 *ensis* reinaram sem interrupção em Lagash: seus nomes, genealogias e duração de reinado estavam todos registrados com cuidado.

As inscrições (Figura 5) forneceram muita informação. Apelos aos deuses, "para fazer os cereais brotarem, para crescerem, para a colheita... para fazer com que as plantas irrigadas dessem grãos", atestam a existência

Figura 5

de agricultura e irrigação. Uma taça inscrita em honra de uma deusa pelo "superintendente do celeiro" indica que os grãos eram estocados, medidos e comercializados.

Um *ensi* chamado Eannatum deixou uma inscrição em um tijolo de argila que torna claro que esses governantes sumérios só podiam assumir o trono com a aprovação dos deuses. Também documentou a conquista de outra cidade, revelando-nos a existência de outras cidades-estado na Suméria, no início de 3000 a.C.

O sucessor de Eannatum, Entemena, escreveu sobre a construção de um templo e de tê-lo adornado com ouro e prata, jardins, ampliação de fontes revestidas com tijolos. Ele se gabou de construir um forte com torres de vigilância e instalações portuárias.

Um dos governantes de Lagash mais conhecidos foi Gudea. Ele teve muitas estatuetas feitas com sua imagem, todas o mostrando em uma posição votiva, rezando para seus deuses. Essa postura não era fingimento: Gudea, de fato, tinha se devotado à adoração de Ningirsu, seu deus principal, e para a construção e reconstrução de templos.

Muitas de suas inscrições revelam que, em busca por materiais de construção requintados, ele obteve ouro da África e Anatólia, prata das Montanhas Taurus, cedros do Líbano, outras madeiras raras do Ararat, cobre da cordilheira de Zagros, diorito do Egito, cornalina da Etiópia e outros materiais de terras ainda não identificadas pelos acadêmicos.

Quando Moisés construiu para o Senhor Deus uma "Residência" no deserto, ele o fez de acordo com instruções muito detalhadas fornecidas pelo Senhor. Quando o rei Salomão construiu o primeiro Templo de Jerusalém, ele também o fez depois de o Senhor ter "lhe dado a sabedoria". Ao profeta Ezequiel foram mostradas plantas detalhadas para o Segundo Templo "em uma visão Divina" por uma "pessoa que tinha a aparência de bronze e que possuía em suas mãos uma corda de linho e uma vara de medição". Ur-Nammu, governante de Ur, registrou em um milênio anterior como seu deus, ordenando-lhe construir um templo para ele e dando-lhe as instruções pertinentes, deu-lhe a vara de medição e fita métrica para a tarefa (Figura 6).

Figura 6

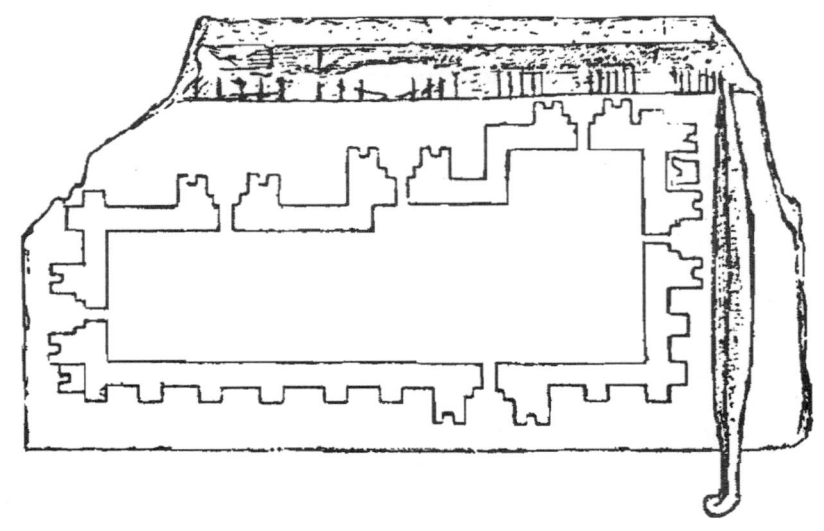

Figura 7

Duzentos anos antes de Moisés, Gudea fez a mesma alegação. As instruções, ele registrou em uma inscrição muito longa, foram dadas a ele em uma visão. "Um homem que brilhava como os céus", em cujo lado estava "um pássaro divino", "mandou que eu construísse seu templo". Esse "homem", que "pela coroa em sua cabeça, obviamente, era um deus", mais tarde foi identificado como o deus Ningirsu. Com ele estava uma deusa que "segurava as tabuletas de sua estrela favorável nos céus"; em sua outra mão "segurava algo como uma agulha sagrada", com a qual ela indicava a Gudea "o planeta favorável". Um terceiro homem, também um deus, segurava em sua mão uma tabuleta de pedra preciosa; "o projeto de um templo estava contido nela". Uma das estátuas de Gudea o mostra sentado, com sua tabuleta em seus joelhos. Na tabuleta a escrita divina pode ser vista com clareza (Figura 7).

Embora fosse sábio, Gudea ficou embasbacado com essas instruções arquitetônicas e buscou o conselho de uma deusa que podia interpretar mensagens divinas. Ela explicou-lhe o significado das instruções, as medidas da planta, e o tamanho e forma dos tijolos a serem usados. Então, Gudea empregou um homem "adivinho, um responsável pelas tomadas de decisões", e uma mulher "buscadora de segredos" para encontrar o local, nos arredores da cidade, onde o deus desejava que seu templo fosse construído. Depois recrutou 216 mil pessoas para o trabalho de construção.

A perplexidade de Gudea pode ser compreendida com facilidade, pois o simples olhar para a "planta baixa", supostamente, deu-lhe a informação necessária para construir um zigurate complexo, subindo em sete andares. Escrevendo no *Der Alte Orient* em 1900, A. Billerbeck foi capaz de decifrar ao menos parte das instruções arquitetônicas divinas. O desenho antigo, mesmo na estátua parcialmente danificada, está acompanhado no topo por grupos de linhas verticais cujo número diminui à medida que o espaço entre elas aumenta. Parece que os arquitetos divinos foram capazes de fornecer com uma única planta baixa, acompanhada por sete escalas variáveis, a instrução completa para a construção de um templo com sete andares.

Dizem que a guerra incentiva o homem a inovações científicas e materiais. Na antiga Suméria, parece, a construção de templos estimulou o povo e seus governantes às maiores realizações tecnológicas. A habilidade de conduzir obras de construção importantes, de acordo com plantas arquitetônicas preparadas, organizar e alimentar uma imensa força de trabalho, aplainar a terra e construir elevações, moldar tijolos e transportar pedras, trazer metais raros e outros materiais de longe, fundir metal e moldar utensílios e ornamentos – tudo, claramente, fala de uma civilização avançada, já em total florescimento em 3000 a.C. (Figura 8)

Figura 8

Embora até os primeiros templos sumérios fossem cheios de maestria, eles representaram apenas a ponta do iceberg do escopo e riqueza de realizações materiais da primeira civilização conhecida do homem.

Além de invenção e desenvolvimento da escrita, sem a qual uma civilização avançada não poderia ter surgido, os sumérios também deveriam receber o crédito pela invenção da impressão. Milênios antes de Johann Gutenberg "inventar" a impressão usando tipos móveis, os escribas sumérios usavam "tipos" feitos à mão de vários signos pictográficos, que utilizavam como hoje nós usamos carimbos de borracha, para imprimir a sequência desejada de sinais na argila úmida.

Também inventaram o precursor de nossas prensas rotativas – o selo cilíndrico. Feito de uma pedra extremamente dura, ele era um cilindro pequeno em que a mensagem ou desenho tinha sido entalhado em reverso; sempre que o selo era rolado na argila úmida, a impressão criava uma imagem "positiva" na argila. O selo também possibilitava que se assegurasse a autenticidade de documentos. Uma impressão nova podia ser feita imediatamente para comparar com a antiga impressão do documento (Figura 9).

Figura 9

Muitos dos documentos escritos sumérios e mesopotâmios diziam respeito não necessariamente ao divino e ao espiritual, mas a tarefas diárias, como registro de colheitas, medidas de campos e cálculo de preços.

De fato, nenhuma civilização avançada teria sido possível sem um sistema de matemática avançado.

O sistema sumério chamado de sexagesimal combinava o 10 comum com um 6 "celestial" para obter a base de número 60. Esse sistema é, em alguns aspectos, superior ao nosso atual. Em todo caso, é inquestionavelmente superior aos sistemas grego e romano posteriores. Possibilitava aos sumérios dividir em frações e multiplicar por milhões, calcular raízes e elevar os números a várias potências. Ele não é só o primeiro sistema matemático conhecido, mas também um que nos deu o conceito de "lugar": como no sistema decimal, o 2 pode ser 2, 20 ou 200, dependendo do lugar do dígito, do mesmo modo o 2 sumério poderia significar 2 ou 120 (2 x 60), e assim por diante, dependendo do local (Figura 10).

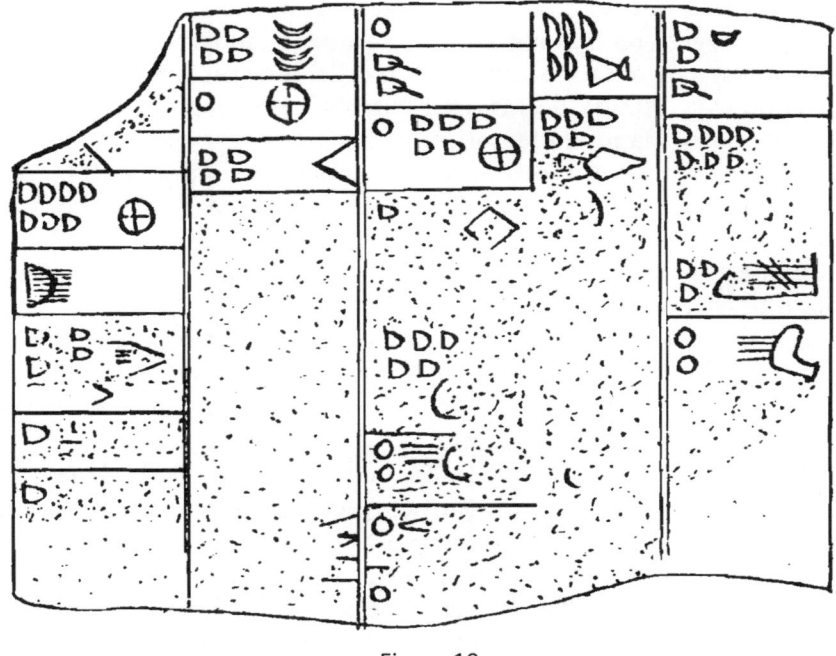

Figura 10

O círculo de 360 graus, o pé e suas 12 polegadas e a "dúzia" como unidades são apenas alguns exemplos dos vestígios da matemática suméria ainda evidentes em nossa vida diária. Suas conquistas concomitantes na astronomia, a criação de um calendário e feitos matemáticos celestiais semelhantes receberão um estudo mais atento nos capítulos seguintes.

Como no nosso sistema econômico e social, nossos livros, tribunais e registros de impostos, contratos comerciais, certificados de casamento, e por aí vai, dependem de papel a vida suméria/mesopotâmica dependia de argila.

Templos, tribunais e casas tradicionais tinham seus escribas prontos com tabuletas de argila úmida para inscrever decisões, acordos, cartas, ou calcular preços, salários, a área de um campo ou o número de tijolos requeridos em uma construção.

A argila também era um material bruto crucial para a manufatura de utensílios para uso diário, e recipientes para estoque e transporte de mercadorias. Também era usada para fazer tijolos – outro "primeiro" sumério, que tornou possível a construção de casas para o povo, palácios para os reis e templos imponentes para os deuses.

Os sumérios recebem o crédito de duas tecnologias inovadoras que tornaram possível combinar leveza com resistência a todos os produtos de argila: reforço e fogo. Os arquitetos modernos descobriram que o concreto reforçado, um material de construção extremamente forte, pode ser criado derramando cimento em moldes contendo argolas de ferro. Há muito tempo, os sumérios deram a seus tijolos uma grande resistência ao misturar a argila molhada com junco ou palha picada. Também sabiam que produtos de argila poderiam ter resistência à tração e durabilidade queimando-os em um forno. Os primeiros arranha-céus e arcos do mundo, bem como peças de cerâmica duráveis, foram possíveis graças a essas inovações tecnológicas.

A invenção do forno – uma fornalha em que temperaturas altas, mas controláveis, poderiam ser obtidas sem o risco de contaminar os produtos com poeira ou cinzas – tornou possível um avanço tecnológico ainda maior: a Era dos Metais.

Já se reconheceu que o homem descobriu que podia bater "pedras moles" – pepitas de ouro que ocorriam naturalmente, assim como cobre e prata – em formas úteis ou prazenteiras, em algum momento por volta de 6000 a.C. Os primeiros artefatos de metal batido foram encontrados no planalto das montanhas Zagros e Taurus. Contudo, como R. J. Forbes (*The Birthplace of Old World Metallurgy*) apontou, "no antigo Oriente Médio, o suprimento de cobre nativo ficou rapidamente exaurido, e a mineração teve de se voltar para outros minérios". Isso exigiu conhecimento e habilidade para encontrar e extrair os minérios, esmagá-los, depois fundir e refiná-los – processos que não poderiam ser conduzidos sem fornalhas e uma tecnologia em geral avançada.

A arte da metalurgia logo englobou a habilidade para ligar o cobre a outros metais, resultando em um metal fundível, duro, mas maleável que nós chamamos de bronze. A Idade do Bronze, nossa primeira era metalúrgica, também foi uma contribuição mesopotâmica para a civilização moderna. Muito do comércio antigo era devotado ao negócio com metais. Ela também formou a base para o desenvolvimento do sistema bancário mesopotâmio e o primeiro dinheiro – o *shekel* de prata ("lingote pesado").

Muitas variedades de metal e ligas, para os quais foram encontrados nomes sumérios e acadianos, e a extensa terminologia tecnológica atestam o alto nível da metalurgia na antiga Mesopotâmia. Por um tempo, isso confundiu os acadêmicos porque a Suméria, enquanto tal, não tinha minérios metálicos, contudo a metalurgia, definitivamente, começou ali.

A resposta é energia. Fundir, refinar e fazer ligas, bem como a moldagem, não poderiam ser realizados sem amplos suprimentos de combustíveis para acender fornos, cadinhos e fornalhas. A Mesopotâmia podia ter falta de minérios, mas tinha combustíveis em abundância. Então, os minérios foram trazidos pelos combustíveis, o que explica muitas das primeiras inscrições antigas descrevendo a extração de minérios de longe.

Os combustíveis que trouxeram supremacia tecnológica à Suméria foram o betume e o asfalto, produtos de petróleo o qual escoava naturalmente na superfície em muitos locais da Mesopotâmia. R. J. Forbes (*Bitumen and Petroleum in Antiquity*) mostra que depósitos de superfície da Mesopotâmia eram a fonte primária de combustíveis no mundo antigo, desde os tempos mais remotos até a era romana. Sua conclusão é de que o uso tecnológico desses produtos do petróleo começou na Suméria por volta de 3500 a.C. De fato, ele mostra que o uso e o conhecimento dos combustíveis e suas propriedades eram maiores nos tempos sumérios do que em civilizações posteriores.

O uso sumério dos produtos de petróleo era tão abrangente – não apenas como combustível, mas também como materiais para a construção de estradas, para vedação contra a água, calafetagem, pintura, cimento e moldagem – que, quando os arqueólogos buscaram pela Ur antiga, a encontraram enterrada em um monte que os árabes locais chamavam de "monte de betume". Forbes mostra que a língua suméria tinha termos para cada gênero e variante de substâncias betuminosas encontradas na Mesopotâmia. De fato, os nomes dos betuminosos e materiais de petróleo em outras línguas – acadiana, Hebraica, egípcia, cóptica, grega, latina e sânscrita – podem claramente ser rastreados a suas origens sumérias. Por exemplo, a palavra mais comum para petróleo – *nafta* – deriva de *napatu* ("pedra que chameja").

O uso sumério dos produtos de petróleo também foi básico para uma química avançada. Podemos julgar o alto nível do conhecimento sumério não apenas pela variedade de pinturas e pigmentos usados e processos como vidraçaria, mas também pela produção artificial admirável de pedras semipreciosas, incluindo um substituto para o lápis-lazúli.

O betume também era utilizado na medicina suméria, outro campo em que os padrões eram de uma superioridade impressionante. As centenas de textos acadianos que foram encontrados empregam termos médicos e frases sumérias de forma extensiva, apontando para a origem suméria de toda a medicina da Mesopotâmia.

A biblioteca de Assurbanipal, em Nínive, incluía uma seção médica. Os textos estavam divididos em três grupos: *bultitu* ("terapia"), *shipir bel imti* ("cirurgia") e *urti mashmashshe* ("procedimentos e encantamentos"). Códigos de leis antigos incluíam partes lidando com honorários pagáveis aos cirurgiões por operações bem-sucedidas, além de penalidades a serem impostas a eles em caso de falha: um cirurgião, usando um bisturi para abrir a têmpora de um paciente, perderia sua mão se, acidentalmente, destruísse o olho do enferno.

Alguns esqueletos encontrados em túmulos da Mesopotâmia tinham marcas inconfundíveis de cirurgia cerebral. Um texto médico parcialmente fragmentado fala de remoção cirúrgica de "uma sombra cobrindo o olho do homem", provavelmente catarata. Outro texto menciona o uso de instrumentos cortantes, afirmando que, "se a doença chegou dentro do osso, você deve raspar e remover".

Figura 11

Pessoas doentes nos tempos da Suméria podiam escolher entre um A.ZU ("médico da água") e um IA.ZU ("médico do óleo"). Uma tabuleta escavada em Ur, com aproximadamente 5 mil anos, nomeia os praticantes de medicina como "Lulu, o médico". Também existiam veterinários – conhecidos ou como "doutores de bovinos" ou como "doutores de equinos".

Um par de pinças cirúrgicas é ilustrado em um cilindro muito antigo com uma balança, encontrado em Lagash, que pertenceu a "Urlugale-dina, o médico". O selo também mostra a serpente em uma árvore – o símbolo da medicina até hoje (Figura 11). Um instrumento usado por parteiras para cortar o cordão umbilical também foi ilustrado com frequência.

Os textos médicos sumérios lidam com diagnóstico e prescrição. Não deixam dúvida de que os médicos sumérios não recorriam a magia ou feitiçaria. Eles recomendavam limpeza e lavagem, imersão em banhos de água quente e solventes minerais; aplicação de derivados de vegetais, esfregação com componentes de petróleo.

Eram feitos remédios de plantas e compostos minerais, misturados com líquidos ou solventes apropriados para o método de aplicação. Se tomados pela boca, os pós eram misturados com vinho, cerveja ou mel. Se "despejados no reto" – administrado em um enema – eram misturados com óleos vegetais ou plantas. Álcool, que tem um papel tão importante na desinfecção cirúrgica e é base de tantos remédios, chegou às nossas línguas com a palavra árabe *kohl* do acadiano *kuhlu*.

Protótipos de fígados indicam que era ensinada medicina em escolas médicas com a ajuda de modelos de argila de órgãos humanos. A anatomia deve ter sido uma ciência avançada, pois havia rituais no templo para dissecções elaboradas de animais para sacrifícios – apenas um passo atrás do conhecimento comparável de anatomia humana.

Várias representações em selos cilíndricos de tabuletas de argila mostram as pessoas deitadas em algum tipo de mesa cirúrgica, cercadas por equipes de deuses ou pessoas. Sabemos por épicos e outros textos heroicos que os sumérios e seus sucessores na Mesopotâmia estavam envolvidos com questões de vida, doença e morte. Homens como Gilgamesh, um rei de Erech, buscaram a "Árvore da Vida" ou algum mineral ("uma pedra") que podia proporcionar juventude eterna. Também existiam referências a esforços para ressuscitar os mortos, especialmente se eram de serem deuses:

Sobre o cadáver, dependurado de um mastro,
eles dirigiram o Pulso e o Resplendor;
Sessenta vezes a Água da Vida,
Sessenta vezes o Alimento da Vida,
eles espargiram sobre ele,
e Inanna se levantou.

Existiam métodos ultramodernos, sobre os quais podemos apenas especular, conhecidos e usados em tais tentativas de ressuscitamento? Que materiais radioativos eram conhecidos e utilizados para tratar certas doenças é sugerido, de fato, por uma cena de tratamento médico representada em um selo cilíndrico datando do início da civilização suméria. Ela mostra, sem dúvida, um homem deitado em uma cama especial; seu rosto está protegido por uma máscara, e ele está sendo exposto a algum tipo de radiação (Figura 12).

Uma das realizações materiais sumérias mais antigas foi o desenvolvimento de indústrias de têxteis e roupas.

Consideramos nossa própria Revolução Industrial ter começado com a introdução das máquinas de fiar e tecer na Inglaterra em 1760.

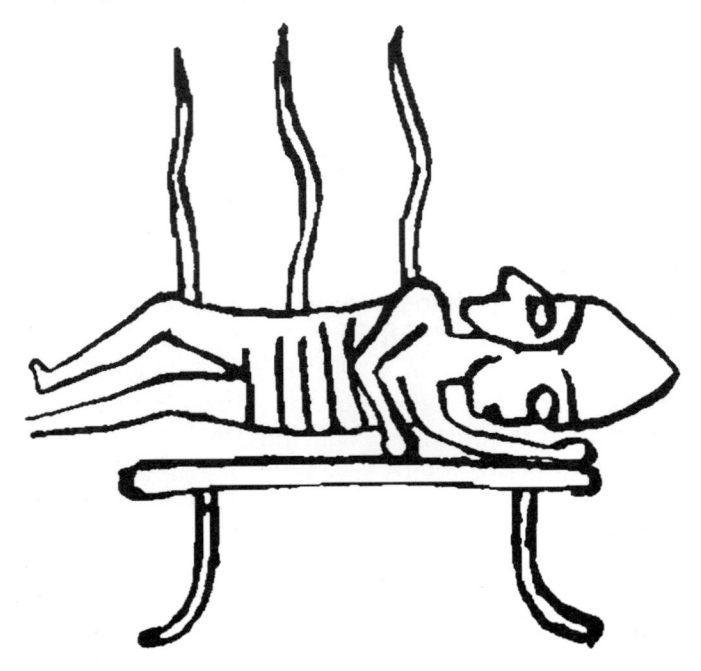

Figura 12

A maior parte das nações em desenvolvimento aspirou, desde então, a desenvolver uma indústria têxtil como o primeiro passo para a industrialização. A evidência mostra que esse foi o processo não só desde o século XVIII, mas também desde a primeira civilização do homem, o qual não poderia ter feito tecidos antes do advento da agricultura, que forneceu a ele linho e a domesticação de animais, criando uma fonte de lã. Grace M. Crowfoot (*Textiles, Basketry and Mats in Antiquity*) expressou o consenso acadêmico ao afirmar que a fabricação de têxteis surgiu pela primeira vez na Mesopotâmia por volta de 3800 a.C.

A Suméria, além do mais, tinha renome nos tempos antigos não apenas por seus tecidos, mas também por seu vestuário. O livro de Josué (7:21) informa que durante a tempestade de Jericó uma certa pessoa não pôde resistir à tentação de ficar com "um bom casaco de Shin'ar", que tinha encontrado na cidade, embora a penalidade fosse a morte. Os vestuários de Shinar (Suméria) tinham um preço tão elevado que as pessoas estavam dispostas a arriscar suas vidas para obtê-los.

Uma terminologia rica já existia nos tempos sumérios para descrever tanto itens de vestuário como seus fabricantes. A roupa básica era chamada TUG – sem dúvida, o precursor do estilo e nome da toga romana. Tais vestes eram TUG.TU.SHE, que em sumério significa "roupa que é usada enrolada" (Figura 13).

A antiga ilustração revela não apenas uma variedade e opulência estonteantes em matéria de roupas, mas também elegância, em que o bom gosto e a combinação entre as roupas, penteados, enfeites de cabeça e joias prevaleciam. (Figura 14, 15).

Outro grande feito sumério foi sua agricultura. Em uma terra com apenas chuvas sazonais, os rios eram manejados para irrigar as plantações o ano todo com um vasto sistema de canais de irrigação.

A Mesopotâmia – a terra entre rios – era um verdadeiro celeiro de alimentos nos tempos antigos. A árvore do abricó, a palavra espanhola para ela é *damasco* (árvore de damasco), tem o nome latino de *armeniaca*, uma palavra emprestada do acadiano *armanu*. A cereja – *kerasos* em grego, *kirsche* em alemão – se origina do acadiano *karshu*. Toda a evidência sugere que essas e outras frutas e vegetais chegaram à Europa vindas da Mesopotâmia. Assim aconteceu com muitas sementes especiais e temperos: nossa palavra açafrão vem do acadiano *azupiranu*, *crocus* de *kurkanu* (via *krokos* em grego), cominho de *kamanu*, hissopo de *zupu*, mirra de *murru*. A lista é longa, em muitos casos. A Grécia forneceu a ponte física e etimológica pela qual esses produtos da terra chegaram à Europa. Cebolas, lentilhas, feijões, pepinos, repolhos e alfaces eram ingredientes comuns na dieta suméria.

Figura 13

Figura 14

Figura 15

São igualmente impressionantes a extensão e a variedade dos métodos de preparo de alimentos da antiga Mesopotâmia, sua culinária. Textos e pinturas confirmam o conhecimento sumério de converter os cereais que tinham cultivado em farinha, da qual faziam uma variedade de pães com ou sem fermento, mingaus, massas, bolos e biscoitos. A cevada também era fermentada para produzir cerveja; "manuais técnicos" para a produção de cerveja foram encontrados entre os textos. O vinho era obtido de uvas e de tamareiras. O leite era disponível de ovelhas, cabras e vacas; usado em manteiga, creme e queijos. O peixe era uma parte comum da dieta. Carneiros eram conseguidos com facilidade e a carne de porcos, que os sumérios criavam em grandes varas, era considerada uma verdadeira iguaria. Gansos e patos podem ter sido reservados para as mesas dos deuses.

Os textos antigos não deixam dúvida de que a cozinha sofisticada da antiga Mesopotâmia se desenvolveu em templos e no serviço aos deuses. Um texto prescreve a oferenda para o deus dos "pães de cevada... pães de espelta, uma pasta de mel e creme, tâmaras, pastelaria... cerveja, vinho, leite... seiva de cedro, creme". Carne grelhada era oferecida com libações de "primeira cerveja, vinho e leite". Um corte específico de um boi era preparado de acordo com receita estrita, falando de "farinha fina... feita em uma massa com água, primeira cerveja e vinho" e misturada com gorduras de animais, "ingredientes aromáticos feitos do coração das plantas", nozes, malte e especiarias. Instruções para "o sacrifício diário aos deuses da cidade de Uruk" falavam do serviço de cinco beberagens diferentes com os alimentos e especificavam o que "o moleiro na cozinha" e "o chefe trabalhando para amassar na gamela" deviam fazer.

Nossa admiração pela arte culinária suméria com certeza cresce quando ficamos diante de poemas que cantam e elogiam os alimentos requintados. De fato, o que se pode dizer quando se lê uma antiga receita milenar para "*coq au vin*":

> No vinho de beber,
> Na água perfumada,
> No óleo da unção
> Esse pássaro foi cozido,
> e foi comido.

Uma economia pujante e uma sociedade com tais empreendimentos materiais amplos não poderiam ter se desenvolvido sem um sistema de transportes eficiente. Os sumérios usavam seus dois grandes rios e a rede de canais artificiais para transporte fluvial de pessoas, mercadorias e animais. Alguns dos desenhos mais antigos mostram o que, sem dúvida, foram os primeiros barcos do mundo.

Figura 16

Nós sabemos, a partir de muitos textos antigos, que os sumérios também se engajaram em navegação marítima em águas profundas, usando uma variedade de embarcações para chegar a terras distantes em busca de metais, madeiras raras, pedras e outros materiais que não podiam obter na Suméria. Descobriu-se em um dicionário acadiano da língua suméria uma seção sobre embarcações, listando 105 termos sumérios para vários barcos pelo seu tamanho, destinação ou propósito (para carga, para passageiros ou para o uso exclusivo de determinados deuses). Outros 69 termos sumérios que diziam respeito ao manejo e à construção de navios foram traduzidos para o acadiano. Apenas uma longa tradição de navegação marítima poderia ter produzido embarcações tão especializadas e terminologia técnica.

Para transporte terrestre, a roda foi usada pela primeira vez na Suméria. Sua invenção e introdução na vida diária tornaram possível uma variedade de veículos, de carros a carruagens, e, sem dúvida, também garantiram à Suméria a distinção de ter sido a primeira a empregar a "força do touro" bem como a "força do cavalo" para a locomoção (Figura 16).

Em 1956, o professor Samuel N. Kramer, um dos grandes sumeriologistas do nosso tempo, revisitou o legado literário encontrado entre os montes da Suméria. O índice de *From the Tablets of Sumer* é uma joia em si, pois cada um dos 25 capítulos descreve um "ineditismo" sumério, incluindo as primeiras escolas, o primeiro congresso bicameral, o primeiro historiador, a primeira farmacopeia, o primeiro "almanaque do agricultor", a primeira cosmogonia e cosmologia, o primeiro "Jó", os primeiros provérbios e ditados, e a primeira Era Heroica do homem, seu primeiro código de leis e reformas sociais, sua primeira medicina, agricultura e busca pela paz e harmonia do mundo.

Isso não é exagero.

As primeiras escolas foram criadas na Suméria como uma decorrência direta da invenção e da introdução da escrita. A evidência (arqueológica, tais como prédios escolares e escrita, como as tabuletas de exercícios) indica a existência de um sistema formal de educação pelo início do ano 3000 a.C. Existiam, literalmente, milhares de escribas na Suméria, indo de escribas juniores a altos escribas, escribas reais, escribas de templos e escribas que assumiram altos postos oficiais. Alguns agiam como professores em escolas, e nós podemos ler seus ensaios sobre as escolas, seus objetivos e suas metas, seu currículo e métodos pedagógicos.

A escola não ensinava só língua e escrita, mas também as ciências da época – botânica, zoologia, geografia, matemática e teologia. Trabalhos literários do passado eram estudados e copiados, e novos eram compostos.

As escolas eram lideradas pelo *ummia* ("professor especialista"), e o corpo docente inevitavelmente incluía não apenas "um homem a cargo de desenho" e "um homem encarregado de sumério", mas também "um homem encarregado do açoite". Parece que a disciplina era rígida. Um aluno descreveu em uma tabuleta de argila como tinha sido açoitado por faltar à escola, por asseio insuficiente, por vadiar, por não ficar em silêncio, por se comportar mal e até por não ter uma escrita bem-feita.

Um poema épico a respeito da história de Erech trata da rivalidade entre Erech e a cidade-estado de Kish. O texto épico relata como os enviados de Kish foram a Erech, oferecendo um acordo de paz para sua contenda. Mas o governante de Erech na época, Gilgamesh, preferiu lutar a negociar. O interessante é que ele teve de colocar a questão para ser votada na Assembleia dos Anciãos, o "senado" local:

O senhor Gilgamesh,
Diante dos anciãos de sua cidade, expôs a questão,
Buscou uma decisão:
"Não permitam que nos submetamos à casa de Kish,
deixem-nos feri-los com armas".

A Assembleia dos Anciãos, contudo, foi a favor das negociações. Inabalável, Gilgamesh levou o assunto para os jovens, a Assembleia dos Homens Guerreiros, que votaram pela guerra. O aspecto significativo da história reside em sua revelação de que um governante sumério tinha de submeter a questão da guerra ou da paz para o congresso bicameral, por volta de 5 mil anos atrás.

O título de Primeiro Historiador foi dado por Kramer para Entemena, rei de Lagash, que registrou em cilindros de argila sua guerra com a vizinha Umma. Enquanto outros textos eram obras literárias ou poemas épicos cujos temas eram acontecimentos históricos, as inscrições de Entemena eram prosa, escrita somente como um registro de história factual.

Pelo fato de as inscrições da Assíria e da Babilônia terem sido decifradas bem antes dos registros sumérios, por muito tempo se acreditou que o primeiro código de leis foi compilado e decretado pelo rei babilônico Hamurabi, cerca de 1900 a.C. Mas, quando a civilização suméria foi descoberta, ficou claro que o "primeiro" código para um sistema de leis, para conceitos de ordem social e para a administração da justiça pertenceu à Suméria.

Bem antes de Hamurabi, um governante sumério da cidade-estado de Eshnunna (a nordeste da Babilônia) codificou leis que estabeleciam preços máximos para alimentos e aluguéis de vagões e barcos para que os pobres não fossem oprimidos. Existiam também leis lidando com ofensas contra pessoas e propriedades, além de regulação pertinente a questões familiares e para relações entre mestres e servos.

Antes ainda, um código foi promulgado por Lipit-Ishtar, um governante de Isin. As 38 leis que permanecem legíveis em uma tabuleta parcialmente preservada (uma cópia de um original que foi gravada em uma estela de pedra) lidam com propriedades, escravos e servos, casamento e herança, o aluguel de barcos, o arrendamento de bois e inadimplência em impostos. Como foi feito por Hamurabi depois dele, Lipit-Ishtar explicou no prólogo de seu código que agiu a partir de instruções dos "grandes deuses", que tinham lhe ordenado "trazer bem-estar para sumérios e acadianos".

Ainda assim, mesmo Lipit-Ishtar não foi o primeiro sumério codificador de leis. Fragmentos de tabuletas de argila que foram encontrados contêm cópias de leis codificadas por Urnammu, um governante de Ur de cerca de 2350 a.C. – mais da metade de um milênio antes de Hamurabi. As leis promulgadas a partir da autoridade do deus Nannar tinham como objetivo impedir e punir "os que agarravam bois, carneiros e jumentos dos cidadãos" para que "o órfão não seja presa do rico, a viúva não seja presa do poderoso, o homem de um shekel não fique presa de um homem de 60 shekels". Urnammu também decretou "pesos e medidas honestos e imutáveis".

Contudo, o sistema legal sumério, e o cumprimento das leis retrocedem ainda mais no tempo.

Por volta de 2600 a.C., tanto já havia acontecido na Suméria que o *ensi* Urukagina considerou necessário instituir reformas. Uma longa inscrição feita por ele foi chamada pelos acadêmicos de um registro precioso da primeira reforma social do homem baseada em um sentido de liberdade, igualdade e justiça – uma "Revolução Francesa" imposta por um rei 4.400 anos antes de 14 de julho de 1789.

O decreto de reforma de Urukagina listou os demônios de seu tempo em primeiro lugar, depois as reformas. Os demônios consistiam, primariamente, no uso injusto pelos supervisores de seus poderes de pegar o melhor para si; no abuso do *status* de oficial; na extorsão dos preços altos pelos grupos monopolistas.

Todas essas injustiças, e muitas mais, foram proibidas pelo decreto de reforma. Um oficial não podia mais estabelecer seu preço "por um bom asno ou uma casa". Um "homem poderoso" não podia mais exercer coação sobre um cidadão comum. Os direitos de cegos, pobres, viúvas e órfãos foram restabelecidos. Uma mulher divorciada – por volta de 5 mil anos atrás – recebia a proteção da lei.

Por quanto tempo tinha existido a civilização suméria a ponto de exigir uma reforma importante? É claro que muito tempo, pois Urukagina declarou que foi seu deus Ningirsu quem o convocou "para restaurar os decretos dos tempos primordiais". A implicação clara é que a volta a um sistema ainda mais antigo e a leis anteriores era necessária.

As leis sumérias eram defendidas por um sistema de tribunais em que os procedimentos e os julgamentos, bem como os contratos, eram registrados e preservados com meticulosidade. O judiciário agia mais como júris do que juízes. Em geral, uma corte era constituída de três ou quatro juízes, um dos quais era um "juiz real" profissional e os outros retirados de um júri de 36 homens.

Enquanto a Babilônia fazia regras e regulamentações, os sumérios estavam envolvidos com a justiça, pois acreditavam que os deuses designavam os reis, primariamente, para assegurar a justiça na terra.

Mais do que um paralelo pode ser traçado aqui com os conceitos de justiça e moralidade do Velho Testamento. Mesmo antes de os hebreus terem reis, eles eram governados por juízes. Os reis eram julgados não por suas conquistas ou riquezas, mas pela magnitude com que "fizeram o que era correto". Na religião judaica, o Ano-Novo marca um período de dez dias durante os quais os feitos dos homens eram pesados e avaliados para determinar seu destino no ano vindouro. É provável ser mais que uma coincidência que os sumérios acreditassem que uma deusa chamada Nanshe, anualmente, julgasse a humanidade do mesmo modo. Afinal, o primeiro patriarca hebreu – Abraão – veio da cidade suméria de Ur, a cidade de Ur-Nammu e seu código.

O envolvimento sumério com a justiça ou sua falta também encontrou expressão no que Kramer chamou de "o primeiro 'Jó'". Comparando fragmentos de tabuletas de argila no Museu de Antiguidades de Istambul, Kramer foi capaz de ler uma boa parte de um poema sumério, o qual, como o Livro de Jó bíblico, lida com a queixa de um homem justo que, em vez de ser abençoado pelos deuses, foi levado a sofrer todos os tipos de perda e desrespeito. "Minha palavra justa foi transformada em uma mentira", ele grita em angústia.

Em sua segunda parte, o sofredor anônimo suplica a seu deus de uma forma semelhante a alguns versos nos salmos hebreus:

Meu deus, você que é meu pai...
que me gerou – levante meu rosto...
Por quanto tempo você irá me negligenciar,
deixar-me sem proteção...
deixar-me sem orientação?

Depois acontece um final feliz. "As palavras justas, as palavras puras pronunciadas por ele, seu deus aceitou... seu deus retirou sua mão dos pronunciamentos maldosos."

Anteriores ao Livro dos Eclesiastes bíblico por uns dois milênios, os provérbios sumérios expressam muitos dos mesmos conceitos e gracejos.

Se nós estamos condenados a morrer – vamos gastar;
Se vamos viver muito tempo – vamos poupar.

Quando um homem pobre morre, não tente revivê-lo.
Aquele que possui muita prata deve ser feliz;
Aquele que possui muita cevada deve ser feliz;
Mas o que não tem nada pode dormir.

Homem: para seu prazer: Casamento;
Quando pensa melhor: Divórcio.

Não é o coração que leva à inimizade;
é a língua que leva à inimizade.

Em uma cidade sem vigilantes,
a raposa é o inspetor.

As realizações materiais e espirituais da civilização suméria também foram acompanhadas por um desenvolvimento extensivo das artes performáticas. Uma equipe de acadêmicos da Universidade da Califórnia em Berkeley foi notícia em março de 1974, quando anunciou que tinha decifrado a canção mais antiga do mundo. O que os professores Richard L. Crocker, Anne D. Kilmer e Robert R. Brown conseguiram foi ler e, de fato, tocar as notas musicais escritas em uma tabuleta cuneiforme de cerca de 1800 a.C., encontrada em Ugarit, na costa do Mediterrâneo (hoje, Síria).

"Nós sempre soubemos", a equipe de Berkeley explicou, "que existia música na civilização assírio-babilônica antiga, mas até essa decifração não sabíamos que ela tinha a mesma escala heptatônica-diatônica que é característica da música ocidental contemporânea e da música grega de 1000 a.C.". Até agora estava estabelecido que a nossa música – e tanto mais da civilização ocidental – se originou na Mesopotâmia. Não deveria surpreender, pois o erudito grego Filo já tinha afirmado que os mesopotâmicos eram conhecidos por "buscar a harmonia universal e uníssono por meio dos tons musicais".

Não pode haver dúvida de que música e canção também devem ser declaradas como um "ineditismo" sumério. De fato, o professor Crocker pôde tocar a música antiga apenas construindo uma lira como as que foram encontradas nas ruínas de Ur. Textos do segundo milênio a.C. indicam a existência de "números-chave" musicais e uma teoria musical coerente; e a própria professora Kilmer escreveu anteriormente (*The Strings of Musical Instruments: Their Names, Numbers, and Significance*) que muitos hinos sumérios tinham "o que parecem ser notações musicais nas

Figura 17

margens". "Os sumérios e seus sucessores tinham uma vida musical plena", ela concluiu. Não é de admirar, então, que encontramos uma grande variedade de instrumentos musicais – também de cantores e bailarinos – representados em selos cilíndricos e tabuletas de argila (Figura 17).

Como tantos outros feitos sumérios, música e canção também se originaram nos templos. Porém, começando a serviços dos deuses, essas artes performáticas logo também se tornaram predominantes fora dos templos. Empregando o jogo de palavras predileto sumério, um ditado popular comentava sobre os pagamentos cobrados pelas cantoras: "Uma cantora cuja voz não seja doce, de fato, é uma cantora 'pobre'".

Foram encontradas muitas canções de amor sumérias; elas eram, sem dúvida, cantadas com acompanhamento musical. A mais tocante, contudo, é uma canção de ninar que uma mãe compôs e cantou para seu filho doente:

> Venha sono, venha sono, venha a meu filho.
> Depressa, sono ao meu filho;
> Ponha para dormir seus olhos irrequietos...
> Você está com dor, meu filho;
> Eu estou perturbada, estou parada, muda,
> Eu olho para as estrelas.
> A lua nova brilha em seu rosto;
> Sua sombra derramará lágrimas por você.
> Deite-se, deite-se em seu sono...
>
> Possa a deusa do crescimento ser sua aliada;
> Possa você ter um guardião eloquente no céu;
> Possa você alcançar um reino de dias felizes...
> Possa uma esposa ser seu apoio;
> Possa um filho ser seu destino futuro.

O que impressiona em tal música e canções não é apenas a conclusão de que a Suméria foi fonte de estrutura e composição harmônica da música ocidental. Não menos significativo é o fato de que nós ouvimos a música e lemos os poemas, eles não soam estranhos ou alienígenas de modo algum, mesmo em sua profundeza de sensações e sentimentos. De fato, na medida em que contemplamos a grande civilização suméria, percebemos que não apenas *nossa* moral e *nosso* sentido de justiça, *nossas* leis, arquitetura, artes e tecnologia estão enraizados na Suméria, como também as instituições sumérias são tão familiares, tão próximas. No fundo, todos nós pareceríamos sumérios.

Depois de escavar em Lagash, a pá arqueológica descobriu Nipper, um dia centro religioso da Suméria e da Acádia. Entre os 30 mil textos encontrados lá, muitos permanecem não estudados até os dias de hoje. Em Shuruppak, foram encontrados alojamentos escolares datando do terceiro milênio a.C. Em Ur, acadêmicos encontraram vasos, joias, armas, carruagens, elmos magníficos, feitos de ouro, prata, cobre e bronze, as ruínas de uma fábrica de tecidos, registros de tribunais – e um zigurate gigantesco cujas ruínas ainda dominam a paisagem. Em Eshnunna e Adab, os arqueólogos encontraram templos e estátuas artísticas dos tempos pré-sargônicos. Umma produziu inscrições sobre impérios anteriores. Em Kish, edificações monumentais e um zigurate de pelo menos 3000 a.C. foram escavados.

Uruk (Erech) levou os arqueólogos de volta para 4000 a.C. Lá eles encontraram a primeira cerâmica colorida queimada em um forno, e evidência do primeiro uso da roda de cerâmica. Um pavimento de blocos de calcário é a mais antiga construção de pedra encontrada até hoje. Em Uruk, os arqueólogos também encontraram o primeiro zigurate – uma vasta elevação feita pelo homem, no topo da qual ficavam um templo branco e um templo vermelho. Os primeiros textos inscritos do mundo também foram encontrados lá, bem como os primeiros selos cilíndricos. Sobre o último, Jack Finegan (*Light from the Ancient Past*) disse: "A excelência dos selos em seu primeiro surgimento em Uruk é impressionante". Outros sítios do período de Uruk trazem evidência do surgimento da Idade do Metal.

Em 1919, H. R. Hall se deparou com antigas ruínas em uma vila chamada agora El-Ubaid. O sítio deu seu nome ao que os acadêmicos consideram agora a primeira fase da grande civilização suméria. As cidades sumérias daquele período – espalhando-se do norte da Mesopotâmia às colinas de Zagros ao sul – produziram o primeiro uso dos tijolos de argila, paredes rebocadas, decorações com mosaico, cemitérios com sepulturas revestidas de tijolos, utensílios de cerâmica pintados e decorados com motivos geométricos, espelhos de cobre, contas de turquesa importadas, pintura para pálpebras, "machadinhas" com cabeça de cobre, roupas, casas e, acima de tudo, edifícios monumentais de templos.

Bem ao sul, os arqueólogos encontraram Eridu – a primeira cidade suméria, de acordo com textos antigos. À medida que a escavação se aprofundou, eles encontraram um templo dedicado a Enki, Deus do Conhecimento sumério, que parece ter sido construído e reconstruído muitas vezes. As camadas claramente levaram os acadêmicos de volta ao início da civilização suméria: 2500 a.C., 2800 a.C., 3000 a.C., 3500 a.C.

Então, as pás encontraram as fundações do primeiro templo dedicado a Enki. Abaixo dele, existia solo virgem – nada tinha sido construído antes. A época era 3800 a.C. Foi quando começou a civilização.

Não foi apenas a primeira civilização no verdadeiro sentido do termo. Ela foi a civilização mais ampla, abrangendo tudo, em muitos sentidos mais avançada do que outras culturas antigas que a seguiram. Foi, sem dúvida, a civilização em que a nossa foi baseada.

Tendo começado a usar pedras como ferramentas por volta de 2 milhões de anos antes, o homem chegou a essa civilização sem precedentes na Suméria cerca de 3800 a.C. E o fato espantoso nisso é que até os dias de hoje os acadêmicos não têm nenhum indício de quem eram os sumérios, de onde vieram e como, e por que sua civilização surgiu.

Seu surgimento foi súbito, inesperado e "do nada".

H. Frankfort (*Tell Uqair*) chamou o fato de "impressionante". Pierre Amiet (*Elam*) o denominou de "extraordinário". A. Parrot (*Sumer*) descreveu como "uma chama que se acendeu tão de repente". Leo Oppenheim (*Ancient Mesopotamia*) ressaltou "o período estupendamente curto" em que essa civilização se ergueu. Joseph Campbell *(The Masks of Gods)* resumiu assim: "Com brusquidão impressionante... aparece neste pequeno jardim sumério de barro... toda a síndrome cultural que desde então constituiu a unidade germinal de todas as altas civilizações do mundo".

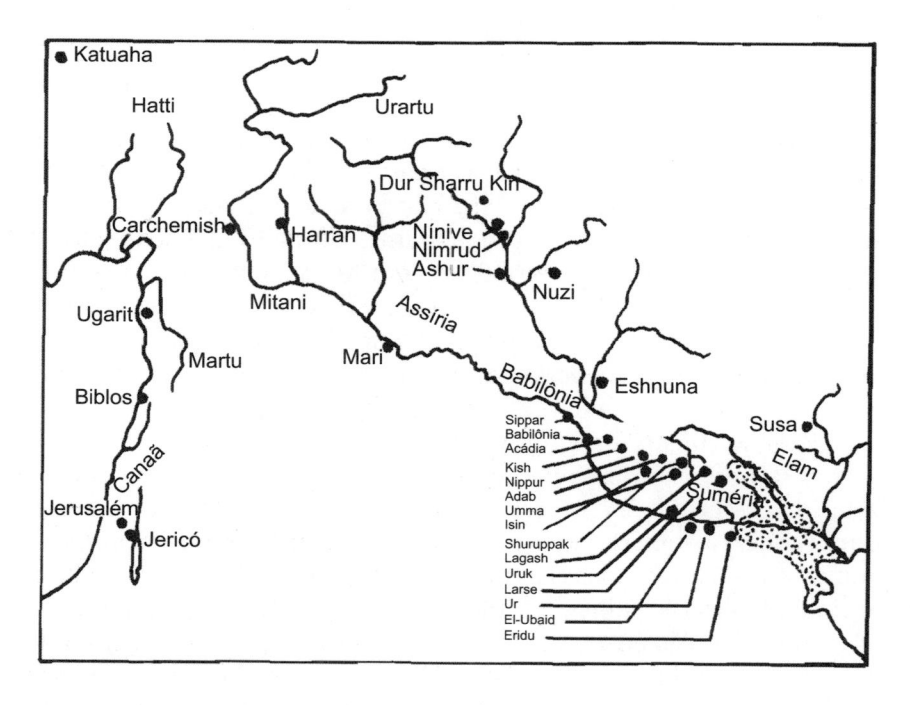

Napoleão conquista a Europa
Revolução Americana
Colombo descobre a América
Império Bizantino cai para os turcos
Surge o Império Inca na América do Sul
Civilização Asteca no México
Carta Magna dada pelo rei João
Conquista normanda da Inglaterra
Carlos Magno forma o Santo Império Romano
Maomé proclama o Islã
Saque de Roma
Civilização Maia na América Central
Jerusalém cai para as legiões romanas
Jesus de Nazaré
Hannibal ameaça Roma
Começa a Grande Muralha da China
Alexandre derrota Dario
Era clássica grega se inicia
Fundação da República Romana
Buda surge na Índia
Ciro conquista Babilônia
Queda de Nínive
Rei Davi, em Jerusalém
Invasão dórica na Grécia
Êxodo israelita do Egito
Começa a cultura micênica
Arianos migram para a Índia
Surge o império hitita
Abraão migra de Ur
Rei Hamurabi, na Babilônia
Surgimento da Babilônia e Assíria
Começa a civilização chinesa
Civilização do Vale do Indo
Hurritas chegam ao Oriente Médio
Gudea governa em Lagash
Ur-Nammu governa em Ur
Sargão, primeiro rei da Acádia
Civilização minoica em Creta
Gilgamesh governa em Erech
Começa a civilização egípcia
Etana governa em Kish
Realeza começa em Kish
Começa a civilização suméria em Eridu

| 2000 d.C. | 1000 d.C. | 0 | 1000 a.C. | 2000 a.C. | 3000 a.C. | 4000 a.C. |

3

Óvnis, Pirâmides e o 12º Planeta

*Palestra na UFO Conference, na Grande
Pirâmide, janeiro de 1992*

No decorrer dos anos, Zecharia Sitchin foi chamado com frequência para falar em várias conferências. Em janeiro de 1992, ele falou na *UFO Conference* em seu encontro no local da Grande Pirâmide em Gizé, Egito. Nessa palestra, explicou como seu interesse no que se tornaria a paixão de toda a sua vida começou. Falou sobre como, desde cedo, aprendeu a seguir o rastro de descobertas que depois se solidificariam no desenvolvimento de suas teorias sobre os Anunnaki: os antigos visitantes que vieram para a Terra mais ou menos há 445 mil anos e, ao virem, mudaram o curso da evolução humana. Uma faceta dessa história apresentada aqui envolve as lendas dos deuses gregos, enquanto outra discute o famoso Alexandre, o Grande, uma análise por Sitchin de quem foi Alexandre de verdade. Depois voltamos para fotos tiradas pela Nasa em 1986 e 1989 que fornecem uma real evidência de que os relatos nos textos antigos descrevendo nosso planeta em seus cursos e sua formação – até essa data considerados um mito – eram baseados em fatos.

> A cada passo do caminho, a análise detalhada e cuidadosa de Sitchin sobre os textos arcaicos da Mesopotâmia corrobora os documentos bíblicos, incluindo – e como depois é articulado neste capítulo – relatos sobre óvnis. Sitchin também explica quem construiu as pirâmides de Gizé e qual era sua verdadeira função. Parte e parcela dessa discussão constituem a exposição de fraudes acadêmicas por Sitchin, fraudes que foram perpetradas por alguns dos primeiros pesquisadores das pirâmides que estavam em busca de fama e glória para si e não necessariamente da verdade.

SEMPRE QUE ME PERGUNTAM SOBRE ÓVNIS – o que penso a respeito de óvnis, acredito que existem, acredito que as pessoas os encontraram – estou preparado, com minha própria história de óvni.

É uma história sobre um jovem que estava pedindo carona de sua cidade natal para outro lugar. Quando ficou escuro no fim do dia, ele deitou-se para dormir no campo. No meio da noite foi acordado – não por ruídos, mas por uma luz brilhante. Meio adormecido, meio ofuscado pela luz brilhante, ele viu um óvni. Estava pairando acima do chão. Uma escada, ou degraus, estava descendo de uma escotilha ou porta aberta, chegando ao chão. Alguns dos ocupantes do óvni estavam subindo e descendo por essa escada. Ele pôde ver seu comandante, parado na porta aberta, sua silhueta contra a luz vinda de dentro. E, vencido pelo espanto e medo, o jovem desmaiou.

Quando ele despertou, o óvni tinha ido embora. Porém, o jovem soube o que tinha visto. Aqui está o que ele percebeu: "De fato", disse para si, "o Senhor está presente neste lugar, e eu não sabia disso... Como este lugar é maravilhoso! Ele deve ser o lugar dos deuses e este é seu caminho para o céu!".

Agora, o que devíamos fazer com essa história? O que vocês pensariam se o jovem tivesse corrido para cá e nos contado tudo isso? O que a mídia faria com seu relato? Ela o teria ridicularizado, ou reportado a história como uma experiência verdadeira?

Convém salientar, a história foi relatada em uma publicação que considero muito, muito confiável. Ela é chamada Bíblia. E, como alguns de vocês devem ter adivinhado, a história que lhes contei é o chamado sonho de Jacó. É um encontro com óvni sobre o qual não tenho dúvidas, porque tenho grande fé na veracidade da Bíblia Hebraica.

Esse relato de óvni, no capítulo 28 do Gênesis, contém muita informação importante. Ele nos mostra que nos tempos bíblicos as pessoas ficavam espantadas, mas não assombradas, pelo fenômeno que hoje em dia é chamado de enigma óvni. Para Jacó, o que ele tinha visto não era um óvni, um Objeto Voador Não Identificado, mas algo que ele identificou de imediato. Sabia o que era, e percebeu na hora, que por acaso, tinha escolhido como seu lugar de descanso para a noite um local que era do lado de uma base de óvni. Ele soube que o veículo era operado pelos "deuses" e percebeu que "esse era o caminho para o céu".

A visão de Jacó não é o único relato bíblico sobre veículos voadores vindo e desaparecendo no céu. Há a história da carruagem de fogo que carregou o profeta Elias para o céu e a da máquina voadora que o profeta Ezequiel viu. Tais histórias ilustram o ponto que quero salientar para vocês: se acreditam na Bíblia, devem aceitar a possibilidade de óvnis.

Na realidade, é graças à Bíblia que estou falando com vocês hoje. Tenho certeza de que cada um de nós pode lembrar-se de um fato, um momento a partir do qual pode traçar seu interesse pelo tema que nos reuniu aqui, aos pés da Grande Pirâmide. O meu foi um incidente quando eu era estudante, analisando o Velho Testamento em sua língua original, o hebraico. Nós chegamos ao capítulo 6 do Gênesis, a história do Dilúvio, a Grande Inundação. A história de Noé e da arca é precedida por vários versos muito enigmáticos. Eles nos contam dos dias anteriores ao Dilúvio. Nós lemos que "aqueles eram os dias em que os filhos dos deuses" – "filhos" no plural e "deuses" no plural – estavam sobre a Terra. Eles se casaram com as filhas dos homens e tiveram filhos com elas. Esses "filhos dos deuses" enigmáticos são chamados nesses versos de *Nefilim*; e o professor explicou que o termo significava "gigantes".

Porém, o jovem Sitchin levantou a mão e perguntou ao professor: por que você diz "gigantes" quando a palavra *Nefilim* significa em hebraico "aqueles que vieram ou desceram" para a Terra – presume-se que dos céus?

Em vez de me parabenizar pela percepção linguística, o professor me repreendeu. "Sitchin, sente-se. Não questione a Bíblia!"

A reprimenda me magoou, pois eu não estava questionando a Bíblia. Pelo contrário, estava tentando ressaltar o verdadeiro significado das palavras da Bíblia. E foi esse incidente da infância que ficou se agitando dentro de mim e que, quando cresci, me incitou a buscar pela identidade dos *Nefilim*.

Quem era esse povo? Por que a Bíblia descreve esses seres por um termo que indica que não eram desta Terra, mas que tinham descido para nós dos céus? Por que uma distinção tão grande foi feita entre eles e as mulheres chamadas de "as filhas do homem"? Por que eram chamados de "filhos dos deuses"? E como a Bíblia pôde, pregando a crença em um único grande deus onipotente, falar de muitos filhos de muitos deuses?

Meu primeiro passo em uma pesquisa que se estenderia por toda a vida foi no campo dos estudos acadêmicos da Bíblia. Encontrei a primeira pista importante, de modo bem inesperado, nos comentários de um estudioso russo do século XIX. Aqui está o que ele disse sobre os *Nefilim*:

"Nos tempos antigos, os governantes dos países eram filhos de deuses que chegaram à Terra vindos dos céus, e eles governaram a Terra e tomaram esposas entre as filhas dos homens. Eles eram os filhos dos deuses que, nos tempos antigos, vieram dos céus para a Terra, e é por isso que eles chamavam a si de *Nefilim*, significando 'aqueles que caíram'".

O acadêmico conhecido como Malbim, rapidamente, acrescentou que essas eram histórias de deuses pagãos, que não deviam interessar a pessoas devotas que acreditam em um e único Deus.

Esse Malbim, descobri, baseava seu comentário no que chamamos de mitologia. E qual é mais conhecida do que a mitologia dos gregos, com suas histórias daqueles maravilhosos deuses de Olimpo – 12 deles – e seus filhos e filhas, de quem os homens descendiam? Que turma maravilhosa eles formavam, por um lado tão divinos, aparentemente imortais, capazes de cruzar os céus, munidos com armas que emitiam raios ou chacoalhavam a terra com trovões, e por outro tão humanos – amando e odiando, dormindo e se reproduzindo...

Delfos foi um dos lugares sagrados mais importantes da antiga Grécia, dedicado ao deus Apolo e local das deusas mais conhecidas do oráculo. Hoje em dia, o visitante percorre o que é chamado de Caminho Sagrado, e pode ver a antiga pedra Onfalos e ficar lá em pé onde os antigos sacerdotes e adoradores ficavam – porém dificilmente qualquer um dos visitantes modernos se detém para pensar que há 2.500 anos os que iam lá não eram pessoas em busca de curiosidades, mas *devotos*: eram pessoas para quem aqueles deuses antigos não eram um mito, mas uma *realidade*; pessoas que tinham certeza de que estavam adorando seres divinos de verdade, deuses que, de fato, vieram dos céus para a Terra. E o modo como tinham vindo para cá, para a Terra, foi em máquinas voadoras que, atualmente nós, por ignorância do que a história nos conta, chamamos de Objetos Voadores Não Identificados, óvnis.

Na terra em que estamos agora, no Egito antigo, a mesma crença prevalecia. Os egípcios também acreditavam em deuses que tinham vindo para a Terra de outro planeta, um planeta denominado em textos hieroglíficos egípcios "Planeta dos Milhões de Anos". Eles chamavam esses deuses de *Neteru*, uma palavra que significava "os Guardiões". E escreveram em suas histórias que, antes dos faraós, os reis humanos, o Egito era governado por semideuses, os filhos do intercurso entre deuses e mulheres. E, antes disso, apenas os deuses governavam o Vale do

Nilo. Essas eram as crenças de uma familiaridade excepcional com as referências bíblicas aos *Nefilim*!

Quem tinha certeza de que as histórias eram verdadeiras era o famoso conquistador grego Alexandre, o Grande. No século IV a.C., ele veio para estas terras em busca de imortalidade. Ele o fez porque estava convencido de que tinha sido designado a viver tanto quanto os deuses. E a razão foram os rumores na corte macedônia de que o verdadeiro pai de Alexandre não era seu pai, Felipe, mas um deus egípcio que, uma noite, veio disfarçado aos aposentos da mãe de Alexandre e se fez pai do futuro conquistador. O nome desse deus egípcio era Amon-Rá, significando "RA, o Oculto".

Lutando para chegar à Ásia Menor (hoje em dia a Turquia) e às terras que hoje são a Síria, Líbano e Israel, Alexandre alcançou o Egito. Sua primeira parada, sua verdadeira primeira parada, foi em uma cidade chamada pelos egípcios de ANU e conhecida por nós a partir da Bíblia Hebraica pelo nome de ON. Os gregos a chamavam de "Cidade do Sol", Heliópolis. Lá, em um santuário dedicado ao grande deus, estava em exposição o verdadeiro objeto em que o deus tinha vindo para a Terra dos céus, seu assim chamado "barco celestial". Esse santuário era bem conhecido e, uma vez por ano, seu Altar dos Altares era aberto para admitir o faraó para que ele visse o objeto sagrado. Milhares de peregrinos se reuniam em Heliópolis naquela época, não diferentes dos milhares que vão uma vez por ano a Meca para venerar a Caaba, a pedra negra sagrada.

Ninguém sabe como esse objeto, o barco celestial, desapareceu, ou quando ele desapareceu. De fato, uma teoria é que foi levado para Meca e que está colocado dentro de uma estrutura grande em forma de caixa que contém a Caaba e onde ninguém pode entrar nunca. Porém, nós sabemos qual a aparência desse objeto, porque uma pequena réplica em pedra foi descoberta por arqueólogos. O que Alexandre foi ver, e o que ele viu, foi um óvni... Exceto que, para ele, assim como para Jacó 1.500 anos antes, não era um Objeto Voador Não Identificado, mas os restos de um módulo de comando bem identificado de uma nave espacial.

Onde estava esse santuário com seu próprio "museu espacial"? Onde ficava Heliópolis? *Bem aqui*, bem perto de onde estamos agora. Hoje seu nome sobrevive apenas como um subúrbio oriental do Cairo, um eco indistinto do que um dia foi um local glorioso e venerado. E assim como hoje, na época também ficava nas proximidades do planalto de Gizé e suas três pirâmides singulares, e a não menos única Esfinge.

Antes de voltarmos a nossa atenção para as pirâmides e a Esfinge, temos de continuar seguindo os passos de Alexandre, em sua busca pela identidade dos deuses, e o significado e propósito dos monumentos que eles deixaram para trás. Como detalhado em meu segundo livro *O Caminho para o Céu*,* Alexandre foi de Heliópolis para um santuário no deserto ocidental onde ouviu um oráculo confirmar sua linhagem semidivina. Contudo, para obter a imortalidade à qual sentia ter direito, precisava encontrar o Portão dos Deuses.

As indicações dadas a ele pelos sacerdotes egípcios o levaram para a península do Sinai. Lá seguiu um labirinto de passagens subterrâneas, e encontrou artefatos e visões impressionantes. Porém, quando chegou a um lugar com uma irradiação misteriosa, seu caminho foi bloqueado por um anjo. O anjo lhe disse o significado das palavras do oráculo. O Portão dos Deuses, foi dito a Alexandre, era o sentido literal do nome da cidade chamada Babilônia. Seu nome antigo, BA-BIL, significava exatamente isso: Portão dos Deuses. Seria lá, o anjo disse a Alexandre, que ele encontraria o deus RÁ que, na Babilônia, era conhecido como *Marduk*.

Por fim, chegando à Babilônia, Alexandre ficou face a face com o deus que, de acordo com rumores, era seu pai verdadeiro. Contudo, o grande deus que supostamente daria a imortalidade a Alexandre *estava morto*. O que Alexandre encontrou foi o deus embalsamado em sua tumba. Apenas então Alexandre compreendeu o oráculo verdadeiro: ele, como os deuses, tinha como destino morrer. Ele se tornaria imortal – mas somente por ser lembrado. Assim, para assegurar que fosse lembrado, construiu cidades chamadas de Alexandria em todo lugar para onde foi.

Ao estudar as suas histórias se descobre que os gregos, de fato, afirmaram que seus deuses vieram do outro lado do Mar Mediterrâneo. Seus deuses, eles admitiram, não eram diferentes daqueles dos egípcios e dos fenícios, dos canaanitas e dos hititas. Na verdade, quando os arqueólogos descobriram as ruínas dessas civilizações e culturas antigas do Oriente Médio, e os acadêmicos foram capazes de decifrar sua escrita, tornou-se evidente que todas as histórias que chamamos de "mitologias" são derivações e versões de outras muito mais antigas, documentadas pela primeira vez em tabuletas de argila, em uma terra chamada na Bíblia de *Shin'ar*. Acadêmicos a chamam pelo nome que ela foi denominada nas tabuletas de argila: SHUMER. O nome significa, literalmente, "Terra dos Guardiões" – o mesmo termo que em egípcio, *Neteru*, era aplicado aos deuses. O nome é escrito "Suméria" em português, em vez do termo mais preciso "SHumer". Mitologia, histórias dos deuses do Céu e da Terra, tudo começou lá.

---

* N. E.: *O Caminho para o Céu*, de Zecharia Sitchin, obra publicada pela Madras Editora.

Quando os arqueólogos começaram a escavar as cidades antigas da Mesopotâmia (o Iraque de hoje), eles encontraram Nínive, que era a capital da Assíria, e Babilônia, a capital dos babilônicos – ambas conhecidas antes por nós a partir da Bíblia – e outros lugares antigos. Essas descobertas levaram os estudiosos entre 3 e 4 mil anos para trás, para o primeiro e segundo milênios a.C. Contudo, a Bíblia falou explicitamente de cidades e civilizações que *precederam* a Assíria e a Babilônia, e os acadêmicos da época simplesmente não acreditaram que isso fosse possível.

De novo, a veracidade da Bíblia foi questionada. Porém, como sabemos agora, depois de 150 anos de progresso da arqueologia, a Bíblia se provou certa. Quanto mais os arqueólogos se movimentavam para o Sul na grande planície entre os Rios Tigre e Eufrates, em direção ao Golfo Pérsico, mais antigas eram as ruínas que escavavam. Também descobriram inscrições em uma linguagem que precedia as da Assíria e Babilônia. Depois, as cidades mais antigas mencionadas na Bíblia, como Erech e Ur (a cidade de Abraão), foram descobertas. E foi assim que a Suméria foi trazida de volta à luz – a primeira grande civilização da humanidade. Ela floresceu há incríveis *6 mil* anos.

Nós tendemos a pensar no progresso humano como um processo gradual. O fato que desconcertou a todos os estudiosos é que em Shumer (ou Suméria) uma alta civilização floresceu, de repente, sem que se esperasse, "do nada". Sem um precedente ou um processo gradual, grandes cidades se espalharam, templos altos, palácios, cortes de justiça, comércio, navegação, irrigação, metalurgia, matemática e medicina. De repente, como em um passe de mágica, surgiram reis e sacerdotes, juízes e médicos, bailarinos, músicos, artistas e artesãos. E, acima de tudo, uma linguagem escrita, escribas, escolas, uma literatura, histórias épicas, poemas, provérbios, bibliotecas. Cada aspecto de uma civilização sofisticada que nós podemos imaginar teve seu "ineditismo", seu início, na Suméria.

Entre as centenas de ilustrações em meus cinco livros até hoje, ofereço algumas aqui. Os primeiros a usarem tijolos, e fornos onde os secavam e os endureciam, os sumérios construíram pirâmides de degraus, chamadas de zigurate, que subiam por andares a grandes alturas.*

---

* N. E.: Veja Figura 18 para um exemplo dos zigurates, bem como a Figura 3, encontrada no capítulo 2.

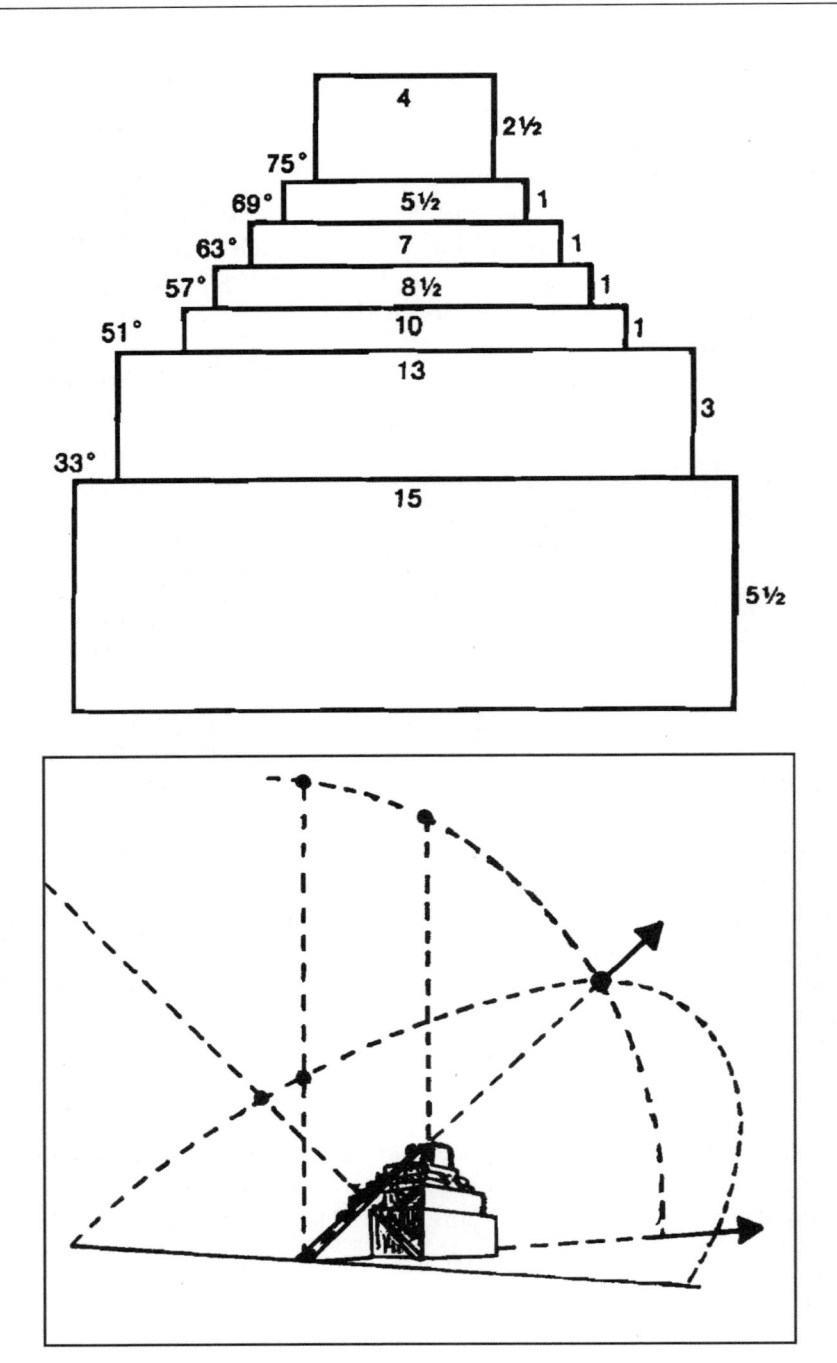

Figura 18

Figura 19

Ao inventarem a primeira "prensa rotativa", os artesãos sumérios cortaram pequenos cilindros de pedras duras em que gravavam em reverso várias representações. Quando os cilindros eram rolados em argila úmida, um "positivo" dos desenhos era impresso na argila e se tornava um "retrato" permanente da Antiguidade.*

Milhares de tais selos cilíndricos foram encontrados, dando-nos um registro gráfico preciso dos sumérios, suas vidas diárias, sua religião, e como eles e seus deuses se pareciam.

Muitas estátuas e estatuetas, feitas com requinte, ilustram para nós tanto os deuses como os seus adoradores. Na Figura 19 você pode ver como se parecia uma senhora suméria, com que elegância se vestia, quão nobre era sua postura. Acima de tudo, o legado mais importante foram as dezenas de milhares de tabuletas inscritas (a Figura 20 é um exemplo) que

---

* N. E.: Veja a Figura 9, no capítulo 2, para uma ilustração de um selo cilíndrico.

Figura 20

registraram contratos comerciais e maritais, pagamentos de impostos, inventários de templos – ou, por outro lado, listas registradas de deuses e reis, fatos históricos e pré-históricos, ou forneciam textos científicos avançados indicando um conhecimento sofisticado e surpreendente.

O mais fantástico de tudo era o conhecimento sumério de astronomia. O fato espantoso é que todos os princípios de uma astronomia esférica, que é a base da astronomia moderna, foram herdados por nós dos sumérios. O conceito de esfera celestial, um eixo, o plano de órbita, o círculo de 360 graus, o agrupamento de estrelas em constelações, a divisão do céu em 12 casas do zodíaco – até os nomes e representações pictóricas do zodíaco, tudo isso chegou a nós dos sumérios. Aprendemos na escola que o primeiro a sugerir que o Sol, não a Terra, estava no centro do nosso sistema solar, foi Copérnico, em 1543. *Não mesmo*. Os sumérios não só sabiam a verdadeira natureza de nosso sistema solar, como também até o ilustraram.*

Como os sumérios sabiam disso tudo há 6 mil anos?

---

* N. E.: O capítulo seguinte inclui mais informações sobre essas ilustrações. Veja Figura 29.

Aprendemos na escola que os povos antigos sabiam apenas sobre o Sol, a Lua e cinco planetas – que não estavam cientes de nenhum planeta além de Saturno, simplesmente porque não os podiam ver. Bem, aqui encontramos os sumérios representando não só Urano e Netuno, que estão bem além de Saturno, mas até Plutão, que está mais distante. O fato é realmente espantoso, porque nós mesmos não sabíamos mais que os gregos ou romanos até a invenção do telescópio. Urano foi descoberto em 1781, por volta de 200 anos atrás. Netuno em 1846, há 150 anos. Uma medida de quanto estávamos para trás no conhecimento antigo é perceber que, quando Netuno foi descoberto, os arqueólogos já tinham escavado as tabuletas da Mesopotâmia com as informações astronômicas que incluíam não só Urano e Netuno, mas também Plutão – e...

Nós descobrimos Plutão só em 1939, há apenas 60 anos...

Vamos aumentar a confusão. Em agosto de 1977 – um ano depois de meu primeiro livro *O 12º Planeta* ser publicado –, a Nasa, a agência espacial norte-americana, lançou dois veículos espaciais chamados Voyager-1 e Voyager-2 em direção a Júpiter, Saturno e além. Em 1986, a Voyager-2 voou por Urano e enviou as primeiras fotos e outros dados vistos de perto sobre esse planeta, que fica a 2 bilhões de milhas de nós. Em agosto de 1989, a Voyager-2 chegou a Netuno e, de novo, nos trouxe as primeiras fotos de tirar o fôlego e outros dados sobre o planeta, duas vezes mais distante de nós que Urano.

Nos dois exemplos, enquanto eu assistia às transmissões televisionadas da Nasa, literalmente dei um salto em minha poltrona e gritei: "ó, meu Deus! É exatamente como os sumérios descreveram os dois planetas há 6 mil anos! Azul-esverdeado, cintilante, aquoso...". Na página 243 da edição inglesa original de *O 12º Planeta* – publicada um ano antes de o veículo espacial ter sido lançado – citei os textos sumérios descrevendo cada planeta, e os textos antigos se encaixam à perfeição com as descobertas notáveis da Nasa.

De novo, a questão é: como os sumérios podiam saber tudo isso?

A resposta reside no número *12*. Já mencionei que o antigo panteão era encabeçado por 12 deuses do "Olimpo". Contudo, o número celestial 12 também se aplica às 12 tribos de Israel, aos 12 apóstolos de Jesus, aos 12 do zodíaco, aos 12 meses do ano, e por aí vai. Por que 12? Para combinar com o número de membros do sistema solar, explicavam os sumérios. Além do Sol e da Lua, não existem nove, mas dez planetas, eles insistiam. Chamavam a esse 12º membro do sistema solar de Nibiru. Seu nome significava "Planeta do Cruzamento" e seu símbolo era a cruz.

Um texto longo conhecido por sua frase de abertura *Enuma, Elish*, detalha a cosmogonia suméria. Ele descreve o processo pelo qual os planetas se formaram em torno do Sol; detalha a chegada de um invasor do espaço; uma colisão celestial; a formação de nossa Terra; e as origens da Lua. Em meu último livro, *Genesis Revisited,* mostro que os textos sumérios dão respostas para muitos aspectos do sistema solar que ainda confundem os nossos cientistas – e que muito do que descobrimos nas últimas décadas, na verdade, não é mais que recuperar conhecimento perdido.

Muitos astrônomos estão convencidos de que esse planeta adicional, de fato, existe. Eles o chamam de "Planeta X". Alguns admitem que não há muito mais a fazer, além do fato ser conhecido e nomear o planeta. Eu, no que me diz respeito, acredito que a primeira confirmação aconteceu em 1983 e escrevi para a União Astronômica Internacional, em Paris, insistindo que o planeta seja chamado por seu nome sumério, Nibiru.

A existência de Nibiru explica a fonte do conhecimento sumério extraordinário. Como se antecipando às perguntas, os próprios sumérios afirmaram à exaustão: tudo o que nós sabemos, eles disseram, foi ensinado a nós pelos ANUNNAKI.

O nome significava, literalmente, "Aqueles que do Céu vieram para a Terra" – o sentido exato da palavra Hebraica *Nefilim* que a Bíblia usou. E os sumérios, em texto após texto, descreveram como esses Anunnaki tinham, de fato, vindo para a Terra – viajando no espaço de Nibiru, indo e vindo entre seu planeta e o nosso a cada 3.600 anos quando Nibiru, em sua longa órbita elíptica em torno do Sol, passa entre Marte e Júpiter.

A saga da chegada dos Anunnaki à Terra, há 450 mil anos, e suas atividades aqui parecem ficção científica. Como apontado antes, os acadêmicos chamam esses detalhes de textos de "mitos". Porém me perguntei: "E se?" *E se essas histórias não são imaginadas, mas registros precisos dos verdadeiros acontecimentos?* Em meus livros, que têm o título geral de As Crônicas da Terra, recriei a partir desses textos um cenário convincente dos acontecimentos antigos, ilustrado com centenas de representações encontradas em descobertas arqueológicas.

Posso lhes dar apenas um breve resumo daquela história e pré-história da Terra e da humanidade. O primeiro grupo de 50 visitantes na Terra, liderados por um cientista brilhante chamado ENKI, caiu no Golfo Pérsico, chegou a terra firme e estabeleceu perto da cidade atual de Basra (Iraque) sua primeira colônia. Eles a chamaram de ERIDU, significando "Casa Distante". Essa é a fonte do nome pelo qual nós chamamos nosso planeta, *Erde* nas línguas indo-europeias, *Erets,* nas línguas semíticas, *Ertha-Earth* em inglês, e por aí vai.

Os Anunnaki vieram para a Terra em busca de ouro. Não para ser usado em joalheria ou ornamentos, mas para criar em seu próprio planeta um campo de partículas suspensas desse metal para proteger sua atmosfera que estava minguando. O primeiro plano, extrair o ouro das águas do Golfo Pérsico, não foi bem-sucedido. Então, eles foram para o sudeste da África e começaram a obter o ouro minerando.

A certa altura – a época é exposta com exatidão nos textos sumérios – os Anunnaki, designados para as minas, se amotinaram. O que seus líderes fariam? Enki, o cientista-chefe, tinha uma solução. A partir de seres já existentes na Terra – vamos chamá-los de um homem-macaco –, poderia ser criado um "trabalhador primitivo" mais inteligente, ele disse. E, em seguida, o texto descreve um processo de engenharia genética em que os genes de um Anunnaki jovem eram misturados com o ovo de uma mulher-macaco, para criar "O Adão"... Os Anunnaki "precipitaram" a evolução e nos criaram, *Homo sapiens,* com engenharia genética.

Isso aconteceu por volta de 250 mil anos atrás. Não deveria surpreendê-lo saber que os últimos estudos em genética confirmam que todas as pessoas vivendo hoje saíram de uma única "Eva" que viveu no sul da África há 250 mil anos...

À medida que o tempo passou, começaram os casamentos cruzados entre os Anunnaki/*Nefilim* e as filhas de Adão, mencionados no livro do Gênesis. Isso nos leva ao tempo do Dilúvio, a Grande Inundação, por volta de 13 mil anos atrás. Como os acadêmicos reconheceram há mais de cem anos, a história bíblica do Dilúvio, de Noé e como a humanidade foi salva, é apenas uma versão abreviada de um texto sumério muito mais longo e detalhado. Nesse texto, como em todas as histórias que a Bíblia escolheu incluir, os feitos atribuídos pela Bíblia a uma única entidade chamada "Elohim" (um termo plural, por falar nisso) são as ações e palavras de muitos dos Anunnaki. Naqueles textos, os principais participantes nos acontecimentos são Enki e seu meio-irmão Enlil, sua meia-irmã Ninharsag, e seus filhos e filhas.

Após o Dilúvio, os Anunnaki dividiram a Terra entre si. Para Enki e seus filhos foram dadas as terras da África. Para Enlil e seus descendentes foi dada a terra de semitas e indo-europeus. Naquelas partes da Terra foram dadas à humanidade três regiões de civilização – a civilização da Suméria, na Mesopotâmia, cerca de 3800 a.C.; dos egípcios, cerca de 3100 a.C.; e do Vale do Indo, certa de 2900 a.C.. A quarta região era considerada "sagrada", exclusiva para o uso dos próprios Anunnaki – como seu espaçoporto pós-Dilúvio. Eram os domínios de Ninharsag,

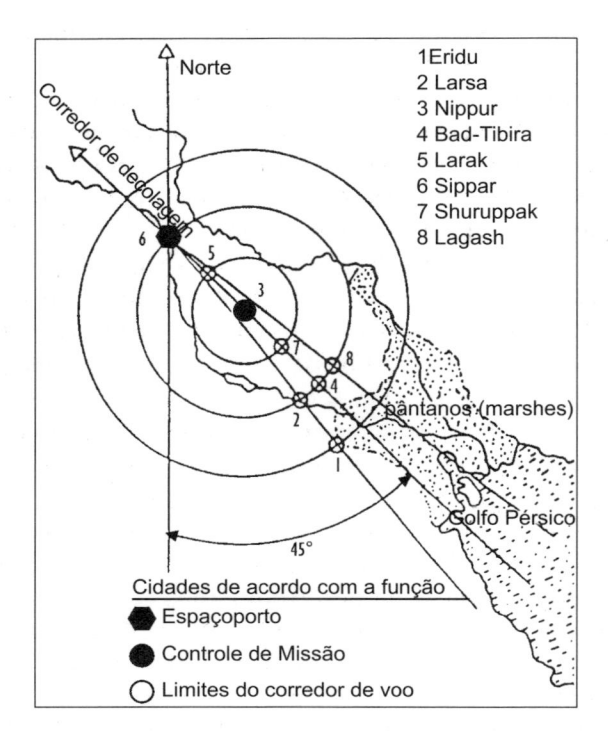

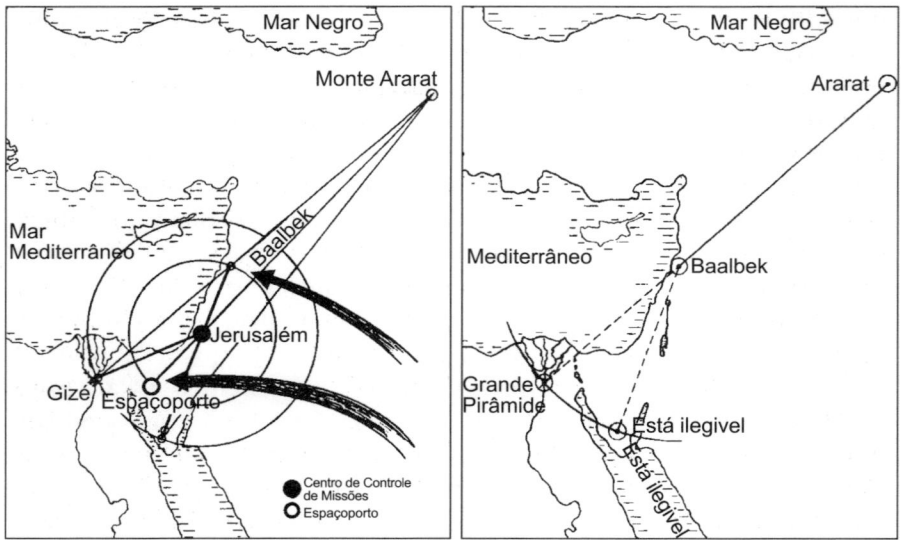

Figura 21

que fez o melhor que pôde para manter a paz entre os dois clãs em disputa, Enki e Enlil.

Essa divisão da Terra e o estabelecimento resultante do espaçoporto pós-diluviano na península do Sinai foram decisões-chave que deram forma aos acontecimentos subsequentes. Entre esses resultados estão a construção das três pirâmides de Gizé e uma série de guerras, que chamei em meus livros de Guerras das Pirâmides.

Depois do Dilúvio, o espaçoporto estava na Mesopotâmia, na Suméria. Isso envolveu três elementos: o centro de controle da missão, que ficava em Nippur, centro de Enlil; o próprio espaçoporto, que era um lugar chamado Sippar; e um corredor de aterrissagem, que estava ancorado, em seus picos, nos dois cumes do Monte Ararat (Figura 21). Depois da avalanche de água, o vale entre os dois grandes rios tornou a Mesopotâmia inabitável por um longo tempo. Portanto, o espaçoporto foi transferido para uma zona neutra na península do Sinai, onde o solo duro do vale plano o tornava perfeito para o objetivo. Como antes, o centro de controle da missão estava a alguma distância, e suponho que estava onde mais tarde o local ficou conhecido como Jerusalém. O ponto do corredor de aterrissagem, de novo, estava ancorado nos picos gêmeos do Monte Ararat. Porém, em que as duas pontas do corredor de aterrissagem seriam ancoradas?

Eu mostro a disposição do espaçoporto e os acessos na Figura 21. Você pode ver que um fim das duas linhas do corredor podia estar ancorado nos dois picos nas montanhas do Sinai. Todavia, onde estavam os dois outros picos para serem usados para ancorar a outra linha? A resposta para os Anunnaki foi criar, construir artificialmente, dois marcadores bem visíveis: *as duas grandes pirâmides de Gizé.*

Um fato pouco conhecido sobre a chamada Segunda Pirâmide é que, embora seja um tanto menor que sua vizinha, a Grande Pirâmide, ela se eleva à *mesma altura* porque está construída em um solo mais elevado. Em meu livro, reproduzi as ilustrações e os textos sumérios que não deixam dúvida sobre sua familiaridade com essas pirâmides. A Grande Pirâmide era chamada pelo mesmo termo que o zigurate de Enlil em Nippur: E.KUR – "Casa que é como uma montanha" e, como os zigurates, era equipada com cristais radiantes que emitiam vários feixes direcionais. Esses eram colocados em nichos especialmente cortados ao longo do que é chamada de Grande Galeria (Figura 22), em uma cavidade produzida por uma pedra retirada que ainda está na câmara denominada "Câmara do Rei", e em um longo nicho vertical é chamada de "Câmara da Rainha". Você ainda pode ver essas câmaras e nichos, mas não os cristais radiantes e outros equipamentos maravilhosos: eles foram

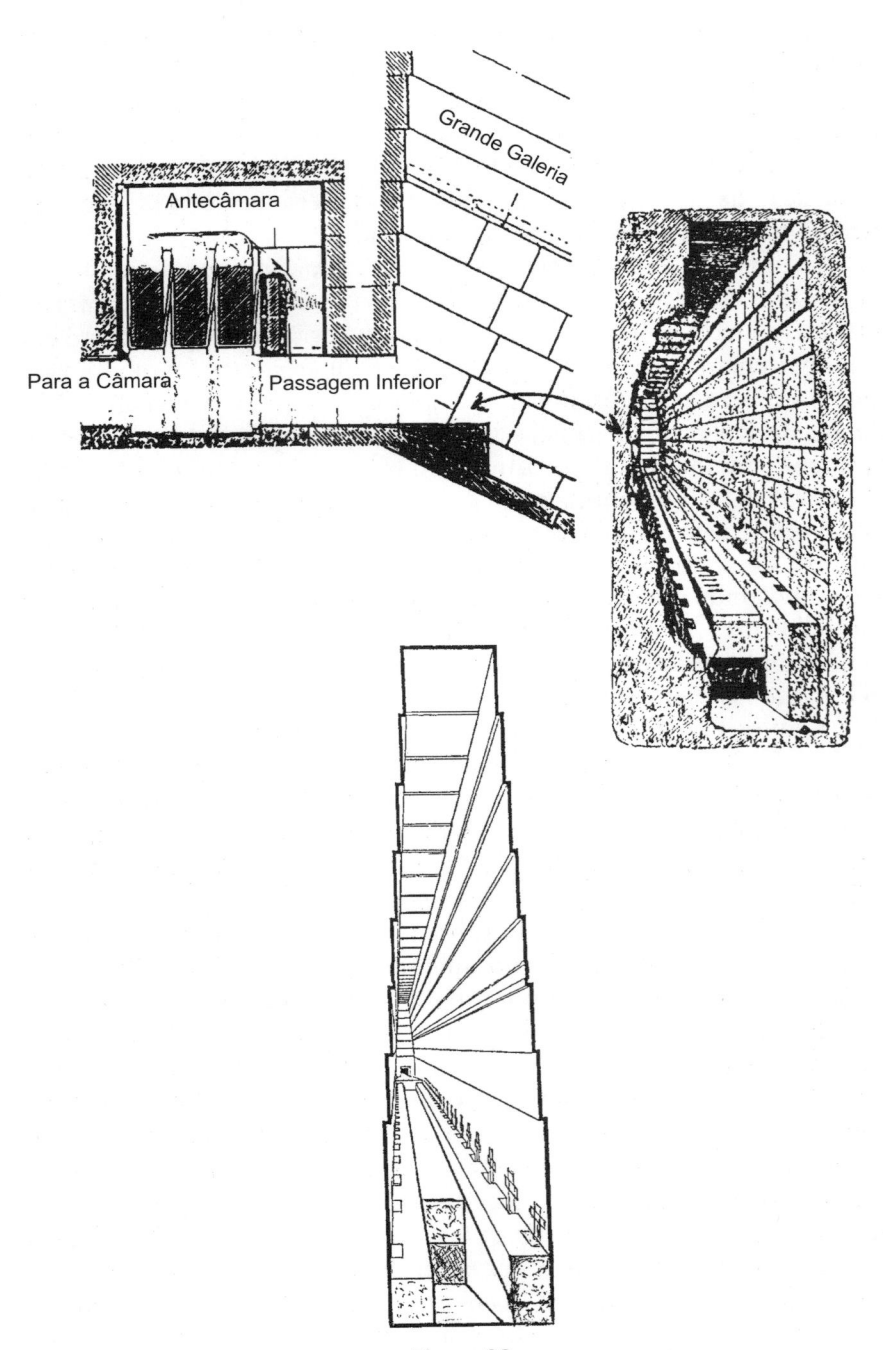

Figura 22

Figura 23

destruídos de modo proposital quando acabou a feroz Guerra das Pirâmides, com a vitória dos Enlilitas.

Tudo isso é descrito em vários textos sumérios que citei em minhas obras. A guerra final, e mais pavorosa, aconteceu nos tempos de Abraão, o primeiro patriarca hebreu. Ela é chamada na Bíblia como os distúrbios de Sodoma e Gomorra. Foi lá, em 2024 a.C., que os Anunnaki usaram armas nucleares para destruir o espaçoporto no Sinai e negar a Marduk, ou seja RÁ, a supremacia na Terra.

Em resumo, essa é a história dos Anunnaki desde sua primeira aterrissagem forçada no Golfo Pérsico, por volta de 445 mil anos atrás, até o primeiro uso de armas nucleares na Terra, por volta de 4 mil anos atrás. Muitos consideram esses fatos tão bem documentados que se juntam a mim na crença de que em meus livros, pela primeira vez desde a Antiguidade, está reunida em um cenário plausível a verdadeira história da humanidade e de seus deuses.

Outros consideram esse cenário muito difícil de aceitar. Se nós nos afastarmos da evidência sumério-mesopotâmica e bíblica e formos para as fontes egípcias, descobrimos que os egípcios antigos não tinham problemas com essas conclusões. Na tumba de um governante egípcio do Sinai, em uma série de desenhos coloridos ilustrando sua vida e realizações, uma parte mostra, com muita clareza, um foguete espacial em um silo embaixo da superfície. Se você olhar a Figura 23, verá que o foguete é mostrado com dois operadores dentro dele, abaixo da superfície; enquanto o módulo de comando está acima da superfície, onde crescem palmeiras e girafas perambulam.

Os faraós, de acordo com a tradição real, podiam se reunir aos deuses em uma vida após a morte viajando de suas tumbas para o Leste, para a península do Sinai, e lá, sentados entre dois astronautas, irem para os céus em um foguete. As pirâmides que os faraós construíram eram chamadas com muita propriedade de "caminho para o céu", que tomei como título de meu segundo livro.

Porém, embora os egípcios antigos não tivessem problemas com tudo isso, os egiptólogos modernos têm. Ao longo de sua visita ao Egito, vocês ouvirão que as pirâmides foram todas feitas pelos faraós, inclusive as três pirâmides singulares de Gizé. Vocês ouvirão que todas foram construídas como tumbas em que os faraós foram enterrados. E lhes contarão que a Grande Pirâmide foi construída por um faraó chamado *Khufu* (nós chamamos de Quéops); a maior perto dela, a denominada Segunda Pirâmide, por seu sucessor *Chefra* (nós o chamamos de Quéfren); e a terceira, menor, por seu sucessor *Menka-ra* (que nó chamamos por seu nome grego Miquerinos).

Esse costume de cada faraó construir uma pirâmide para si, como contarão para vocês, começou com o pai de Khufu-Quéops, que era chamado de *Sneferu*, o fundador do que é conhecido hoje como a Quarta Dinastia, cujos reis governaram de por volta desde 2600 até por volta de 2500 a.C. A Menkara/Miquerinos é atribuído outro feito menor, o da criação da Esfinge.

Existem por volta de 30 pirâmides importantes no Egito, e todas elas – *exceto as três em Gizé* –, de fato, foram construídas pelos faraós – não necessariamente cada uma, e não como tumbas para que fossem enterrados nelas, mas para cenotáfios, monumentos sepulcrais simbólicos para alguém enterrado – em outro lugar. Enquanto as outras pirâmides têm uma decoração elaborada recobrindo suas paredes internas, com citações do Livro dos Mortos e outros encantamentos antigos, conhecidos como os textos das pirâmides, não existe nenhuma decoração, em absoluto, nenhuma pintura, inscrição ou o que seja nas pirâmides de Gizé. Elas são singulares em seu tamanho e estabilidade, são únicas em sua alvenaria em pedra elaborada; elas são sem igual – e a Grande

Pirâmide em especial – em sua construção interna de câmaras e corredores, cujo alinhamento incrível revela um conhecimento sofisticado de matemática, geometria, engenharia, geografia e astronomia. A massa total da Grande Pirâmide sozinha, estimada em 93 milhões de pés cúbicos e pesando 7 milhões de toneladas, foi calculada e supera a de todas as catedrais, igrejas e capelas reunidas, que foram construídas na Inglaterra desde o início do Cristianismo.

Pode-se prosseguir, repetidamente, elogiando as características impressionantes e singulares da Grande Pirâmide e suas companheiras em Gizé. Nossa questão principal é a seguinte: elas foram construídas, como os egiptólogos acreditam, no século XXVI a.C. por reis egípcios – Quéops, Quéfren e Miquerinos – ou elas foram construídas pelos Anunnaki milhares de anos antes? Essas pirâmides foram construídas como tumbas reais ou – como mostrei – como balizas em um corredor de aterrissagem para um espaçoporto no Sinai?

Caso vocês pressionem os egiptólogos por evidências de que os faraós foram, de fato, enterrados dentro de suas pirâmides, eles não terão nenhuma. Eles tinham um exemplo até várias décadas atrás; era o da Pirâmide Pequena, aqui em Gizé. Em julho de 1837, um inglês chamado Howard Vyse, que estava escavando na área, informou que tinha encontrado, na proximidade de um sepulcro de pedra dentro dessa pirâmide, fragmentos do envoltório de um sarcófago com a inscrição real nele, com partes de esqueleto do rei nomeado. O nome grafado era MEN-KA-RA – "Miquerinos" na língua grega, a quem essa pirâmide foi atribuída. Aquela foi uma descoberta peculiar, porque não só mostrava que a pirâmide foi uma tumba real, mas também evidenciava, sem deixar dúvidas, o nome do faraó.

Foi, como eu disse, o único exemplo, o qual também se provou uma fraude arqueológica. Acadêmicos da época já tinham algumas dúvidas sobre a idade do sarcófago em razão de seu estilo. E, quando há algumas décadas, a datação por radiocarbono foi desenvolvida, ficou determinado sem dúvida que a tampa do sarcófago pertencia não à quarta, mas à 24ª dinastia, não a 2600 a.C., mas a 700 a.C., e que os restos de esqueleto nem são de tempos pré-cristãos, mas dos primeiros séculos da Era Cristã. Alguém, em outras palavras, pegou um pedaço de um caixão de madeira encontrado em outro lugar e um esqueleto de uma sepultura comum e os colocou em uma pilha de escombros dentro da Pirâmide Pequena (que já tinha sido explorada antes, muitas e muitas vezes) e anunciou: vejam o que encontrei!

Quando escrevia meu primeiro livro, não estava ciente dessa falsificação, porque os livros que lidam com o Egito simplesmente encobrem o fato. Livros mais antigos repetem a história da descoberta como uma evidência conclusiva de que Miquerinos construiu essa pirâmide e foi enterrado nela. Minhas conclusões naquela época a respeito dos Anunnaki e seu espaçoporto foram baseadas em fontes sumérias, não egípcias. Porém, quando comecei a continuação da história das Crônicas da Terra e examinei as fontes egípcias, fiquei diante de um dilema. Como observei, os Anunnaki, e não os faraós, tinham construído as pirâmides de Gizé e construído a Esfinge, e eles não o fizeram cerca de 2600 a.C., mas cerca de 9000 a.C. Contudo, não era o que os egiptólogos diziam. Então, tive de examinar a evidência que os egiptólogos tinham.

Essa evidência era ambivalente. Aquele achado na Pirâmide Pequena ou Terceira, que acabei de analisar para vocês, e uma inscrição com o nome real de Quéops encontrada dentro da Grande Pirâmide. Embora a evidência encontrada na Terceira Pirâmide estivesse em câmaras nas quais se tinha entrado muitas vezes antes, a evidência na Grande Pirâmide estava em uma câmara que, aparentemente, nunca ninguém tinha estado desde sua construção original.

De novo, a história envolve o mesmo inglês, Howard Vyse, e eu a conto em seus detalhes intrigantes em meu segundo livro, *O Caminho para o Céu*. A ovelha negra de uma família inglesa famosa, Howard Vyse tornou-se fascinado pelas descobertas arqueológicas no Egito e decidiu usar o dinheiro de sua família para conseguir fama para si. Começou procurando por uma câmara secreta lendária dentro da Grande Pirâmide que, de acordo com rumores, continha todas as riquezas do faraó Quéops. Depois de muito trabalho e praticamente ficando sem recursos financeiros, ele começou a usar pólvora, com explosões dentro da pirâmide, para abrir seu caminho em direção a espaços estreitos acima da Câmara do Rei. O primeiro foi descoberto em 1765 por um explorador chamado Nathaniel Davison. Vyse descobriu quatro outros, um acima do outro – veja Figura 24.

A Grande Pirâmide, como afirmei, não tem nenhuma decoração ou inscrição. Assim também era a câmara descoberta por Davison. Contudo, nas três câmaras descobertas por Vyse, de modo singular, *existiam* inscrições: marcas dos construtores e nomes reais, todas feitas com tinta vermelha. E uma das inscrições tinha a grafia clara "Khufu". Vyse, em outras palavras, provou que uma câmara que tinha sido selada todos esses milênios era de Khufu (Quéops) e que trabalhadores tinham construído essa pirâmide. Ele chamou os cônsules britânico e austríaco ao Cairo para testemunharem as inscrições. Eles as copiaram em um tecido, assinaram e enviaram para o Museu Britânico em custódia. A cópia

"Câmara de Wellington"

CÂMARA DO REI

canal de ar

canal de ar

Grande Galeria

CÂMARA DO REI

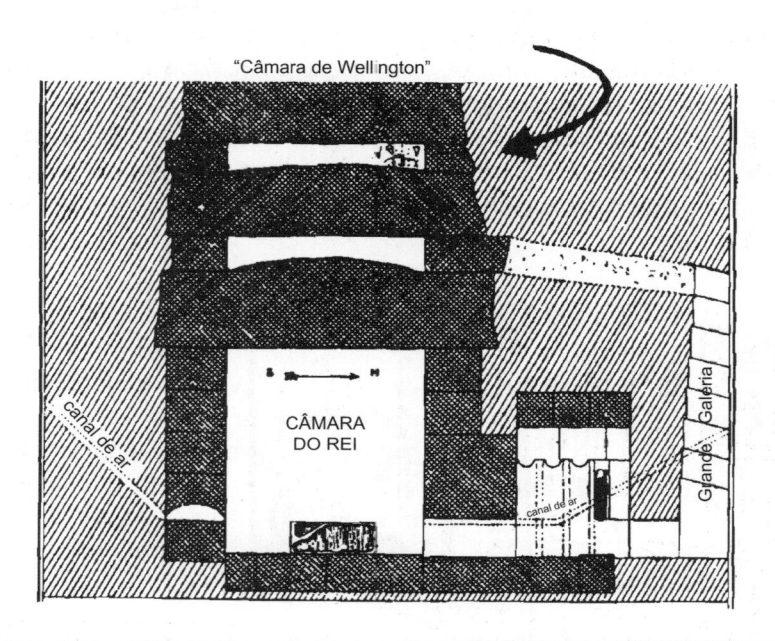

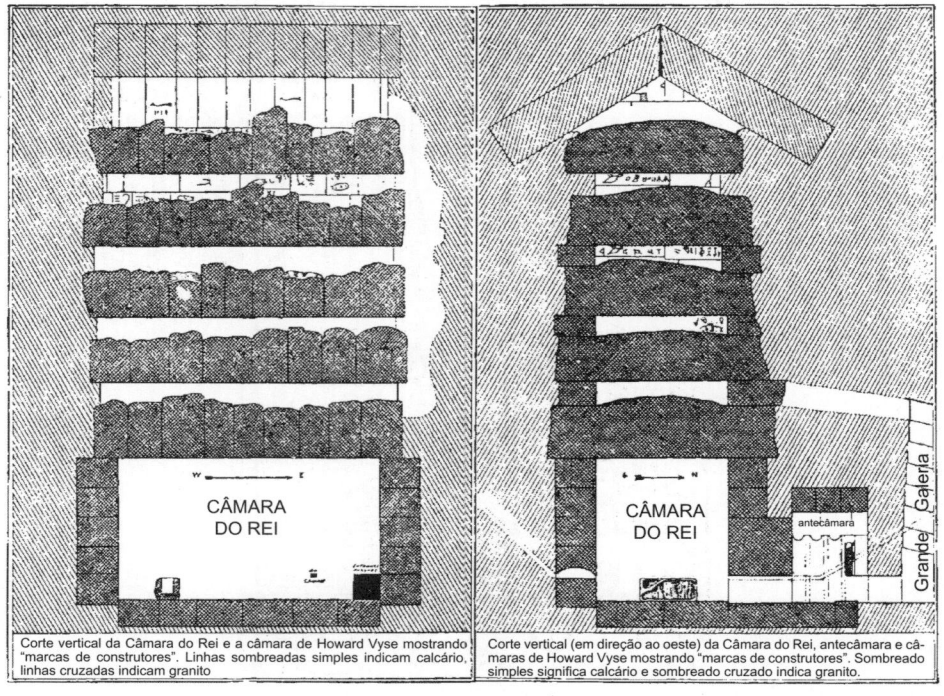

Corte vertical da Câmara do Rei e a câmara de Howard Vyse mostrando "marcas de construtores". Linhas sombreadas simples indicam calcário, linhas cruzadas indicam granito.

Vista Norte

CÂMARA DO REI

antecâmara

Grande Galeria

Corte vertical (em direção ao oeste) da Câmara do Rei, antecâmara e câmaras de Howard Vyse mostrando "marcas de construtores". Sombreado simples significa calcário e sombreado cruzado indica granito.

Figura 24

Vista Oeste

continua lá, intacta por quase um século e meio, e texto após texto disse a seus estudantes que, sim, essa inscrição identificava o faraó Khufu como o construtor da Grande Pirâmide.

Então, o que dizer dos meus Anunnaki como construtores? E o que dizer do espaçoporto, dos veículos voadores e de Nibiru?

Enquanto eu pesquisava a evidência antiga, algo estranho chamou minha atenção.

Figura 25

De acordo com a teoria egiptológica de uma sucessão de faraós construindo uma sucessão de pirâmides, a Esfinge foi edificada (esculpindo-se a pedra original) por Quéfren, o suposto construtor da Segunda Pirâmide. Ele foi o quarto rei da Quarta Dinastia. Ainda assim, desenhos egípcios em tabuletas da *Primeira* Dinastia já mostravam a Esfinge (Figura 25)! Em outras palavras, os próprios primeiros faraós, 600 anos antes de Quéfren, já viam a Esfinge posicionada em Gizé.

Além do mais, uma estela de pedra descoberta nos anos 1850 e conhecida como "Estela Inventário" tem uma inscrição de Khufu (Quéops) em que ele menciona não só a Esfinge, mas também a Grande Pirâmide como já existindo em sua época – por volta de um século *antes* de seu sucessor Quéfren ter construído a Esfinge...

Portanto, me perguntei: "O que está acontecendo aqui?".

Quando me deparei com o fato de que a suposta "evidência" da Terceira Pirâmide era uma falsificação, algo me alertou. Naquele caso, o falsário tinha sido o coronel Vyse. Mas ele também não era o descobridor da evidência Khufu/Quéops na Grande Pirâmide?

Quando li e reli seus diários e outros dados relativos às atividades no Egito e egiptologia daquela época, não pude me livrar da sensação de que as inscrições em tinta vermelha, que Vyse alegava ter encontrado nas câmaras estreitas, também fossem forjadas. Com muita diplomacia e um pouco de sorte fui capaz de descobrir, nos arquivos poeirentos do Museu Britânico em Londres, o testamento embrulhado em tecido deixado lá por Vyse há 150 anos. "Você é o primeiro em mais de um século que está pedindo para vê-lo", disse-me o curador do Departamento Egípcio do museu.

Quando abri o tecido embrulhado, soube que tinha encontrado a evidência da falsificação. Em poucas palavras, aqui está: por causa do pouco conhecimento na época dos hieróglifos egípcios, o assistente de Vyse, sr. Hill, subiu para dentro das câmaras e com um pincel e tinta vermelha desenhou os importantes cartuchos com o nome real soletrado KH-U-FU como mostro na Figura 26. Acontece que o que ele escreveu ou pintou não foi Khufu, mas RA-U-F-U (Figura 27) invocando em vão o nome RÁ, o deus supremo do Egito. O jeito correto de escrever é como mostro na Figura 26; é assim que vocês verão o nome escrito na Pedra Inventário quando visitarem o Museu do Cairo.

Submeti essa e outra evidência em meu livro *O Caminho para o Céu*. Alguns meses depois de meu livro ter sido publicado, recebi uma carta de um engenheiro vivendo em Pittsburg. O que você diz sobre falsificação, ele escreveu, minha família tem ciência há 150 anos! Liguei para ele na mesma hora. No fim, seu tataravô foi o mestre de obras que

Vyse contratou para usar pólvora dentro da pirâmide, e ele escreveu para casa sobre a noite em que o sr. Hill foi para dentro da pirâmide com pincel e tinta e perpetrou a falsificação. Depois de 150 anos, uma testemunha ocular surgiu para corroborar as minhas conclusões.

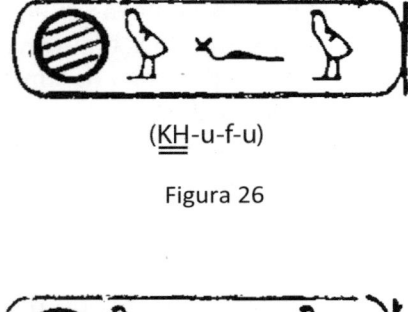

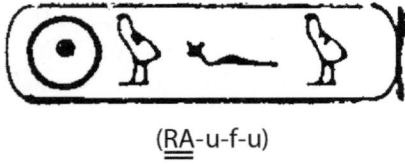

(KH-u-f-u)

Figura 26

(RA-u-f-u)

Figura 27

Hoje os astrônomos concordam que, de fato, existe mais um planeta em nosso sistema solar. Outros cientistas – em geologia, genética e matemática – corroboram outros aspectos do conhecimento antigo. Detalho tudo isso em outro livro da série As Crônicas da Terra e no último livro *Genesis Revisited*. Neste último, também sigo passo a passo um dos incidentes mais chocantes no programa espacial moderno. Trata-se da verdade sobre a nave espacial chamada Phobos-2, que foi lançada pelos soviéticos com a participação internacional para investigar Marte e sua lua Fobos. A nave espacial foi atingida em março de 1989 por, cito: "algo que não devia estar lá". Apresento em meu livro uma das últimas fotografias transmitidas pelo veículo espacial mostrando aquele "algo". O que se alega ser uma foto forjada posterior foi revelado por uma fonte russa. Ela mostra um objeto alienígena alongado chegando perto do veículo espacial.

Existem características surpreendentes em Marte, não só o rosto famoso, mas também, de fato, estruturas. Elas incluem o que parece a forma de um espaçoporto. De acordo com textos sumérios, os Anunnaki usavam Marte como uma estação no caminho entre Nibiru e a Terra. Aquele espaçoporto antigo foi *reativado*.

E, se estou certo sobre essa conclusão, então isso explicará de onde os óvnis e seus ocupantes androides vieram.

A Terra está sendo sondada de novo; e, depois dos mensageiros androides, os próprios Anunnaki se seguirão – cumprindo todas as profecias sobre a Volta do Reino do Céu para a Terra.

Em confirmação à conclusão sobre o 12º membro de nosso sistema solar e os Anunnaki, nós também solucionamos o enigma do fenômeno óvni. Algumas das evidências mais convincentes estão bem aqui: as três pirâmides de Gizé e a Esfinge.

O Caminho para o Céu e o Épico da Criação

Compilação da obra
O Caminho para o Céu (*capítulo 5*) e O 12º Planeta (*capítulo 7*)

A existência do 12º Planeta – Nibiru – é relevante para a cosmologia de Sitchin, pois foi a partir de lá que os Anunnaki se originaram. Algumas perguntas relativas a Nibiru devem ser feitas: Onde ele fica? Por que não sabemos sobre ele? Como os sumérios sabiam a seu respeito? Quando ele virá de novo? Essa última questão é respondida de forma mais completa no livro de Zecharia Sitchin, *Fim dos Tempos*.* As outras podem ser respondidas, pelo menos em parte, pela compreensão do Épico da Criação suméria *Enuma Elish*, como explicado por Zecharia Sitchin em várias de suas obras, e pelo entendimento do que os sumérios sabiam sobre a órbita de Nibiru, como contado a eles pelos próprios Anunnaki.

Meu pai, Amnon Sitchin (o irmão de Zecharia Sitchin), que tem PhD em engenharia aeronáutica e mecânica, ajudou nos cálculos da órbita de Nibiru. Algumas coisas a ressaltar sobre a órbita é que ela é elíptica; é no sentido horário (a maior parte dos outros planetas de nosso sistema solar tem rotação em sentido anti-horário em torno do Sol); e que não é na mesma elipse dos outros planetas, tornando difícil de encontrá-lo, já que existe uma vasta área em que pode estar localizado. Amnon Sitchin nota: "A não ser pelo período e alongamento da órbita de Nibiru, a inclinação e a oscilação em relação à eclíptica são quase idênticas às do Cometa Haley".

---

* N. E.: Sugerimos a leitura de *Fim dos Tempos: Profecias Egpícias e Destinos Humanos*, de Zecharia Sitchin, Madras Editora.

> Esse trecho do capítulo 5 de *O Caminho para o Céu* dá uma rápida síntese das ocorrências descritas no *Enuma Elish* e lança alguma luz acadêmica sobre o misterioso planeta Nibiru.

A PARTIR DE RELATOS COSMOGÔNICOS e poemas épicos sumérios, a partir de textos que serviram como autobiografias desses deuses, de listas de suas funções e relacionamentos e cidades, de cronologias e histórias chamadas Listas dos Reis e uma variedade de outros textos, inscrições e desenhos, nós reunimos um enredo coeso do que aconteceu em tempos pré-históricos e como tudo começou.

Suas histórias se iniciam em tempos primordiais quando nosso sistema solar ainda era jovem. Foi nessa época que um planeta imenso surgiu do espaço e foi atraído para o sistema solar. Os sumérios chamaram o invasor NIBIRU – "Planeta do Cruzamento"– e o nome babilônico para ele era Marduk. Quando passou pelos planetas, o curso de Marduk se curvou para dentro, para um curso de colisão com um antigo membro do sistema solar – um planeta chamado Tiamat. Quando os dois se juntaram, os satélites de Marduk racharam Tiamat em dois. Sua parte inferior foi esmagada em fragmentos criando os cometas e cinturão de asteroides – o "bracelete celestial" de destroços planetários que orbita entre Júpiter e Marte. A parte de cima de Tiamat, com seu satélite principal, foi jogada para uma nova órbita, para se tornar a Terra e a Lua.

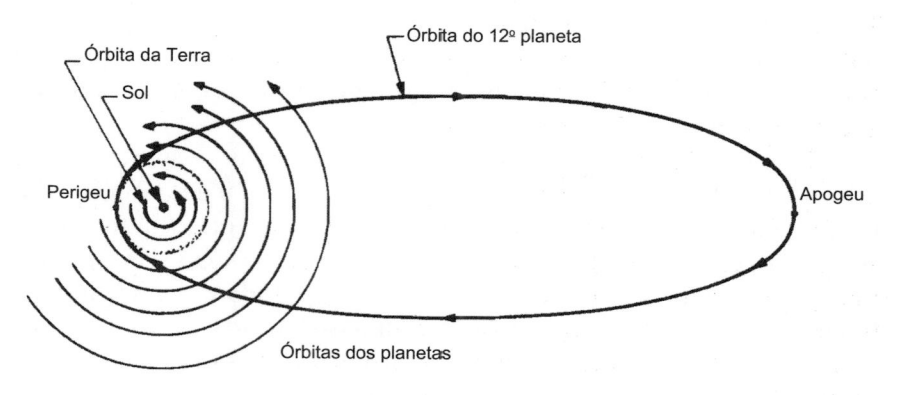

Figura 28

Figura 29

O próprio Marduk, intacto, foi pego em uma vasta órbita elíptica em torno do Sol, voltando para o local da "batalha celestial" entre Júpiter e Marte a cada 3.600 anos da Terra (Figura 28). Foi então que o sistema solar acabou com *12* membros – o Sol, a Lua (que os sumérios consideravam um corpo celestial por si só), os nove planetas que nós conhecemos e mais um – o 12º, Marduk.

Quando Marduk invadiu o nosso sistema solar, trouxe com ele a semente da vida. Na colisão com Tiamat, algumas das sementes da vida foram transferidas para a parte sobrevivente do planeta – o Planeta Terra. Quando a vida evoluiu na Terra, ela emulou a evolução em Marduk. Então, aconteceu que, quando as espécies humanas começavam a aparecer na Terra, em Marduk os seres inteligentes já tinham adquirido alto nível de civilização e tecnologia.

Foi desse 12º membro do sistema solar, disseram os sumérios, que astronautas vieram para a Terra – os "Deuses do Céu e da Terra". Foram de tais crenças sumérias que todos os povos antigos adquiriram suas religiões e deuses. Esses deuses, diziam os sumérios, criaram a Humanidade e, por fim, deram a civilização a ela – todo o conhecimento, todas as ciências, inclusive uma astronomia sofisticada.

Esse conhecimento abrangia a constatação do Sol como o corpo central do sistema solar, a aceitação de todos os planetas que nós conhecemos hoje – até os planetas Urano, Netuno e Plutão, que são descobertas relativamente recentes da astronomia moderna –, planetas que não podiam ser observados e identificados a olho nu. E, em textos e listas planetários, bem como em representações pictóricas, os sumérios insistiam que existia outro planeta – NIBIRU, *Marduk* –, que, quanto mais próximo da Terra, passava entre Marte e Júpiter, como mostrado nesse selo cilíndrico de 4.500 anos (Figura 29).

> O capítulo 7 de *O 12º Planeta* organiza provas concretas para a existência de Nibiru com base na ilustração de um selo cilíndrico sumério antigo que tem 4.500 anos de idade (Figura 29, e Figura 30, *detalhe na página 92*). Esse selo representa o nosso sistema solar, com 12 corpos celestiais: dez planetas, o Sol e a Lua. Se esse selo antigo é uma representação precisa de nosso sistema solar como existia na época, ele ajuda a refutar a teoria prevalecente até hoje em dia que coloca que a Lua foi formada quando um pedaço da Terra se separou e concebeu seu próprio corpo. Evidência científica mais recente sobre a composição química da Lua parece corroborar a perspectiva suméria de que a Terra e a Lua foram formadas ao mesmo tempo de praticamente os mesmos materiais. Se o selo é preciso em sua representação da Lua como um corpo separado da Terra, também deve estar certo em sua inclusão do planeta que pode ser Nibiru?
>
> Essa parte do capítulo 7 também articula os conteúdos de *Enuma Elish* sumério (o épico da Criação), uma das obras mais importantes do mundo. Sitchin percorre conosco, linha a linha, boa parte da narrativa e a coloca como chave para acontecimentos em tempo real que têm a ver com a formação do cosmos e do nosso próprio sistema solar. O mito de criação *Enuma Elish* também foi um texto sagrado para os babilônicos, usado como parte de seus rituais religiosos celebrando o Ano-Novo e, em honra a ele, eles celebraram a gênese extraordinária do mundo como o conheciam. *Enuma Elish* explica enigmas no movimento e orientação dos planetas, os cometas e os satélites dos planetas.

NA MAIORIA DOS SELOS CILÍNDRICOS ANTIGOS que foram encontrados, aparecem acima das figuras de deuses ou humanos símbolos que representam determinados corpos celestiais, membros do nosso sistema solar.

Um selo acadiano do terceiro milênio a.C., no Vorderasiatische Abteilung do Museu Estatal de Berlim Oriental (catálogo VA/243) hoje, afasta-se do modo comum de ilustrar os corpos celestiais. Ele não os mostra individualmente, mas, em vez disso, como um grupo de 11 globos circundando uma estrela raiada grande. Essa é uma ilustração clara do sistema solar como era conhecido pelos sumérios, um sistema consistindo em *12* corpos celestiais (Figura 30).

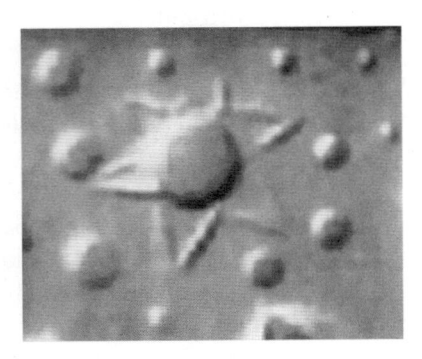

Figura 30

Em geral, nós mostramos nosso sistema solar esquematicamente como uma linha de planetas estendendo-se a partir do Sol em distâncias cada vez maiores. Porém, se representássemos os planetas não em uma linha, mas um após o outro em um *círculo* (o mais próximo, Mercúrio, o primeiro, depois Vênus, depois a Terra, e por aí vai), o resultado pareceria mais ou menos como na Figura 31. (Todos os desenhos são esquemáticos e não em escala. As órbitas planetárias no desenho a seguir são circulares em vez de elípticas para facilitar a representação.)

Se olharmos mais detidamente para um alongamento do sistema solar ilustrado no selo cilíndrico VA/243, veremos que os "pontos" circundando a estrela são, de fato, globos cujos tamanhos e ordem estão de acordo com os do sistema solar na Figura 31. O pequeno Mercúrio é seguido por Vênus, maior. A Terra, do mesmo tamanho de Vênus, é acompanhada pela pequena Lua. Continuando em um sentido anti-horário, Marte é mostrado corretamente como menor que a Terra, mas maior que a Lua ou Mercúrio (Figura 32).

Depois, a antiga representação mostra um planeta desconhecido para nós – consideravelmente maior que a Terra, ainda assim menor que Júpiter e Saturno, que claramente vêm após ele. Mais adiante, outro par é perfeitamente comparável com os nossos Urano e Netuno. Por fim, o pequenino Plutão também está lá, mas não onde nós o colocamos agora (depois de Netuno); em vez disso, ele aparece entre Saturno e Urano.

Tratando a Lua como um corpo celestial em si, a representação suméria dá conta de todos os planetas conhecidos por nós, coloca-os na ordem correta (com exceção de Plutão) e os mostra por tamanho.

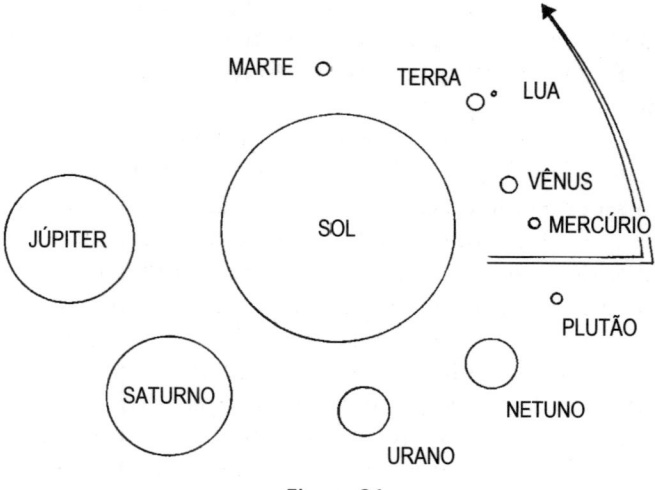

Figura 31

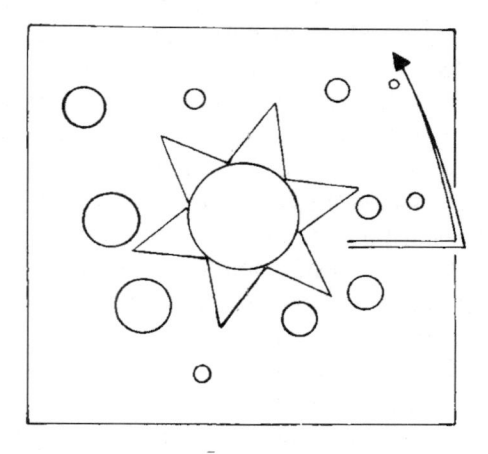

Figura 32

A representação de 4.500 anos de idade, contudo, também insiste que existia – ou existiu – outro grande planeta entre Marte e Júpiter. Ele é, como nós mostraremos, o 12º Planeta, o planeta dos *Nefilim*.

Se esse mapa celestial tivesse sido descoberto e estudado há 200 anos, os astrônomos teriam considerado os sumérios totalmente desinformados, imaginando tolamente mais planetas além de Saturno. Hoje, contudo, sabemos que Urano, Netuno e Plutão estão lá, de fato. Os sumérios imaginaram as outras discrepâncias, ou estavam informados com precisão pelos *Nefilim* de que a Lua era um membro do sistema solar por seu direito, Plutão estava localizado perto de Saturno, e existia um 12º Planeta entre Marte e Júpiter?

A teoria sustentada há tempos de que a Lua não era mais que uma "bola de golfe gelada" não foi descartada até a conclusão bem-sucedida de várias missões Apolo dos Estados Unidos à Lua. As melhores hipóteses eram de que a Lua era um pedaço de matéria que tinha se separado da Terra quando nosso planeta ainda estava incandescente e moldável. Se não fosse pelo impacto de milhões de meteoritos, que deixaram crateras na superfície da Lua, ela seria um pedaço de matéria que se solidificou sem rosto, sem vida, sem história e segue a Terra para sempre.

Observações feitas por satélites não tripulados, contudo, começaram a trazer questionamentos a essas crenças há muito sustentadas. Foi determinado que a composição química e mineral da Lua era suficientemente diferente da composição da Terra para desafiar a teoria da "ruptura". Os experimentos conduzidos na Lua pelos astronautas americanos e o estudo e análise do solo e amostras de rochas que trouxeram de lá estabeleceram, sem sombra de dúvida, que a Lua, embora atualmente estéril, um dia foi um "planeta vivo". Como a Terra, ela é estratificada, o que significa que se solidificou de seu próprio estágio liquefeito original. Como a Terra, ela gerou calor, mas, enquanto o calor da Terra vem de seus materiais radioativos, "cozidos" dentro da Terra sob pressões imensas, o calor da Lua vem, pelo que parece, de camadas de materiais radioativos que estão bem perto da superfície. Esses materiais, todavia, são pesados demais para terem flutuado. O que, então, os depositou perto da superfície lunar?

O campo gravitacional da Lua parece ser errático, embora porções imensas de matéria pesada (como o ferro) nunca afundaram de modo uniforme para seu centro, mas ficaram espalhadas por todo lado. Por qual processo ou força, nós devemos perguntar? Existe evidência de que as rochas antigas da Lua foram magnetizadas. Também há evidência de que os campos magnéticos foram alterados ou revertidos. Essa alteração se deu por processo interno desconhecido ou por uma influência exterior não determinada?

Os astronautas da Apolo 16 encontraram rochas na Lua (chamadas de brechas – *breccias*) que resultam da destruição de rocha sólida e sua ressoldagem por calor súbito e extremo. Quando e como essas rochas foram destruídas e depois refundidas? Outros materiais da superfície na Lua são ricos em potássio e fósforo radioativos raros, materiais que, na Terra, estão em grande profundidade.

Juntando esses achados, os cientistas hoje têm certeza de que a Lua e a Terra formadas de, praticamente, os mesmos elementos por volta da mesma época, evoluíram como corpos celestiais separados. Na opinião dos cientistas da U.S. National Aeronautics and Space Administration (Nasa), a Lua evoluiu "normalmente" durante seus primeiros 500 milhões de anos. Depois, eles disseram, (como informado no *New York Times*):

> O período mais cataclísmico aconteceu há 4 milhões de anos, quando corpos celestiais do tamanho de grandes cidades e pequenos países começaram a cair na Lua e formaram suas imensas bacias e montanhas elevadas.
>
> A imensa quantidade de materiais radioativos deixada pelas colisões começou a aquecer as rochas embaixo da superfície, fundindo quantidades massivas dela e forçando mares de lava através de fissuras na superfície.
>
> A Apolo 15 encontrou um deslizamento de rochas na cratera Tsiolovsky seis vezes maior que qualquer deslizamento de rochas da Terra. A Apolo 16 descobriu que a colisão que criou o Mar de Néctar depositou destroços a uma distância de mais de mil quilômetros.
>
> A Apolo 17 aterrissou perto de uma escarpa oito vezes maior do que qualquer existente na Terra, significando que foi formada por um terremoto lunar oito vezes mais violento do que qualquer terremoto na história da Terra.

Os abalos violentos que se seguiram àquela ocorrência cósmica continuaram por mais 800 milhões de anos, de modo que a formação da Lua e de sua superfície, por fim, adquiriu sua forma congelada por volta de 3,5 milhões de anos atrás.

Os sumérios, portanto, estavam certos ao ilustrar a Lua como um corpo celestial em si. E, como logo veremos, eles também nos deixaram um texto que explica e descreve a catástrofe cósmica à qual os especialistas da Nasa se referem.

O planeta Plutão já foi chamado de "o enigma". Enquanto as órbitas em torno do Sol dos outros planetas desviam apenas um pouco de um círculo perfeito, o desvio ("excentricidade") de Plutão é tal que ele tem a órbita mais estendida e elíptica em torno do Sol. Embora os outros planetas orbitem o Sol mais ou mesmo dentro do mesmo plano, Plutão está fora do padrão por imensos 17 graus. Por essas duas características de sua órbita, Plutão é o único planeta que cruza a órbita de outro, Netuno.

Em tamanho, Plutão, de fato, está na classe dos "satélites": seu diâmetro, 5.794 quilômetros, não é muito maior do que o de Tritão, um satélite de Netuno, ou Titã, um dos dez satélites de Saturno. Por suas características incomuns, já foi sugerido que esse "desajustado" pode ter começado sua vida celestial como um satélite que, de algum modo, escapou de seu mestre e entrou em órbita em torno do Sol por sua conta.

Isso, como logo veremos, foi o que de fato aconteceu – de acordo com os textos sumérios.

Agora chegamos ao clímax de nossa busca por respostas aos eventos celestiais primevos: a existência do 12º Planeta. Embora possa parecer espantoso, nossos astrônomos estiveram procurando por evidências de que, de fato, existiu tal planeta entre Marte e Júpiter.

No fim do século XVIII, mesmo antes da descoberta de Netuno, vários astrônomos demonstraram que "os planetas estavam colocados a determinada distância do Sol, de acordo com alguma lei definida". A sugestão, que acabou sendo conhecida como Lei de Bode, convenceu os astrônomos de que um planeta tinha de girar em um lugar onde, até a data, não se sabia da existência de nenhum planeta – ou seja, entre as órbitas de Marte e Júpiter.

Estimulados por esses cálculos matemáticos, os astrônomos começaram a varrer os céus na zona indicada pelo "planeta perdido". No primeiro dia do século XIX, o astrônomo italiano Giuseppe Piazzi descobriu, na distância exata indicada, um planeta muito pequeno (780 quilômetros de um lado a outro), que ele nomeou Ceres. Em 1804, o número de asteroides ("pequenos planetas") encontrados lá chegava a quatro. Até essa data, por volta de 3 mil asteroides foram listados orbitando o Sol no que é hoje conhecido como o cinturão de asteroides. Além de quaisquer dúvidas, esses são os escombros de um planeta que foi feito em pedaços. Os astrônomos russos o chamaram de Phayton ("carruagem").

Embora os astrônomos tenham certeza de que tal planeta existiu, eles são incapazes de explicar seu desaparecimento. O planeta autoexplodiu? Porém, nesse caso, seus pedaços teriam voado em todas as direções e não ficado em um único cinturão. Se uma colisão esmagasse o planeta perdido, onde estaria o corpo celestial responsável pela colisão? Ele foi atingido mesmo? Mas os escombros orbitando o Sol, quando juntados, formam um relato insuficiente para contabilizar um único planeta, quanto mais dois. Também, se os asteroides abrangem os escombros de dois planetas, eles deveriam ter retido a revolução axial dos dois planetas. Contudo, todos os asteroides têm uma única rotação axial, indicando que vêm de um único corpo celestial. Como, então, o planeta perdido foi despedaçado?

As respostas para esses enigmas foram disponibilizadas para nós pela Antiguidade.

Há mais ou menos um século, a decifração dos textos encontrados na Mesopotâmia, de modo inesperado, levou à percepção de que lá – na Mesopotâmia – existiam textos que não só eram equivalentes, mas também precederam partes das Escrituras Sagradas. *Die Kielschriften und das alte Testament* por Eberhard Schräder em 1872 deu início a uma avalanche de livros, artigos, conferências e debates que duraram meio século. Existia uma ligação, em um tempo muito antigo, entre a Babilônia e a Bíblia? A chamada afirmava, de modo provocativo, ou denunciava: BABEL UND BIBEL.

Entre os textos descobertos por Henry Layard nas ruínas da biblioteca de Assurbanipal em Nínive, havia um que fazia um relato da Criação não diferente do encontrado no Gênesis. As tabuletas quebradas, primeiro reunidas e publicadas depois por George Smith em 1876 (*The Chaldean Genesis*), estabeleceram conclusivamente que existiu, de fato, um texto acadiano escrito no antigo dialeto babilônico que relatava como um certo deus criou o Céu e a Terra, e tudo sobre a Terra, inclusive o Homem.

Agora existe uma vasta literatura que compara o texto mesopotâmico com a narrativa bíblica. A obra do deus babilônico foi feita, senão em "seis dias", pelo menos no âmbito de seis tabuletas. Paralelamente ao sétimo dia de descanso e satisfação do deus bíblico com sua obra, o épico mesopotâmico devota a sétima tabuleta para a exaltação do deus babilônico e suas realizações. De modo apropriado, L. W. King nomeou esse texto oficial sobre o tema *A Sétima Tabuleta da Criação*.

Agora chamado de "O Épico da Criação", o texto foi conhecido na Antiguidade por suas palavras de abertura *Enuma Elish* ("Quando nas alturas"). O relato bíblico da Criação começa com a formação do Céu e da Terra; a história mesopotâmica é uma verdadeira cosmogonia, lidando com acontecimentos anteriores e nos levando ao início dos tempos:

Enuma Elish la nabu shamamu
  Quando nas alturas o Céu não tinha sido nomeado
Shaplitu ammatitm shuma la zakrat
  E embaixo, o solo firme (Terra) não tinha sido chamado

Foi então, o épico nos relata, que dois corpos celestiais primevos deram nascimento a uma série de "deuses" celestiais. Quando o número de seres celestiais aumentou, eles criaram um grande ruído e comoção, perturbando o Pai Primordial. Seu mensageiro leal o instou a tomar medidas fortes para disciplinar os jovens deuses, mas eles se juntaram em torno dele e roubaram seus poderes criativos. A Mãe Primordial buscou vingança. O deus que liderou a revolta contra o Pai Primordial tinha uma nova sugestão: vamos deixar seu filho mais jovem ser convidado para se reunir à Assembleia dos Deuses e ganhar a supremacia para que possa ir lutar sozinho com o "monstro" que se tornou sua mãe.

Com a supremacia conferida a ele, o jovem deus – Marduk, de acordo com a versão babilônica – avançou para encarar o monstro e, depois de uma batalha feroz, derrotou-o e o dividiu em dois. Com uma parte ele fez o Céu e com a outra, a Terra.

Depois, ele proclamou uma ordem fixa nos céus, atribuindo a cada deus celestial uma posição permanente. Na Terra ele produziu as montanhas, mares e rios, criou as estações, a vegetação e o Homem. Em duplicação da Morada Celestial, a Babilônia, e seu templo imponente, foi construída na Terra. Deuses e mortais receberam incumbências, comandos e rituais para serem seguidos. Depois, os deuses proclamaram Marduk o deus supremo e lhe outorgaram os "50 nomes" – a prerrogativa e posição numérica da Enlildade.

Quando mais tabuletas e fragmentos foram encontrados e traduzidos, tornou-se evidente que o texto não era apenas uma obra literária. Era o épico mais sagrado, histórico e religioso da Babilônia, lido como parte dos rituais de Ano-Novo. Com a intenção de propagar a supremacia de Marduk, as versões babilônicas o tornaram o herói do relato da Criação. Isso, contudo, nem sempre foi assim. Existe evidência suficiente para mostrar que a versão babilônica do épico foi uma falsificação política e religiosa de mestre de versões sumérias anteriores, em que Anu, Enlil e Ninurta eram os heróis.

Independentemente, todavia, do que os atores nesse drama celestial e divino foram chamados, a história, com certeza, é tão antiga quanto a civilização suméria. A maior parte dos acadêmicos a vê como uma obra filosófica – a versão mais antiga da luta eterna entre o bem e o mal, ou como uma história alegórica sobre a natureza do inverno e do verão, o nascer e pôr do Sol, morte e ressurreição.

Porém, por que não tomar o épico de forma literal, como nada mais nada menos do que a comunicação de fatos cosmológicos como conhecidos pelos sumérios, como contados a eles pelos *Nefilim*? Usando essa abordagem corajosa e nova, descobrimos que o "Épico da Criação" explica à perfeição os fatos que provavelmente aconteceram em nosso sistema solar.

O palco em que o drama celestial do *Enuma Elish* se desenrola é o universo primordial. Os atores celestiais são os que criaram, bem como os que foram criados. Ato I:

> Quando nas alturas o Céu não tinha sido nomeado,
> E embaixo, a Terra não tinha sido chamada,
> Nada, além da APSU primordial, sua progenitora,
> MUMMU e TIAMAT – ela que criou a todos,
> Suas águas foram misturadas.
>
> Ainda não tinha sido formado nenhum junco, nenhum pântano tinha surgido.
> Nenhum dos deuses tinha sido trazido à luz.
> Nenhum tinha nome, seus destinos eram indeterminados;
> Depois, foi que os deuses foram formados em meio a eles.

Com algumas pancadas do buril de junco sobre a primeira tabuleta de argila – em nove linhas curtas –, o antigo poeta-cronista consegue nos colocar na primeira fila e, de modo corajoso e dramático, levanta a cortina sobre o espetáculo mais majestoso entre todos: a criação de nosso sistema solar.

Na imensidão do espaço, os "deuses" – os planetas – ainda irão aparecer, para serem nomeados e terem os seus "destinos" – as suas órbitas – fixadas. Existem apenas três corpos: "a AP.SU primordial" ("um que existe desde o início"); MUM.MU ("um que nasceu"); e TIAMAT ("donzela da vida"). As "águas" de Apsu e Tiamat foram misturadas, e o texto torna claro que isso não significa as águas em que os juncos crescem, mas, em vez disso, as águas primordiais, os elementos básicos do Universo doadores da vida.

Apsu, portanto, é o Sol, "um que existe desde o início".

Próximo a ele está Mummu. A narrativa épica torna claro, mais tarde, que Mummu era o ajudante confiável e emissário de Apsu: uma boa descrição de Mercúrio, o pequeno planeta que gira rápido em volta de seu mestre gigante. De fato, esse era o conceito que gregos e romanos antigos tinham do deus-planeta Mercúrio: o mensageiro rápido dos deuses.

Mais distante estava Tiamat. Ela era o "monstro" que, mais tarde, Marduk destruiu – o "planeta perdido". Porém, nos tempos primordiais, ela era a verdadeira primeira Mãe Virgem da primeira Trindade Divina. O espaço entre ela e Apsu não era o vácuo; ele era cheio de elementos primordiais de Apsu e Tiamat. Essas "águas" se "amalgamaram" e um par de deuses celestiais – planetas – foi formado no espaço entre Apsu e Tiamat.

> Suas águas foram misturadas...
> Deuses foram formados em meio a elas:
> o deus LAHMU e o deus LAHAMU foram criados;
> Por nomes eles foram chamados.

Etimologicamente, os nomes desses dois planetas partem da raiz *LHM* ("fazer a guerra"). Os antigos nos legaram a tradição de que Marte era o Deus da Guerra e Vênus, a Deusa tanto do Amor quanto da Guerra. LAHMU e LAHAMU são, portanto, nomes masculino e feminino, respectivamente; e a identidade dos dois deuses do épico e dos planetas Marte e Vênus fica, portanto, afirmada tanto etimológica quanto mitologicamente. Também fica firmada astronomicamente. Como o "planeta perdido", Tiamat estava localizado além de Marte. Marte e Vênus estão, de fato, localizados no espaço entre o Sol (Apsu) e "Tiamat". Podemos ilustrar isso seguindo o mapa celestial sumério (Figuras 33 e 34).

O processo de formação do sistema solar continuou. Lahmu e Lahamu – Marte e Vênus – foram criados, mas mesmo

> Antes de eles terem crescido em idade
> e em estatura a um tamanho determinado –
> Deus ANSHAR e deus KISHAR foram formados,
> Ultrapassando-os (em tamanho).
> Quando os dias se alongaram e os anos se multiplicaram,
> o deus ANU se tornou seu filho – rival de seus ancestrais.
> Depois o primogênito de Anshar, Anu,
> E seu igual e sua imagem gerou NUDIMMUD.

Com uma concisão equivalente apenas pela precisão da narrativa, o Ato I do épico da Criação foi rapidamente jogado diante de nossos olhos. Somos informados somente que Marte e Vênus cresceriam somente a um tamanho limitado, mas, mesmo antes de sua formação ter sido completa, outro par de planetas foi formado. Os dois eram planetas majestosos, como evidenciado por seus nomes – AN.SHAR ("príncipe primordial dos céus") e KI.SHAR ("primeiro das terras firmes"). Eles ultrapassaram em extensão o primeiro par, "superando-os" em tamanho. A descrição, os epítetos e a localização desse segundo par identificam-nos facilmente como Saturno e Júpiter (Figura 35).

Algum tempo se passou ("os anos multiplicaram"), e um terceiro par de planetas foi criado. Primeiro veio ANU, menor que Anshar e Kishar ("seus filhos"), mas maior que os primeiros planetas ("de seus ancestrais um rival" em tamanho). Depois Anu, por sua vez, deu nascimento a planetas gêmeos ("seu igual e à sua imagem"). A versão babilônica nomeia o planeta NUDIMMUD, um epíteto de Ea/Enki. De novo, a descrição de tamanhos e localizações se encaixa no próximo par de planetas conhecidos em nosso sistema solar, Urano e Netuno.

Entretanto, havia outro planeta a ser contabilizado entre esses planetas exteriores, o que nós chamamos de Plutão. O "Épico da Criação" já se referiu a Anu como "primogênito de Anshar", implicando que ainda existia outro deus planetário "nascido" de Anshar/Saturno.

O épico dará conta desse deus celestial mais tarde, quando relata como Anshar enviou seu emissário GAGA para várias missões a outros planetas. Gaga surge em função e estatura equivalentes ao emissário de Apsu

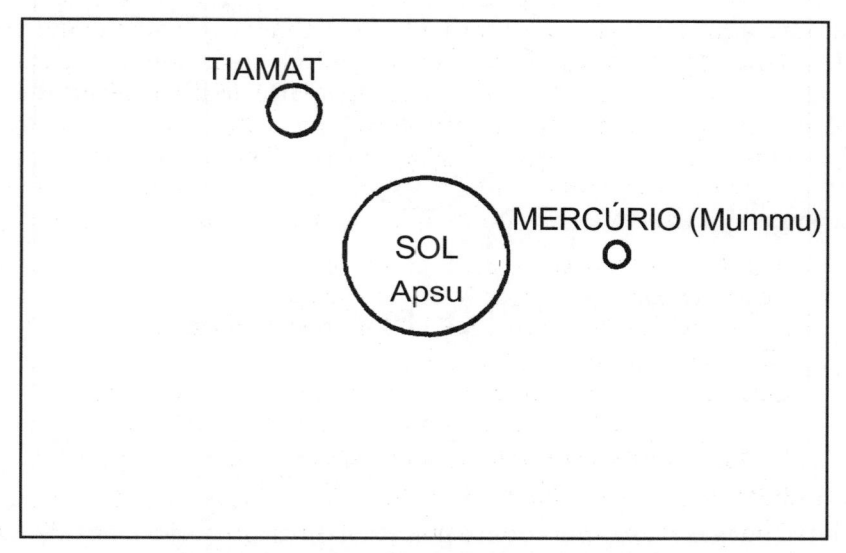

Figura 33. No início: Sol, Mercúrio, "Tiamat".

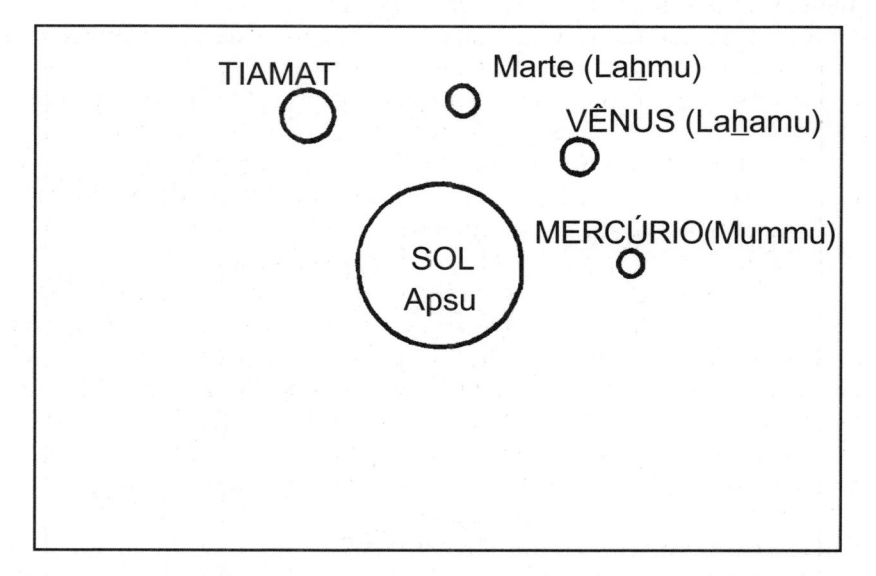

Figura 34. Os planetas internos – os "deuses em meio a eles" – foram criados.

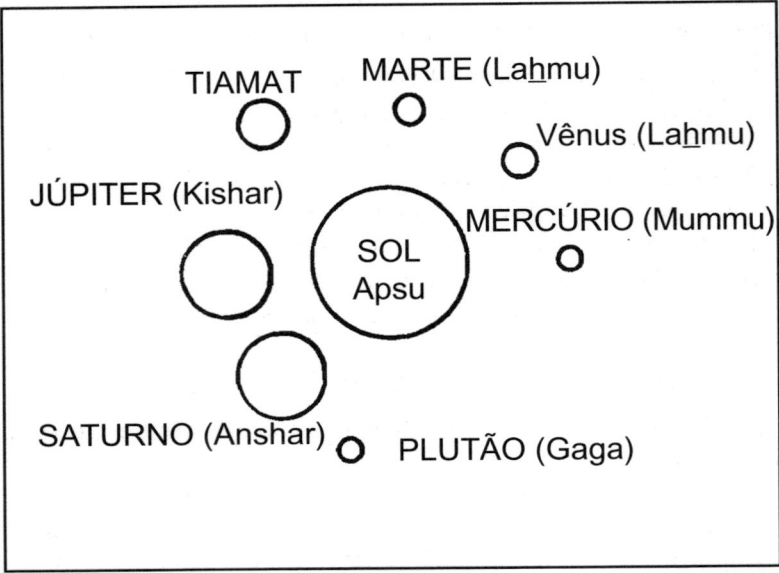

Figura 35. Os SHAR'S – os planetas gigantes – são criados com seu "emissário".

Mummu. O fato traz à mente as muitas semelhanças entre Mercúrio e Plutão. Gaga, então, era Plutão; porém os sumérios colocaram Plutão em seu mapa celestial não além de Netuno, mas perto de Saturno, de quem ele era "emissário" ou satélite (Figura 36).

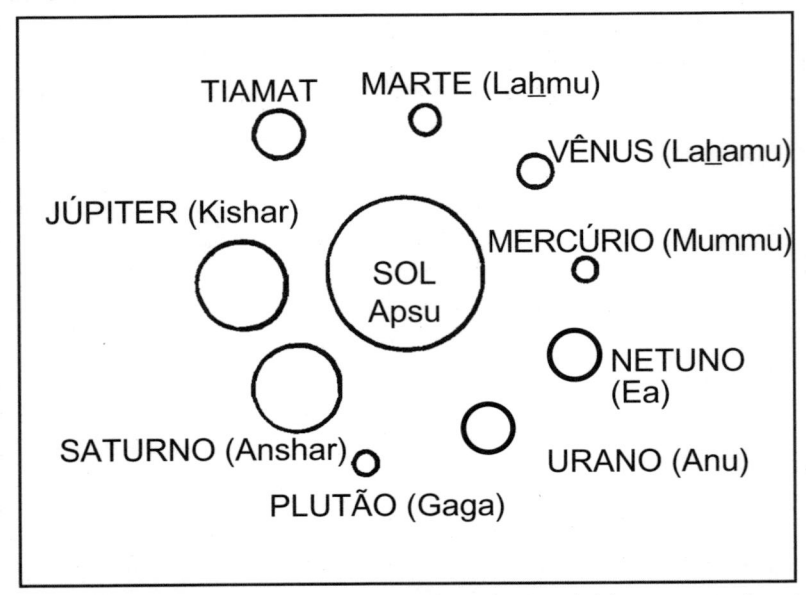

Figura 36. Os últimos dois planetas são acrescentados, iguais à imagem um do outro.

Quando o Ato I do "Épico da Criação" chegou ao fim, existia um sistema solar criado com o Sol e nove planetas:

SOL – *Apsu*, "um que existiu desde o início".
MERCÚRIO – *Mummu*, conselheiro e emissário de Apsu.
VÊNUS – *Lahamu*, "senhora das batalhas".
MARTE – *Lahmu*, "deus da guerra".
??? – *Tiamat*, "senhora que deu a vida".
JÚPITER – *Kishar*, "primordial da terra firme".
SATURNO – *Anshar*, "primordial dos céus".
PLUTÃO – *Gaga*, conselheiro e emissário de Anshar.
URANO – *Anu*, "ele dos céus".
NETUNO – *Nudimmud (Ea)*, "criador astuto".

Onde estavam a Terra e a Lua? Elas ainda não tinham sido criadas, produtos da colisão cósmica futura.

Com o fim do enredo majestoso do nascimento dos planetas, os autores do épico da Criação agora sobem as cortinas para o Ato II, em um drama de tumulto celestial. A família de planetas recém-criada estava longe de ser estável. Os planetas estavam gravitando um em direção ao outro; eles estavam convergindo para Tiamat, perturbando e colocando em perigo os corpos primordiais.

> Os irmãos divinos andavam juntos;
> Eles perturbaram Tiamat quando surgiram por trás e pela frente.
> Eles estavam perturbando a "barriga" de Tiamat
> Por seus ancestrais nas moradas do céu.
> Apsu não pôde conter seu clamor;
> Tiamat ficou mudo com seus modos.
> Seus atos eram abomináveis...
> Seus modos eram inoportunos.

Aqui temos uma referência óbvia a órbitas erráticas. Os novos planetas "oscilavam para a frente e para trás"; chegavam muito perto uns dos outros ("juntos um ao outro"); interferiram com a órbita de Tiamat; chegaram perto demais de sua "cintura"; seus "modos" eram perturbadores. Embora Tiamat fosse quem corresse maior risco, Apsu, também, considerou os modos dos planetas "abomináveis". Anunciou suas intenções de "destruir, aniquilar seus modos". Ele se juntou a Mummu, conversou em segredo com ele. Mas "independentemente do que tivessem conspirado entre si" foi entreouvido pelos deuses, e a conspiração para destruí-los os deixou sem palavras. O único que não perdeu a sagacidade foi Ea.

Ele elaborou um estratagema para "derramar o sono sobre Apsu". Quando os outros deuses celestiais gostaram do plano, ele "desenhou um mapa fiel do Universo" e lançou um feitiço divino sobre as águas primordiais do sistema solar.

O que foi esse "feitiço" ou força exercida por Ea (o planeta Netuno) – na ocasião o planeta mais afastado –, já que orbitava o Sol e circundava todos os outros planetas? Sua própria órbita em torno do Sol afetou o magnetismo solar e, portanto, seu derramamento radioativo? Ou o próprio Netuno emitiu, com sua criação, alguma vasta radiação de energia? Qualquer que tenha sido o efeito, o épico o comparou a um "derramamento de sono" – um efeito calmante – sobre Apsu (o Sol). Até "Mummu, o Conselheiro, ficou sem poder para se mexer".

Como na história bíblica de Sansão e Dalila, o herói – derrotado por sono – pode ter seus poderes roubados com facilidade. Ea se movimentou rápido para roubar Apsu de seu papel criativo. Arrefecendo, pelo que parece, o imenso derramamento de matéria primordial do Sol, Ea/Netuno "retirou a tiara de Apsu, removeu seu manto de aura". Apsu foi "derrotado". Mummu não podia mais vaguear. Ele foi "atado e deixado para trás", um planeta sem vida ao lado de seu mestre.

Ao privar o Sol de sua criatividade – impedindo o processo de emitir mais energia e matéria para formar outros planetas –, os deuses trouxeram uma paz temporária para o sistema solar. A vitória foi posteriormente simbolizada pela mudança de significado e localização de Apsu. Esse epíteto doravante seria aplicado à "morada de Ea". Quaisquer planetas adicionais, a partir de então, poderiam vir apenas do novo Apsu – de "o Profundo" –, os lugares distantes do espaço que o planeta mais afastado enfrentou.

Quanto tempo se passou antes de a paz celestial ser quebrada mais uma vez? O épico não diz. Contudo, ele continua, com uma pequena pausa, e sobe a cortina para o Ato III:

> Na câmara da Sina, o lugar dos Destinos,
> Um deus foi engendrado, mais capaz e sábio entre os deuses;
> No coração da Profundeza, MARDUK foi criado.

Um novo "deus" celestial – um novo planeta – agora se une ao elenco. Foi formado na Profundeza, no espaço distante, em uma zona onde o movimento orbital – o "destino" de um planeta – tinha sido transmitido a ele. Ele foi atraído para o sistema solar pelo planeta mais exterior: "Aquele que o criou foi Ea" (Netuno). O novo planeta era uma vista a contemplar:

Sua figura era sedutora, seus olhos se abriam resplandecentes;
Sua marcha era senhoril, imperiosa como nos tempos antigos...
Altamente exaltada ficou a morada dos deuses, destacada
por todo...

Ele era o deus mais altivo entre todos, sua altura os ultrapassava;
Seus membros eram enormes, ele era muito alto.

Surgindo do espaço, Marduk ainda era um planeta recém-nascido, arrotando fogo e emitindo radiação. "Quando movia seus lábios, o fogo queimava."

Quando Marduk se aproximou dos outros planetas, "eles amontoaram sobre ele seus clarões fantásticos", e ele brilhou com grande intensidade, "vestido com o halo de dez deuses". Sua aproximação, portanto, desencadeou emissões elétricas e outras emissões dos outros membros do sistema solar. E uma única palavra aqui confirma nossa decifração

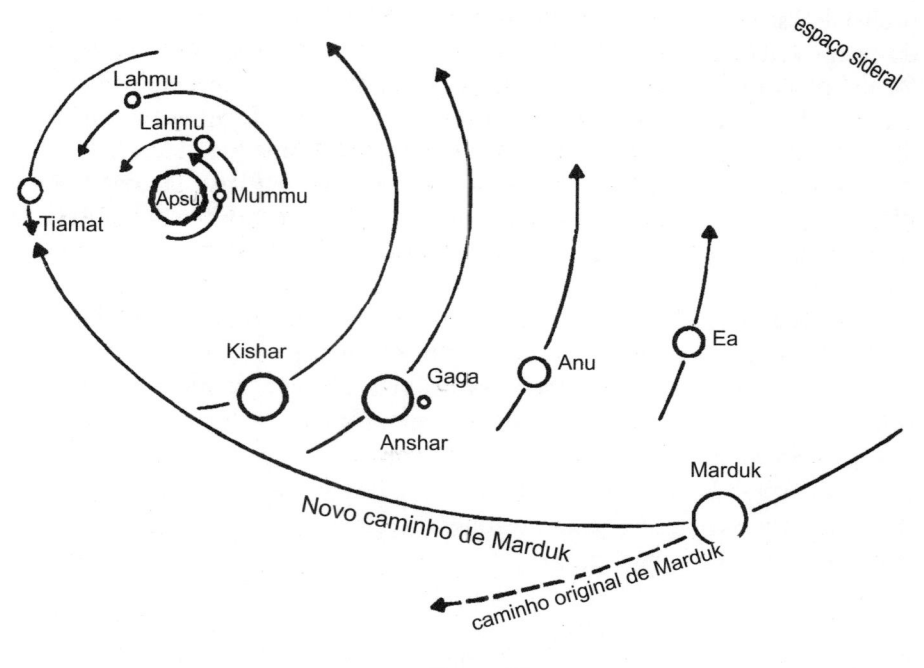

Figura 37

do épico da Criação: *Dez* corpos celestiais esperavam por ele – o Sol e apenas nove outros planetas.

A narrativa épica agora nos leva adiante com o curso rápido de Marduk. Primeiro ele passa pelo planeta que o "criou", que o puxou para o sistema solar, o planeta Ea/Netuno. Quando Marduk se aproxima de Netuno, o último puxão gravitacional de Netuno cresce em intensidade. Ele completa o caminho de Marduk, "tornando-o bom para seu propósito".

Ao passar por Netuno, a atração gravitacional fez com que o lado de Marduk inchasse, como se ele tivesse "uma segunda cabeça". Nenhuma parte de Marduk, contudo, foi arrancada em sua passagem. Entretanto, quando Marduk chegou à vizinhança de Anu/Urano, pedaços de matéria começaram a se separar dele, resultando na formação dos quatro satélites de Marduk. "Anu gerou e formou os quatro lados, concedeu seus poderes para o líder da hoste." Chamados de "ventos", os quatro foram impulsionados em uma órbita rápida em torno de Marduk, "girando e girando".

A ordem de passagem – primeiro por Netuno, depois por Urano – indica que Marduk estava entrando no sistema solar não na direção orbital do sistema (sentido anti-horário), mas na direção oposta, movimentando-se em sentido horário. Movimentando-se, o planeta que estava vindo logo foi atraído por forças magnéticas e gravitacionais imensas do gigante Anshar/Saturno, depois Kishar/Júpiter. Seu caminho foi se curvando ainda mais para dentro – para o centro do sistema solar, em direção a Tiamat (Figura 37).

A aproximação de Marduk logo começou a perturbar Tiamat e os planetas interiores (Marte, Vênus e Mercúrio). "Ele produziu correntes, perturbou Tiamat. Os deuses não tinham repouso, conduzidos como em uma tempestade."

Embora as linhas do texto antigo tenham sido parcialmente danificadas aqui, ainda podemos ler que o planeta que se aproximava "diluiu sua vital... beliscou os seus olhos". O próprio Tiamat "se movimentava transtornado" – sua órbita, é evidente, perturbada.

A atração gravitacional do grande planeta que se aproximava, logo começou a desprender partes de Tiamat. Do meio dela surgiram sete "monstros", um "ronco furioso", tropel de satélites que "se separaram" de seu corpo e "marcharam ao lado de Tiamat". Preparando-se para enfrentar Marduk, Tiamat "os coroou com halos", dando-lhes a aparência de "deuses" (planetas).

De particular importância para o épico e para a cosmogonia mesopotâmica foi o satélite principal de Tiamat, que se chamava KINGU, "o primogênito entre os deuses que formavam seu conjunto".

Ela exaltou Kingu,
Em seu seio ela o tornou grande...
O alto comando da batalha
Ela confiou em suas mãos.

Vítima de atrações gravitacionais conflitantes, esse grande satélite de Tiamat começou a virar em direção a Marduk. Essa foi a concessão a Kingu de uma Tábua dos Destinos – um trajeto planetário próprio, – o que incomodou em particular os planetas mais afastados. Quem tinha concedido a Tiamat o direito de criar planetas? – Ea perguntou. Ele levou o problema para Anshar, o gigante Saturno.

Tudo o que Tiamat tramou, ele lhe repetiu:
"... ela criou uma Assembleia e está furiosa, com raiva.
Ela acrescentou armas incomparáveis, deu nascimento a deuses monstruosos.
De todo modo, ela deu nascimento a 11 de seu tipo;
dentre os deuses que formaram sua Assembleia,
ela elevou Kingu, seu primogênito, transformou-o em chefe
[...]
ela deu-lhe uma Tábua dos Destinos, alimentou-o em seu seio".

Voltando a Ea, Anshar perguntou-lhe se ele poderia ir matar Kingu. A resposta foi perdida por causa de um rompimento na tabuleta; parece que Ea não satisfez Anshar, pois a continuação da narrativa tem Anshar recorrendo a Anu (Urano) para saber se ele "enfrentaria Tiamat". Porém, Anu "foi incapaz de enfrentá-la e voltou".

Nos céus agitados, se constrói um confronto; um deus após outro se afasta. Nenhum batalhará contra a Tiamat enfurecida?

Marduk, tendo passado Netuno e Urano, agora está se aproximando de Anshar (Saturno) e de seus anéis amplos. Isso dá uma ideia a Anshar: "Ele, que é potente, deve ser nosso Vingador; ele que é ansioso pela batalha: Marduk, o Herói!". Chegando ao alcance dos anéis de Saturno ("ele beijou os lábios de Anshar"), Marduk responde:

"Caso eu, de fato, como Vingador jovem
Irei derrotar Tiamat, salvar as suas vidas –
Convoquem uma Assembleia para proclamar meu destino supremo!"

A condição era audaciosa, porém simples: Marduk e seu "destino" – sua órbita ao redor do Sol – seriam supremos entre todos os deuses celestiais. Foi então que Gaga, satélite de Anshar/Saturno – e o futuro Plutão –, foi libertado de seu curso:

Anshar abriu a boca,
Para Gaga, seu conselheiro, uma palavra ele dirigiu...
"Vá a caminho, Gaga,
tome posição diante dos deuses,
e o que devo dizer-lhes
repita para eles."

Passando pelos outros deuses/planetas, Gaga os instou a "fixar seus mandatos para Marduk". A decisão foi antecipada: os deuses estavam apenas ansiosos em demasia para ter alguém para ir acertar as contas por eles. "Marduk é rei!", eles gritaram, e o incitaram a não perder mais tempo: "Vá e acabe com a vida de Tiamat!".

Agora as cortinas sobem para o Ato IV, a batalha celestial.

Os deuses tinham decretado o "destino" de Marduk. Suas atrações gravitacionais combinadas agora determinaram que o caminho orbital de Marduk fosse em apenas uma direção – à "batalha", uma colisão com Tiamat.

Como é apropriado para um guerreiro, Marduk se armou com uma variedade de armas. Encheu seu corpo com "chama ardente"; "construiu um arco... preso a uma flecha... diante dele, colocou o raio"; e "depois fez uma teia para envolver Tiamat". Esses são nomes comuns para o que só pode ter sido um fenômeno celestial – a descarga de raios elétricos quando os dois planetas convergiram, a atração gravitacional (uma "rede") de um sobre o outro.

Mas a arma principal de Marduk eram seus satélites, os quatro "ventos" que Urano tinha lhe fornecido quando Marduk passou por aquele planeta: Vento Sul, Vento Norte, Vento Leste, Vento Oeste. Passando agora pelos gigantes, Saturno e Júpiter, e sujeito a sua tremenda atração gravitacional, Marduk "gerou" mais três satélites – Vento Ruim, Redemoinho e Vento Incomparável.

Usando seus satélites como uma "carruagem de tempestade", ele "enviou os ventos que tinha criado, todos os sete". Os adversários estavam prontos para a batalha.

O Senhor prosseguiu, seguiu seu curso;
Em direção à raivosa Tiamat ele preparou seu rosto...
O Senhor se aproximou para examinar o lado interno de Tiamat –
O esquema de Kingu, seu consorte, a perceber.

Porém, os planetas chegaram mais perto um do outro, o curso de Marduk se tornou errático:

Quando ele olha, seu curso fica perturbado,
Sua direção é distraída, seus feitos são confusos.

Até mesmo os satélites de Marduk começaram a se desviar do curso:

Quando os deuses, seus ajudantes,
Que estava marchavam a seu lado,
Viram o valente Kingu, sua visão ficou turva.

Afinal, os combatentes perderiam um ao outro?

No entanto, a morte foi lançada, o curso irrevogavelmente levou a uma colisão. "Tiamat emitiu um rugido"... "O Senhor ergueu uma tempestade de inundações, sua arma mais poderosa." Quando Marduk ficou cada vez mais perto, a "fúria" de Tiamat cresceu; "as raízes de suas pernas chacoalharam para a frente e para trás". Ela começou a lançar "feitiços" contra Marduk – o mesmo tipo de ondas celestiais que Ea tinha usado antes contra Apsu e Mummu. Porém, Marduk continuou vindo para ela.

> Tiamat e Marduk, o mais sábio entre os deuses,
> Avançaram um contra o outro;
> Eles continuaram para um único combate.
> Eles se aproximaram para a batalha.

Agora, o épico muda para a descrição da batalha celestial, no fim da qual o Céu e a Terra foram criados.

> O Senhor lançou sua rede para envolvê-la;
> O Vento Ruim, o de posição mais recuada, ele detonou diante de seu rosto.
> Quando ela abriu a boca, Tiamat, para devorá-lo –
> Ele introduziu na boca o Vento Ruim para que ela não fechasse os seus lábios.
> Depois, os Ventos de tempestade furiosos encheram sua barriga;
> Seu corpo tornou-se distendido; sua boca ficou bem aberta.
> Ele atirou lá com uma flecha, que rasgou sua barriga;
> A flecha cortou as suas entranhas, rompeu seu útero,
> Tendo então a subjugado, ele extinguiu seu sopro de vida.

Aqui, então (Figura 38), está a teoria mais original explicando os enigmas celestiais que ainda nos confrontam. Um sistema solar instável, feito do Sol e nove planetas, foi invadido por um planeta assemelhado a um cometa imenso vindo do espaço distante. Primeiro ele encontrou Netuno; quando passou por Urano, o gigante Saturno e Júpiter, seu curso foi profundamente inclinado para dentro em direção ao centro do sistema solar, e isso gerou sete satélites. De modo irreversível, ele foi colocado em um curso de colisão com Tiamat, o planeta seguinte na fila.

Mas os dois planetas não colidiram, um fato de importância astronômica cardinal; foram os satélites de Marduk que arrebentaram em Tiamat, e não o próprio Marduk. Eles "distenderam" o corpo de Tiamat, fizeram dentro dela uma larga clivagem. Por essas fissuras em Tiamat, Marduk atirou uma "flecha", um "raio divino", um imenso raio de eletricidade que pulou como uma faísca de Marduk, carregado de energia, o planeta que era "cheio de luminescência". Encontrando seu caminho para as entranhas de Tiamat, ele "extinguiu seu sopro de vida" – neutralizou as próprias forças elétricas e campos magnéticos dela, e os "extinguiu".

O primeiro encontro entre Marduk e Tiamat deixou-a com fissuras e sem vida; mas seu destino ainda estava para ser determinado por encontros futuros entre os dois. Kingu, líder dos satélites de Tiamat, também teve de ser enfrentado em separado. Porém, o destino dos outros dez, satélites menores de Tiamat, foi determinado de imediato.

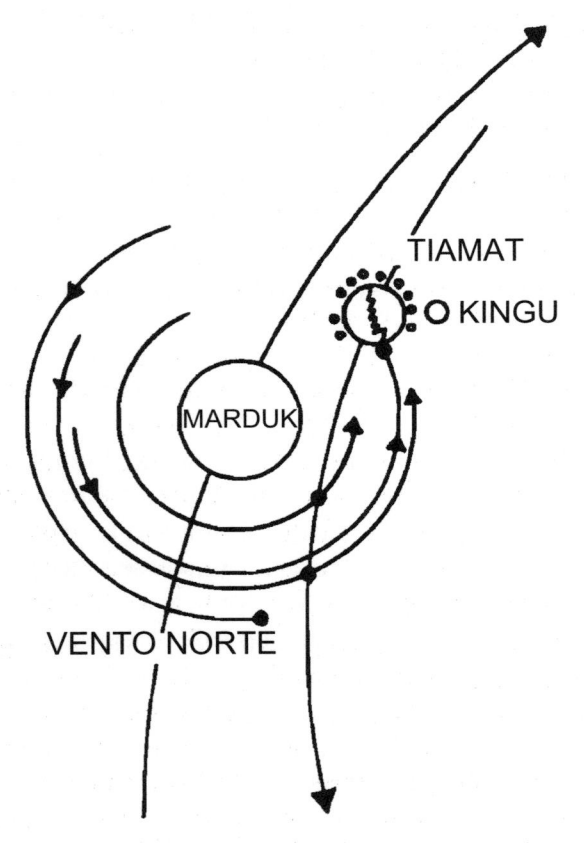

Figura 38. A BATALHA CELESTIAL
"Ventos" de Marduk colidindo com Tiamat
e seu "anfitrião" (liderado por Kingu).

Depois de ter imolado Tiamat, o líder,
Sua turma foi destruída, seu anfitrião desarticulado.
Os deuses, seus ajudantes que marcharam a seu lado,
Tremendo com medo,
Deram as costas a ela para salvar e preservar suas vidas.

Nós podemos identificar que esses "fragmentados... destruídos" anfitriões desarticulados que "viraram as costas" – reverteram sua direção?

Ao fazê-lo, oferecemos uma explicação para outro enigma ainda de nosso sistema solar – o fenômeno dos cometas. Pequenos globos de matéria, em geral, são mencionados como os "membros rebeldes" do sistema solar, pois parecem não obedecer a nenhuma das regras normais da estrada. As órbitas dos planetas em torno do Sol são (com exceção de Plutão) quase circulares; as órbitas dos cometas são alongadas e, na maior parte dos exemplos, bastante alongadas – a ponto de alguns deles desaparecerem de nossa vida por centenas ou milhares de anos. Os planetas (com exceção de Plutão) orbitam o Sol no mesmo plano geral. As órbitas dos cometas estão em muitos planos diferentes. E o mais significativo, enquanto todos os planetas conhecidos por nós circundam o Sol na mesma direção anti-horária, muitos cometas se movimentam na direção contrária.

Os astrônomos são incapazes de dizer qual força, que ocorrência criou os cometas e os lançou em suas órbitas incomuns. Nossa resposta: Marduk. Decisivo em sua direção reversa, em um plano orbital próprio, ele arrebentou, destruiu o anfitrião de Tiamat em cometas menores e afetou-os com sua atração gravitacional, sua famosa rede:

> Jogados dentro da rede, eles se viram capturados...
> Todo o bando de demônios que marchara com ela,
> Ele lançou aos grilhões, suas mãos atadas...
> Em um círculo apertado, eles não puderam escapar.

Depois de terminada a batalha, Marduk tirou de Kingu a Tabuleta dos Destinos (a órbita independente de Kingu) e prendeu-a a seu próprio (de Marduk) peito: seu curso foi curvado para uma órbita solar permanente. A partir dessa época, Marduk ficou obrigado a voltar sempre à cena da batalha celestial.

Tendo "derrotado" Tiamat, Marduk navegou pelos céus, para o espaço exterior, em torno do Sol, e de volta para retraçar sua passagem pelos planetas, mais distantes: Ea/Netuno, "cujo desejo Marduk obteve", Anshar/Saturno, "cujo triunfo Marduk estabeleceu". Depois, seu novo caminho orbital fez Marduk voltar para a cena de seu triunfo, "para fortalecer sua influência sobre os deuses derrotados", Tiamat e Kingu.

Quando a cortina está para se abrir no Ato V, será aqui – e só aqui, embora até agora não tenha sido percebido – que a história bíblica do Gênesis se une ao "Épico da Criação" mesopotâmico, pois é só nesse ponto que a história da "Criação da Terra" e do Céu realmente começou.

Completando sua primeira órbita em torno do Sol, Marduk, "depois, voltou a Tiamat, que ele tinha subjugado".

> O Senhor pausou para ver o corpo sem vida.
> Para dividir o monstro ele planejou com astúcia.
> Depois, como um mexilhão, ele a dividiu em duas partes.

Agora, o próprio Marduk atinge o planeta vencido, dividindo Tiamat em dois, cortando seu "crânio" ou parte de cima. Depois outro dos satélites de Marduk, o de nome Vento Norte, bateu na parte separada. A batida forte conduziu essa parte – destinada a se tornar a Terra – para uma órbita onde nenhum planeta havia orbitado antes:

> O Senhor pisou sobre a parte posterior de Tiamat;
> Com sua arma ele ligou o crânio que ele cortou;
> Ele cortou os canais de seu sangue;
> E fez com que o Vento Norte o carregasse
> Para lugares que eram desconhecidos.

A Terra tinha sido criada!

A parte de baixo tinha outro destino; na segunda órbita, o próprio Marduk a atingiu, arrebentando-a em pedaços (Figura 39).

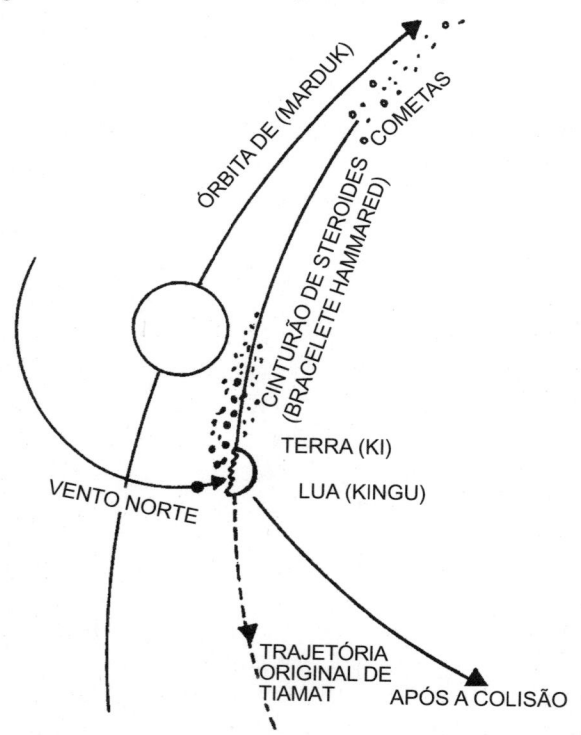

Figura 39. A BATALHA CELESTIAL
Tiamat foi dividida: sua metade partida é o céu – o cinturão de asteroides; a outra metade, a Terra, é empurrada para uma nova órbita pelo Vento Norte, um satélite de Marduk. O principal satélite de Tiamat, Kingu, se torna a Lua da Terra. Seus outros satélites agora compõem os cometas.

A sua outra metade ele colocou como uma tela para o céu;
Trancando-as juntas, como vigilantes ele as estacionou...
Ele virou a cauda de Tiamat para formar a Grande Banda,
como um bracelete.

As peças dessa metade partida foram marteladas para se tornarem um "bracelete" nos céus, agindo como uma tela entre os planetas interiores e os exteriores. Elas foram alongadas em uma "banda larga". O cinturão de asteroides foi criado.

Astrônomos e físicos reconhecem a existência de grandes diferenças entre os planetas internos ou "terrestres" (Mercúrio, Vênus, Terra e sua Lua, e Marte) e os planetas externos (de Júpiter para a frente), dois grupos separados pelo cinturão de asteroides. Agora, descobrimos no épico sumério o reconhecimento antigo desse fenômeno.

Mais ainda, nos é oferecida – pela primeira vez – uma explicação cosmogônico-científica dos eventos celestiais que levaram ao desaparecimento do "planeta faltante" e à criação resultante do cinturão de asteroides (além dos cometas) e da Terra. Depois de vários de seus satélites, e de seu raio elétrico, dividirem Tiamat em dois, outro satélite de Marduk desviou a metade de cima para uma nova órbita, como o nosso planeta Terra, e depois Marduk, em sua segunda órbita, destruiu a metade de baixo em pedaços e os esticou em uma grande banda celestial.

Todo o quebra-cabeça que mencionamos é respondido pelo "Épico da Criação" como o deciframos. Além do mais, também temos a resposta para a questão de por que os continentes da Terra estão concentrados em um lado dela e uma cavidade profunda (o leito do Oceano Pacífico) existe do lado oposto. A referência constante às "águas" de Tiamat também é esclarecedora. Ela foi chamada de Monstro Aquoso e é por isso que a Terra, como parte de Tiamat, foi igualmente dotada com essas águas. Na verdade, alguns acadêmicos modernos descrevem a Terra como "Planeta Oceano" – pois ele é o único entre os planetas conhecidos do sistema solar que é abençoado com tais águas que dão a vida.

Por novas que essas teorias cosmológicas possam soar, elas eram fato para os profetas e sábios cujas palavras enchem o Velho Testamento. O profeta Isaías recordou "os tempos primordiais" quando o poder do Senhor "cavou o Soberbo, fez as águas do monstro girarem, secou as águas de *Tehom-Raba*". Chamando o Senhor Javé "meu rei primordial", o salmista apresentou em poucos versos a cosmogonia do épico da Criação. "Pelo todo-poderoso, as águas se dispersaram, o líder dos monstros da água também foi partido". Jó se lembrou de como esse Senhor celestial igualmente desarticulou "os assistentes do Soberbo", e com sofisticação astronômica impressionante exaltou o Senhor que:

> O dossel martelado esticou no lugar de *Tehom*,
> A Terra suspensa no vazio...
> Seus poderes detiveram as águas,
> Sua energia partiu o Soberbo;
> Seu Vento mediu o Bracelete Martelado;
> Sua mão extinguiu o dragão retorcido.

Hoje, os estudiosos da Bíblia reconhecem que o *Tehom* hebraico ("profundidade aquosa") vem de Tiamat: que *Tehom-Raba* significa "grande Tiamat" e que a compreensão da Bíblia dos acontecimentos primordiais está baseada nos épicos cosmogônicos sumérios. Também devia ficar claro que, antes de tudo, entre esses paralelos estão os versos de abertura do Livro do Gênesis, descrevendo como o Vento do Senhor pairou sobre as águas de *Tehom*, e como o raio do Senhor (Marduk na versão babilônica) acendeu a escuridão do espaço, e atingiu e dividiu Tiamat, criando a Terra e *Rakia* (literalmente, "o bracelete martelado"). Essa faixa celestial (até agora traduzida como "firmamento") é chamada de "o Céu".

O Livro do Gênesis (1:8) afirma explicitamente que foi esse "bracelete martelado" que o Senhor tinha chamado de "céu" (*shamaim*). Os textos acadianos também denominaram essa zona celestial "o bracelete martelado" (*rakkis*), e descrevem como Marduk esticou a parte de baixo de Tiamat até trazê-la de extremidade a extremidade e a amarrou em um grande círculo permanente. As fontes sumérias não deixam dúvida de que o "céu" específico, distinto do conceito geral de céus e espaço, era o cinturão de asteroides.

Nossa Terra e o cinturão de asteroides são o "Céu e a Terra", tanto nas referências mesopotâmicas quanto nas bíblicas, criados quando Tiamat foi desmembrada pelo Senhor celestial.

Depois que o Vento Norte de Marduk empurrou a Terra para sua nova localização celestial, a Terra obteve sua própria órbita em torno do Sol (resultando nas nossas estações) e recebeu seu giro axial (dando-nos dia e noite). Os textos mesopotâmicos reivindicam que uma das tarefas de Marduk, depois de ter criado a Terra, foi, de fato, ter "repartido (para a Terra) os dias do Sol e estabelecer as posições do dia e noite". Os conceitos bíblicos são idênticos:

E Deus disse:
"Deixe que existam Luzes no Céu martelado,
para dividir entre o Dia e a Noite;
e deixe-os serem sinais celestiais
e para Estações e para Dias e para Anos".

Os acadêmicos modernos acreditam que, depois que a Terra se tornou um planeta, ela era uma bola quente de vulcões em atividade, enchendo os céus com nevoeiros e nuvens. Quando a temperatura começou a esfriar, os vapores se transformaram em água, separando a superfície da Terra em terra seca e oceanos.

A quinta tabuleta do *Enuma Elish*, embora muito deformada, transmite exatamente a mesma informação científica. Descrevendo a lava jorrando como "cuspe" de Tiamat, o Épico da Criação coloca esse fenômeno de modo acertado antes da formação da atmosfera, dos oceanos da Terra e dos continentes. Depois que "as águas das nuvens foram arrebanhadas", os oceanos começaram a se formar e as "bases" da Terra – seus continentes – foram elevadas. Quando "a criação do frio" – um resfriamento – aconteceu, a chuva e a neblina surgiram. Enquanto isso o "cuspe" continuou a se derramar, "posicionando-se em camadas", modelando a topografia terrestre.

De novo, o paralelo bíblico é claro:

E Deus disse:
"Deixe as águas sob os céus serem reunidas,
em um lugar, e deixe a terra seca surgir".
E assim se fez.

A Terra, com oceanos, continentes e uma atmosfera, agora estava pronta para a formação de montanhas, rios, fontes, vales. Atribuindo toda a Criação ao Senhor Marduk, *Enuma Elish* continua a narrativa:

Colocando a cabeça de Tiamat (Terra) em posição,
Ele elevou as montanhas nela.
Ele abriu fontes, as torrentes retiradas.
Através dos seus olhos ele liberou o Tigre e Eufrates.
De seus seios ele formou as montanhas elevadas,
Furou fontes para poços, as águas carregadas.

Em perfeito acordo com os achados modernos, tanto o Livro do Gênesis quanto o *Enuma Elish*, e outros textos mesopotâmicos relacionados, colocam o início da vida sobre a Terra nas águas, seguida pelas "criaturas vivas que enxameiam" e "aves que voam". Só quando "criaturas vivas após seu gênero: gado e criaturas rastejantes e feras" surgiram sobre a Terra, culminando com o surgimento do Homem – deu-se o ato final da Criação.

Como parte da nova ordem celestial sobre a Terra, Marduk "fez a Lua divina surgir... designada para marcar a noite, definir os dias, todos os meses".

Quem foi esse deus celestial? O texto o denomina SHESH.KI ("deus celestial que protege a Terra"). Não existe menção anterior no épico de um planeta com esse nome. Porém, aqui está ele, "dentro da pressão celestial *dela* (campo gravitacional)". E quem é designada como "ela": Tiamat ou Terra?

Papéis e referências a Tiamat e à Terra parecem ser intercambiáveis. A Terra é Tiamat reencarnada. A Lua é chamada de "protetora" da Terra, ou seja, exatamente como Tiamat chamou Kingu, seu principal satélite.

O Épico da Criação, em específico, exclui Kingu da "hoste" de Tiamat que foi destruída, espalhada e colocada em movimento reverso em torno do Sol como os cometas. Depois de Marduk completar sua própria primeira órbita e voltar para a cena da batalha, ele decretou o destino separado de Kingu:

> E Kingu, que tinha se tornado chefe entre eles,
> Ele fez encolher;
> Como o deus DUG.GA. E ele o considerou.
> E tirou dele a Tabuleta dos Destinos,
> Que não lhe era de direito.

Depois, Marduk não destruiu Kingu. Ele o puniu retirando sua órbita independente, que Tiamat tinha lhe concedido quando cresceu em tamanho. Encolhido a um tamanho menor, Kingu permaneceu um "deus" – um membro planetário do nosso sistema solar. Sem uma órbita, ele só podia se tornar um satélite de novo. Quando a parte superior de Tiamat foi jogada em uma nova órbita (como o novo planeta Terra), supomos, Kingu foi empurrado junto. Nossa Lua, pensamos, é Kingu, antigo satélite de Tiamat.

Transformado em um *duggae* celestial, Kingu foi despojado de seus elementos "vitais" – atmosfera, águas, matéria radioativa –, encolheu em tamanho e se tornou "uma massa de argila sem vida". Esses termos sumérios descrevem de modo justo nossa Lua sem vida, sua história descoberta recentemente e o destino que se abateu sobre esse satélite que começou como KIN.GU ("grande emissário") e terminou como DUG.GA.E ("pote de chumbo").

L. W. King (*The Seven Tablets of Creation*) informou a existência de três fragmentos de uma tabuleta astronômica mitológica que preservou outra versão da batalha de Marduk contra Tiamat, que incluiu versos que lidam com o modo como Marduk despachou Kingu. "Kingu, seu esposo, com uma arma não de guerra, ele separou... as Tabuletas do Destino de Kingu, as pegou em suas mãos". Uma tentativa posterior, por B. Landesberger (em 1923, em *Archiv für Keilschriftforschung*), de editar e traduzir totalmente o texto, demonstrou a intercambialidade dos nomes Kingu/Ensu/Lua.

Tais textos não só confirmam nossa conclusão de que o principal satélite de Tiamat se tornou a nossa Lua, mas também explicam as descobertas da Nasa relativas a uma colisão imensa "quando corpos celestiais do tamanho de cidades grandes bateram contra a Lua". Tanto os achados da Nasa quanto o texto descoberto por L. W. King descrevem a Lua como "o planeta que foi deixado deserto".

Foram encontrados selos cilíndricos que representam a batalha celestial, mostrando Marduk lutando contra uma deusa feminina feroz. Uma representação desse tipo mostra Marduk lançando seu raio em Tiamat, com Kingu claramente identificado como a Lua tentando proteger Tiamat, sua criadora (Figura 40).

Essa evidência pictórica de que a Lua da Terra e Kingu são o mesmo satélite é reforçada depois pelo fato etimológico de que o nome do deus SIN, em tempos posteriores associado com a Lua, derivou de SU.EN ("senhor da terra desértica").

Figura 40

Tendo se livrado de Tiamat e Kingu, Marduk, mais uma vez, "cruzou os céus e supervisionou as regiões". Agora, sua atenção foi focada na "murada de Nudimmud" (Netuno), para fixar um destino para Gaga, o antigo satélite de Anshar/Saturno que foi transformado em "emissário" para os outros planetas.

O épico nos anuncia que, como um de seus atos finais nos céus, Marduk designou esse deus celestial "para um local escondido", uma órbita desconhecida até hoje, encarando "a profundeza" (espaço exterior) e confiou a ele o "aconselhamento da Profundeza Aquosa". Em linha com sua nova posição, o planeta foi renomeado US.MI ("o que mostra o caminho"), o planeta mais afastado, nosso Plutão.

De acordo com o Épico da Criação, Marduk a certa altura se gabou: "Os caminhos dos deuses celestiais alterarei com artifícios... em dois grupos eles devem ser divididos".

De fato, foi o que ele fez. Eliminou dos céus a primeira parceira em criação do Sol, Tiamat. Ele criou a Terra, confiando-lhe uma nova órbita, mais próxima ao Sol. Martelou o "bracelete" nos céus – o cinturão de asteroides que separa os grupos dos planetas internos do grupo dos planetas externos (Figura 41). Transformou a maioria dos satélites de Tiamat em cometas; seu principal satélite, Kingu, colocou em órbita em torno da Terra para se tornar a Lua. E deslocou um satélite de Saturno, Gaga, para se tornar o planeta Plutão, transmitindo a ele algumas de suas próprias características orbitais (tais como um plano orbital diferente).

Os enigmas de nosso sistema solar – as cavidades oceânicas na Terra, a devastação da Lua, a órbita reversa dos cometas, o fenômeno enigmático de Plutão – são respondidos à perfeição pelo Épico da Criação mesopotâmico, como decifrado por nós.

Tendo, portanto, "construído as estações" para os planetas, Marduk pegou para si a "Estação Nibiru" e "cruzou os céus e sobreviveu" no novo sistema solar. Agora ele é feito de 12 corpos celestiais, com 12 Grandes Deuses como suas contrapartes (Figura 41).

O Caminho para o Céu e o Épico da Criação 119

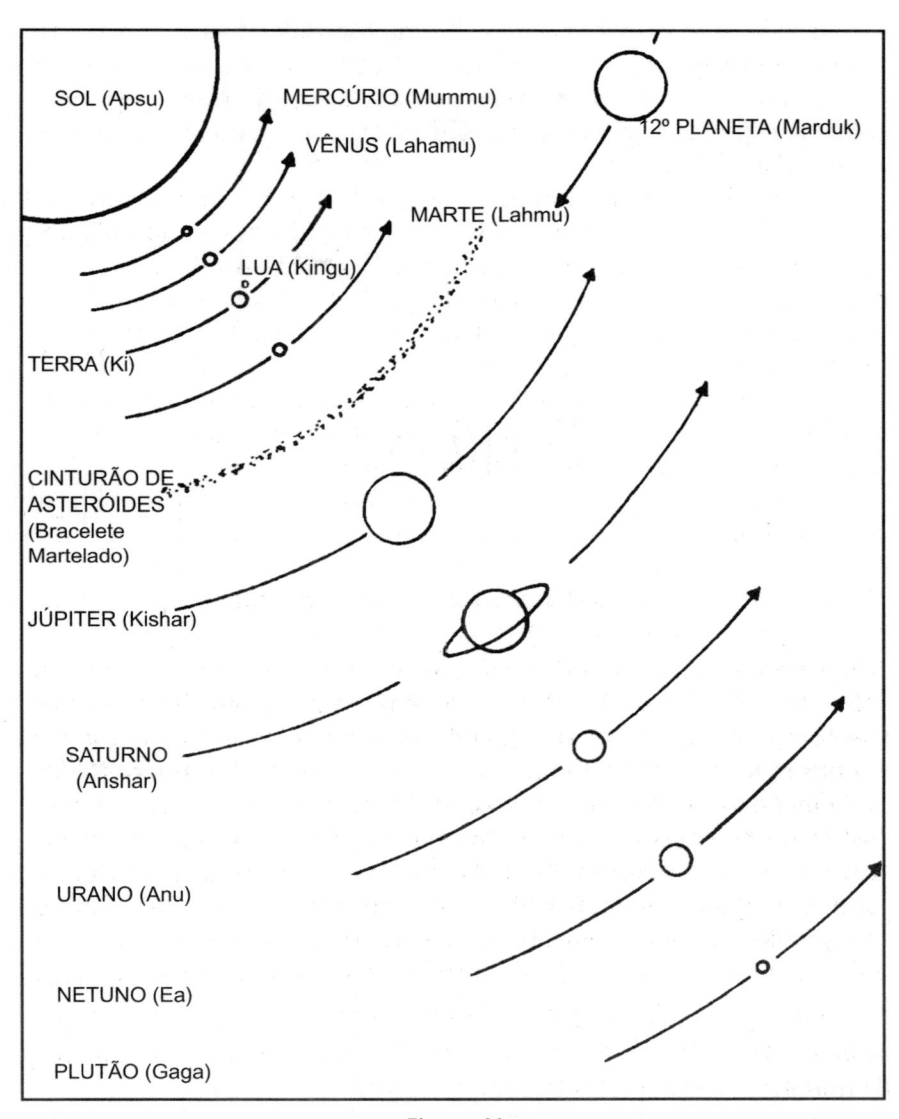

SOL (Apsu)
MERCÚRIO (Mummu)
VÊNUS (Lahamu)
12º PLANETA (Marduk)
MARTE (Lahmu)
LUA (Kingu)
TERRA (Ki)
CINTURÃO DE ASTERÓIDES
(Bracelete Martelado)
JÚPITER (Kishar)
SATURNO (Anshar)
URANO (Anu)
NETUNO (Ea)
PLUTÃO (Gaga)

Figura 41

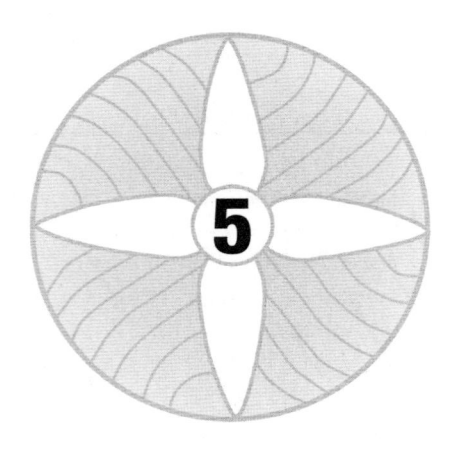

É Nibiru?

Artigo não publicado, escrito em 1997

> Uma grande parte do quebra-cabeça dos Anunnaki diz respeito a seu planeta natal, Nibiru. A órbita de Nibiru, no mais das vezes, é difícil de compreender, dado que ela difere da dos planetas com que estamos mais familiarizados em nosso sistema solar. E, embora Nibiru seja incomum em comparação com esses outros planetas, ele não está sozinho em sua órbita elíptica ou direção retrógrada. Descobertas recentes, até depois da publicação do *O 12º Planeta*, em 1976, apoiaram muitas das conclusões tiradas por Sitchin sobre esse corpo enigmático, lar dos antigos visitantes da Terra.

QUANDO O COMETA HALE-BOPP foi descoberto no ano passado, recebi muitas chamadas urgentes de fãs ansiosos e representantes da mídia; a questão principal era: "É Nibiru?".

Não, eu disse, não é Nibiru (o planeta dos Anunnaki), mas muitos aspectos do Hale-Bopp apontam para alguma associação com Nibiru – primeiro e mais importante é seu período orbital "entre 3 e 4 mil anos", de acordo com os astrônomos – ou o equivalente à órbita de 3.600 anos de Nibiru fixada pelos textos sumérios. Outro ponto de similaridade é a órbita retrógrada, ou em sentido horário, do cometa. Ela é contrária à direção orbital geral no sistema solar – mas a direção orbital de Nibiru é a mesma.

A mesma pergunta foi feita para mim no início de junho (1997) – dessa vez não tanto pelos fãs (que em geral não estavam cientes dos acontecimentos), mas por uma mídia cada vez mais atenta. "Ele é Nibiru?" – perguntaram-me – dessa vez a respeito de um novo corpo celestial descoberto com o nome pouco inspirador "1996 TL66"...

Ainda que tenha sido descoberto em outubro de 1996, e embora já notificado em uma circular astronômica em janeiro de 1997, ele não ficou famoso até o *Los Angeles Times* ter espalhado a notícia, com diagramas coloridos e fotografias celestes, em 5 de junho de 1997 (baseadas em um estudo a ser publicado na revista *Nature*). ASTRÔNOMOS PONDERAM SOBRE O COMPORTAMENTO DE UM OBJETO INCOMUM NA BORDA foi a manchete. O artigo escrito pelo jornalista de ciências do jornal ressaltava o "objeto recentemente descoberto, o mais distante membro do sistema solar já visto pelos astrônomos. Ele se aproxima do Sol apenas tanto quanto a órbita de Plutão e depois vira para fora em uma órbita altamente alongada". Descrito como "um corpo do tamanho do Texas orbitando os mais distantes alcances do nosso sistema solar", foi dito que era "grande demais para ser um cometa e não bem um planeta em si". (O dado inicial informado: um período orbital de aproximadamente 780 anos da Terra, uma distância máxima de aproximadamente 19 milhões de quilômetros do Sol, e um diâmetro de por volta de 482 quilômetros.)

Caso Nibiru seja por volta de três ou quatro vezes o tamanho da Terra, estimei com base nos dados sumérios, e como o dr. Harrington do Observatório Naval dos Estados Unidos baseou-se em suas próprias descobertas, "1996 TL66" não é Nibiru. Mas ele corrobora o conhecimento astronômico antigo e a cosmogonia sofisticada que formou a base científica do Épico da Criação sumério.

Ele ratifica (ao contrário das noções mantidas até hoje) que o sistema solar pode ter membros tão distantes e com órbitas vastas e elípticas (em vez das mais ou menos circulares). Os textos antigos afirmam que, quando Nibiru, surgindo de outro lugar, passou perto de Netuno, ele começou a adquirir luas satélites. Bem, é onde os objetos recém-encontrados parecem ter seu lar.

Os sumérios saberiam sobre o que estavam escrevendo? Para descobrir as respostas, veja as manchetes diárias...

6

Deus, o Extraterrestre

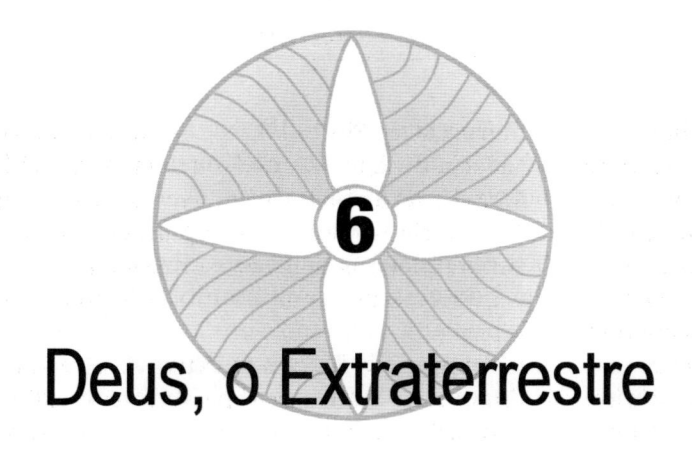

Compilação da obra Encontros Divinos

> Uma das palavras hebraicas para Deus usada na Bíblia Hebraica é *Eluhaynu*. Seu plural, Elohim, também é utilizado na Bíblia. Questões importantes para os que estudam a Bíblia Hebraica são: se os Anunnaki são os Elohim da Bíblia, então quem é "o criador de tudo"? Quem é Javé? O deus cultuado na Bíblia é um membro específico do grupo Anunnaki na Terra ou uma coleção de muitos deles – como o uso de Elohim (plural) em vez de Eluhaynu (singular) pode sugerir? Ou existe outra entidade que é o deus não visto da Bíblia Hebraica? Por um processo de dedução, Sitchin examina os atributos e qualidades de vários descendentes dos Anunnaki originais na Terra para determinar quem deve ser o Javé original. Leia o trecho a seguir para ajudar você a decidir.

ENTÃO, QUEM FOI JAVÉ?
Ele era um *deles*? Ele era um extraterrestre?

A questão, com sua resposta implícita, não é tão ultrajante. A menos que consideremos Javé – "Deus" de todos, cujas crenças religiosas estão baseadas na Bíblia – tendo sido um de nós terráqueos, então, Ele só poderia não ser desta Terra – o que "extraterrestre" ("de fora, não da *Terra*") significa. E a história dos Encontros Divinos do Homem, o tema deste livro, é tão cheia de paralelos entre as experiências bíblicas e as dos encontros com os Anunnaki por outros povos antigos, que a possibilidade de Javé ser um "deles" deve ser considerada.

A questão e sua resposta implícita, de fato, surgem inevitavelmente. Que a narrativa bíblica da criação com que o Livro do Gênesis se inicia se baseia no *Enuma Elish* mesopotâmico está além de contestação. Que o

Éden bíblico é uma interpretação do E. DIN sumério é quase autoevidente. É certo que a história do Dilúvio, de Noé e da arca está baseada nos textos acadianos *Atra-Hasis* e a história anterior ao Dilúvio sumério no *Épico de Gilgamesh*. Deveria ser óbvio que o plural "nós" na criação dos segmentos de *O Adão* reflete os registros sumérios e acadianos da discussão pelos líderes dos Anunnaki que levou à engenharia genética, a qual criou o *Homo sapiens*.

Nas versões mesopotâmicas é Enki, o Cientista-Chefe, que sugere a engenharia genética para criar o terráqueo para servir como um Trabalhador Primitivo, e tinha de ser Enki o citado pela Bíblia como o que diz: "Deixe-nos fazer o Adão à nossa semelhança e à nossa imagem". Um epíteto para Enki era NU. DIM.MUD, "aquele que forma". Os egípcios, de modo semelhante, chamavam Enki de *Ptah* – "O Desenvolvedor", "aquele que forma coisas", e o representa moldando o homem da argila, como um oleiro. Os profetas denominaram Javé repetidamente como "O Moldador de Adão" ("moldador", não "criador"), e comparar Javé com um oleiro moldando o homem de argila foi uma alegoria bíblica frequente.

Como o biólogo mestre, o emblema de Enki era o das Serpentes Entrelaçadas, representando a dupla hélice do DNA – o código genético que possibilitou a Enki executar a mistura genética que criou Adão; e depois (que é a história de Adão e Eva no Jardim do Éden) de manipular, de novo, os novos híbridos e possibilitar que procriassem. Um dos epítetos sumérios de Enki era BUZUR; ele significava tanto "aquele que resolve segredos" como "aquele das minas", pois o conhecimento de mineralogia era considerado o conhecimento dos segredos da Terra, os segredos de suas profundezas escuras.

A história bíblica de Adão e Eva no Jardim do Éden – a história de uma segunda manipulação genética – atribui à serpente o papel de desencadear sua aquisição de "conhecimento" (o termo bíblico para a procriação). O termo hebraico para serpente é *Nahash* e, curiosamente, a mesma palavra também significa vidente, "aquele que resolve segredos" – o mesmo segundo significado do epíteto de Enki. Mais ainda, o termo deriva da mesma raiz que a palavra Hebraica para o mineral cobre, *Nehoshet*. Foi uma *Nahash Nehoshet*, uma serpente de cobre, que Moisés moldou e segurou para impedir uma epidemia que estava afligindo os israelitas durante o Êxodo; e nossa análise não deixa alternativa, mas conclui que o que ele tinha feito para convocar a intervenção divina era um emblema de Enki. Uma passagem em Reis II 18:4 revela que essa serpente de cobre, a qual o povo apelidou de *Nehushtan* (um jogo com o significado triplo serpente-cobre-solucionador de segredos), foi mantida no Templo de Javé em Jerusalém por quase sete séculos até a época do rei Ezequiel.

Pertinente a esse aspecto deve ter sido o fato de que, quando Javé transformou o cajado de pastor que Moisés segurava em um cetro mágico, o primeiro milagre executado com ele foi transformá-lo em uma serpente. *Javé era, então, um e o mesmo que Enki?*

A combinação de biologia com mineralogia e com a habilidade de solucionar segredos refletiu a posição de Enki como o deus do conhecimento e das ciências, dos metais escondidos na Terra. Foi ele quem instalou as operações de mineração no sul da África. Todos esses aspectos eram atributos de Javé. "É Javé que proporciona sabedoria, de Sua boca vêm conhecimento e compreensão", afirmou Provérbios (2:6), e foi Ele quem concedeu sabedoria além da comparação a Salomão, como Enki havia dado ao Sábio Adapa. "O ouro é meu e a prata é minha", Javé anunciou (Haggai 2:8); "Eu lhe darei tesouros da escuridão e as riquezas escondidas nos locais secretos", Javé prometeu a Ciro (Isaías 45:3).

A congruência mais clara entre as narrativas mesopotâmicas e bíblicas é encontrada na história do Dilúvio. Nas versões mesopotâmicas é Enki quem sai de seu caminho para avisar seu seguidor fiel Ziusudra/Utnapishtim da catástrofe que está vindo, instrui-o a construir uma arca impermeável, dá-lhe especificações e dimensões e o recomenda a salvar sementes de vida animal. Na Bíblia, tudo isso é feito por Javé.

A tese para identificar Javé com Enki pode ser reforçada pelo exame das referências aos domínios de Enki. Depois que a Terra foi dividida entre os Enlilitas e os Enkilitas (de acordo com os textos mesopotâmicos), foi concedido a Enki o domínio sobre a África. Sua região incluía o *Apsu* (derivado de AB.ZU em sumério), a região de mineração de ouro, onde Enki tinha sua residência principal (além de seu "centro de culto" Eridu, na Suméria). O termo *Apsu*, nós acreditamos, explica o termo bíblico *Apsei-eretz*, em geral traduzido como "os fins da Terra" – a terra nos limites do continente –, sul da África, como nós entendemos. Na Bíblia, esse lugar distante, *Apsei-eretz,* é onde "Javé deve julgar" (Samuel I 2:10), onde Ele deve reinar quando Israel for restaurada (Miqueias 5:3). Javé com isso é igualado a Enki em seu papel como governante de Apsu.

Esse aspecto das semelhanças entre Enki e Javé se torna mais enfático – e em certo sentido, talvez, até embaraçoso para a Bíblia monoteísta – quando chegamos à passagem no Livro dos Provérbios em que a grandeza inigualável de Javé sobressai com questões retóricas:

Quem ascendeu ao Céu,
e também desceu?
Quem guardou os ventos em suas mãos,
e segurou as águas em um manto?
Quem estabeleceu o *Apsei-eretz* –
Qual é o seu nome,
e qual o nome de seu filho –
se tu podes dizer?

De acordo com as fontes mesopotâmicas, quando Enki dividiu o continente africano entre seus filhos, ele deu *Apsu* a seu filho Nergal. O esclarecimento politeísta (de perguntar o nome do regente de Apsu e o de *seu filho*) pode ser explicado apenas por uma acidental preservação editorial de uma passagem do texto original sumério – o mesmo esclarecimento já tinha acontecido no uso de "nós" em "vamos fazer o Adão" e em "vamos descer" na história da Torre de Babel. O esclarecimento em Provérbios (30:4) obviamente substitui "Javé" por Enki.

Portanto, Javé era Enki em um traje hebraico-bíblico?

Se fosse tão simples... Se examinarmos de perto a história de Adão e Eva no Jardim do Éden, descobriremos que, embora seja o *Nahash* – a serpente disfarce de Enki como conhecedor de segredos biológicos – que desencadeia a aquisição por Adão e Eva do "conhecimento" sexual que possibilita que tenham filhos, *Ele não é Javé, mas um antagonista de Javé* (como Enki foi de Enlil). Nos textos sumérios foi Enlil quem forçou Enki a transferir alguns dos recém-moldados Trabalhadores Primitivos (criados para trabalharem nas minas de ouro de *Apsu*) para o E.DIN na Mesopotâmia, para que cuidassem da agricultura e pastoreio. Na Bíblia é Javé quem "pega Adão e o coloca nos jardins do Éden para o cuidar e manter". Foi Javé, e não a serpente, representado como o mestre do Éden que fala com Adão e Eva, descobre o que fizeram e os expulsa. Em tudo isso, a Bíblia equivale Javé não a Enki, mas a Enlil.

De fato, na própria história – a história do Dilúvio –, quando a identificação de Javé com Enki parece mais clara, a confusão, realmente, aparece. Os papéis são trocados, e, de repente, Javé faz o papel não de Enki, mas de seu rival Enlil. Nos textos originais mesopotâmicos, é Enlil quem está infeliz com o que a humanidade se tornou, que busca sua destruição pela aproximação da calamidade e quem faz os outros líderes Anunnaki jurarem que manterão tudo aquilo um segredo para a humanidade. Na versão bíblica (capítulo 6 do Gênesis) é Javé quem manifesta sua infelicidade com a humanidade e toma a decisão de varrê-la da face da Terra.

Na conclusão da história, quando Ziusudra/Utnapishtim oferece sacrifícios no Monte Ararat, é Enlil quem é atraído pelo cheiro agradável de carne sendo assada e (com alguma persuasão) aceita a sobrevivência da humanidade, perdoa Enki e abençoa Ziusudra e sua esposa. No Gênesis, é para Javé que Noé constrói um altar e sacrifica animais, e foi Javé "quem sentiu o aroma agradável".

Então, Javé era Enlil, no fim das contas?

Uma tese vigorosa pode ser feita para tal identificação. Se houve um "primeiro entre iguais" na medida em que os dois meio-irmãos, filhos de Anu, estavam em questão, o primeiro era Enlil. Embora fosse Enki o primeiro a chegar à Terra, foi EN.LIL ("Senhor do Comando") quem assumiu como chefe dos Anunnaki na Terra. Essa é uma situação que corresponde à declaração em Salmos 97:9: "Pois tu, ó Javé, és supremo sobre toda a Terra, mais supremo és Tu sobre todos os *Elohim*". A elevação de Enlil a essa posição é descrita no Épico *Atra-Hasis* nos versos introdutórios, antes do motim dos Anunnaki mineradores de ouro:

> Anu, o pai deles era o governante;
> Seu comandante era o herói Enlil.
> O guerreiro deles era Ninurta;
> Seu provedor era Marduk.
>
> Todos eles apertaram as mãos juntos,
> elencaram lotes e dividiram:
> Anu subiu aos céus;
> A Terra foi feita súdita de Enlil.
> O reino delimitado do mar
> ao principesco Enlil foi dado.
> Depois que Anu tinha ido para o céu,
> Enki desceu para o Apsu.

(Enki, alternadamente chamado nos textos mesopotâmicos E.A. – "Cuja terra é a água" – era, então, o protótipo do deus do mar Poseidon da mitologia grega, o irmão de Zeus que era o líder do panteão.)

Depois que Anu, o governante de Nibiru, voltou para Nibiru após visitar a Terra, era Enlil quem convocava e presidia o conselho dos Grandes Anunnaki sempre que decisões importantes tinham de ser tomadas. Em várias épocas de decisões cruciais – como as de criar O Adão, de dividir a Terra em quatro regiões, de instituir governança tanto atenuadora como de aliança entre os deuses Anunnaki e a Humanidade, bem como em tempos de crise entre os próprios Anunnaki, quando suas rivalidades irromperam em guerra e até o uso de armas nucleares –, "O Anunnaki que decretou os destinos sentou trocando seus conselheiros". Típico foi o modo como a discussão foi descrita em parte: "Enki dirigiu a Enlil palavras de elogio: Ó aquele que é o maior entre os irmãos, Touro dos Céus, que detém o destino da Humanidade"'. Exceto nos momentos em que o debate ficou muito quente e se tornou uma disputa de gritos, o procedimento foi ordeiro, com Enlil voltando-se para cada membro do Conselho para deixar que tivessem a palavra.

A Bíblia monoteísta falha várias vezes ao descrever Javé de maneira semelhante, presidindo uma assembleia de deuses menores, em geral chamados de *Bnei-elim* – "*filhos* de deuses". O Livro de Jó começa seu relato dos sofrimentos de um homem correto descrevendo como o teste de sua fé em Deus foi o resultado de uma sugestão feita por Satã: "um dia, quando os filhos dos *Elohim* vieram para se apresentar diante de Javé". "O Senhor fica diante da assembleia dos deuses, entre os *Elohim* Ele julga", nós lemos em Salmos 82:1. "Deem para Javé, ó filhos dos deuses, deem para Javé glória e poder." Salmos 29:1 afirma: "Curvem-se a Javé, majestoso em santidade". A exigência de que até "os filhos dos deuses" se curvem ao Senhor foi semelhante à descrição suméria da posição de Enlil como o Comandante: "Os Anunnaki se humilharam diante dele, os Igigi se curvaram de boa vontade diante dele, eles aguardaram com fé pelas instruções".

Essa é uma imagem de Enlil comparável à exaltação nas Canções de Miriam após o cruzamento miraculoso do Mar Vermelho: "Quem é como ti entre os deuses, Javé? Quem é como ti grandioso em santidade, espetacular em elogios, o criador de milagres? (Êxodo: 15:11).

No que concerne a características pessoais, Enki, o modelador da Humanidade, foi mais tolerante, menos rigoroso tanto com os deuses como com os mortais. Enlil era mais severo, um tipo "lei e ordem", inflexível, sem hesitação para infligir punições quando fossem devidas. Talvez fosse porque enquanto Enki tinha conseguido acabar com a promiscuidade sexual, Enlil, transgredindo apenas uma vez (quando violou uma jovem enfermeira, no que se transformou em sua sedução por ela), foi sentenciado ao exílio (seu banimento foi suspenso quando se casou com ela como consorte Ninlil). Ele encarava negativamente o casamento entre as raças *Nefilim* e "as filhas do homem". Quando o mal da humanidade se tornou a prepotência, ele estava disposto a vê-la perecer pelo Dilúvio. Sua severidade com outros Anunnaki, mesmo seus próprios filhos, foi ilustrada quando seu filho Nannar (o deus lunar Sin) lamentou a iminente desolação de sua cidade Ur pela nuvem nuclear mortal vinda do Sinai. Enlil disse-lhe com aspereza: "A Ur foi concedida realeza, mas não lhe foi concedido um reino perpétuo".

O caráter de Enlil tinha, ao mesmo tempo, outro lado, um recompensador. Quando o povo realizava suas tarefas, quando era franco e temente a deus, Enlil, por seu lado, cuidava das necessidades de todos, garantia a terra e o bem-estar e prosperidade das pessoas. Os sumérios chamavam-no amorosamente "Pai Enlil" e "Pastor das multidões abundantes". Um *Hino a Enlil, o Todo-Beneficente* afirmava que sem ele "nenhuma cidade teria sido construída, nenhum povoado fundado, não seriam construídas cocheiras, nem erigidos estábulos; nenhum rei seria elevado, nenhum alto sacerdote nascido". A última declaração recordava o fato de que era Enlil quem aprovava a escolha dos reis, e por quem a linha de sacerdócio se estendia do local sagrado do "centro de culto" Nippur.

Essas duas características de Enlil – severidade e punição – são semelhantes a como Javé foi representado na Bíblia. Javé pode abençoar e Javé pode amaldiçoar, o Livro do Deuteronômio afirma explicitamente (11:26). Se o comandante divino deve ser seguido, o povo e sua descendência serão abençoados, suas colheitas for abundantes, seu gado deve se multiplicar, seus inimigos deverão ser derrotados, eles terão sucesso em qualquer comércio que escolherem; mas, se abandonarem Javé e seus mandamentos, eles, suas casas e seus campos deverão ser amaldiçoados e sofrerão aflições, perdas, privações e fome (Deuteronômio 28). "Javé, o *Elohim*, é um deus misericordioso", Deuteronômio 4:31 declarou; Ele é um Deus vingador, o mesmo Deuteronômio afirmou um capítulo depois (5:9)...

Foi Javé quem determinou quem seriam os sacerdotes; foi Ele quem fixou as regras para a governança (Deuteronômio 17:16) e tornou claro que seria Ele quem escolheria o rei – como de fato foi o caso, séculos após o Êxodo, começando com a seleção de Saul e Davi. Em tudo isso Javé e Enlil rivalizavam.

Também significante para tal comparação era a importância dos números sete e 50. Eles não são números óbvios em termos fisiológicos (nós não temos sete dedos em uma mão), nem sua combinação se encaixa em fenômenos naturais (7 x 50 é 350, não os 365,25 dias do ano solar). A "semana" de sete dias aproxima a duração do mês lunar (por volta de 28,5 dias) quando multiplicada por quatro, mas de onde vem o quatro? Ainda assim, a Bíblia introduziu a conta de sete, e a santidade do sétimo dia como o Sabá sagrado, desde o início da atividade divina. A acusação de Caim duraria sete vezes sete gerações; Jericó teria que ser circundada sete vezes para que suas muralhas não caíssem; muitos dos ritos sacerdotais deviam ser repetidos sete vezes ou durarem sete dias. Em um mandamento mais duradouro, o Festival de Ano-Novo foi, de modo proposital, alterado do primeiro mês Nisan para o sétimo mês Tishrei, e o principal feriado duraria sete dias.

O número 50 foi o principal traço numérico na construção e provisão da Arca da Aliança e do Tabernáculo, e um elemento importante no Templo futuro idealizado por Ezequiel. Ele era uma contagem de dias no calendário de ritos sacerdotais. Abraão persuadiu o Senhor a poupar Sodoma se nela fossem encontrados 50 homens justos. Mais importante, o conceito social e econômico principal do Ano do Jubileu, em que os escravos seriam libertados, a propriedade seria revertida a seus vendedores, e por aí vai, foi instituído. Teria de ser no 50º ano: "Deveremos santificar o 50º ano e proclamar liberdade por todo o território", foi o mandamento em Levítico, capítulo 25.

Tanto o número sete como o 50 estavam associados na Mesopotâmia a Enlil. Ele foi "o deus que é sete" porque, como o líder Anunnaki de maior patente na Terra, ele estava no comando do planeta, que era o sétimo planeta. E, na hierarquia numérica dos Anunnaki, em que Anu tinha o numeral mais alto 60, Enlil (como seu pretenso sucessor em Nibiru) tinha a posição numérica de 50 (a posição numérica de Enki era 40). De modo significativo, quando Marduk assumiu a supremacia na Terra, cerca de 2000 a.C., uma das medidas adotadas para simbolizar sua ascendência foi atribuir a ele 50 nomes, significando sua tomada da Posição de 50.

As semelhanças entre Javé e Enlil se estenderam a outros aspectos. Embora ele possa ter sido representado em selos cilíndricos (o que não é certo, já que a representação pode ter sido de seu filho Ninurta), em geral, ele era um deus invisível, resguardado nas câmaras mais internas de seu zigurate ou totalmente fora da Suméria. Em uma passagem reveladora no *Hino a Enlil, o Todo-Beneficente,* é dito assim sobre ele:

> Quando em sua grandiosidade ele decreta os destinos,
> nenhum deus ousa olhar para ele;
> Apenas a seu emissário exaltado, Nusku,
> o comando, a palavra que está em seu coração,
> ele faz saber.

Nenhum homem pode me ver e viver, Javé disse a Moisés de modo similar. E sua palavra e mandamentos eram conhecidos pelos Emissários e Profetas.

Embora todas essas razões para comparar Javé com Enlil sejam novas na mente do leitor, vamos nos apressar em oferecer a evidência em contrário que aponta para outras identificações diferentes.

Um dos epítetos bíblicos mais poderosos para Javé é *El Shaddai*. De etimologia incerta, assumiu uma aura de mistério e nos tempos medievais se tornou uma palavra código para o misticismo cabalístico. Os primeiros tradutores gregos e latinos da Bíblia Hebraica traduziram *Shaddai* como "onipotente", levando à tradução de *El Shaddai*, na tradução do rei James, como "Deus Todo-Poderoso" quando o epíteto surge nas histórias dos Patriarcas (por exemplo, "E Javé apareceu diante de Abraão e disse a ele: 'Eu sou *El Shaddai*, ande segundo a minha lei e seja perfeito'", em Gênesis 17:1), ou em Ezequiel, nos Salmos, ou várias vezes em outros livros da Bíblia.

Avanços no estudo de acadiano em anos recentes sugerem que a palavra Hebraica está relacionada a *shaddu*, que significa "montanha" em acadiano; então, o *El Shaddai* significa simplesmente "Deus das montanhas". O fato de ser essa a compreensão do termo bíblico é indicado por um incidente relatado em Reis, capítulo 20. Os arameus, derrotados em uma tentativa de invadir Israel (Samaria), recuperaram suas perdas e um ano mais tarde planejaram um segundo ataque. Para vencer dessa vez, o general do rei arameu sugeriu o uso de um estratagema a fim de atrair os judeus para fora de suas fortificações na montanha, para um campo de batalhas, nas planícies costeiras. "Seu deus é um deus de montanhas", disse o general ao rei, "e é por essa razão que prevaleceram sobre nós; se lutarmos contra eles em uma planície, nós seremos os mais fortes".

Agora, não tem como Enlil ter sido chamado ou reputado como um "deus de montanhas", pois não existem montanhas na grande planície que foi (e ainda é) a Mesopotâmia. Nos domínios enlilitas, a terra chamada de "Terramontanhosa" era a Ásia Menor, ao norte, começando com a montanha Taurus ("Touro"). E essa era a região de Adad, o filho mais novo de Enlil. Seu nome sumério era ISH.KUR (e seu "animal de culto" era o touro), o que significa "ele das terras montanhosas". O ISH sumério foi transformado em *shaddu* em acadiano; por isso *Il Shaddu* se tornou o *El Shaddai* bíblico.

Os acadêmicos falam de Adad, que os hititas chamavam de Teshub, como um "deus das tempestades", sempre representado com um raio, trovão e ventania e, portanto, o deus da chuva. A Bíblia credita Javé com atributos semelhantes. "Quando Javé emite Sua voz", Jeremias disse (10:13), "é um ronco das águas nos céus e tempestades vêm dos confins da terra; ele cria raios com a chuva, e sopra o vento de suas fontes". O Salmos (135:7), o Livro de Jó e outros Profetas reafirmaram o papel de Javé como doador ou detentor das chuvas, um papel inicialmente enunciado aos Filhos de Israel durante o Êxodo.

Embora esses atributos manchem as semelhanças entre Javé e Enlil, eles não deveriam nos levar a assumir que, se tal, Javé era a imagem em espelho de Adad. A Bíblia reconheceu a existência de Hadad (como seu nome era pronunciado em hebraico) como um dos "outros deuses" de nações mais antigas, não de Israel, e menciona vários reis e príncipes (na Damasco aramaica e outras capitais vizinhas) que eram chamados Ben-Hadad ("Filho de Adad"). Em Palmira (a Tadmor bíblica), capital da Síria oriental, o epíteto de Adad era *Ba'al Shamin*, "Senhor do Céu", levando os profetas a contarem-no como, simplesmente, um dos deuses Ba'al das nações vizinhas que eram uma abominação aos olhos de Javé. Não tem como, portanto, Javé ter sido um e o mesmo que Adad.

A comparação entre Javé e Enlil reduz-se mais ainda por outro atributo importante de Javé, o de guerreiro. "Javé vai à frente como um guerreiro, como um herói. Ele açoita Sua fúria; Ele deve rugir e gritar contra todos os seus inimigos. Ele deve prevalecer", Isaías (42:13) afirmou, ecoando o verso na Canção de Miriam que declarou: "Javé é um Guerreiro" (Números, capítulo 15). Continuamente, a Bíblia se refere a Javé e descreve-o como o "Senhor das hostes, um comandante de exército beligerante", Isaías (13:4) declara. E Números 21:14 se refere a um *Livro da Guerras de Javé* em que as guerras divinas foram registradas.

Não existe nada nos registros mesopotâmicos que sugeririam tal imagem para Enlil. O guerreiro por excelência era seu filho Ninurta, que lutou e derrotou Zu, engajou-se na Guerra das Pirâmides com os enkitas, e lutou e aprisionou Marduk na Grande Pirâmide. Seus epítetos frequentes eram "o guerreiro" e "o herói", e hinos a ele o saudavam como "Ninurta, Primogênito, possuidor de poderes divinos... Herói que carrega armas brilhantes divinas em suas mãos". Seus feitos como guerreiro foram descritos em um texto épico cujo título sumério era *Lugal-e Ud Melam-bi,* que acadêmicos chamaram de *Livro das Proezas e Explorações de Ninurta*. Será esse, pode-se perguntar, o enigmático *Livro das Guerras de Javé* do qual falou a Bíblia?

Em outras palavras, *poderia Javé ter sido Ninurta?*

Como Filho Primogênito e herdeiro aparente de Enlil, Ninurta também tinha a posição numérica de 50 e, portanto, podia se qualificar não menos que Enlil a ter sido o Senhor que decretou o Jubileu de 50 anos e outros aspectos relacionados ao 50 mencionados na Bíblia. Ele possuía um Pássaro Preto Divino famoso que usou tanto para combate como em missões humanitárias; pode ter sido o *Kabod*, veículo voador possuído por Javé. Era ativo nas montanhas Zagros a leste da Mesopotâmia, as terras de Elam, e foi reverenciado lá como Ninshushinak, "Senhor da cidade Shushan" (a capital elamita). Em uma ocasião, ele executou grandes obras de represamento nas montanhas Zagros, em outra represou e redirecionou canais de chuva das montanhas na península do Sinai para tornar parte de suas montanhas cultiváveis para sua mãe Ninharsag. Em certo sentido, também, era um "deus de montanhas". Sua associação com a península do Sinai e a canalização de suas águas de chuva, que só vêm em rajadas de inverno, em um sistema de irrigação, ainda são recordadas até hoje: o largo *Wadi* (rio que enche no inverno e seca no verão) na península, ainda é chamado de *Wadi El-Arish,* o *wadi* do *Urash* – o lavrador –, um apelido de Ninurta do passado remoto. Sua associação com a península do Sinai, por suas obras aquáticas e a residência de sua mãe, também oferece uma conexão com uma identificação com Javé.

Outro aspecto interessante de Ninurta, que invoca semelhança com o Senhor Bíblico, vem à luz em uma inscrição do rei assírio Assurbanipal, que invadiu Elam em uma ocasião. Nessa invasão, o rei o chamou: "O deus misterioso que permanece em um local secreto onde ninguém pode ver o que seu ser divino está fazendo". Um deus invisível!

Porém, Ninurta, na medida em que se trata dos deuses sumérios, não era um deus oculto, e representações gráficas dele, como mostramos, nem eram raras. Então, em conflito com a identificação Javé-Ninurta, deparamo-nos com um texto antigo mais importante, lidando com um fato grave e inesquecível, cujas especificidades parecem nos dizer que Ninurta não era Javé.

Uma das ações mais decisivas atribuídas na Bíblia a Javé, com efeitos duradouros e lembranças indeléveis, foi o cataclismo de Sodoma e Gomorra. O incidente, como já mostramos em grande detalhe em *As Guerras dos Deuses e dos Homens,* foi descrito e recordado em textos mesopotâmicos, tornando possível uma comparação entre os deuses envolvidos.

Na versão bíblica, Sodoma (onde o sobrinho de Abraão e sua família viviam) e Gomorra, cidades nas planícies verdejantes do sul do Mar de Sal, eram pecadoras. Javé "desce" e, acompanhado por dois anjos, visita Abraão e sua esposa Sara em seu acampamento, perto de Hebrom. Depois de Javé profetizar que o casal de anciãos teria um filho, os dois anjos partem para Sodoma, para verificarem a extensão dos "pecados" da cidade. Então, Javé revela a Abraão que, se os pecados fossem confirmados, as cidades e seus residentes seriam destruídos. Abraão suplica a Javé para poupar Sodoma se 50 homens justos fossem encontrados lá, Javé concorda e parte (o número foi barganhado por Abraão até chegar a dez). Os anjos, tendo verificado o mal nas cidades, avisam a Lot para que leve sua família e escape. Ele pede por tempo para chegar às montanhas, e eles concordam em atrasar a destruição. Por fim, começa a ruína das cidades quando "Javé choveu sobre Sodoma e Gomorra fogo sulfuroso, vindo de Javé dos céus; e ele convulsionou aquelas cidades e toda a planície e todos os habitantes que havia nela – e tudo que crescia sobre o chão... E Abraão foi de madrugada para o lugar onde tinha estado diante de Javé e olhou na direção de Sodoma e Gomorra, através das terras da Planície, e avistou um vapor subindo da terra como a fumaça de um forno" (Gênesis, capítulo 19).

    O mesmo fato é bem documentado nos anais mesopotâmicos como a culminação da luta de Marduk para conseguir a supremacia sobre a Terra. Vivendo em exílio, Marduk deu a seu filho Nabu a missão de converter o povo na Ásia ocidental para se tornar seguidor de Marduk. Depois de uma série de escaramuças, as forças de Nabu foram fortes o suficiente para invadirem a Mesopotâmia e possibilitarem que Marduk voltasse à Babilônia, onde declarou sua intenção de fazer o Portão dos Deuses (o que estava implícito em seu nome *Bab-Ili*). Alarmado, o Conselho dos Anunnaki se encontrou em sessões de emergência comandadas por Enlil. Ninurta e um filho de Enki, chamado Nergal (do reino do sul da África), recomendaram uma ação drástica para impedir Marduk. Enki objetou com veemência. Ishtar ressaltou que, enquanto eles estavam debatendo, Marduk tomava cidade após cidade. Foram enviados "xerifes" para apreender Nabu, mas ele escapou e estava escondido entre seus seguidores em uma das "cidades pecadoras". Por fim, Ninurta e Nergal foram autorizados a retirar armas nucleares de um local escondido e usá-las para destruir o espaçoporto no Sinai (para que ele não caísse em mãos de Marduk), bem como a área onde Nabu estava escondido.

    O drama que se desenrolou, a discussão acalorada, as acusações e a ação drástica final – o uso de armas nucleares em 2024 a.C. – são descritos em grande detalhe em um texto que os acadêmicos chamam de *Épico de Erra*.

    Nesse documento, Nergal é citado como Erra ("Uivador") e Ninurta é chamado de Ishum ("Arrojado"). Quando tiveram ordem para prosseguir, eles recuperaram "as sete armas espantosas, sem paralelo" e foram para o espaçoporto perto do "Monte Mais Supremo". A destruição do espaçoporto foi conduzida por Ninurta/Ishum: "Ele elevou a mão, o Monte foi destruído; depois aniquilou a planície do Monte Mais Supremo; em suas florestas não foi deixado um ramo de árvore em pé".

    Agora, era a vez de as cidades pecadoras serem atingidas, e a tarefa foi conduzida por Nergal/Erra. Ele foi para lá seguindo a Estrada do Rei que ligava o Sinai e o Mar Vermelho com a Mesopotâmia:

> Depois, emulando Ishum,
> Erra seguiu a Estrada do Rei.
> As cidades ele liquidou,
> à desolação ele as condenou.

O uso de armas nucleares por lá violou as barreiras de areia que ainda existem, em parte, na forma de uma língua (chamada *El Lissan*) e as águas do Mar de Sal verteram para o Sul, inundando as planícies baixas. O texto antigo documenta que Erra/Nergal "escavou pelo mar, sua totalidade ele dividiu". E as armas nucleares transformaram o Mar de Sal em um corpo de água chamado agora de Mar Morto: "O que vive nele, ele fez definhar", e o que era uma planície próspera e verdejante "como se com fogo, ele queimou os animais, incendiou os grãos para se tornarem poeira".

Como no caso evidente dos atores divinos no relato do Dilúvio, também nesse relativo à destruição de Sodoma, Gomorra e de outras cidades daquela planície na península do Sinai, temos nesse relato quem se compara ou não a Javé quando o texto sumério e o bíblico são cotejados. O texto mesopotâmico associa de modo claro Nergal e não Ninurta como quem destruiu as cidades pecadoras. Uma vez que a Bíblia afirma que não foram os dois anjos que verificaram a situação, mas o próprio Javé quem fez chover para a destruição nas cidades, *Javé não poderia ser Ninurta*.

(A referência no Gênesis, capítulo 10, a *Nimrod* como quem recebeu o crédito pelo início do reinado na Mesopotâmia, o que discutimos antes, é interpretada por alguns como referência a um rei humano, mas não um deus e, portanto, a Ninurta, a quem foi atribuída a tarefa de estabelecer o primeiro reinado. Caso seja assim, a afirmação bíblica de que Nimrod "era um poderoso caçador diante de Javé" também anula a possibilidade de que Ninurta/Nimrod pudessem ser Javé.)

Contudo, Nergal também não era Javé. Ele é mencionado pelo nome como o deus dos cutitas que estavam entre os estrangeiros trazidos pelos assírios para substituir os israelitas exilados. É listado entre os "outros deuses" que os recém-chegados cultuavam e para quem eles erigiram ídolos. Ele não pode ter sido "Javé" e a abominação de Javé ao mesmo tempo.

Se Enlil e dois de seus filhos, Adad e Ninurta, não são finalistas na fila para identificar Javé, que tal o terceiro filho de Enlil, Nannar/Sin (o "deus da Lua")?

Seu "centro de culto" (como os acadêmicos o chamam) na Suméria era Ur, a própria cidade de onde a migração de Terá e sua família começou. De Ur, onde Terá executou serviços sacerdotais, eles foram para Barran, no alto Eufrates – uma cidade que era uma réplica (mesmo sendo em menor escala) de Ur, como um centro de culto de Nannar. A migração naquela época em particular estava ligada, nós acreditamos, às mudanças religiosas e reais que podem ter afetado o culto de Nannar.

Teria sido ele, então, o deus que instruiu Abraão, o sumério, a recolher suas coisas e partir?

Tendo levado a paz e a prosperidade à Suméria quando Ur foi sua capital, ele era venerado no grande zigurate de Ur (cujas ruínas se elevam de modo impressionante até hoje) com sua amada esposa NIN.GAL ("Grande Senhora"). Na época da Lua Nova, os hinos cantados a esse casal divino expressavam a gratidão do povo a eles; e o período escuro da Lua era considerado um tempo "do mistério dos grandes deuses, uma época do oráculo de Nannar", quando ele enviaria "Zaqar, o deus dos sonhos, durante a noite" para dar comandos bem como perdoar pecados. Ele foi descrito nos hinos como "definidor de destinos no Céu e na Terra, líder das criaturas vivas... que faz com que a justiça e a verdade existam".

Tudo isso soa parecido com alguns dos elogios feitos a Javé cantados pelos salmistas...

O nome acadiano/semita para Nannar era Sin, e não deve existir dúvida de que foi em honra tanto a Nannar quanto a Sin que a parte da península do Sinai chamada na Bíblia de "Território Selvagem de Sin" e, nesse sentido, toda a península foi nomeada do mesmo modo. Foi naquela parte do mundo que Javé apareceu para Moisés pela primeira vez, onde estava localizado o "Monte dos Deuses", em que a maior teofania de todos os tempos aconteceu. Mais ainda, o principal *habitat* na planície central do Sinai, na vizinhança do que acreditamos ser o verdadeiro Monte Sinai, ainda é chamado *Nakhl* em árabe, derivando da deusa Ningal, cujo nome semítico era pronunciado *Nikal*.

Tudo isso seria indicativo de uma identificação Javé = Nannar/Sin?

A descoberta, há várias décadas, de literatura canaanita abrangente (para os acadêmicos, "mitos") lidando com o panteão, revelou que, embora um deus que eles chamavam de *Ba'al* (a palavra genérica para "Senhor" usada como nome pessoal) conduzisse as coisas, de fato, ele não era de todo independente de seu pai El (um termo genérico com o significado de "deus" usado como nome pessoal). Nesses textos, *El* é retratado como um deus aposentado, vivendo com sua esposa Asherah longe das áreas populosas, em um lugar tranquilo no qual "as duas águas se encontram" – um lugar que identificamos em *O Caminho para o Céu* como a extremidade sul da península do Sinai, onde os dois golfos, estendendo-se do Mar Vermelho, se encontram. Esse fato e outras considerações nos levaram à conclusão de que o canaanita El era o aposentado Nannar/Sin; incluído nas razões expostas por nós está o fato de que um "centro de culto" a Nannar/Sin existiu em uma encruzilhada central no Oriente Médio antigo e até hoje em dia, na cidade conhecida por nós como Jericó, mas cujo nome bíblico/semita é *Yeriho*, significando "Cidade do Deus Lua", e também a adoção pelas tribos do sul de *Allah* – El em árabe – como deus do Islã representado pela Lua Crescente.

Descrito nos textos canaanitas como um deus aposentado, El como Nannar/Sin, de fato, foi forçado a se aposentar: os textos sumérios lidando com os efeitos da nuvem nuclear, quando foi soprada para leste e chegou à Suméria e sua capital Ur, revelam que Nannar/Sin – recusando-se a abandonar sua cidade adorada – foi atingido pela nuvem mortal e parcialmente paralisado.

A imagem de Javé, em especial no período do Êxodo, e o povoamento de Canaã, ou seja, depois – não antes – da queda de Ur, não soam bem para um deus aposentado, afligido e cansado como Nannar/Sin se tornou na época. A Bíblia faz um retrato de um deus ativo, insistente e persistente, totalmente no comando, desafiando os deuses do Egito, infligindo pragas, enviando anjos, percorrendo os céus, onipresente, realizando maravilhas, um curandeiro mágico, um Arquiteto Divino. Não encontramos nada disso na descrição de Nannar/Sin.

Tanto a veneração como o medo a ele derivaram de sua associação com sua contraparte celestial, a Lua. E esse aspecto celestial serve como um argumento decisivo contra a identificação dele com Javé: na ordem bíblica divina, foi Javé quem ordenou que o Sol e a Lua servissem como luminares: "O Sol e a Lua louvam Javé", declarou o salmista (148:3). E, na Terra, o esfarelamento dos muros de Jericó ante as trombetas de Javé simbolizou a supremacia de Javé sobre o deus Lua Sin.

Tinha também a questão de Ba'al, o deus canaanita cujo culto era uma constante pedra no sapato do culto a Javé. Os textos descobertos revelam que Ba' al era um filho de El. Sua morada nas montanhas do Líbano ainda é conhecida como *Baalbek*, "o vale de Ba' al" – o lugar que foi o primeiro destino de Gilgamesh em sua busca por imortalidade. O nome bíblico para o lugar era *Beit-Shemesh* – a "casa/morada de Shamash". E Shamash, devemos recordar, era um filho de Nannar/Sin. Os mitos canaanitas devotaram muito espaço nas tabuletas de argila para as manobras ardilosas entre Ba' al e sua irmã *Anat*. A Bíblia lista na região de *Beit-Shemesh* um lugar chamado *Beit Anat*; e nós temos certeza de que o nome semítico Anat era uma derivação de *Anunitu* ("amada de Anu") – um apelido de Inanna/Ishtar, as irmãs gêmeas de Utu/Shamash.

Todo o exposto sugere que no trio canaanita E-Ba'al-Anat vemos a tríade mesopotâmica de Nannar/Sin-Utu/Shamash-Inanna/Ishtar – os deuses associados com a Lua, o Sol e Vênus. *E nenhum deles poderia ser Javé*, pois a Bíblia está repleta de advertências contra o culto desses corpos celestiais e seus emblemas.

Se nem Enlil nem um de seus filhos (ou até netos) se qualificam totalmente como Javé, a busca deve nos levar a outro lugar, para os filhos de Enki, para onde algumas qualificações também apontam.

As instruções dadas a Moisés durante sua permanência no Monte Sinai foram, em grande medida, de natureza médica. Cinco capítulos completos no Levítico e muitas passagens em Números são devotadas a procedimentos médicos, diagnóstico e tratamento. "Cure-me, ó Javé, e serei curado", Jeremias (17:14) gritou; "Minha alma abençoa Javé... que cura todas as minhas enfermidades", o salmista cantava (103:1-3). Por sua piedade, o rei Ezequias não só foi curado de uma doença fatal pela manifestação de Javé, mas também Javé lhe concedeu mais 15 anos para viver (Reis II, capítulo 19). Javé não só podia curar e estender a vida, como também podia (por meio de seus anjos e Profetas) reviver os mortos. Um exemplo extremo foi dado pela visão de Ezequiel dos ossos secos espalhados que voltaram à vida, seus mortos ressuscitados pela vontade de Javé.

O conhecimento médico-biológico subjacente a tais capacidades era possuído por Enki, e ele passou tal conhecimento para dois de seus filhos: Marduk (conhecido como Rá no Egito) e Thoth (que os egípcios chamavam de Tehuti e os sumérios de NIN.GISH.ZIDDA – "Senhor da Árvore da Vida"). No que diz respeito a Marduk, muitos textos babilônicos citam suas habilidades de cura. Porém – como sua própria queixa a seu pai revela –, ele recebeu o conhecimento de cura, mas não o de reviver os mortos. Por outro lado, Thoth possuía tal conhecimento, empregando-o em uma ocasião para reviver Hórus, o filho do deus Osíris e de sua irmã-esposa Ísis. De acordo com o texto hieroglífico a respeito desse incidente, Hórus foi picado por um escorpião venenoso e morreu. Quando sua mãe apelou por ajuda ao "deus das coisas mágicas", Thoth, ele desceu à Terra dos céus em um barco celeste e restaurou a vida do menino.

No que se refere à construção e à provisão do Tabernáculo nas terras desérticas do Sinai, e mais tarde no Templo de Jerusalém, Javé demonstrou um conhecimento impressionante de arquitetura, alinhamentos sagrados, detalhes decorativos, uso de materiais e procedimentos de construção – a ponto mesmo de mostrar aos terráqueos envolvidos modelos em escala do que Ele tinha projetado ou queria. Marduk não foi creditado com um conhecimento tão abrangente, mas Thoth/Ningishzidda sim. No Egito ele era considerado o mantenedor dos segredos da construção de pirâmides e, como Ningishzidda, foi convidado a Lagash para ajudar a orientar, projetar e escolher os materiais para o templo que foi construído por Ninurta.

Outro ponto de congruência importante entre Javé e Thoth foi a questão do calendário. É a Thoth que foi atribuído o primeiro calendário egípcio, e quando foi expulso por Rá/Marduk e seguiu (de acordo com nossos achados) para a Mesoamérica, onde foi chamado de "A Serpente Emplumada" (Quetzalcoatl), lá desenvolveu os calendários Asteca e Maia. Como os livros bíblicos do Êxodo, Levítico e Números deixam claro, Javé não só mudou o Ano-Novo para o "sétimo mês", mas também instituiu a semana, o sábado e uma série de feriados.

Curandeiro; reanimador dos mortos que descia em um barco do céu; um Arquiteto Divino; um grande astrônomo; e projetista de calendários. Os atributos comuns a Thoth e Javé parecem extraordinários.

Então, Thoth era Javé?

Embora conhecido na Suméria, ele não era considerado por lá um dos Grandes Deuses e, portanto, não se encaixa em todo o epíteto "o Deus Mais Elevado" que tanto Abraão quanto Melquisedeque, sacerdote de Jerusalém, usaram em seus encontros. Acima de tudo, ele era o *deus do Egito*, e (a não ser que fosse excluído pelo argumento de ser Javé), foi um diante dos quais Javé se colocou para fazer julgamentos. Renomado no Egito antigo, não existiu nenhum faraó que ignorasse esse deus. Ainda assim, quando Moisés e Aarão se colocaram diante do faraó e lhe disseram: "Assim disse Javé, o deus de Israel: deixe meu povo ir, para que possam Me cultuar no deserto", o faraó respondeu: "Quem é esse Javé, por que devo obedecer a sua palavra? Eu não conheço nenhum Javé, e não vou deixar os israelitas irem".

Se Javé fosse Thoth, não só o faraó não responderia assim, como também a tarefa de Moisés e Aarão teria se tornado mais fácil e alcançável, bastando que dissessem: porque "Javé" é só outro nome para Thoth... E Moisés, tendo sido elevado à corte egípcia, não teria dificuldade para saber isso – se fosse o caso.

Se Thoth não era Javé, o próprio processo de eliminação parece deixar mais um candidato: Marduk.

Que ele foi o "deus mais elevado" está bem definido; o primogênito de Enki, que acreditava que seu pai tinha sido privado, injustamente, da supremacia na Terra – uma supremacia para a qual ele, Marduk, em vez do filho de Enlil Ninurta, era o sucessor de direito. Seus atributos incluíam muitos – praticamente todos – os atributos de Javé. Ele possuía uma *Shem*, uma câmara no céu, como Javé. Quando o rei babilônico Nabucodonosor II reconstruiu o recinto sagrado da Babilônia, lá ele edificou um compartimento fortalecido para a "Carruagem de Marduk, o Supremo Viajante entre o Céu e a Terra".

Quando, por fim, Marduk atingiu a supremacia na Terra, ele não desacreditou os outros deuses. Pelo contrário, convidou-os para residirem em pavilhões individuais no interior do recinto sagrado da Babilônia. Só existia um senão: seus poderes e atributos específicos deveriam passar para ele – assim como os "50 Nomes" (ou seja, patentes) de Enlil. Um texto babilônico, em sua parte legível, listou assim as funções dos outros grandes deuses que foram transferidas para Marduk:

Ninurta = Marduk da enxada
Nergal = Marduk do ataque
Zababa = Marduk do combate
Enlil = Marduk da senhoria e conselho
Nabu = Marduk dos números e contas
Sin = Marduk, o iluminador da noite
Shamash = Marduk da justiça
Adad = Marduk das chuvas

Isso não era o monoteísmo dos Profetas e Salmos; era o que os acadêmicos chamam de henoteísmo – uma religião em que o poder supremo passa de um entre vários deuses para outro em sucessão. Mesmo assim, Marduk não reinou supremo por muito tempo. Logo depois da instituição de Marduk como deus nacional pelos babilônicos, ele foi identificado por seus rivais assírios, pela instituição de *Ashur*, como "senhor de todos os deuses".

Além dos argumentos que mencionamos nos casos de Thoth, que negam uma identificação com qualquer divindade egípcia importante (e Marduk era o grande deus egípcio Rá, no fim das contas), a própria Bíblia descarta, em específico, qualquer equiparação entre Javé e Marduk. Não apenas Javé, em partes que lidam com a Babilônia, é retratado como maior, mais poderoso e supremo diante dos deuses dos babilônicos – ele, explicitamente, prevê sua morte, nomeando-os. Tanto Isaías (46:1) como Jeremias (50:2) previram Marduk (também conhecido como *Bel* por seu epíteto babilônico) e seu filho Nabu caídos e destruídos diante de Javé no Dia do Julgamento.

Essas palavras proféticas retratam os dois deuses babilônicos como antagonistas e inimigos de Javé. *Marduk (aliás, Nabu) não poderia ter sido Javé.*

(No que diz respeito a Ashur, a Lista de Deuses e outras evidências sugerem que ele foi um Enlil ressurgente, renomeado pelos assírios "O Que Tudo Vê", e como tal, não pode ter sido Javé.)

Enquanto encontramos muitas semelhanças e, por outro lado, diferenças cruciais e aspectos contraditórios em nossa busca por um

"Javé" comparável nos panteões do Oriente Médio antigo, só podemos continuar fazendo o que Javé disse a Abraão: Erga seus olhos para o céu...

O rei babilônico Hamurabi registrou deste modo a legitimação da supremacia de Marduk na Terra:

> Anu Altivo,
> Senhor dos Anunnaki,
> e Enlil,
> Senhor do Céu e da Terra,
> quem determina os destinos da terra,
> Determinou para Marduk, o primogênito de Enki,
> as funções de Enlil sobre toda a humanidade
> e fez dele grande entre os Igigi.

Como os versos tornam claro, até Marduk quando assumiu a supremacia na Terra reconheceu que era Anu, e não ele, o "Senhor dos Anunnaki". Era ele o "Deus Mais Elevado" diante de quem Abraão e Melquisedeque saudaram um ao outro?

O sinal cuneiforme de Anu (AN em sumério) era uma estrela. Ele tinha o significado múltiplo de "deus, divino", "céu", e o nome pessoal desse deus, Anu, como sabemos pelos textos mesopotâmicos, ficava no "céu". "Inúmeros versos bíblicos também descrevem Javé como O Que Está no Céu". Foi "Javé, o Deus do Céu", quem ordenou que ele fosse para Canaã, Abraão afirmou (Gênesis 24:7). "Eu sou um hebreu e é Javé, o Deus do Céu, que venero", o Profeta Jonas disse (1:9); "Javé, o Deus do Céu, ordenou-me construir para Ele uma Casa em Jerusalém, na Judeia", Ciro declarou em seu édito sobre a reconstrução do Templo em Jerusalém (Ezra 1:2). Quando Salomão completou a construção do (primeiro) Templo de Jerusalém, ele rezou a Javé para ouvi-lo abençoar do céu o Templo como Sua Casa, embora Salomão admitisse que dificilmente seria possível que "Javé *Elohim*" viesse a morar na Terra, nessa Casa: "quando o céu e o céu do céus não pode conter a Ti" (Reis I 8:27); e os salmos afirmaram, repetidamente: "Do céu Javé menosprezou os Filhos de Adão" (14:2); "Do Céu Javé observou a Terra" (102:20); e "No Céu Javé firmou Seu trono" (103:19).

Embora Anu tenha visitado a Terra várias vezes, ele residia em Nibiru. E, como o deus cuja morada era no Céu, na verdade ele era um deus oculto. Entre as incontáveis representações de deuses em selos cilíndricos, estátuas e estatuetas, entalhes, pinturas de parede, amuletos – sua imagem não aparece nem uma vez!

Já que Javé, também, era um deus oculto e sem representação pictórica, residindo no "Céu", a questão inevitável que surge é *Onde ficava a morada de Javé?* Com tantos paralelos entre Javé e Anu, Javé, também, tem um "Nibiru" onde morar?

A pergunta, e sua relevância para a invisibilidade de Javé, não se origina conosco. Ela foi colocada, com sarcasmo, por um herético a um sábio judeu, Rabbi Gamliel, quase há 2 mil anos, e a resposta que ele deu é verdadeiramente espantosa!

O documento sobre a conversa, como reproduzido em inglês por S. M. Lehrman em *The World of the Midrash,* é o seguinte:

> Quando foi pedido ao Rabbi Gamliel por um herético para citar a localização exata de Deus, vendo que o mundo é tão vasto e existem sete oceanos, sua resposta foi simplesmente: "Isso, não posso lhe dizer".
>
> A que o outro replicou com zombaria: "E você chama de sabedoria orar para um Deus, diariamente, cuja localização você não conhece?".
>
> O Rabbi sorriu: "Você me pede para colocar meu dedo no ponto exato de Sua Presença, embora a *tradição declare que a distância entre o céu e a terra exigiria uma viagem de 3.500 anos para percorrer.* Portanto, posso lhe perguntar o local exato de algo que está sempre com você, e sem o que você não pode viver um momento?".
>
> O pagão ficou intrigado. "O que é isso?", ele inquiriu impaciente.
>
> O Rabbi respondeu: "A alma que Deus plantou dentro de você, diga-me, por favor, onde fica exatamente?".
>
> Foi um homem castigado que balançou a cabeça negativamente.
>
> Agora foi a vez de o Rabbi ficar espantado e se divertir: "Se você não sabe onde sua alma está localizada, como pode esperar saber a habitação precisa d'Aquele que preenche todo o mundo com Sua glória?

Vamos observar com cuidado qual foi a resposta do Rabbi Gamliel: de acordo com a tradição judaica, ele disse, o ponto exato no céu onde Deus estava residindo é tão distante que exigiria uma viagem de 3.500 anos...

Quão perto alguém pode chegar dos 3.600 anos que leva para Nibiru completar uma órbita em torno do Sol?

Embora não existam textos específicos lidando com isso ou descrevendo a morada de Anu em Nibiru, alguma ideia disso pode ser obtida de modo indireto de textos como a história de Adapa, referências ocasionais em vários textos, e até de representações assírias. Era um lugar – vamos pensar nele como um palácio real – em que se entrava por portões imponentes, flanqueado por torres. Uma dupla de deuses (Ningishzidda e Dumuzi são mencionados em um exemplo) ficava de guarda nos portões. Dentro, Anu permanecia sentado em um trono. Quando

Enlil e Enki estavam em Nibiru, ou quando Anu visitou a Terra, eles flanqueavam o trono, segurando emblemas celestiais.

(Os *Textos das Pirâmides* do Egito antigo, descrevendo a ascensão do faraó para a morada celestial na vida após a morte, levado para o alto por um "Elevador", anunciavam para o rei partindo: "Os portões duplos do firmamento estão abertos para ti, os portões duplos do céu estão abertos para ti", e preconizavam quatro deuses segurando cetros anunciando sua chegada à "Estrela Imperecível".)

Na Bíblia, também, Javé era descrito sentado em um trono, flanqueado por Anjos. Embora Ezequiel tenha descrito ter visto a imagem do Senhor, cintilando como eletro, sentado em um trono dentro do Veículo Voador, "o trono de Javé está no Firmamento", afirmou os Salmos (11:4), e os profetas descreveram ver Javé sentado em um trono no Céu. O profeta Micaías ("Quem é como Javé?"), um contemporâneo de Elias, contou ao rei da Judeia que tinha ido em busca do oráculo divino (Reis I, capítulo 22):

> Eu vi Javé sentado em seu trono,
> e as hostes do céu sentadas a Seu lado,
> à Sua direita e à Sua esquerda.

O profeta Isaías registrou (capítulo 6) uma visão que teve "no ano em que o rei Uzias morreu", na qual ele viu Deus sentado em Seu trono, assistido por Anjos flamejantes:

> Eu contemplei meu Senhor sentado em um trono alto e elevado,
> e a cauda de Seu manto enchia o grande saguão.
> Serafins em pé em assistência a Ele,
> cada um deles com seis asas;
> com duas delas cobrindo seus rostos,
> com duas delas cobrindo suas pernas
> e com duas cada um podia voar.
> E um falava para o outro:
> Santo, Santo, Santo é o Senhor das Hostes!

As referências bíblicas ao trono de Javé foram mais longe: de fato, elas afirmaram sua localização em um lugar chamado *Olam*. "O seu trono está consagrado para sempre, Tu és de *Olam*", declarou Salmos (93:2); "Tu, Javé, está entronizado em *Olam*, perdurando pelas eras", afirma o Livro das Lamentações (5:19).

Agora, não foi assim que esses versos, e outros como eles, foram em geral traduzidos. Na versão do rei James, por exemplo, o versículo citado dos Salmos é traduzido: "Teu trono está constituído há muito, tu és *eterno*", e o versículo nas Lamentações é traduzido: "Tu, ó Senhor, permaneces *para sempre*, teu trono de gerações a gerações". As traduções modernas, de modo similar, traduzem *Olam* como "eterno" e "para sempre" (*The New American Bible*) ou como "eternidade" e "para sempre" (*The New English Bible*), revelando uma indecisão sobre tratar o termo como adjetivo ou substantivo. Reconhecendo, contudo, que *Olam* é claramente um substantivo, a tradução mais recente pela Sociedade Judaica de Publicações adotou "eternidade", um substantivo abstrato, como solução.

A Bíblia Hebraica, rígida com a precisão de sua terminologia, tem outros termos para afirmar a condição de "durar para sempre". Um é *Netzah*, como no Salmo 89:47, que perguntou: "Por quanto tempo, Javé, Tu esconderás a Ti – *para sempre?*" Outro termo que significa com maior precisão "perpetuidade" é *Ad*, que também é comumente traduzido "para sempre", como em "sua semente fará durar para sempre" em Salmos 89:30. Não existe necessidade para um terceiro termo para expressar a mesma coisa. *Olam*, com frequência acompanhado pelo adjetivo *Ad* para denotar sua natureza eterna, não era em si um adjetivo, mas um substantivo derivado de uma raiz que significa "desaparecendo, misteriosamente oculto". Os inúmeros versos bíblicos em que *Olam* aparece indicam que era considerado um local físico, não uma abstração. "Tu és de *Olam*", declarou o salmista – Deus é de um um local escondido (e, portanto, Deus era invisível).

Olam era um lugar que foi concebido como existindo fisicamente: Deuteronômio (33:15) e o Profeta Habacuque (3:6) falaram das "Colinas de *Olam*". Isaías (33:14) citou as "fontes de calor de *Olam*", Jeremias (6:16) mencionou os "caminhos de *Olam*" e (18:5) "as rotas de *Olam*", e chamou Javé de "rei de *Olam*" (10:10) como o fez Salmos (10:16). Salmos, em declarações reminiscentes das referências aos portões da morada de Anu (em textos sumérios) e aos Portões do Firmamento (em textos egípcios antigos), também fala dos "Portões de *Olam*" que deviam se abrir e dar as boas-vindas ao Senhor Javé quando Ele chega lá em Seu Kabod, Seu Barco Celestial (24:7-10):

> Ergam as suas cabeças, Ó portões de *Olam*
> para que o Rei do *Kabod* possa entrar!
> Quem é o Rei de *Kabod*?
>
> Javé, forte e valente, um guerreiro poderoso!
> Ergam as suas cabeças, Ó portões de *Olam*
> e o Rei do *Kabod* deverá entrar!
> Quem é o Rei de *Kabod*?
> Javé, o senhor das hostes é o Rei de *Kabod*.

"Javé é o rei de *Olam*", declarou Isaías (40:28), ecoando o registro bíblico no Gênesis (21:33) do chamado de Abraão "em nome de Javé, o Deus de *Olam*". Não é de admirar, então, que a Aliança simbolizada pela circuncisão, "o sinal celestial", foi chamada pelo Senhor, quando ele a impusera a Abraão e seus descendentes, de "a Aliança de *Olam*":

E a minha Aliança estará em sua carne,
a Aliança de *Olam*.

(Gênesis 17:13)

Nas discussões rabínicas pós-bíblicas, e no hebraico moderno, *Olam* é o termo que significa "mundo". De fato, a resposta que Rabbi Gamliel deu para a questão relativa à Morada Divina foi baseada em afirmações rabínicas de que Olam está separado da Terra por sete céus, em cada um dos quais existe um mundo diferente; e que a viagem de um a outro requer 150 anos, de modo que a viagem completa através dos sete céus do mundo chamado Terra ao mundo que é a Morada Divina demora 3.500 anos. Esse tempo, como ressaltamos, chega perto dos 3.600 anos da Terra da órbita de Nibiru como se poderia esperar; enquanto a Terra, para alguém vindo do espaço, seria o sétimo planeta, Nibiru, para alguém na Terra, estaria, de fato, a sete espaços celestiais de distância, quando ele desaparece em seu apogeu.

Tal desaparecimento – a raiz do significado de *Olam* – cria, é claro, o "ano" de Nibiru – um tempo notavelmente longo em termos humanos. Os profetas, de modo similar, em numerosas passagens, falaram dos "Anos de Olam" como uma medida de um tempo muito longo. Um claro sentido de periodicidade, como resultaria do aparecimento e desaparecimento periódico de um planeta, foi transmitido pelo uso frequente do termo "de Olam a Olam" como uma medida de tempo definida (embora extremamente longa): "Eu lhe dou essa terra de Olam a Olam", foi citado o Senhor como dizendo a Jeremias (7:7 e 25:5). E uma prova conclusiva para a identificação de *Olam* com Nibiru foi a declaração no Gênesis 6:4 de que os *Nefilim*, os jovens Anunnaki que vieram para a Terra de Nibiru, onde o "povo de Shem" (o povo dos foguetes espaciais), "aqueles que eram de Olam".

Com a familiaridade óbvia dos editores da Bíblia, profetas e salmistas com os "mitos" e astronomia da Mesopotâmia, teria sido peculiar não encontrar conhecimento sobre o importante planeta Nibiru na Bíblia. *É nossa sugestão que, sim, a Bíblia estava perfeitamente ciente de Nibiru – e o chamou de* Olam, *o "planeta que desaparece"*.

Tudo isso significa que, portanto, Anu era Javé? Não necessariamente...

Embora a Bíblia tenha descrito Javé reinando em Sua morada celestial, como Anu reinou, ela também o considerava "rei" sobre a Terra e tudo sobre ela – enquanto Anu, claramente, deu o comando da Terra para Enlil. Anu visitava a Terra, mas textos sobreviventes descrevem as ocasiões em sua maior parte como situações cerimoniais e visitas de inspeção; não existe nada nelas comparável ao envolvimento ativo de Javé nos assuntos de nação e individuais. Mais ainda, a Bíblia reconheceu um deus, outro além de Javé, como "deus das nações" chamado *An*; seu culto é notado nas listas (Reis II 17:31) de deuses dos estrangeiros a quem os assírios tinham reinstalado em Samaria, onde é mencionado como *An-melekh* ("Anu, o rei"). Um nome pessoal Anani, honrando Anu, e um local chamado Anatot também estão listados na Bíblia. E a Bíblia não tinha nada para Javé que fosse comparável à genealogia de Anu (parentes, esposa, filhos), seu estilo de vida (grande número de amantes) ou seu carinho por sua neta Inanna (cujo culto como a "Rainha dos Céus" – Vênus – foi considerado uma abominação aos olhos de Javé).

Assim, apesar das similaridades, também há muitas diferenças essenciais entre Anu e Javé para os dois serem um e o mesmo.

Aliás, no ponto de vista bíblico, Javé era mais que "rei, senhor" de *Olam*, como Anu era rei de Nibiru. Ele foi mais de uma vez saudado como *El Olam*, o Deus de *Olam* (Gênesis 21:33) e *El Elohim*, o Deus dos *Elohim* (Josué 22:22, Salmos 50:1 e Salmos 136:2).

A sugestão bíblica de que os Elohim – os "deuses", os Anunnaki – tinham um Deus parece totalmente incrível, inicialmente, mas bastante lógica quando refletimos.

Na própria conclusão de nosso primeiro livro da série As Crônicas da Terra (*O 12º Planeta*), tendo contado a história do planeta Nibiru e de como os Anunnaki (os *Nefilim* da Bíblia), que tinham vindo para a Terra de Nibiru, "criaram" a humanidade, colocamos a seguinte questão:

E se os *Nefilim* foram os "deuses" que "criaram" o Homem na Terra, a evolução criou sozinha, no 12º Planeta, os *Nefilim*?

Tecnologicamente avançados, capazes de centenas de milhares de anos antes de nós de viajarem pelo espaço, chegando a uma explicação cosmológica para a criação do sistema solar e, como nós começamos a fazer, a contemplar e compreender o Universo – os Anunnaki devem ter ponderado sobre suas origens e chegado ao que chamamos de Religião – sua religião, *seu conceito de Deus*.

Quem criou os *Nefilim*, os Anunnaki em seu planeta? A própria Bíblia fornece uma resposta. Javé, ela afirma, não era só "um grande Deus, um grande rei sobre todos os *Elohim*" (Salmos 95:3). Ele estava lá, em Nibiru, antes de eles estarem nele: "Diante dos *Elohim* sobre *Olam*

Ele sentou", Salmos 61:8 explicou. Assim como os Anunnaki estiveram na Terra antes de Adão, também Javé esteve em Nibiru/Olam antes dos Anunnaki. O criador precedeu a criatura.

Já explicamos que a aparente imortalidade dos "deuses" Anunnaki era apenas sua longevidade extrema, resultando do fato de que um ano de Nibiru equivale a 3.500 anos da Terra; e que, realmente, eles nasciam, envelheciam e podiam morrer (e morriam). Uma medida de tempo aplicável a *Olam* ("dias de *Olam*" e "anos de *Olam*") foi reconhecida por profetas e salmistas. O que mais impressiona é sua percepção de que vários *Elohim* (os DIN.GIR sumérios, os *Ilu* acadianos) eram, de fato, não imortais – porém, Javé, Deus, era. Assim, Salmos 82 vislumbra Deus passando o julgamento aos *Elohim* e lembrando-lhes de que eles – os *Elohim* – também são mortais: "Deus está na assembleia divina, entre os *Elohim* Ele julga", e lhes diz o seguinte:

> Eu disse, vocês são *Elohim*,
> todos vocês filhos do Mais Elevado;
> mas vocês devem morrer como os homens morrem,
> como todos os príncipes, vocês devem cair.

Acreditamos que tais declarações, sugerindo que o Senhor Javé criou não só o Céu e a Terra, mas também os *Elohim*, os "deuses" Anunnaki, têm influência em um quebra-cabeça que confundiu gerações de estudiosos da Bíblia. É a questão de por que os primeiros versos da Bíblia, que lidam com o próprio Início, não começam com a primeira letra do alfabeto, mas em vez disso com a segunda. O significado e o simbolismo do começo do Início com o próprio início devem ter sido óbvios para os compiladores da Bíblia; ainda assim, foi o que escolheram transmitir para nós:

> *Breshit hara Elohim*
> *e Há'Shamaim v' et Há'Aretz*

que comumente é traduzido: "No princípio, Deus criou o Céu e a Terra".

Já que as letras hebraicas têm valor numérico, a primeira letra, *Aleph* (de onde vem o *alpha* grego), tem o valor numérico "um, o primeiro" – o início. Por que, então, eruditos e teólogos têm se perguntado sobre a Criação começar com a segunda letra, *Beth*, cujo valor é "dois, segundo"?

Embora a razão permaneça desconhecida, o resultado de começar o primeiro versículo do primeiro livro da Bíblia com um *Aleph* seria surpreendente, pois faria a sentença ficar assim:

> *Ab-reshit hara Elohim,*
> *et Há'Shamaim v'et Ha'Aretz*

O Pai do Início criou os *Elohim,*
os Céus e a Terra.

Por essa leve mudança, por apenas começar o início com a letra que principia tudo, um Criador de Tudo, onipotente, onipresente, emerge do caos primordial: *Ab-Reshit,* "O pai do princípio". As melhores mentes científicas modernas surgiram com a teoria do Big Bang sobre o início do Universo – mas ainda precisam explicar quem foi a causa de o Big Bang acontecer. Caso o Gênese começasse como deveria, a Bíblia – que oferece um relato preciso da Evolução e adere à cosmogonia mais sensata – teria também nos dado a resposta: o Criador que estava lá para criar tudo.

E, de repente, a Ciência e a Religião, a Física e a Metafísica, convergem em uma única resposta que corresponde ao credo do monoteísmo judaico: "Eu sou Javé, não existe ninguém além de mim!". Esse é um credo que conduziu os Profetas, e nós com eles, da arena de deuses para o Deus que abrange o Universo.

Pode-se apenas especular por que os editores da Bíblia, quem os acadêmicos acreditam terem canonizado a *Torah* (os cinco primeiros livros da Bíblia) durante o exílio babilônico, omitiram o *Aleph*. Por que uma alegação de que Javé tinha criado os deuses Anunnaki não teria excluído Marduk? Porém, o que, acreditamos, não deve ser contestado, é que em algum tempo a primeira palavra no primeiro versículo da Bíblia começou com a primeira letra do alfabeto. Com certeza, isso está na declaração no Livro das Revelações ("O Apocalipse de São João", no Novo Testamento) em que Deus anuncia:

Eu sou o Alfa e o Ômega,
O Princípio e o Fim,
o Primeiro e o Último.

A declaração, repetida três vezes (1:8, 21:6, 22:13), aplica a primeira letra do alfabeto (por seu nome grego) ao Início, ao Primeiro divino, e a última letra do alfabeto (grego) ao Fim, ao Deus sendo o Último de todos como Ele foi o Primeiro de Todos.

Que esse foi o caso no início do Gênesis é confirmado, nós acreditamos, pela exatidão que as declarações no Apocalipse voltam a ouvir as escrituras hebraicas de onde os versos correspondentes em Isaías (41:6, 42:8, 44:6) foram tirados, os versos em que Javé proclama sua incondicionalidade e unicidade:

Eu, Javé, fui o Primeiro
e o Último eu também serei!

Eu sou o Primeiro
e eu sou o Último;
Não existe *Elohim* sem Mim!

Eu sou Ele,
Eu sou o Primeiro,
Eu também sou o Último.

Essas afirmações ajudam a identificar o Deus bíblico pela resposta que Ele deu quando perguntado: Quem, ó Deus, é você? Foi quando Ele chamou Moisés saindo da Sarça Ardente, identificando a Si apenas como "o Deus de teu pai, o Deus de Abraão, o Deus de Isaque e o Deus de Jacó". Tendo recebido sua missão, Moisés salientou que quando fosse aos Filhos de Israel e dissesse, "o Deus de seus ancestrais me enviou a vocês, e eles diriam para mim: Qual é Seu nome? – o que devo dizer a eles?".

E Deus disse a Moisés:
Ehyeh-Asher-Ehyeh –
é o que você deve dizer
para os Filhos de Israel:
Ehyeh me enviou.
E depois Deus disse a Moisés:
Assim deve dizer para os Filhos de Israel:
Yahweh (Javé), o Deus de seus pais,
o Deus de Abraão, o Deus de Isaque,
e o Deus de Jacó,
me enviou a vocês;
Este é meu nome para *Olam*
essa é a minha denominação para todas as gerações.
(Êxodo 3:13-15)

A declaração, *Ehyeh-Asher-Ehyeh*, tem sido objeto de discussão, análise e interpretação por gerações de teólogos, estudiosos da Bíblia e linguistas. A versão do rei James traduz "Eu sou o que É... Eu *sou* que me enviou a você". Outras traduções mais modernas adotam "Eu sou, é quem Eu sou... Eu *sou* enviado a você". A tradução mais recente pela Sociedade de Publicações Judaicas prefere deixar o hebraico intacto, fornecendo uma nota de rodapé "significando a instabilidade Hebraica".

A chave para compreender a resposta dada durante esse Encontro Divino são os tempos gramaticais empregados aqui. *Ehyeh-Asher--Ehyeh* não está dado no presente, mas no tempo futuro. Em linguajar simples afirma: "Quem quer que eu seja, eu serei". E o Nome Divino é revelado para um mortal pela primeira vez (na conversação é dito a Moisés que o nome sagrado, o Tetragrama YHWH, não tinha sido revelado nunca para Abraão), combina os três tempos verbais da raiz que significa "Ser" – Aquele que foi, que é e será. Essa é uma resposta e um nome que condizem com o conceito bíblico de Javé como existindo eternamente – Aquele que foi, que é e continuará a ser.

Uma forma frequente de afirmar essa natureza eterna do Deus bíblico é a expressão "Vós sois de *Olam* a *Olam*". Em geral é traduzida "Vós sois eterno"; isso expressa, sem dúvida, o sentido da declaração, mas não seu sentido preciso. Tomada literalmente, a afirmação sugere que a existência e o reino de Javé se estenderam de uma *Olam* a outra – que Ele foi "rei, senhor" não apenas daquela *Olam,* o equivalente ao Nibiru mesopotâmico – mas também de outras Olams, de outros mundos!

Não menos que 11 vezes a Bíblia se refere à morada, ao domínio e ao "reino" de Javé usando o termo *Olamim,* o plural de Olam – um domínio ou morada, um reino que abrange muitos mundos. É uma expansão da Majestade de Javé além da noção de "deus nacional" para a do Juiz de todas as nações; além da Terra e além de Nibiru, para o "Céu do Céu" (Deuteronômio 10:14, Reis I 8:27, Crônicas II 2:5 e 6:18) que abrange não apenas o sistema solar, mas até as estrelas distantes (Deuteronômio 4:19, Eclesiastes 12:2).

ESSA É A IMAGEM DE UM VIAJANTE CÓSMICO.

Tudo o mais – os "deuses" celestiais planetários, Nibiru que refez o nosso sistema solar e refaz a Terra em suas passagens próximas, os Anunnaki "Elohim", a Humanidade, nações, reis – todos são Suas manifestações e Seus instrumentos, conduzindo um plano divino universal e eterno. Em certo sentido todos somos Seus Anjos e, quando o tempo chegar para os terráqueos viajarem no espaço e emularem os Anunnaki, em algum outro mundo, também estaremos apenas realizando o futuro destinado.

Essa é uma imagem de um Senhor universal que está mais bem resumida na prece em hino *Adon Olam,* que é recitada como uma canção majestosa nos serviços da sinagoga judaica em festivais, nos Sabás e em cada e todos os dias do ano:

> Senhor do Universo, que reinou
> Antes que tudo o que existe tivesse sido criado
> Quando por Sua vontade todas as coisas foram forjadas,
> "Soberano" foi Seu nome era então pronunciado,
>
> E quando, no tempo, todas as coisas cessarem,
> Ele ainda deve reinar em majestade.

Ele foi, Ele é, Ele deve permanecer,
Ele deve continuar gloriosamente.

Incomparável, único, Ele é,
Nenhum outro pode dividir Sua Unicidade.
Sem início, sem fim.
Poder de Soberania é Seu para criar.

A Conexão Cósmica – DNA

Compilação da obra
O Código Cósmico (capítulo 6)

Os Anunnaki vieram para a Terra em busca de ouro para seu planeta, Nibiru, uma vez que tinham destruído sua atmosfera e o ouro era necessário para restaurá-la. Sabendo que a Terra era rica em ouro, primeiro extraíram o metal do Golfo Pérsico e, quando ficou provado que a quantidade era muito limitada no golfo, eles começaram a minerar na África e foram bem-sucedidos até os mineradores se revoltarem contra o trabalho pesado. A revolta levou os Anunnaki a perceberem que eram capazes de criar um trabalhador híbrido para as minas e, com isso, o primeiro Adão foi criado. Aplicando seu conhecimento de genética avançada, os Anunnaki experimentaram, com a formação do ser perfeito, um que estaria idealmente adaptado para seu propósito. Contudo, houve muita tentativa e erro ao longo do processo. Às vezes um ser era criado com três cabeças, por exemplo, ou dois rostos. Representações desses mutantes antigos existem na arte mesopotâmica, deixadas para nós.

Por fim, Enki e Ninharsag (os filhos de Anu) foram capazes de criar com sucesso "O Adão", que foi modelado utilizando o DNA dos hominídeos da Terra e o DNA da fêmea Anunnaki que geraria a criança. Hoje, a ciência já entrou em acordo com alguns dos relatos antigos. Gilgamesh, como retratado em um texto mesopotâmico antigo, foi declarado como sendo dois terços divino. Pelos padrões modernos isso era considerado geneticamente impossível até os anos 1980, quando se descobriu que outro tipo de DNA era transmitido apenas pela mãe. Esse DNA, conhecido como DNA mitocondrial, alocaria uma porção extra do DNA coletivo da mãe para sua descendência. No caso de Gilgamesh, e assumindo que sua mãe era uma deusa, ele teria, realmente, os dois terços divinos, como reivindicou.

> Esse fato atesta que, embora o conhecimento moderno sobre o DNA esteja avançando, não estamos nem perto dos níveis de sofisticação da engenharia genética nessas histórias antigas.

MESMO ANTES DA TELEVISÃO, os dramas de tribunal excitaram muita gente e julgamentos fizeram história. Percorremos um longo caminho desde as leis bíblicas, "por duas testemunhas o veredicto será feito". Do testemunho ocular, a evidência nos tribunais se deslocou para evidência documental, para evidência forense e – o que parece atualmente o epítome – a evidência de DNA.

Tendo descoberto que toda a vida é determinada por partículas minúsculas de ácidos nucleicos que enunciam a hereditariedade e individualidade em cadeias chamadas cromossomos, a ciência moderna adquiriu a capacidade de ler essas linhas entrelaçadas de letras de DNA para distinguir suas "palavras" soletradas, singulares e individuais. O uso da leitura do DNA para provar culpa ou inocência se tornou destaque em dramas de tribunal.

Um feito inigualável da sofisticação do século XX? Não, um feito de sofisticação do 100º século *no passado* – um drama de tribunal de 10000 a.C.

O caso antigo famoso aconteceu no Egito, em uma época em que os deuses e os homens ainda não reinavam sobre o território. E ele não dizia respeito a homens, mas aos próprios deuses. Envolveu os adversários Seth e Hórus e teve sua raiz na rivalidade entre os meios-irmãos Seth e Osíris. Seth, seria lembrado, recorreu a um jogo sujo para se livrar de Osíris e tomar seu reino. A primeira vez ele enganou Osíris para que entrasse em um baú que Seth, rapidamente, selou e afundou no Mar Mediterrâneo. Contudo, Ísis encontrou o baú e, com a ajuda de Thoth, reviveu Osíris. Na vez seguinte, o frustrado Seth capturou Osíris e o cortou em 14 pedaços. Ísis localizou as partes dispersadas e juntou-as, e mumificou Osíris para começar a lenda da vida depois da morte. Porém, ela esqueceu o falo do deus, que ela não conseguia encontrar, pois Seth o tinha eliminado para que Osíris não tivesse herdeiro.

Determinada a ter um herdeiro para que ele vingasse seu pai, Ísis apelou a Thoth, o Guardião dos Segredos Divinos, para que a ajudasse. Extraindo a "essência" de Osíris das partes disponíveis do deus morto, Thoth ajudou Ísis a engravidar a si e dar à luz um filho, Hórus.

A "essência" (não "semente"), sabemos agora, era o que hoje em dia chamamos de DNA – os ácidos nucleicos genéticos que formam

Figura 42

Figura 43

cadeias nos cromossomos, cadeias arranjadas em uma base de pares em uma dupla hélice. Na concepção, quando o espermatozoide do homem entra no óvulo da mulher, as hélices duplas entrelaçadas se separam, e uma fita masculina se combina com uma fita feminina para formar um novo DNA de hélice dupla para sua descendência. Portanto, é essencial não apenas unir a dupla hélice do DNA, mas também realizar a separação – um desenrolamento – das fitas duplas, depois recombinar apenas uma fita de cada fonte para uma nova hélice dupla entrelaçada de DNA.

Representações pictóricas do Egito antigo indicam que Thoth – o filho de Ptah/Enki – estava bem ciente desses processos biológico-genéticos e os empregou em suas proezas genéticas. Em Abidos, uma pintura mural (Figura 42), em que o faraó Seti I faz o papel de Osíris, mostra Thoth dando a vida (o símbolo *Ankh*) de volta ao deus morto enquanto obtém dele as duas fitas distintas de DNA. Em uma imagem do *Livro dos Mortos*, que trata do nascimento subsequente de Hórus, vemos (Figura 43) como as duas deusas do nascimento, ajudando Thoth, seguram *cada uma delas uma fita* de DNA, a dupla hélice do DNA tendo sido separadas para que apenas uma delas se recombinasse com a de Ísis (mostrada segurando o recém-nascido Hórus).

Ísis criou o menino em segredo. Quando ele chegou à idade certa, sua mãe decidiu que estava na hora de reivindicar a herança de seu pai. Então, um dia, para a surpresa completa de Seth, Hórus surgiu diante do Conselho dos Grandes Deuses e anunciou ser filho e herdeiro de Osíris. Foi uma declaração incrível, ainda assim, uma que não pôde ser descartada. Era o jovem deus, de fato, o filho de Osíris já morto?

Como registrado em um texto conhecido como *Chester Beatty Papyrus N. 1*, o surgimento de Hórus deixou os deuses reunidos atônitos e, é claro, Seth mais do que qualquer outro. Quando o conselho começou a deliberar sobre a reivindicação súbita, Seth apresentou uma sugestão conciliatória: vamos fazer um recesso nas deliberações, para dar-lhe a chance de se familiarizar com Hórus e ver se as questões poderiam ser resolvidas de modo amigável. Ele convidou Hórus: "venha, vamos passar um dia feliz em minha casa", e Hórus concordou. Porém, Seth, que tinha enganado Osíris levando-o à morte, tinha novo ardil em mente:

> Quando chegou a noitinha,
> a cama foi arrumada para eles,
> e os dois se deitaram nela.
> E à noite,
> Seth fez seu membro ficar endurecido,
> e ele o introduziu nas carnes de Hórus.

Quando as deliberações foram retomadas, Seth fez um anúncio estarrecedor. Hórus ser ou não o filho de Osíris, ele disse, não importa mais. Pois, agora, sua semente, de Seth, está em Hórus, e isso torna Hórus um sucessor de Seth, em vez de uma primeira escolha para a sucessão!

Depois, Hórus fez um anúncio ainda mais surpreendente. Pelo contrário, ele disse, não sou eu quem foi desqualificado – foi Seth. E ele contou que não estava dormindo de verdade quando Seth derramou seu sêmen. Ele não entrou em meu corpo, disse, porque "peguei a semente entre as minhas mãos". De manhã, ele levou o sêmen para mostrá-lo para sua mãe, Ísis, e a denúncia deu uma ideia a ela. Ela fez Hórus endurecer seu membro e ejacular seu sêmen em uma taça, depois ela espalhou o sêmen de Hórus em alfaces no jardim de Seth – o alimento favorito de Seth para o café da manhã. Sem saber, ele acabou ingerindo o sêmen de Hórus. Então, Hórus disse, esse é meu sêmen que está em Seth, e agora ele pode me suceder, mas não me preceder no trono divino...

Totalmente perplexo, o Conselho dos Deuses voltou-se para Thoth para resolver o dilema. Usando seus poderes de conhecimento genético, ele checou o sêmen que Ísis tinha mantido em um recipiente e descobriu que era, de fato, o de Seth. Ele examinou Hórus e não encontrou vestígios do DNA de Seth. Depois examinou Seth e descobriu que, realmente, ele tinha ingerido o DNA de Hórus.

Agindo como um especialista forense em um tribunal moderno, mas armado com habilidades técnicas que, é evidente, ainda não atingimos, ele entregou o resultado da análise de DNA para o Conselho dos Deuses. O Conselho votou por unanimidade pela concessão do governo do Egito para Hórus.

(A recusa de Seth de entregar o domínio levou ao que nós chamamos de Primeira Guerra da Pirâmide, em que Hórus alistou, pela primeira vez, humanos em uma guerra entre deuses. Detalhamos esses acontecimentos em *A Guerra dos Deuses e dos Homens.**)

Descobertas recentes em genética lançam luz sobre um costume persistente e aparentemente estranho dos deuses, e ao mesmo tempo sublinham sua sofisticação biogenética.

A importância de esposa-irmã nas regras de sucessão dos deuses da Mesopotâmia e do Egito, evidente a partir de tudo o que documentamos até agora, produziu ecos até nos mitos gregos sobre seus deuses. Os gregos chamaram o primeiro casal divino, surgindo do Caos, *Gaia* ("Terra") e *Urano* ("firmamento" ou "céu"). Dele nasceram 12 *Titãs*, seis masculinos e seis femininos. Seu casamento entre irmãos e descendência variada lançou as bases para disputas posteriores pela supremacia. Entre os primeiros conflitos, quem surgiu como mais importante foi *Cronos*, o filho mais jovem entre os Titãs, cuja esposa foi sua irmã *Rhea*. Seus filhos foram: *Hades, Poseidon* e *Zeus*, e as três filhas: *Héstia, Deméter* e *Hera*. Embora Zeus tenha brigado para conseguir a

---

*N.E.: *A Guerra dos Homens e dos Deuses*, de Zecharia Sitchin, obra publicada pela Madras Editora.

supremacia, teve de dividir o reino com seus irmãos. Os três dividiram os domínios entre eles – algumas versões dizem mapeando lotes – de modo muito parecido ao feito por Anu, Enlil e Enki: Zeus era o deus do céu (embora residindo na Terra, no Monte Olimpo); Hades recebeu o Mundo Subterrâneo; e Poseidon, os mares.

Os três irmãos e as três irmãs, descendência de Cronos e Rhea, constituíram a primeira metade do Círculo Olimpiano de 12. Os outros seis foram descendentes de Zeus, nascidos quando Zeus se uniu com uma variedade de deusas. De uma delas, Leto, ele teve seu Primogênito, o grande deus romano e grego *Apolo*. Quando chegou a hora, contudo, de obter um herdeiro masculino de acordo com as regras de sucessão dos deuses, Zeus se voltou para uma de suas próprias irmãs. Héstia, a mais velha, era, de acordo com os relatos, uma reclusa, velha e doente demais para ser opção de matrimônio e para engravidar. Por isso, Zeus buscou um filho com sua irmã do meio, Deméter; mas, em vez de um filho, ela lhe deu uma filha, Perséfone. Esse fato abriu o caminho para Zeus casar-se com Hera, a irmã mais nova. E ela deu um filho a Zeus, *Ares,* e duas filhas (Ilítia e Hebe). Quando gregos e romanos, que perderam o conhecimento dos planetas além de Saturno, nomearam os planetas conhecidos, designaram um – Marte – a Ares; embora não fosse o Primogênito, era o Filho Principal de Zeus. Apolo, como um grande deus que era, não teve planeta com seu nome pelos gregos e romanos.

Tudo isso reforça a importância da meia-irmã nos anais dos deuses. Em questões de sucessão, o caso surgiu de novo, e de novo. Quem seria o sucessor ao trono – o Primogênito ou o Predileto, se o último nasceu de uma meia-irmã e o anterior não? Essa questão parece ter dominado e ditado o curso dos acontecimentos na Terra, desde o momento em que Enlil se uniu a Enki em seu planeta, e a rivalidade continuaria com seus filhos (Ninurta e Marduk, respectivamente). Nas histórias egípcias dos deuses, um conflito por razões semelhantes se manifestou entre os descendentes de Rá, Seth e Osíris.

A rivalidade, que de tempos em tempos eclodiu em verdadeira guerra (Hórus, no fim, lutou contra Seth em combate individual nos céus da península do Sinai), de acordo com todos os relatos, não começou na Terra. Existiram conflitos de sucessão semelhantes em Nibiru, e Anu não chegou ao poder sem lutas e batalhas.

Como o costume de que uma viúva deixada sem filhos podia exigir que o irmão do esposo a "conhecesse" como um marido substituto e desse a ela um filho, as regras de sucessão dos Anunnaki, dando prioridade a um filho de uma meia-irmã, encontraram seu caminho para os costumes de Abraão e seus descendentes. Nesse caso, seu primeiro filho foi Ismael, nascido da criada Hagar. Porém, quando, com uma idade incrivelmente avançada e depois de intervenção divina, Sara deu à luz Isaque – foi Isaque quem foi o Herdeiro Legítimo. Por quê? Porque Sara era meia-irmã de Abraão. "Ela é minha irmã, a filha de meu pai, mas não de minha mãe", explicou Abraão (Gênesis 20:12).

O casamento com uma meia-irmã era prevalecente entre os faraós do Egito como um meio tanto para legitimar o domínio do rei quanto sua sucessão. O costume foi encontrado até entre os reis incas do Peru, de modo tão marcante que a ocorrência de calamidades durante o reinado de determinado rei foi atribuída a seu casamento com uma mulher que não era sua meia-irmã. O costume inca teve suas raízes nas Lendas do Princípio dos povos andinos, onde o deus Viracocha criou quatro irmãos e quatro irmãs que se casaram entre si e foram guiados para vários territórios. Um desses casais de irmão e irmã, que receberam uma varinha de ouro para encontrar o Umbigo da Terra na América do Sul, começou seu reinado em Cuzco (a antiga capital inca). Foi por isso que os reis incas – contanto que eles tivessem nascido de uma sucessão de casais reais formados por irmãos e irmãs – podiam reivindicar a linhagem direta com o Deus Criador Viracocha.

(Viracocha, de acordo com lendas andinas, foi um grande Deus dos Céus que veio à Terra na Antiguidade e escolheu as montanhas andinas como sua arena. Em *Os Reinos Perdidos*, identificamo-lo como o deus mesopotâmico Adad = o deus hitita Teshub, e apontamos para muitas outras semelhanças, além do costume irmão-irmã, entre as culturas andinas e as do Oriente Médio antigo.)

A persistência do casamento cruzado entre irmão e irmã e o significado aparentemente desproporcional ligado a ele, entre os deuses e mortais, são enigmáticos. O costume diante disso parece ser mais do que uma atitude "vamos manter o trono na família" e, na pior das hipóteses o cortejo de degradação genética. Por que, então, os Anunnaki (exemplo: os repetidos esforços de Enki para ter um filho de Ninmah) chegaram a esse ponto para conseguir um filho de tal união? O que tinha de tão especial entre os genes de uma meia-irmã – vamos manter em mente a filha da *mãe* do macho, mas não, definitivamente, do pai?

Enquanto buscamos por uma resposta, ajudará notar outras práticas bíblicas afetando as questões de mãe/pai. É costumeiro nos referirmos ao período de Abraão, Isaque, Jacó e José como a Era Patriarcal, e, quando perguntadas, a maior parte das pessoas diria que a história relatada no Velho Testamento foi apresentada a partir de um ponto de vista masculino. Contudo, o fato é que foram as *mães*, e não os pais, que controlaram o ato que, no antigo ponto de vista, deu ao tema do relato sua posição de "ser" – o *nome* da criança. Com efeito, não só uma pessoa, mas também um lugar, uma cidade, um território, não eram considerados existentes até terem recebido um nome.

Essa noção, de fato, remonta ao início dos tempos, pois a verdadeira frase de abertura do Épico da Criação, desejando imprimir no ouvinte que a história se inicia antes do sistema solar, foi completamente moldada, declara que a história de Tiamat e dos outros planetas começa assim:

Enuma Elish la nabu shamamu
   Quando as alturas dos céus não tinham recebido nome
Shapiltu ammatum shuma la zakrat
   E embaixo, o chão firme (Terra) não tinha sido convocado

E na questão importante de nomear um filho, ou eram os próprios deuses ou a mãe que recebia o privilégio. Portanto, descobrimos que, quando os *Elohim* criaram o *Homo sapiens,* foram eles que deram nome ao novo ser "Adão" (Gênesis 5:2). Porém, quando foi dada ao homem a habilidade de procriar por si mesmo, foi Eva – e não Adão – que teve o direito e, privilégio de dar nome ao primeiro filho homem Caim (Gênesis 4:1), bem como Seth que substituiu o Abel assassinado (Gênesis 4:25).

No início da "Era Patriarcal (!)", percebemos que o privilégio de nomear os dois filhos de Abraão foi assumido pelos seres divinos. Seu primogênito filho de Hagar, a criada de sua esposa, foi chamado de Ismael por um anjo de Javé (Gênesis 16:11); e o Herdeiro Legítimo Isaque (*Itzhak,* "que causa o riso") também recebeu seu nome de um dos três seres divinos que visitaram Abraão antes da destruição de Sodoma e Gomorra (porque, quando Sara tinha ouvido Deus dizendo que teria um filho, ela riu; Gênesis 17:19, 18:12). Não é fornecida nenhuma informação específica na Bíblia a respeito dos dois filhos de Isaque com Rebeca, Esaú e Jacó (simplesmente foi declarado que eram esses os nomes). Contudo, é afirmado de modo claro que foi Lea quem deu nome aos filhos de Jacó com ela e com sua criada, como fez Raquel (Gênesis, capítulos 29 e 30). Séculos mais tarde, depois que os israelitas se fixaram em Canaã, foi a mãe de Sansão quem deu nome a ele (Juízes 13:24); o mesmo fez a mãe do Homem de Deus, Samuel (Samuel I 1:20).

Os textos sumérios não fornecem esse tipo de informação. Não sabemos, por exemplo, quem deu nome a Gilgamesh – sua mãe, a deusa, ou seu pai, o Alto Sacerdote. Porém, a história de Gilgamesh fornece uma pista importante para a solução do enigma em pauta: a importância da mãe na determinação do posto hierárquico do filho.

Figura 44

Sua busca por obter a longevidade dos deuses, recorde-se, levou-o primeiro para o Local de Aterrissagem nas Montanhas de Cedro; porém, ele e seu companheiro Enkidu foram impedidos de entrar por seu guardião robótico e o Touro do Céu. Depois, Gilgamesh viajou para o espaçoporto na península do Sinai. O acesso ao local era guardado pelos impressionantes tripulantes de foguetes que lançaram sobre ele "os fachos de luz temidos que destroem as montanhas", cujo "olhar era morte" (Figura 44), mas Gilgamesh não foi afetado, ao que um tripulante de foguete gritou para seus camaradas:

Ele que chega,
seu corpo
é da carne dos deuses!

Tendo obtido permissão para se aproximar, Gilgamesh confirmou a conclusão do guarda: de fato ele ficou imune aos raios mortais porque seu corpo era "da carne dos deuses". Ele era, explicou, não só um *semideus* – mas também "*dois terços* divino", porque não era seu pai, mas sua *mãe* que era uma deusa, uma das mulheres Anunnaki.

Aqui, nós acreditamos, está a chave do enigma das regras de sucessão e outras ênfases na mãe. Foi por meio dela que foi dada uma

"**dose de qualificação**" **extra ao herói ou ao herdeiro (seja Anunnaki ou patriarcal).**

Isso pareceu fazer sentido mesmo depois da descoberta, em 1953, da estrutura de dupla hélice do DNA e da compreensão de como as duas fitas desenrolam-se e se separam para que apenas uma fita do óvulo feminino e uma fita do esperma masculino se recombinem, tornando o descendente uma imagem meio a meio de seus pais. De fato, essa compreensão, embora explique as declarações dos semideuses, desafiava a reivindicação inexplicável de Gilgamesh de ser dois terços divino.

Não foi até os anos 1980 que as declarações antigas começaram a fazer sentido. Isso aconteceu com a descoberta de que, além do DNA estocado nas células tanto de machos como de fêmeas na estrutura de dupla hélice nas hastes de cromossomos, formando o núcleo das células, existia outro tipo de DNA que flutua na célula do lado de fora do núcleo. Recebendo a designação de DNA Mitocondrial (DNAmt), foi descoberto que é transmitido *apenas a partir da mãe* como tal, ou seja, sem se separar e recombinar com nenhum DNA masculino.

Em outras palavras, se a mãe de Gilgamesh era uma deusa, então ele tinha, de fato, herdado tanto sua metade do DNA comum *mais* seu DNAmt, tornando-o, como tinha declarado, dois terços divino.

Foi essa descoberta da existência e transmissão do DNAmt que capacitou os cientistas, de 1986 em diante, a rastrear o DNAmt em humanos modernos até uma "Eva" que viveu na África por volta de 250 mil anos atrás.

No início, os cientistas acreditaram que a única função do DNAmt fosse agir como a usina de energia das células, fornecendo a energia requerida para a miríade de reações biológicas e químicas celulares. Porém, depois ficou constatado que o DNAmt era composto de "mitocôndrias" contendo 37 genes arranjados em um círculo fechado, como um bracelete, e que tal "bracelete" genético contém por volta de 16 mil pares-base do alfabeto genético (por comparação, cada um dos cromossomos compondo o núcleo das células, que são herdados metade de cada genitor, contém mais de 100 mil genes e um agregado de mais de 3 milhões desses pares).

Demorou outra década para perceber que imparidades na composição de funções no DNAmt podem causar desordens no corpo humano, em especial do sistema nervoso, no coração e músculos esqueléticos, e nos rins. Nas pesquisas nos anos 1990, os pesquisadores descobriram que defeitos ("mutações") no DNAmt também interrompem a produção de 13 proteínas importantes do corpo, resultando em várias enfermidades severas. Uma lista publicada em 1997 na *Scientific American* começa

Figura 45

com a doença de Alzheimer e continua até incluir uma variedade de disfunções de visão, audição, sangue, músculos, medula óssea, coração, rins e cérebro.

Essas enfermidades genéticas se reúnem a uma lista mais longa de anomalias e disfunções que defeitos no DNA nuclear podem causar. À medida que os cientistas desvendam e compreendem o "genoma" – o código genético completo – dos seres humanos (um feito conquistado recentemente para uma única e humilde bactéria), as funções que cada gene executa (e como o outro lado da moeda, as enfermidades se ele está ausente ou disfuncional) estão aos poucos se tornando conhecidas. Ao não produzir determinada proteína ou enzima, ou outro componente-chave do corpo, o gene regulador que foi descoberto pode causar o câncer de mama ou prejudicar a formação dos ossos, causar surdez, perda de visão, doenças do coração, o ganho excessivo de peso ou o oposto, e por aí vai.

O interessante a esse respeito é que nós nos deparamos com uma lista de defeitos genéticos quando lemos os textos sumérios sobre a criação do Trabalhador Primitivo por Enki com a ajuda de Ninmah. O experimento de recombinar as fitas de DNA hominídeo com fitas de DNA Anunnaki para criar o ser híbrido foi um processo de tentativa e erro, e os seres inicialmente criados às vezes careciam de órgãos ou membros – ou os tinha em excesso. O sacerdote babilônico Berossus que, no século III a.C., compilou para os gregos a história e o conhecimento dos antigos sumérios, descreveu os resultados falhos dos criadores dos homens informando que alguns dos seres, decorrentes de tentativa e erro, tinham duas cabeças em um corpo. Tais "monstros", de fato, foram desenhados pelos sumérios (Figura 45a), bem como outra anomalia – um ser com uma cabeça, mas dois rostos chamado Usmu (Figura 45 b). Mencionado de modo específico nos textos foi um ser que não podia conter a urina, e tinha uma variedade de disfunções, incluindo doenças do olho e da visão, tremores nas mãos, um fígado impróprio, um coração falho e "doença de velhice".

O texto denominado *Enki e Ninmah: a Criação da Humanidade*, além de listar mais anomalias (mãos rígidas, pés paralisados, sêmen gotejante), também representou Enki como um deus acolhedor que, em vez de destruir esses seres deformados, encontrou uma vida útil para eles. Portanto, quando um resultado era um homem com visão deficiente, Enki o ensinou uma arte que não exigia ver – a arte de cantar e tocar lira.

Por tudo isso, os textos afirmam, Enki decretava este ou aquele Destino. Depois, desafiou Ninmah a tentar a engenharia genética por si mesmo. Os resultados foram terríveis: os seres aos quais ela deu a vida tinham a boca no lugar errado, uma cabeça doente, olhos inflamados, pescoço dolorido, costelas instáveis, pulmões com funcionamento incorreto, enfermidades do coração, inabilidade de funcionamento intestinal, mãos que eram curtas demais para alcançar a boca, e por aí vai. Contudo, à medida que as tentativas e os erros continuaram, Ninmah foi capaz de corrigir vários defeitos. De fato, chegou a um ponto em que ela se tornou tão conhecedora dos genomas Anunnaki/hominídeo que se gabou de poder criar o ser tão perfeito, ou imperfeito, à sua vontade:

> Quão bom ou ruim é o corpo humano?
> O quanto meu coração me motivar,
> Eu posso tornar seu destino bom ou ruim.

Hoje, também chegamos a esse estágio em que podemos inserir ou substituir certos genes cujo papel desvendamos, e tentar prevenir ou curar uma doença. De fato, uma nova indústria, a indústria da biotecnologia, surgiu, com um potencial aparentemente sem limites na medicina (e o mercado de ações). Nós até aprendemos a executar o que é chamado de engenharia transgênica – a transferência de genes entre espécies diferentes, um feito exequível porque *todo* o material genético nesse planeta, da bactéria mais humilde ao ser mais complexo (homem), de todos os organismos vivos que vagueiam, ou voam, ou nadam, ou crescem, é formado do mesmo alfabeto genético – dos mesmos ácidos nucleicos que formaram a "semente" trazida para o nosso sistema solar por Nibiru.

Nossos genes são, de fato, nossa conexão cósmica.

Os avanços modernos em genética acompanham duas rotas paralelas e, ao mesmo tempo, inter-relacionadas. Uma é apurar o genoma humano, a composição genética completa do ser humano. Isso envolve a leitura de um código que, embora escrito com apenas quatro letras (A-G-C-T, abreviação para as iniciais dos nomes dados aos quatro ácidos nucleicos que criam todos os DNAs), é composto de combinações incontáveis dessas letras, que depois formam "palavras", que combinam em "sentenças" e "parágrafos" e, por fim, um "livro da vida" completo. A outra rota de pesquisa é determinar a função de cada gene. Essa é uma tarefa ainda mais gigantesca, facilitada pelo fato de que, se determinado gene ("palavra genética") pode ser encontrado em uma criatura simples (como uma bactéria ou um rato de laboratório) e sua função pôde ser determinada experimentalmente, é praticamente certo que o mesmo gene em seres humanos terá a mesma função (ou sua falta, a mesma disfunção). A descoberta de genes relacionados com a obesidade, por exemplo, foi feita desse modo.

A meta final dessa busca para a causa e, portanto, para a cura de enfermidades e deficiências humanas, tem dois desdobramentos: encontrar os genes que controlam a fisiologia do corpo e os que controlam as funções neurológicas do cérebro. Encontrar os genes que controlam o processo de envelhecimento, o relógio interno das células do período de vida – os genes da longevidade – e os genes que controlam a memória, raciocínio, inteligência. Os experimentos, por um lado, com camundongos e, por outro, com gêmeos humanos, e pesquisas amplas nesse intervalo, indicam a existência de genes e grupos de genes que dizem respeito a ambos. Quanto entediante e indefinível esses alvos de pesquisa são pode ser ilustrado pelas conclusões de uma busca por um "gene da inteligência" por meio da comparação de gêmeos: os pesquisadores concluíram que devem ter cerca de 10 mil "locais de genes" ou "palavras genéticas" responsáveis pela inteligência e doenças cognitivas, cada um tendo um pequeno papel.

Diante de tais complexidades, deseja-se que os cientistas modernos possam ter à sua disposição um mapa de percurso fornecido pelos – sim! – sumérios. Os avanços extraordinários em astronomia continuam a corroborar a cosmogonia suméria e os dados científicos fornecidos no Épico da Criação: a existência de outro sistema solar, caminhos orbitais altamente elípticos, órbitas retrógradas, catastrofismo, água em planetas exteriores – bem como explicações de por que Urano fica em seu lado, as origens do Cinturão de Asteroides e da Lua, a cavidade da Terra em um lado e os continentes do outro. Tudo é explicado pela história cientificamente sofisticada de Nibiru e a Batalha Celestial.

Por que, então, não levar a sério, como um mapa científico de percurso, a outra parte das histórias de criação sumérias – a da criação de Adão?

Os textos sumérios informam-nos, antes de tudo, que a "semente da vida" – o alfabeto genético – foi transmitido à Terra por Nibiru durante a Batalha Celestial, por volta de 4 bilhões de anos atrás. Se o processo evolutivo de Nibiru começou apenas 1% antes de ser iniciado na Terra, a evolução por lá teve início 40 milhões de anos antes de começar aqui. Portanto, é bastante plausível que os super-humanos avançados, os Anunnaki, fossem capazes de viajar há meio milhão de anos. Também é possível que quando chegaram aqui tenham encontrado na Terra os seres inteligentes correspondentes, ainda no estágio hominídeo.

Porém, vindo da mesma "semente", as manipulações transgênicas foram possíveis, como Enki descobriu e depois sugeriu. "Os seres de que precisamos já existem", ele explicou. "Tudo o que precisamos fazer é colocar nossa marca (genética) neles."

Pode-se presumir que, na época, os Anunnaki estavam cientes do genoma completo dos nibiruanos, e eram capazes de determinar não menos do genoma hominídeo do que somos capazes agora sobre o nosso. Que traços, especificamente, Enki e Ninmah escolheram transferir dos Anunnaki para os hominídeos? Tanto os textos sumérios quanto os versos bíblicos indicam que, embora os primeiros humanos possuíssem alguma (não toda) longevidade dos Anunnaki, o casal criador retirou de Adão, de modo proposital, os genes da imortalidade (ou seja, a imensa longevidade dos Anunnaki que mantinham paralelo com o período orbital de Nibiru). Quais defeitos, por outro lado, se mantiveram escondidos nas profundezas do genoma recombinado de Adão?

Nós temos forte convicção de que, se cientistas qualificados estudassem em detalhe os dados registrados nos textos sumérios, informação médica e biogenética valiosa poderia ser obtida. Um caso impressionante em pauta é a deficiência conhecida como Síndrome de Williams. Afligindo por volta de 20 mil nascimentos, suas vítimas têm um QI muito baixo, beirando o retardo; porém, ao mesmo tempo, são excelentes em algum campo artístico. Pesquisa recente descobriu que a síndrome resultando em tais *idiot savants* ("sábios idiotas" – como algumas vezes eles são descritos) é causada por um salto minúsculo no

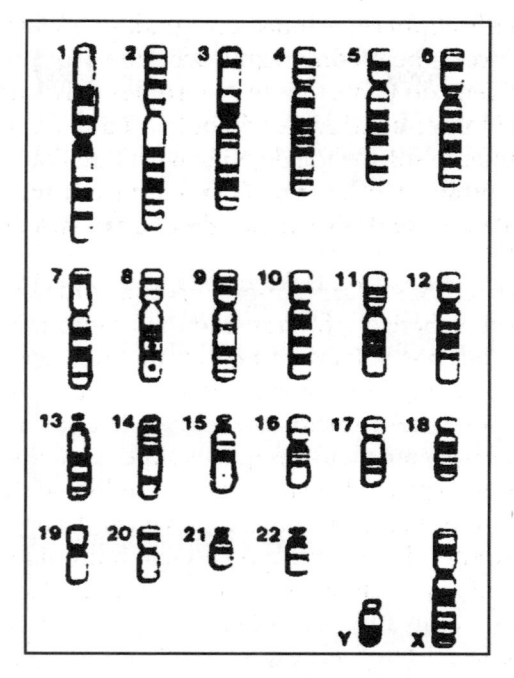

Figura 46

cromossomo 7, privando a pessoa de por volta de 15 genes. Uma das insuficiências frequentes é a inabilidade do cérebro de reconhecer o que os olhos veem – *visão deficiente*; e um dos talentos mais comuns é o *musical*. **Esse é exatamente o exemplo registrado no texto sumério sobre o homem com deficiência visual que Enki ensinou a cantar e a tocar música!**

Por Adão não poder, no início, procriar (exigindo que os Anunnaki empregassem a clonagem), devemos concluir que naquele estágio o ser híbrido possuísse apenas os 22 cromossomos básicos. Os tipos de enfermidades, deficiências (e curas) que a biomedicina moderna devia esperar encontrar nesses cromossomos são os tipos e variedade listados nos textos de Enki e Ninmah.

A manipulação genética seguinte (ecoada na Bíblia na história de Adão e Eva, no Jardim do Éden) foi a concessão da habilidade para procriar – o acréscimo dos cromossomos X (feminino) e Y (masculino) aos 22 básicos (Figura 46). Ao contrário das crenças mantidas há muito de que esses dois cromossomos não têm outra função além de determinar o sexo da prole, pesquisas recentes revelaram que os cromossomos têm um papel mais amplo e mais diverso. Por alguma razão, o fato deixou os cientistas atônitos, em especial no que diz respeito ao cromossomo Y (masculino). Estudos publicados no fim de 1977, sob títulos científicos como "Coerência Funcional do Cromossomo Humano Y", receberam manchetes ousadas na imprensa, tais como "Cromossomo Masculino, no Fim das Contas, Não é um Deserto" (*New York Times*, 28 de outubro de 1997). (Essas descobertas confirmaram, como um bônus inesperado, que "Adão", assim como Eva, tinha vindo do sudeste da África.)

Onde Enki – o *Nachash* – obtém os cromossomos X e Y? E o que dizer da fonte do DNAmt? Pistas espalhadas pelos textos sumérios sugerem que Ninki, a esposa de Enki, teve algum papel crucial no estágio final da criação humana. Seria ela, Enki decidiu, quem daria aos humanos o toque final, mais uma herança genética:

> O destino do bebê,
> tu deverás declarar;
> Ninki fixaria sobre ele
> a imagem dos deuses.

As palavras ecoam a afirmação bíblica de que "em sua *imagem* e *semelhança* os *Elohim* criaram O Adão". E se, de fato, foi Ninki, a esposa de Enki e mãe de Marduk, quem foi a fonte do DNAmt de "Eva", a importância ligada à linhagem da irmã-esposa começa a fazer sentido, pois constituiu uma ligação a mais à origem cósmica do homem.

Os textos sumérios afirmam que, embora os deuses tivessem mantido a "Vida Eterna" para si, deram à humanidade "*Sabedoria*", uma dose extra de genes de inteligência. Essa contribuição genética adicional, acreditamos, é tema de um texto que os acadêmicos denominam *A Lenda de Adapa*.

Claramente identificado no texto sumério como "Filho de Eridu", o "centro de culto" de Ea/Enki em Edin, ele também foi chamado no texto de "o filho de Ea" – um descendente, pelo que outros dados sugerem, do próprio Ea/Enki com uma mulher que não era sua esposa. Por meio dessa linhagem, bem como por ação deliberada, Adapa foi recordado por gerações como o Mais Sábio entre os Homens, e foi apelidado de Sábio de Eridu:

> Naqueles dias, naqueles anos,
> Ea criou o Sábio de Eridu
> como modelo dos homens.
> Compreensão ampla ele aperfeiçoou para ele,
> revelando os planos da Terra.
> Para ele, ele deu Sabedoria,
> Vida Eterna ele não lhe atribuiu.

Esse rompimento entre Fatalidade e Destino nos leva ao momento em que surgiu o *Homo sapiens-sapiens*; Adapa, também, sendo o filho de um deus, pediu imortalidade. Essa, como sabemos pelo *Épico de Gilgamesh*, podia ser obtida subindo para o céu, para a morada dos Anunnaki; e foi o que Ea/Enki disse a Adapa. Intrépido, Adapa pediu e recebeu o "mapa da rota" para chegar ao lugar: "Ele fez Adapa tomar o caminho para o céu, e para o céu ele ascendeu". Enki lhe forneceu instruções corretas de como conseguir ser admitido na sala do trono de Anu; mas também lhe deu instruções completamente erradas sobre como se comportar quando lhe fosse oferecido o Pão da Vida e a Água da Vida. Se você os aceita e compartilha, Enki avisou Adapa, com certeza você morrerá! E, sendo induzido ao erro por seu próprio pai, Adapa recusou o alimento e as águas dos deuses e acabou sujeito a seu Destino mortal.

Porém, Adapa aceitou uma veste que lhe foi trazida e se enrolou nela, aceitou o óleo que foi oferecido a ele, e se untou. Portanto, Anu declarou que Adapa seria *iniciado no conhecimento secreto dos deuses*. Ele lhe mostrou a expansão celestial, "do horizonte ao zênite do céu". Ele teria permissão para voltar a Eridu são e salvo e lá seria iniciado pela deusa Ninkarrak nos segredos "das doenças que estavam destinadas à humanidade, as enfermidades que infligiriam os corpos dos mortais", e ensinado por ela sobre como curar tais afecções.

Seria relevante aqui recordar as garantias dadas por Javé aos israelitas no deserto do Sinai. Caminhando três dias sem água, chegaram a um poço cuja água era impotável. Então, Deus apontou a Moisés determinada árvore e lhe disse para jogá-la na água, e a água se tornou potável. Javé disse aos israelitas: se vocês derem ouvidos aos meus mandamentos, não lhes imporei as enfermidades do Egito; "Eu, Javé, serei a vossa cura" (Êxodo, 15:26). A promessa de Javé de agir como curador de seu povo escolhido é repetida em Êxodo 23:25, onde é feita uma referência específica para possibilitar a uma mulher, que é estéril, engravidar. (Essa promessa em particular foi mantida em relação a Sara e a outras heroínas femininas da narrativa bíblica.)

Já que estamos lidando aqui com uma entidade divina, é seguro assumir que também estamos lidando com *cura genética*. O incidente com os *Nefilim*, que haviam descoberto, na data do Dilúvio, que "Filhas de Adão" eram compatíveis e, portanto, suficientes para serem capazes de ter filhos, também envolve genética.

Tais conhecimentos sobre genética para propósitos de cura foram compartilhados com Adapa ou outros semideuses e iniciados? E se foram – de que forma? Como poderia o código genético complexo ser ensinado aos terráqueos naqueles tempos "primitivos"?

Para a resposta, acreditamos, temos de buscar nas letras e nos números.

As Guerras das Pirâmides

Compilação da obra
As Guerras dos Deuses e dos Homens (*capítulo 8*)

> Muitas das lutas internas entre os Anunnaki tiveram a ver com a disputa entre os irmãos Enki e Enlil, que eram os filhos de Anu. Embora Enki fosse o primogênito, Enlil era o filho primordial em virtude de ter nascido de uma esposa meia-irmã. Enki era o filho de uma concubina. De acordo com as regras de sucessão, que têm eco nas histórias bíblicas e nos ditames da sucessão da realeza humana, o fruto de uma meia-irmã é o seguinte na linha de sucessão, seguido depois pelo filho de uma esposa oficial. Esse mandato criou conflito para a liderança Anunnaki e no relacionamento que existiu entre os irmãos Enki e Enlil, e seus descendentes. Em razão do fato de Enki e Enlil serem líderes poderosos de seu povo, a rivalidade entre os irmãos se estendeu além de seus relacionamentos pessoais. Foram formadas alianças e os enlilitas lutaram várias batalhas contra os enkilitas. Sitchin as chama de Guerra das Pirâmides.
>
> De acordo com Sitchin, as Grandes Pirâmides tiveram papel essencial nas atividades dos Anunnaki, especialmente no que diz respeito à comunicação e à viagem espacial. As pirâmides não só eram marcos pós-diluvianos que indicaram o início da pista de aterrissagem para naves espaciais pousando na Terra, mas também continham equipamentos para auxiliar na comunicação e para defesa das pirâmides contra Anunnaki rivais que quisessem controlá-las. Arqueólogos e egiptólogos dos tempos modernos encontraram a Grande Pirâmide vazia, mas as histórias antigas indicam que não foi sempre assim.

"NO ANO 363, Sua Majestade, Rá, o sagrado, o Falcão do Horizonte, o Imortal, que vive para sempre, encontrava-se na terra de

Khenn. Estava acompanhado por seus guerreiros, pois os inimigos haviam conspirado contra seu senhor... Hórus, o Avaliador Alado, veio até o barco de Rá. Disse a seu antepassado: 'Ó Falcão do Horizonte, vi o inimigo conspirar contra seu reinado, para levar a Coroa Luminosa para ele.'... Depois, Rá, o sagrado, o Falcão do Horizonte, disse a Hórus, o Avaliador Alado: 'Questão elevada de Rá, meu unigênito: vá rápido, derrote o inimigo que você viu.'"

Assim começa a história inscrita nas paredes do templo na cidade antiga egípcia de Edfu. Essa é a história, acreditamos, do que só pode ser chamada a Primeira Guerra da Pirâmide – uma guerra que teve suas raízes na luta infindável pelo controle sobre a Terra, e de suas instalações espaciais e das artimanhas do Grande Anunnaki, em especial Enki/Ptah e seu filho Rá/Marduk.

De acordo com Mâneton, Ptah entregou o domínio sobre o Egito depois de um reinado de 9 mil anos; mas o reinado de Rá foi interrompido depois de mil anos – pelo Dilúvio, nós concluímos. Depois, seguiu-se um reino de 700 anos por Shu, que ajudou Rá a "controlar os céus sobre a Terra", e um reinado de 500 anos de Geb ("Que Empilha a Terra"). Foi nessa época, cerca de 10000 a.C., que as instalações no espaço – o espaçoporto no Sinai e as pirâmides de Gizé – foram construídas.

Embora a península do Sinai, onde o espaçoporto foi construído, e as pirâmides de Gizé devessem permanecer neutras sob a tutela de Ninharsag, é passível de dúvida se os construtores dessas instalações – Enki e seus descendentes – tiveram realmente a intenção de renunciar ao controle sobre elas. Um texto sumério, que começa com uma descrição idílica, foi denominado pelos acadêmicos um "Mito do Paraíso". Seu nome antigo era *Enki e Ninharsag*, e ele é, de fato, um registro da cópula politicamente motivada entre os dois, uma história de um trato entre Enki e sua meia-irmã Ninharsag, relativo ao controle do Egito e da península do Sinai – das pirâmides e do espaçoporto.

A época da história é depois que a Terra foi repartida entre os Anunnaki, com Tilmun (a península do Sinai) atribuída a Ninharsag e o Egito ao clã de Enki. Foi então, relata a história suméria, que Enki cruzou os lagos pantanosos que separavam o Egito e a península do Sinai e foi até a solitária Ninharsag para uma orgia de relações sexuais:

Para a que está só.
Para a Senhora da Vida, amante da terra.
Enki veio até a sábia Senhora da Vida.
Ele faz seu falo molhar os diques;
Ele faz seu falo submergir os juncos...

> Ele derramou seu sêmen na grande senhora dos Anunnaki,
> derramou seu sêmen no útero de Ninharsag;
> Ela levou o sêmen para seu útero, o sêmen de Enki.

A intenção real de Enki era ter um filho com sua meia-irmã, mas o fruto foi uma filha. Depois, Enki fez amor com a filha, logo que ela se tornou "jovem e bela", e depois com sua neta. Como resultado dessas atividades sexuais, um total de oito deuses – seis mulheres e dois homens – nasceram. Enraivecida pelos incestos, Ninharsag usou sua perícia medicinal para fazer com que Enki adoecesse. Os Anunnaki que estavam com ele suplicaram por sua vida, mas Ninharsag estava determinada: "Até ele estar morto, não o olharei com o 'Olho da Vida'!"

Satisfeita por Enki, por fim, ter parado, Ninurta – que foi a Tilmun para inspeção – voltou à Mesopotâmia para informar sobre os desenvolvimentos em uma reunião de que participaram Enlil, Nanna/Sin, Utu/Shamash e Inanna/Ishtar. Insatisfeito, Enlil ordenou a Ninurta que voltasse a Tilmun e trouxesse Ninharsag de volta com ela. Contudo, nesse ínterim, Ninharsag teve pena de seu irmão e mudou de ideia. "Ninharsag sentou Enki em sua vulva e perguntou: Meu irmão, o que dói em ti?'". Depois de ter curado seu corpo, parte por parte, Enki propôs que os dois, como mestres do Egito e do Sinai, designassem tarefas, esposas e territórios para os oito jovens deuses:

> Deixe Abu ser o mestre das plantas;
> Deixe Nintulla ser o Senhor de Magan;
> Deixe Ninsutu casar-se com Ninazu;
> Deixe Ninkashi ser a que sacia a sede;
> Deixe Nazi casar-se com Nindara;
> Deixe Azimua casar-se com Ningishzida;
> Deixe Nintu ser a rainha dos meses;
> Deixe Enshag ser o Senhor de Tilmun!

Textos teológicos egípcios de Mênfis também sustentaram que "vieram a existir" oito deuses do coração, língua, dentes, lábios e outras partes do corpo de Ptah. Nesse texto, também, como no mesopotâmico, Ptah, em seguida à vinda à luz desses deuses, atribuiu reinos e territórios a eles: "Depois de ele formar os deuses, criou cidades, fixou distritos, colocou os deuses em suas moradas sagradas; construiu santuários e estabeleceu suas oferendas". Tudo isso fez "para criar regozijo no coração da Senhora da Vida".

Se, como parece, essas histórias basearam-se em fatos, então as rivalidades que tais filiações confusas trouxeram só poderiam ser agravadas pelas tramoias sexuais também atribuídas a Rá. A mais significativa entre elas foi a afirmação de que Osíris era o verdadeiro filho de Rá, e não Geb, concebido quando Rá penetrou invisível sua própria neta. Isso, como relatamos anteriormente, está no centro do conflito Osíris-Seth.

Por que Seth, para quem o Alto Egito tinha sido concedido por Geb, cobiçou o Baixo Egito, que foi atribuído a Osíris? Os egiptólogos ofereceram explicações, em termos de geografia, à fertilidade da terra, etc. Porém, como demonstramos, existia mais um fator – um que, do ponto de vista dos deuses, era mais importante do que quantas colheitas a região podia render: a Grande Pirâmide e suas companheiras em Gizé; quem as controlasse compartilhava a administração das atividades espaciais, da inda e vinda dos deuses, da ligação vital de abastecimento para e do 12º Planeta.

Por um tempo Seth foi bem-sucedido em sua ambição, tendo enganado Osíris. Porém, "no ano 363" depois do desaparecimento de Osíris, o jovem Hórus se tornou o vingador de seu pai e iniciou uma guerra contra Seth – a Primeira Guerra da Pirâmide. Ela foi, como nós vimos, também, a primeira guerra em que os deuses envolveram os homens em seus embates.

Apoiado por outros deuses-Enki reinando na África, o vingador Hórus começou as hostilidades no Alto Egito. Auxiliado pelo Disco Alado que Thoth tinha fabricado para ele, Hórus avançou com persistência para o Norte, em direção às pirâmides. Uma batalha importante aconteceu no "distrito da água", a cadeia de lagos que separa o Egito da península do Sinai, e uma boa quantidade de seguidores de Seth foi morta. Depois de os esforços de paz por parte dos outros deuses falharem, Seth e Hórus entraram em combate pessoal dentro e sobre a península do Sinai. No curso de uma batalha, Seth escondeu-se em "túneis secretos" em algum lugar da península; em outra batalha perdeu os testículos. Então, o Conselho dos Deuses deu todo o Egito "como herança... para Hórus".

E o que aconteceu com Seth, um dos oito deuses descendentes de Ptah?

Ele foi banido do Egito e assumiu uma morada nas terras asiáticas do Leste, incluindo um lugar que o capacitou a "falar a partir do céu". Seria ele o deus chamado Enshag na história suméria de Enki e Ninharsag, o deus a quem Tilmun (a península do Sinai) foi concedida pelos dois amantes? Se sim, então, ele foi o deus egípcio (camita) que estendeu seus domínios sobre a terra de Shem, mais tarde conhecida como Canaã.

É nesse resultado da Primeira Guerra da Pirâmide que reside uma compreensão das histórias bíblicas. Nelas também está a causa da Segunda Guerra da Pirâmide.

Além do espaçoporto e das instalações de orientação, também existiu uma necessidade depois do Dilúvio de um novo Centro de Controle de Missão, para substituir o que tinha existido antes em Nippur. Nós mostramos (em *O Caminho para o Céu*) que a necessidade de equidistar esse centro das outras instalações relacionadas ao espaço ditou sua localização no Monte Moriá ("O Monte de Direcionamento"), o local da futura cidade de Jerusalém.

O local, tanto de acordo com os relatos bíblicos quanto mesopotâmicos, estava localizado nas terras de Shem – um reino dos enlilitas. Ainda assim, ele acabou sob uma ocupação ilegal pela linhagem de Enki, os deuses camitas, e pelos descendentes da Canaã camita.

O Velho Testamento se refere à terra da qual Jerusalém, a seu tempo, se tornou a capital, como Canaã, depois do quarto e mais jovem filho de Cam. Esse fato também apontou Canaã para uma reprimenda especial e consignou seus descendentes a serem subservientes aos descendentes de Shem. A desculpa improvável para esse tratamento foi que Cam – não seu filho Canaã – tinha visto, sem querer, os genitais de seu pai Noé; portanto, o Senhor tinha colocado uma maldição sobre Canaã: "Amaldiçoada seja Canaã; servos de servos devem ser seus filhos... Abençoado seja Javé, o deus de Shem; possa Canaã ser uma serva deles".

A história no Livro do Gênesis deixa muitos aspectos sem explicação. Por que Canaã foi amaldiçoado se foi seu pai quem, por acidente, transgrediu? Por que sua punição foi ser escravo de Shem e do deus de Shem? E como deuses foram envolvidos no crime e sua punição? À medida que se leem informações suplementares no *Livro dos Jubileus* retirado da Bíblia, torna-se claro que a ofensa verdadeira foi a ocupação ilegal do território de Shem.

Depois que a humanidade foi dispersa e seus vários clãs receberam as suas terras, o *Livro dos Jubileus* relata: "Cam e seus filhos foram para a terra que iria ocupar, (a terra) que ele adquiriu como sua porção no país do Sul". Porém, depois, viajando de onde Noé tinha sido salvo para sua terra repartida na África, "Canaã viu a terra do Líbano (todo o caminho) até o rio do Egito, viu que ela era muito boa". E, então, mudou de opinião: "Ele foi não para a terra de sua herança, para o oeste do mar (oeste do Mar Vermelho); ele se fixou (em vez disso) na terra do Líbano, a leste e oeste do Jordão".

Seu pai e seus irmãos tentaram dissuadir Canaã de tal ato ilegal: "E Cam, seu pai, e Cush e Mirza'im, seus irmãos, disseram a ele: você se estabeleceu em uma terra que não é sua, e que não nos cabe como lote; não faça isso; pois se o fizer, você e seus filhos cairão na terra e serão amaldiçoados por sedição; pois por sedição você se instalou, e por sedição seus filhos cairão, e você apodrecerá para sempre. Não more na residência de Shem; pois para Shem e seus filhos ela foi concedida como a parte deles".

Se ele ocupasse ilegalmente o território designado para Shem, eles ressaltaram: "Amaldiçoado és tu e amaldiçoado serás entre os filhos de Noé, pela maldição a que nós nos ligamos em juramento na presença do Santo Juiz e na presença de Noé, o nosso pai...".

"Contudo, Canaã não os ouviu, e residiu na terra do Líbano de Hamath até a entrada do Egito, ele e seus filhos até esse dia. Por essa razão é que a terra foi chamada de Canaã."

Por trás da história bíblica e pseudoepigráfica de uma usurpação territorial por um descendente de Cam deve residir uma história de usurpação semelhante por um descendente do deus do Egito. Nós temos de ter em mente que, na época, a divisão de terras e territórios não era entre as pessoas, mas entre os deuses; os deuses, não as pessoas, eram os senhores da terra. Uma pessoa só podia se fixar em um território concedido por seu deus e podia ocupar outro território somente se seu deus tivesse estendido seu domínio para aquele território, por acordo ou pela força. A tomada ilegal da área entre o espaçoporto no Sinai e o Local de Aterrissagem em Baalbek por um descendente de Cam só poderia ter ocorrido se aquela área tivesse sido usurpada por um descendente das divindades camitas, por um jovem deus do Egito.

E isso, como mostramos, foi de fato o resultado da Primeira Guerra da Pirâmide.

A invasão de Seth em Canaã significou que todos os locais relacionados ao espaço – Gizé, a península do Sinai, Jerusalém – ficaram sob o controle dos deuses de Enki. Esse foi um desdobramento com que os enlilitas não puderam concordar. E, portanto, logo depois – 300 anos mais tarde, nós acreditamos – iniciaram uma guerra, proposital, para desalojar os ocupantes ilegais de um espaço de instalações vitais. Essa Segunda Guerra das Pirâmides é descrita em vários textos, alguns encontrados no original sumério, outros em versões acadianas e assírias. Os acadêmicos referem-se a esses textos como os "Mitos de Kur" – "mitos" das Terras da Montanha. Eles são, de fato, crônicas poéticas derivadas da guerra para controlar os picos relacionados ao espaço – Monte Moriá, o Harsag (Monte Santa Catarina), no Sinai, e o monte artificial, o Ekur (a Grande Pirâmide) no Egito.

Está claro, a partir dos textos, que as forças enlilitas foram lideradas e comandadas por Ninurta, "O guerreiro principal de Enlil", e que os primeiros encontros foram na península do Sinai. Os deuses camitas foram vencidos lá, mas recuaram para continuar a guerra a partir das terras montanhosas da África. Ninurta aumentou o desafio e na segunda fase da guerra conduziu a batalha até as fortalezas de seus inimigos. Essa fase acarretou batalhas ferozes e viciosas. Depois, em sua fase final, a guerra foi lutada na Grande Pirâmide, a última fortaleza inexpugnável dos oponentes de Ninurta; lá os deuses camitas foram sitiados até saírem em busca de alimento e água.

Essa guerra, que nós chamamos de Segunda Guerra da Pirâmide, foi comemorada à exaustão em registros sumérios – tanto crônicas escritas quanto descrições pictóricas.

Hinos a Ninurta contêm inúmeras referências a seus feitos e atos heroicos nessa guerra. Uma grande parte do salmo "Como Anu Foste Feito" é devotada ao registro da luta e vitória final. Porém, a crônica principal e mais direta da guerra é o texto épico *Lugal-e Ud Melam-bi*, mais bem compilado e editado por Samuel Geller em *Altorientalische Texte und Untersuchungen*. Como todos os textos mesopotâmicos, ele recebe seu título a partir da frase de abertura:

> Rei, a glória de seu dia é nobre;
> Ninurta, Primeiro, possuidor de Poderes Divinos,
> que deu um passo adiante para as Terras Montanhosas.
> Como uma enchente que não pode ser impedida,
> a Terra do Inimigo como com um cinturão você amarrou firme.
> Primeiro, que em batalha entra com veemência;
> Herói, que carrega em suas mãos a Arma Brilhante Divina;
> Senhor: as Terras Montanhosas você subjugou como sua criatura.
> Ninurta, filho real, cujo pai lhe dera poder;
> Herói: com medo de você, a cidade se rendeu...
> Ó poderoso –
> A Grande Serpente, o deus heroico,
> você jogou para longe de todas as montanhas.

Exaltando assim Ninurta, seus feitos e sua Arma Brilhante, o poema também descreve a localização do conflito ("as Terras Montanhosas") e seu principal inimigo: "A Grande Serpente", líder dos deuses egípcios. O poema sumério identifica seu adversário várias vezes como *Azag* e uma vez se refere a ele como *Ashar*, ambos epítetos bem conhecidos para Marduk, estabelecendo com isso os dois principais filhos de Enlil e Enki – Ninurta e Marduk – como os líderes de campos opostos na Segunda Guerra da Pirâmide.

A segunda tabuleta (uma das 13 em que o longo poema foi inscrito) descreve a primeira batalha. A supremacia de Ninurta é atribuída à sua arma divina e a uma nova nave, que ele construiu para si depois

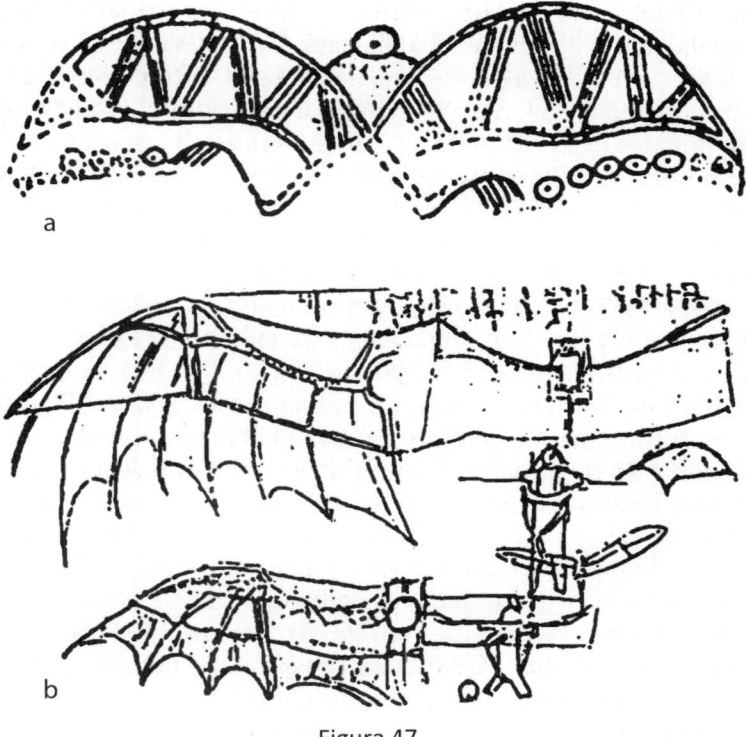

Figura 47

Figura 48

que sua original foi destruída em um acidente. Ela foi chamada IM.DU.GUD, em geral traduzido como "Pássaro Tempestade Divina", mas que literalmente significa "Aquele que Corre como Tempestade Heroica". Nós sabemos, a partir de vários textos, que a amplitude de suas asas tinha por volta de 22 metros.

Desenhos arcaicos o representaram como um "pássaro" mecânico construído com duas superfícies de asas apoiadas em raios cruzados (Figura 47 a); um chassi revela uma série de aberturas arredondadas, talvez entradas de ar para engenhos semelhantes a jatos. Essa aeronave, de milênios atrás, tem uma semelhança impressionante não só com os primeiros biplanos da moderna fase aérea, mas também uma semelhança incrível com os esboços feitos em 1497 por Leonardo da Vinci, ilustrando seu conceito de uma máquina voadora conduzida pelo homem (Figura 47b).

O Imdugud foi a inspiração para o emblema de Ninurta – um pássaro heroico com cabeça de leão pousado sobre dois leões (Figura 48) ou às vezes sobre dois touros. Foi nessa "nave construída" – um veículo manufaturado – "que em guerra destrói as moradas principescas" que Ninurta subiu aos céus durante as batalhas da Segunda Guerra da Pirâmide. Ele subiu tão alto que seus companheiros o perderam de vista. Depois, os textos relatam: "em seu Pássaro Alado, contra as fortalezas muradas", ele se abateu. "Quando seu pássaro se aproximou do chão, o cume (da fortaleza inimiga) ele esmagou."

Caçado fora de sua fortaleza, o inimigo começou a recuar. Enquanto Ninurta manteve o ataque frontal, Adad foi para o campo atrás das linhas inimigas, destruindo os suprimentos alimentares do adversário: "No Abzu, Adad fez o peixe ser levado pela água... o rebanho que ele dispersou".

Quando o inimigo continuou recuando para as montanhas, os dois deuses "como uma enchente impetuosa devastaram as montanhas".

À medida que a batalha se estendeu em tempo e alcance, os dois deuses na liderança chamaram os outros para ajudá-los. "Meu senhor, por que você não vai para a batalha que está se tornando vasta?" Eles perguntaram ao deus cujo nome está perdido em um verso deteriorado. A questão também foi dirigida de forma clara para Ishtar, pois ela é mencionada nominalmente: "No choque das armas, nos feitos de heroísmo, Ishtar não reteve seu braço". Quando os dois deuses a viram, gritaram para ela encorajadoramente: "Avance para cá sem parar! Coloque seu pé firme na Terra! Nas montanhas, nós a esperamos!".

"A arma que tem um brilho senhoril, a deusa apresentou... um chifre (para dirigi-la) ela fez para a arma." Quando a usou contra o inimigo em uma façanha "que em dias distantes" deverá ser lembrada, "os céus eram da cor de lã tingida de vermelho". O raio explosivo "partiu (o inimigo), fez com que ele, com suas mãos, segurasse seu coração".

A continuação da história, nas tabuletas V-VIII, está deteriorada demais para ser lida adequadamente. Os versos parciais sugerem que, depois do ataque intensificado com o auxílio de Ishtar, elevou-se um grande grito e lamentação na Terra do Inimigo. "Medo do resplendor de Ninurta tomou a terra", e seus residentes tiveram de usar substitutos em vez de trigo e cevada "para triturar e moer como farinha".

Diante dessa arremetida, as forças inimigas continuaram a recuar para o sul. Foi então que a guerra assumiu seu caráter feroz e vicioso, quando Ninurta liderou os deuses enlilitas em um ataque sobre o coração dos domínios de Nergal, na África, em sua cidade-templo Meslam. Eles arrasaram a terra e fizeram os rios correrem vermelhos com o sangue de espectadores inocentes – homens, mulheres e crianças de Abzu.

Os versos descrevendo esse aspecto da guerra estão danificados nas tabuletas do texto principal. Seus detalhes, contudo, estão disponíveis em várias outras tabuletas fragmentadas que tratam do "esmagamento da terra" por Ninurta, "um feito em que ele ganhou o título de 'Conquistador de Meslam'". Nessas batalhas, os atacantes recorreram a armas químicas. Nós lemos que Ninurta choveu na cidade mísseis portadores de venenos, que "ele catapultou nela, o veneno, por si, destruiu a cidade".

Os que sobreviveram ao ataque sobre a cidade escaparam para as montanhas nos arredores. Contudo, Ninurta "com a Arma que Atinge jogou fogo sobre as montanhas; a Arma divina dos Deuses cujo Dente é amargo chamuscou o povo". Aqui, também, algum tipo de arma química é sugerido:

A Arma que Dilacera
roubou os sentidos:
O Dente retirou as suas peles.
Dilacerando ele estendeu-se sobre o território;
Os canais ele encheu de sangue,
na Terra do Inimigo para os cães, como leite para lamberem.

Esmagado pela arremetida sem misericórdia, Azag conclamou seus seguidores para que não oferecessem resistência: "O inimigo surgido para sua esposa e filho chamou; contra o senhor Ninurta ele não ergueu seu exército. As armas de Kur foram cobertas pelo solo" (ou seja, foram escondidas); "Azag não as apontou".

Ninurta assumiu a falta de resistência como vitória. Um texto apresentado por F. Hrozni ("Mythen von dem Gotte Ninib") relata como, depois que Ninurta matou os oponentes ocupando o território de Harsag (Sinai) e seguiu "como um Pássaro" para atacar os deuses que "buscaram abrigo atrás de seus muros" em Kur, ele os venceu nas montanhas. Depois espalhou em uma canção de vitória:

> Meu temível Esplendor é poderoso como o de Anu;
> Contra ele, quem pode se erguer?
> Eu sou o senhor das montanhas altas,
> das montanhas que elevam seus picos contra o horizonte.
> Nas montanhas, eu sou o mestre.

Porém, o grito de vitória foi prematuro. Por suas táticas de não resistência, Azag havia escapado da destruição. A capital de fato foi destruída, mas não os líderes do inimigo. Com sobriedade, o texto *Lugal-e* observou: "o escorpião de Kur Ninurta não aniquilou". Em vez disso, os deuses inimigos recuaram para a Grande Pirâmide onde "o Artesão Sábio" – Enki? Thoth? – levantou um muro de proteção "que o Esplendor não podia igualar", um escudo em que os raios mortais não podiam penetrar.

Nosso conhecimento dessa fase final, e mais dramática, da Segunda Guerra da Pirâmide é aumentado por textos "do outro lado". Do mesmo modo que os seguidores de Ninurta compuseram hinos a ele, os seguidores de Nergal também o fizeram. Alguns dos últimos, que também foram descobertos por arqueólogos, foram reunidos em *Gebete und Hymnen an Negal* por J. Bollenrücher.

Relembrando os feitos heroicos de Nergal nessa guerra, os textos relatam como, quando os deuses se encontraram encurralados dentro do complexo de Gizé, Nergal – "Dragão Sublime Amado de Ekur" – "à noite roubou" e, portando armas maravilhosas e acompanhado por seus tenentes, irrompeu pelo cerco para chegar à Grande Pirâmide (a Ekur). Chegando a ela à noite, entrou pelas "portas trancadas que podem ser abertas por eles mesmos". Um rugido de boas-vindas o saudou quando ele entrou:

> Divino Nergal,
> Senhor que roubou durante a noite,
> veio para a batalha!
> Ele estala seu açoite, suas armas soam...
> Ele que é bem-vindo, seu poder é imenso:
> Como um sonho ele surgiu à soleira da porta.
> Divino Nergal, Aquele que é Bem-vindo:
> Lute contra o inimigo de Ekur,
> Aposse-se do Selvagem de Nippur!

Mas as grandes esperanças dos deuses sob cerco logo foram frustradas. Sabemos mais sobre as fases finais dessa Guerra da Pirâmide a partir de outro texto ainda, o primeiro reunido por George A. Barton (*Miscellaneous Babylonian Texts*) de fragmentos de um cilindro de argila inscrito encontrado nas ruínas do templo de Enlil em Nipur.

Quando Nergal se uniu aos defensores da Grande Pirâmide ("a Casa Formidável que é Erguida como um Monte"), ele fortaleceu suas defesas por meio dos vários cristais emissores de raios ("pedras" minerais) posicionados no interior da pirâmide:

A Pedra-Água,
a Pedra-Ápice,
a... Pedra, a...
... o senhor Nergal
aumentou as suas forças.
A porta para proteção ele...
Ele elevou seus olhos para o céu,
Escavou profundo aquilo que dá vida...
... na Casa
ele os alimentou.

Com as defesas da pirâmide melhoradas, Ninurta recorreu a outra tática. Ele chamou Utu/Shamash para cortar o suprimento de água da pirâmide, manipulando o "veio aquoso" que corria perto de sua base. O texto aqui está mutilado demais para possibilitar uma leitura dos detalhes; porém a tática, pelo que parece, alcançou seu propósito.

Espremidos em seu último bastião, privados de alimento e água, os deuses sitiados fizeram o melhor que puderam para afastar seus agressores. Até então, apesar da ferocidade das batalhas, nenhum deus importante tinha sofrido baixa para a luta. Porém, agora, um dos deuses mais jovens – acreditamos que Hórus – tentando se esgueirar para fora da Grande Pirâmide, disfarçado como um carneiro, foi atingido pela Arma Brilhante e perdeu a visão. Um Deus Antigo gritou em seguida para Ninharsag – conhecida por suas maravilhas médicas – para salvar a vida do deus jovem:

Quando o Brilho Mortal veio;
A plataforma da Casa resistiu ao senhor.
Até que se ouviu o grito para Ninharsag:
"... A arma... de meu descendente
com a morte é amaldiçoado..."

Outros textos sumérios chamam esse deus jovem "descendente que não conhece seu pai" um epíteto que se encaixa em Hórus, que nasceu depois da morte de seu pai. No folclore egípcio a *Lenda do Cordeiro* relata os ferimentos nos olhos de Hórus quando um deus "soprou fogo" nele.

Foi depois, reagindo ao "grito", que Ninharsag decidiu intervir para interromper a luta.

A nona tabuleta do texto *Lugal-e* começa com a declaração de Ninharsag, seu discurso para o comandante enlilita, seu próprio filho Ninurta, "o filho de Enlil... o Herdeiro Legítimo que sua esposa-irmã tinha dado à luz". Em versos reveladores, ela anunciou sua decisão de cruzar as linhas de batalha e trazer um fim para as hostilidades:

> Para a Casa Onde a Medida da Corda começa,
> Onde Asar elevou seus olhos para Anu,
> Eu irei.
> A corda eu cortarei,
> para o bem dos deuses em guerra.

Seu destino foi a "Casa Onde a Medida da Corda começa", a Grande Pirâmide.

No início, Ninurta ficou atônito com sua decisão de "entrar sozinha na Terra do Inimigo"; mas, uma vez que sua decisão tinha sido tomada, ele forneceu-lhe "roupas que deviam torná-la destemida" (da radiação deixada pelos raios?). Quando ela se aproximou da pirâmide, dirigiu-se a Enki: "Ela gritou a ele... ela lhe suplica". Os diálogos são perdidos por danos nas tabuletas; mas Enki concorda em entregar a pirâmide a ela:

> A Casa que é como um monte;
> que eu ergui como uma pilha –
> você deve ser sua senhora.

Existiram, é claro, condições: o rendido ficou sujeito a uma resolução final do conflito até "o tempo determinado pelo destino" chegar. Prometendo transmitir as condições de Enki, Ninharsag foi falar com Enlil.

Os fatos que se seguiram estão registrados em parte no épico *Lugal-e* e em outros fragmentos de textos. Contudo, eles estão descritos de modo mais dramático em um texto intitulado *Eu Canto a Canção da Mãe dos Deuses*. Sobrevivendo em sua grande extensão, pois foi copiado e recopiado por todo o Oriente Médio antigo, o texto foi comunicado pela primeira vez por P. Dhorme em seu estudo *La Souveraine des Dieux*. É um texto poético em louvação a *Ninmah* (a "Grande Senhora") e seu papel como *Mammi* ("Mãe dos Deuses") sobre os dois lados das linhas de batalha.

Abrindo com um chamado para "os camaradas em armas e os combatentes" ouvirem, o poema descreve com brevidade a guerra e seus participantes, bem como sua amplitude quase global. No outro lado estavam "o primogênito de Ninmah" (Ninurta) e Adad, logo acompanhado por Sin e mais tarde por Inanna/Ishtar. No lado oposto estão listados Nergal, um deus mencionado como "Poderoso, Sublime" – Rá/Marduk – e o "Deus das duas Casas Grandes" (as duas grandes pirâmides de Gizé), que tinha tentado escapar disfarçado em uma pele de cordeiro: Hórus.

Afirmando estar agindo com a aprovação de Anu, Ninharsag aceitou a oferta de rendição de Enki a Enlil. Ela o encontrou na presença de Adad (enquanto Ninurta permaneceu no campo de batalha). "Ó, ouçam as minhas preces!", ela implorou aos dois deuses enquanto explicava as suas ideias. No início, Adad foi inflexível:

Apresentando-se lá, para a Mãe,
Adad então disse:
"Nós esperamos a vitória.
As forças inimigas estão derrotadas.
O tremor da terra ele não pôde suportar".

Caso ela queira realizar a cessação das hostilidades, Adad disse, deixe-a chamar as negociações tendo como base que os enlilitas estão para ganhar:

"Levante-se e vá – fale com o inimigo.
Deixe-o participar das discussões
para que o ataque seja suspenso."

Enlil, em um linguajar menos contundente, apoiou a sugestão:

Enlil abriu sua boca;
Na assembleia dos deuses ele disse:
"Enquanto Anu na montanha os deuses reuniu.
para desencorajar a guerra e trazer a paz,
e enviou a Mãe dos Deuses
para rogar a mim –
Deixe a Mãe dos Deuses ser uma emissária."

Virando-se para sua irmã, ele disse em um tom conciliatório:

"Vá, acalme meu irmão!
Erga para ele uma mão para a Vida;
de seu pórtico com barreiras, deixe-o sair."

Fazendo o sugerido, Ninharsag "foi buscar seu irmão, colocar suas preces diante do deus". Ela o informou de que sua segurança, e a de seus filhos, estava garantida: "pelas estrelas ela deu um sinal".

Como Enki hesitou, ela disse-lhe com ternura: "Venha, deixe-me levá-lo para fora". E, quando foi, ele lhe deu sua mão...

Ela o conduziu e também os outros defensores para fora da Grande Pirâmide, para o Harsag, sua morada. Ninurta e seus guerreiros observaram a partida dos enkitas.

E a grande estrutura impenetrável ficou desocupada, silenciosa.

Hoje em dia o visitante da Grande Pirâmide encontra sua passagem e câmaras nuas e vazias, a construção complexa de seu interior que parece não ter propósito, seus nichos e refúgios sem sentido.

Foi assim desde que os primeiros homens entraram na pirâmide. Porém, não era dessa forma quando Ninurta entrou nela – cerca de 8670 a.C., de acordo com nossos cálculos. "Dentro do local radiante", entregue por seus defensores, Ninurta entrou, o texto sumério relata. E o que ele fez depois de ter entrado não apenas mudou a Grande Pirâmide por dentro e por fora, mas também o curso da realidade humana.

Quando, pela primeira vez, Ninurta entrou na Casa que é como uma Montanha", deve ter se perguntado o que encontraria lá dentro. Concebida por Enki/Ptah, planejada por Rá/Marduk, construída por Geb, equipada por Thoth, defendida por Nergal, que mistérios de orientação espacial, que segredos de defesa inexpugnável ela tinha?

Na face norte da pirâmide lisa e parecendo sólida, uma pedra giratória abriu para revelar a entrada, protegida por blocos diagonais de pedras imensas, exatamente como os textos enaltecendo Ninharsag tinham descrito. Uma passagem estreita descendente levou às câmaras de serviço mais baixas, onde Ninurta pôde ver um poço escavado pelos defensores em busca por água subterrânea. Porém, seu interesse estava nas passagens e câmaras superiores. Lá, as "pedras" mágicas estavam em ordem – minerais e cristais, alguns da Terra, outros do céu, alguns do tipo que nunca tinha visto. Deles eram emitidas as pulsações em feixes para a orientação dos astronautas e as radiações para a defesa da estrutura.

Escoltado pelo Mestre Chefe dos Minérios, Ninurta inspecionou o conjunto de "pedras" e instrumentos. Quando parava diante de cada uma delas, determinava seu destino – ser esmagada e destruída, ser levada embora para exposição ou ser instalada como um instrumento em outro lugar. Sabemos desses "destinos" e da ordem em que Ninurta parou diante das pedras a partir dos textos inscritos nas tabuletas 10-13

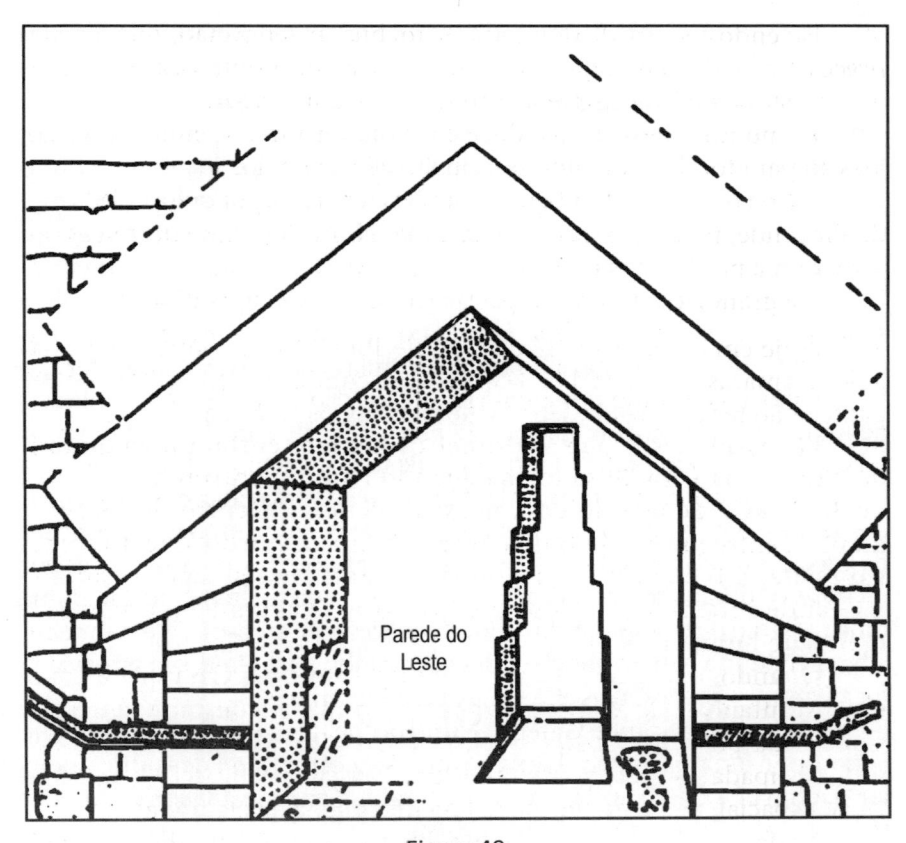

Figura 49

do poema épico *Lugal-e*. É seguindo esse texto e interpretando-o corretamente que o mistério do propósito e da função de muitos elementos da estrutura interna da pirâmide pode ser, por fim, compreendido.

Subindo pela Passagem Ascendente, Ninurta chegou a sua junção com a Grande Galeria imponente e a Passagem Horizontal. Ninurta seguiu pela Passagem Horizontal primeiro, chegando a uma câmara ampla com um telhado em mísula. Chamada de "vulva" no poema de Ninharsag, o eixo dessa câmara está exatamente na linha central separando leste do oeste da pirâmide. Sua emissão ("um derramamento que é como um leão que ninguém ousa atacar") veio de uma pedra encaixada em um nicho que foi escavado na parede leste (Figura 49). Ela era a Pedra SHAM ("Destino"). Emitindo uma radiação vermelha que Ninurta "viu na escuridão", ela era o coração pulsante da pirâmide. Mas foi um anátema para Ninurta, pois durante a batalha, quando estava lá em cima, o "forte poder" dessa pedra foi usado "para agarrar-me e me matar, com um rastreamento com morte para me pegar". Ele ordenou que a pedra fosse "retirada... fosse separada... e destruída pela obliteração".

Voltando à junção das passagens, Ninurta olhou ao seu redor na Grande Galeria. Tão engenhosa e complexa quanto a Grande Pirâmide, essa galeria era de tirar o fôlego e uma visão das mais incomuns. Comparada com as passagens baixas e estreitas, era alta (por volta de 8,5 metros) em sete estágios sobrepostos, suas paredes se fechando cada vez mais a cada estágio. O teto também era feito de partes inclinadas, cada uma em ângulo em relação a paredes espessas para não exercer nenhuma pressão sobre o segmento abaixo dela. Enquanto nas passagens estreitas "apenas uma luz verde fraca brilhava", a Galeria cintilava com luzes multicoloridas – "sua abóbada é como um arco-íris, a escuridão acaba lá". As cintilações de muitos tons eram emitidas por 27 pares de pedras de cristal diferentes, espaçadas de modo uniforme ao longo de toda a extensão de cada lado da Galeria (Figura 50a). Essas pedras cintilantes estavam colocadas em cavidades cortadas com precisão nas rampas que percorriam o comprimento da Galeria em ambos os lados de seu chão. Mantidas firmes nos lugares por nichos elaborados nas paredes (Figura 50 b), cada pedra de cristal emitia uma radiação diferente, dando ao local seu efeito de arco-íris. No momento em que Ninurta passou por elas em seu caminho para cima, sua prioridade foi a Grande Câmara mais alta e sua pedra pulsante.

No topo da Grande Galeria, Ninurta chegou a um degrau alto, que levava por uma passagem baixa a uma Antecâmara de desenho singular. Lá havia três portas levadiças – "o raio, a barra e a tranca" do poema sumério – cuidadosamente encaixadas em nichos nas paredes e no chão, hermeticamente seladas fora da Grande Câmara mais alta; "ela não é aberta aos inimigos, apenas para Eles que Vivem, para eles ela é aberta". Porém, agora, ao puxar algumas cordas, as portas levadiças foram erguidas, e Ninurta passou por elas.

Agora ele estava na câmara mais restrita ("sagrada") da pirâmide de onde a "Rede" de orientação (radar?) estava "estendida" para "sondar o Céu e a Terra". O mecanismo delicado estava abrigado em uma arca de pedra escavada; colocada precisamente no eixo norte-sul da pirâmide, ela reagia a vibrações com ressonância parecida com a de sinos. O coração da unidade de orientação era a Pedra GUG ("Determinadora de Direção"). Suas emissões, amplificadas por cinco compartimentos ocos construídos acima da câmara, eram enviadas como feixes para fora e para cima por dois canais inclinados levando à face norte e sul da pirâmide. Ninurta ordenou que essa pedra fosse destruída: "Depois, pelo determinador do destino Ninurta, naquele dia a pedra Gug foi retirada de seu nicho e esmagada".

a

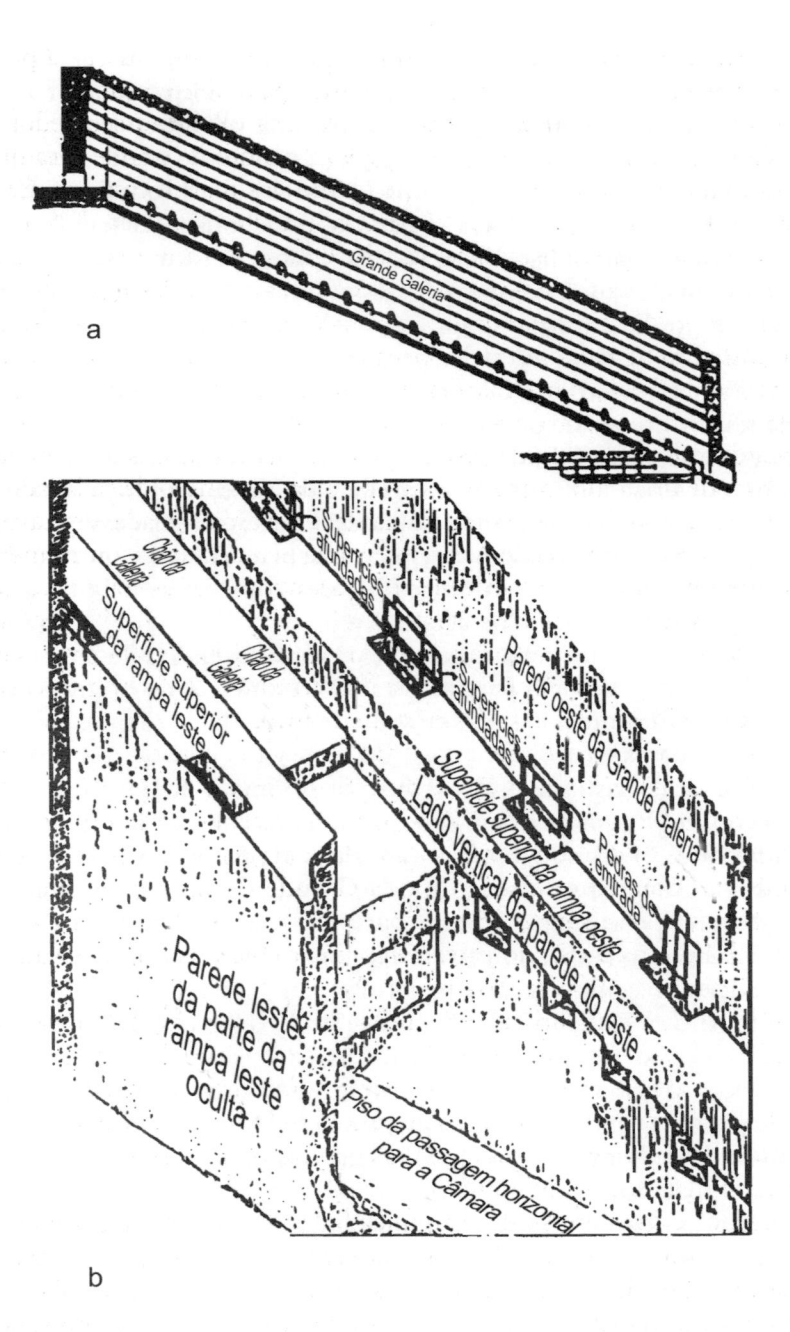

b

Figura 50

Para ter certeza de que ninguém tentaria restaurar as funções "Determinadoras de Direção" da pirâmide, Ninurta também ordenou que três portas levadiças fossem removidas. As primeiras a serem atacadas foram a Pedra SU ("Vertical") e a KA.SHUR.RA ("Incrível, Puro que Abre"). Depois "o herói foi até a Pedra SAG.KAL" ("Pedra Robusta que Está em Frente"). "Ele invocou toda sua força", balançou-a para fora de seus sulcos, cortou as cordas que a mantinham e "para o chão estabeleceu seu curso".

Agora chegou a vez das pedras minerais e dos cristais posicionados no topo das rampas na Grande Galeria. Quando desceu, Ninurta parou diante de cada um deles para declarar seu destino. Se não fosse pelas fragmentações nas tabuletas de argila em que o texto foi escrito, teríamos os nomes de todos os 27. Do modo como está, apenas 22 nomes estão legíveis. Ninurta ordenou que vários deles fossem esmagados ou pulverizados; outros, que podiam ser usados no novo Centro de Controle de Missões, ordenou que fossem dados a Shamash; e o resto foi levado para a Mesopotâmia, para serem mostrados no templo de Ninurta, em Nippur, e em outros lugares como evidência da grande vitória dos enlilitas sobre os deuses-Enki.

Tudo isso, Ninurta anunciou, ele estava fazendo não apenas para o seu bem, mas também para as gerações futuras: "Deixe o medo de ti" – a Grande Pirâmide – "ser removido de meus descendentes; deixe ser ordenada sua paz".

Por fim, existia a Pedra Ápice da Pirâmide, a UL Pedra ("Alta como o Céu"): "Não deixe a descendência da mãe vê-la nunca mais", ele ordenou. E, quando a pedra foi derrubada para se espatifar, "Deixe todos se distanciarem", ele gritou. As "Pedras", que eram "anátema" para Ninurta, não mais existiam.

Tendo sido realizada a tarefa, os camaradas de Ninurta o estimularam a deixar o campo de batalha e voltar para casa. AN DIM DIM.MA, "Como Anu és Tu Feito", eles lhe disseram em elogio. "A Casa Radiante onde começa a medida da corda, a Casa no território que tu vieste a conhecer – rejubila-te por teres entrado nela". Agora, volta para tua casa, onde tua esposa e filho esperam por ti: "Na cidade que tu amaste, na morada de Nippur, possa teu coração descansar... possa teu coração tornar-se pacificado".

A Segunda Guerra da Pirâmide tinha acabado: porém, sua ferocidade e façanhas, e a vitória final de Ninurta nas pirâmides de Gizé, foram lembradas por muito tempo depois em épicos e canções – e em pinturas maravilhosas em um selo cilíndrico, mostrando o Pássaro Divino de Ninurta com uma guirlanda da vitória, planando em triunfo sobre duas grandes pirâmides (Figura 51).

Figura 51

E a Grande Pirâmide em si, despida e vazia, e sem sua pedra do ápice, foi deixada em pé, como uma testemunha muda da derrota de seus defensores.

9

O Monte Fugidio

Artigo não publicado, escrito por volta de 1978

> Os conteúdos deste capítulo derivam de um artigo que Zecharia Sitchin escreveu, e que mais tarde se tornou o capítulo II de *O Caminho para o Céu* (publicado em 1980). (Nele existem pequenas modificações que deixarei para que o leitor compare por si.) Sitchin sentia que um monte na península do Sinai era um espaçoporto pré-diluviano para os Anunnaki, daí seu significado para a nossa história. Os acadêmicos há muito debateram a localização do verdadeiro Monte Sinai, e muitos exploradores, no decorrer dos anos, saíram em busca dele. Vários concorrentes que se apresentaram como candidatos incluem Monte Musa e Monte Serbal. Outros sugerem que o Monte Sinai não estava localizado no sul do Sinai coisa nenhuma. Mesmo o grande Napoleão Bonaparte participou da busca. Sitchin sentia que encontrar o Monte Sinai seria de interesse não só para mostrar a validade histórica da narrativa bíblica, mas também para encaixar o achado na informação sobre os Anunnaki e suas atividades quando estavam na Terra. Neste capítulo, Sitchin relata as muitas aventuras que empreendeu para resolver o enigma e no relato apresenta detalhes de suas explorações. Ele fornece suas razões respectivas para acreditar que descobriram a verdadeira localização desse lugar de significado histórico e cultural.

UMA LENDA JUDAICA, registrada no Talmude e remetendo a milhares de anos, relata que, quando as notícias sobre a morte do líder poderoso dos israelitas se espalharam por todos os territórios, o rei dos arameus foi em busca do local de sepultamento. Enquanto os seus homens subiam o Monte Nebo, podiam ver a sepultura embaixo no vale;

porém, quando se aproximaram para olhar de perto, não encontraram nada lá. Em vez disso, eles viram a sepultura no topo do monte. Depois de mais buscas, desistiram. De fato, Moisés morreu, disseram para o rei; mas ninguém sabe onde fica o lugar do sepultamento.

Lendas semelhantes diziam respeito ao local de sepultamento de Aarão. Elas relatam que, quando Aarão não voltou com Moisés e Eleazar do Monte Hor, o povo não acreditava que ele tinha morrido lá. As pessoas não ficaram convencidas até que o Senhor ordenou a seus anjos que levassem o corpo de Aarão para fora da caverna secreta e o segurassem para que fosse visto. Depois, os anjos esconderam o corpo de novo.

Existia um motivo para o anonimato das sepulturas, de acordo com as tradições judaicas: para evitar o culto a esses líderes humanos. Embora Moisés mais tarde tenha sido mencionado como "O Homem dos Deuses", ele não era *divino*, mas *apenas um mortal*, e não deveria existir "culto à personalidade". De modo similar, não deveria mais existir culto no Monte Sinai. A Teofania e a realização da Aliança eram singulares, acontecimentos únicos, e as pessoas deviam se reunir no Monte apenas para aquele objetivo. Como no caso dos locais de sepultamento de Moisés e Aarão, assim a peregrinação para o Monte foi desencorajada.

O Êxodo do Egito tem sido comemorado a cada ano nos últimos 33 séculos pela celebração da Páscoa Judaica. Os registros históricos e religiosos dos hebreus estão repletos de referências ao Êxodo, às perambulações no Deserto, à Aliança no Sinai. O povo foi lembrado constantemente, por todos os séculos antigos, sobre a Teofania e os milagres. Ainda assim, não existe registro no Velho Testamento de ninguém nem mesmo tentando voltar para fazer visita ao Monte Sagrado, com uma exceção.

A exceção à regra foi o profeta Elias – o fazedor de milagres que mais tarde ascendeu ao céu em uma carruagem de fogo. A época (por volta de 400 anos depois da suposta data do Êxodo) foi no reinado do rei Ahab e da rainha Jezebel. Ela introduziu em Israel o culto do deus fenício Ba'al, e Elias confrontou todos os sacerdotes de Ba'al no Monte Carmelo em uma disputa final de milagres divinos. Quando o poder de Javé prevaleceu, a multidão matou todos os sacerdotes de Ba'al; enquanto Elias teve de fugir por sua vida de uma Jezebel vingativa. Ele escapou para o monte sagrado, mas a caminho ficou exausto e se perdeu. Um anjo do Senhor o reviveu e levou para o monte.

Hoje em dia, não é necessário um anjo celestial para ser guiado ao Monte Sinai. Depois que Israel ocupou a península do Sinai em 1967, a linha doméstica Arkia começou voos regulares para uma pista de pouso naturalmente reta e de solo duro, que em tempo se desenvolveu como

"Campo de Pouso do Monte Sinai". Por volta de uma hora de viagem de lá, o visitante é levado por ônibus até a vizinhança do Monte Sinai.

Não existe uma estrada de verdade, só marcas de pneus feitas por ônibus anteriores. O caminho faz uma curva para o Sul. O platô incrivelmente reto e duro, mas coberto de poeira, é cercado em todos os lados por picos montanhosos que competem entre si em tamanho e forma. Depois de um tempo, as montanhas começam a convergir e o caminho se torna mais rochoso, estreito e íngreme. Após uma subida curta, do topo de uma das incontáveis montanhas, pode ser visto um vale lá embaixo, com um oásis de tamareiras ao longe. Esse é o oásis de Firan. Depois, outra parada, e por uma lacuna na cadeia de montanhas, que começa a bloquear o céu a distância, existem picos pontiagudos à vista: é lá que fica o tradicional Monte Sinai.

A não ser pelo oásis de Firan, as montanhas estão completamente nuas. Contudo, não é uma paisagem semelhante à da Lua. Todo o panorama de picos se elevando acima de picos tem uma explosão de cores – marrons, amarelos, cinza – destacando-se em serenidade muito antiga contra um céu azul. A vista é ampla e ilimitada. Rochas espalhadas, algumas vermelhas, outras esverdeadas, indicam a presença dos minérios ferro e cobre.

Quando a cadeia imponente é alcançada, não existe um ponto plano para ser visto. As montanhas são de granito sólido, elevando-se para o céu como filas de dentes gigantes. O ônibus range ao longo do caminho rochoso, entre as rochas que rolaram dos lados das montanhas. Começa uma descida acentuada, e o visitante se pergunta para onde o precipício está levando. E depois aparece um vale inesperado – a "cavidade" da "boca do gigante" cercada por seus fantásticos "dentes" de granito. A visão é inacreditável. Lá embaixo está o quadrado da catedral de uma cidade europeia medieval, cercada pelas paredes da cidade!

É o Monastério de Santa Catarina (ou Katherine). Seus poucos monges ortodoxos cuidam de um jardim nas proximidades, guardam as relíquias do monastério e sua biblioteca, e agem como anfitriões (inclusive para pernoites) para os peregrinos e turistas que visitam o local há séculos.

Contudo, o monastério não marca o local do Monte Sinai; em vez disso, marca o suposto local da Sarça Ardente que Moisés viu. Também não recebe seu nome do monte sagrado, mas tem o nome de outro pico próximo – Monte Santa Catarina. As tradições do monastério explicam que sua história remonta ao início do Cristianismo, quando os primeiros convertidos do Egito (à época governado pelos romanos) escaparam para a península do Sinai para evitar a perseguição.

Depois de Constantino garantir o reconhecimento do Cristianismo no ano de 313, os governantes bizantinos encorajaram os eremitas a formarem comunidades monásticas.

No ano 330 a imperatriz Helena, agindo a partir de uma petição feita por um grupo de monges que selecionou o pequeno oásis como sua morada, tornou possível a construção de uma igreja e de uma torre no ponto que os monges descreveram como o local da Sarça Ardente. Três séculos mais tarde, o imperador Justiniano – com interesses de propriedade em mente – ordenou que se erguesse uma igreja maior e construiu um muro em torno do lugar, transformando o monastério em um forte. A entrada, por muito tempo, era por um cesto elevado por uma polia.

Depois aconteceu o milagre. Entre os últimos mártires do Cristianismo, torturados e executados pelos romanos, estava Catarina de Alexandria. Em sua execução, seu corpo desapareceu. De acordo com a lenda, os anjos o carregaram para o pico mais alto na península do Sinai. Quatro séculos mais tarde, o local do sepultamento foi revelado aos monges em um sonho. Eles trouxeram o corpo para baixo e o depositaram em um caixão dourado, que foi colocado na igreja construída por Justiniano. O caixão pode ser visto lá até os dias de hoje. Séculos depois, os cruzados espalharam a notícia sobre o monastério e o milagre de Catarina. O monastério e o monte em que o corpo foi encontrado receberam o nome da santa. Muitos peregrinos sobem o Monte Santa Catarina com a mesma reverência que têm quando sobem o Monte Sinai. Situado a alguma distância a sudoeste do monastério, o Monte Santa Catarina pode ser subido por um caminho escavado há séculos por um monge pio que foi chamado de Mussa ("Moisés" em árabe).

O pico associado ao Êxodo é o chamado Jebel Mussa, a "Montanha de Moisés". Como o Monte Santa Catarina, ele não pode ser visto do monastério, pois outros picos altos cercando o vale escondem as duas montanhas sagradas. O monte sacro é, de fato, um maciço com 3,21 quilômetros de comprimento e 1,6 quilômetro de largura. Seu pico mais ao norte, chamado de *Ras Sufsafeh* ("A Cabeça de Salgueiro"), pode ser visto ao sul do monastério. Porém, é o pico mais ao sul que tem o nome de *Jebel Mussa* com o qual a Teofania e as Tábuas da Lei estão associadas. E esse pico mais ao sul, ficando a umas duas horas de caminhada, é o Monte Sinai tradicional.

Subir nesse pico é demorado e exaustivo, envolvendo uma subida de mais ou menos 762 metros. Uma trilha é o único caminho de volta, com cerca de 4 mil passos dados pelos monges ao longo da encosta ocidental do maciço. Um caminho mais fácil, que demora várias horas a mais, começa no vale entre o maciço e uma montanha chamada forma apropriada de Jethro, o genro de Moisés, e sobe gradualmente ao longo da encosta oriental até se ligar com os últimos 750 passos da primeira trilha. Foi nessa intersecção, de acordo com a tradição dos monges, que Elias encontrou o Senhor.

Uma capela cristã e um santuário muçulmano, ambos pequenos e construídos de forma rude, marcam o local em que as Tábuas da Lei foram dadas a Moisés. Uma caverna próxima é reverenciada como a "fenda na rocha" em que o Senhor colocou Moisés quando Deus passou por ele, como relatado em Êxodo 33:22. Um poço ao longo da rota do deserto é identificado como o lugar onde Moisés deu água ao rebanho de seu sogro. Todo acontecimento possível relacionado ao Monte Sagrado é atribuído, desse modo, a um local definitivo no pico de Jebel Mussa e suas cercanias, de acordo com a tradição dos monges.

Do pico de Jebel Mussa, podem-se ver alguns dos outros picos dos quais esse monte é um membro. A península do Sinai é formada como um triângulo invertido, sua base mais larga no norte, ao longo da costa do Mediterrâneo, sua ponta onde o Mar Vermelho se divide entre o Golfo de Suez e o Golfo de Eilat. Começando com dunas baixas de areia ao norte, passando por um centro plano cercado por montanhas, a península começa a se elevar de modo apreciável quando se vai para o sul. O terço sul da península é formado por montanhas acidentadas, em sua maior parte de granito, que sobem de forma abrupta a partir da costa dos golfos. A elevação muda rápido de 457 metros para alturas em dobro e em triplo. Entre as montanhas mais altas que chegam a 1.372 metros, está o maciço mais alto ainda, do qual Jebel Mussa faz parte.

Contudo, Jebel Mussa, consagrado como Monte Sinai, é o menor deles. De fato, em apoio à lenda de Santa Catarina, os monges colocaram um sinal na construção principal que proclama:

Altitude:	1.528 metros
Monte Moisés:	2.304 metros
Monte Santa Catarina:	2.614 metros

Ao mesmo tempo que se fica convencido de que o Monte Santa Catarina, de fato, é o mais alto e, portanto, a escolha certa pelos anjos para esconder o corpo da santa, fica-se desapontado por – ao contrário da crença há muito mantida – Deus ter trazido os filhos de Israel para essa região inacessível a fim de imprimir neles seu poder e suas leis, não do monte mais alto, mas do mais baixo nas redondezas.

Deus errou de montanha?

Em 1809, o acadêmico suíço Johann Ludwig Burckhardt chegou ao Oriente Médio em nome da Associação Britânica para Promoção de

Descobertas das Partes Interiores da África, estudando costumes árabes e muçulmanos. Colocou um turbante em sua cabeça, vestiu-se como um árabe e mudou seu nome para Ibrahim Ibn Abd Allah – Abraão, o Filho do Servo de Alá. Assim, foi capaz de viajar em partes que seriam proibidas para os infiéis, descobrindo templos egípcios antigos em Abu Simbel e a cidade de pedra nabateia, Petra, na Transjordânia.

Em 15 de abril de 1816, ele partiu em lombo de camelo da cidade de Suez, na ponta do Golfo de Suez. Seu objetivo era retraçar a Rota do Êxodo e, com isso, estabelecer a verdadeira identidade do Monte Sinai. Seguindo a rota presumida tomada pelos israelitas, viajou para o sul ao longo da costa oriental da península, onde as montanhas começam por volta de entre 16 e 32 quilômetros de distância da costa. Na faixa costeira, indo de Suez à ponta da península (e depois parcialmente acima da costa oriental) está o deserto, cortado aqui e ali por *wadis* – cursos de água rasos e secos, que drenam as águas das montanhas próximas depois de chuvas curtas, mas que em outras ocasiões são secos e podem ser atravessados na maior parte dos outros dias do ano.

Quando ele foi para o sul, anotou a geografia, a topografia, as distâncias. Comparou as condições e os nomes de lugares com a descrição e nomes das estações mencionadas no Velho Testamento. Por esses *wadis*, na região onde o platô de arenito acaba e as montanhas altas de granito começam, virou para o leste e para o interior, depois para o sul, chegando ao Monastério de Santa Catarina a partir do norte, como os viajantes fazem hoje. Percorreu a área, subindo os montes Mussa e Catarina. Sua volta foi pelo largo *wadi* Firan e seu oásis – o maior no Sinai. No ponto onde o *wadi* Firan se afasta das montanhas e chega à faixa costeira, Burckhardt subiu uma montanha magnífica se elevando a 2072 metros – o Monte Serbal.

Ele descobriu que o centro monástico principal, pela maior parte dos séculos, tinha sido Firan e não Catarina. Em Serbal encontrou santuários e inscrições de peregrinos. Ele balançou o mundo acadêmico e bíblico concluindo em seu *Travels in Syria and the Holy Land* que o verdadeiro Monte Sinai não era o Monte Mussa, mas o Monte Serbal.

Inspirado pela obra de Burckhardt, o conde francês Leon de Laborde visitou o Sinai em 1826 e 1828. Sua principal contribuição para o conhecimento da região foram seus mapas e desenhos de alta qualidade. Depois dele, em 1839, o artista escocês David Roberts, cujos desenhos magníficos, em que ele embelezou a precisão com certo toque imaginativo, despertaram grande interesse em uma época anterior à fotografia.

A viagem mais importante ao Sinai foi feita pelo americano Edward Robinson, com Eli Smith. Como Burckhardt, eles partiram da cidade de Suez em lombo de camelo, armados com seu livro e os mapas de Laborde. Demoraram 13 dias do início da primavera para chegar ao monastério de Santa Catarina. Lá, Robinson fez um exame minucioso das lendas dos monges. Descobriu que em Firan, de fato, existiu uma comunidade monástica superior, às vezes liderada completamente por bispos aos quais Catarina e várias outras comunidades monásticas no sul do Sinai estavam subordinadas – portanto, a tradição deve ter posto maior ênfase em Firan. Nas histórias e documentos, descobriu que os montes Mussa e Catarina não tinham influências cristãs nos primeiros séculos do Cristianismo, e que a supremacia de Catarina tinha se desenvolvido apenas no século XVII, como outras comunidades monásticas (incluindo Firan), que foram vítimas de invasores e saqueadores. (Catarina foi fortificada por Justiniano, por isso escapou desse destino.) Conferindo as tradições árabes locais, ele descobriu que os nomes bíblicos "Sinai" e "Horeb" eram totalmente desconhecidos pelos beduínos, os nômades locais. Foram os monges que começaram a usar esses nomes para certas montanhas.

Então, Burckhardt estaria correto? Bem, Robinson encontrou um problema com o Monte Serbal. Confirmando ou corrigindo algumas identificações de locais, a inovação de Robinson foi a sugestão de que Refidim – onde a batalha com os amalequitas aconteceu – estava localizado em um *wadi* (*wadi* el-Sheikh) a nordeste de Serbal. Considerou-se que a rota levou os israelitas primeiro para o *wadi* Firan, passando por Serbal e depois pelo *wadi* el-Sheikh em direção a Catarina. Porém, como poderia esse Refidim recém-identificado ser *depois* de Serbal, se a batalha aconteceu *antes* de os israelitas terem chegado ao Monte Sinai?

Por mais que Robinson tenha compartilhado as dúvidas sobre o Monte Mussa, sua identificação de Refidim (em *Biblical Researches in Palestine, Mount Sinai and Arabia Petraea*) tirou de cena Serbal com base em um detalhe técnico.

A possibilidade de que a tradição mantida há muito tempo, identificando o Monte Sinai com o Monte Mussa, estivesse incorreta, foi um desafio que o grande egiptólogo e fundador da arqueologia científica, Karl Richard Lepsius, não pôde resistir. Em seu *Letters from Egypt; Ethiopia and Sinai* (1847), ele logo expressou dúvidas sobre o Monte Mussa, mesmo antes de publicar a totalidade de seus relatórios científicos. "A lonjura daquele distrito", ele escreveu, "e sua distância de estradas de comunicação frequentadas, apesar de sua posição no maciço elevado oferecer subsistência suficiente para as necessidades primárias dos monges solitários dispersos, tornava-a particularmente apropriada para eremitas, mas, pela mesma razão, inadequada para uma população maior, percorrendo o território por determinado período e exaurindo todos os seus recursos". Ele sentiu a certeza de que as centenas de milhares de israelitas não poderiam ter sobrevivido na região desolada do Monte Mussa por quase um ano.

Com o título *Discoveries in Egypt, Ethiopia and the Peninsula of Sinai in the Years 1842-1845* (traduzido do original alemão), Lepsius publicou os textos completos de seus relatórios para o rei da Prússia, que tinha patrocinado sua viagem.

Em uma carta escrita "no Convento de Sinai" no domingo de Páscoa, em 1845, Lepsius preparou o monarca para as más notícias sobre o Monte Mussa. A longa carta seguinte foi escrita depois que Lepsius explorou minuciosamente o Monte Serbal e seus arredores.

Descontando a tradição monástica sobre o Monte Mussa, Lepsius considerou sua altura menor, inacessibilidade, desolação e localização para pesar decisivamente contra sua aceitação como o Monte Sinai. Por toda a área montanhosa, encontrou apenas um lugar – *wadi* Firan – que poderia sustentar as multidões israelitas e seus rebanhos, por todo um ano. Mais ainda, apenas a posse desse vale fértil especial poderia ter justificado o ataque dos amalequitas a Refidim. Refidim, como a narrativa bíblica deixou claro, estava nos limites de Horeb, a "Secura", quase no Sinai. Perto do Monte Mussa existia um local fértil vasto oferecendo alimento e água – subsistência por que valesse a pena lutar? Moisés chegou primeiro ao monte em busca de grama para seu rebanho. Essa relva ele pôde encontrar em Firan, mas não no desolado Monte Mussa.

Todavia, senão Monte Mussa, por que Monte Serbal? Além de sua localização "correta" no *wadi* Firan, Lepsius descobriu alguma evidência concreta. Descrevendo o monte em termos de cintilação, relatou encontrar em seu topo "um profundo buraco na montanha, em torno do qual cinco cumes de Serbal se unem em um meio círculo e formam uma coroa elevada. No meio desse oco, chamado *wadi* Siqelji, estão as ruínas de um velho convento".

O local, então, foi reverenciado desde os tempos antigos, consagrado por sua própria tradição. E não era o oco "coroado" por cinco cumes o lugar parecido com um trono, onde a Glória do Senhor tinha aterrissado, na frente de todos os israelitas para quem existia um espaço amplo no vale no Oeste, de frente para os picos de Serbal?

Como Serbal poderia ser o Monte Sagrado, se Refidim fica para lá dele? Não tanto, disse Lepsius. Como arqueólogo, ele escreveu muito sobre ruínas egípcias em um lugar chamado Serabit-el-Khadim. Em um *wadi* próximo, chamado com razão de *wadi Mukatib* (o *wadi* dos Escritos), foram encontrados inúmeros hieróglifos e outras escritas posteriores. Foi a área onde os faraós mineraram turquesa e cobre, e outros também mineraram, antes e depois deles. Lepsius sugeriu que era lá que estava a principal rota antiga do Egito para as montanhas. Sinalizou que os israelitas seguiram aquela rota; que o porto de minerais faraônico, hoje chamado Abu-Zelimeh, era a estação israelita de Elim; e que eles, de lá, viraram em direção ao interior, em vez de mais longe ao sul, como foi sugerido antes. Seguindo tal rota, os israelitas chegaram a Firan/Refidim vindos do norte – antes de chegarem a Serbal, que fica mais longe a sudoeste.

Quando as conclusões do prestigioso Lepsius foram publicadas, elas balançaram as tradições de dois modos: ele negou com ênfase a identificação do Monte Sinai com o Monte Mussa, votando por Serbal; e desafiou a rota que antes era tomada como certa.

O debate que se seguiu durou quase um quarto de século e produziu discursos de outros pesquisadores, tais como Charles Foster (*The Historical Geography of Arabia; Israel in the Wilderness*) e William H. Bartlett (*Forty Days in the Desert in the Track of the Israelites*). Eles acrescentaram sugestões, confirmações e dúvidas. Em 1868, o governo britânico se uniu ao Fundo de Exploração Palestina em uma expedição ao Sinai. Sua missão, além de amplo trabalho geodésico e de mapeamento, era estabelecer, de uma vez por todas, a rota do Êxodo e a localização do Monte Sinai. O grupo foi liderado pelos capitães Charles W. Wilson e Henry Spencer Palmer, dos Engenheiros Reais. Incluiu o professor Edward Henry Palmer, um orientalista e arabista conhecido. O relatório oficial da expedição (*Ordnance Survey of the Peninsula of Sinai*) foi ampliado pelos dois Palmers em obras separadas.

Pesquisadores anteriores foram ao Sinai para breves expedições, na maior parte na primavera. A expedição Wilson-Palmer partiu do Suez em 11 de novembro de 1868 e voltou ao Egito em 24 de abril de 1869 – ficando na península do início do inverno à primavera seguinte. Então, uma de suas primeiras descobertas foi de que as montanhas do sul ficam muito frias no inverno (com mudanças de temperatura do dia para a noite de até 10 graus Celsius) e que lá neva, tornando a passagem difícil, quase impossível. Além do mais, os picos mais altos, tais como Mussa e Catarina, permanecem cobertos de neve por muitos meses. Apesar das dúvidas remanescentes, o grupo vetou Serbal e votou por Monte Mussa como o Monte Sinai.

Em sua própria obra (*Sinai: Ancient History from the Monuments*), o capitão Palmer resumiu seus achados contra o pano de fundo da história egípcia e descreveu a evidência de habitantes muito antigos no Sinai: vivendo em habitações de pedra nunca vistas, construídas como colmeias, círculos de pedras sepulcrais, e muitas inscrições que ele chamou de "escrita sináptica". O professor E. H. Palmer (*The Desert of the Exodus*) tentou identificar as estações israelitas, antes e depois do Monte Sinai, empregando seu conhecimento de folclore e língua árabe. Embora tenha percebido, à medida que sua viagem progrediu, que alguns nomes de lugares eram simplesmente criados pelos seus informantes beduínos, ele viu – nos nomes e nas histórias – sobrevivências da tradição oral enraizadas no tempo do próprio Êxodo. Ainda assim, quando não faziam sentido para ele, colocava as tradições de lado e descartava o nome como uma distorção.

Ele aceitou o ponto de vista de que as águas rasas da ponta do Golfo de Suez, ou uma extensão antiga correspondente, foram o lugar da passagem do Mar Vermelho: um vento leste forte na época da vazante pode esvaziar as águas rasas ainda hoje. O fato de que um lugar no lado do Sinai, da ponta do Golfo, é chamado *Ayun Mussa* ("A Primavera de Moisés") serviu para ele como evidência irrefutável de ser o local em que os israelitas saíram depois da Passagem. Mais ainda, há muito a lenda árabe apoiava essa conclusão. Era verdade, ele concluiu, que uma tradição semelhante colocava a Passagem muito longe ao sul em um local chamado "Águas Quentes do Faraó", mas essa outra tradição ele descartou porque "os árabes, com sua inconsistência habitual, adotam dois locais para o milagre".

Basicamente, a rota do Êxodo de Palmer tem coerência com a de Lepsius. Contudo, repudiou o argumento de Serbal e não considerou nenhum Monte Sinai que não fosse o Monte Mussa. Seu próprio nome – Monte Moisés – "e a tradição iriam longe para excluir as outras montanhas da península que foram propostas como a cena da Entrega da Lei". Também, foi perto do Monte Mussa e não próximo a Serbal que um Monte Aribeh estava situado – obviamente o bíblico Monte Horeb, porque "o nome Horeb não tendo significado para o ouvido árabe, tinha sumido há muito tempo; mas reapareceu como Monte Aribeh". Mais ainda, perto do Monte Mussa existia um pico chamado em árabe "Colina do Bezerro de Ouro". Aquela, ele acreditou, era uma evidência conclusiva.

Palmer reconheceu um problema: não existia um vale amplo o suficiente em frente ao Monte Mussa onde os israelitas pudessem acampar e de onde pudessem ver a Teofania.

Sua resposta foi de que, embora isso fosse real para a face sul do cume, a que na verdade é chamada Monte Mussa, o pico ao norte – Ras Sufsafeh – está em frente "à planície espaçosa de Er-Rahah onde não menos que 2 milhões de israelitas poderiam acampar".

Então, ele apresentou a solução não ortodoxa de que o lugar da Entrega da Lei não era o Monte Mussa, mas o pico chamado Ras-Sufsafeh, os dois sendo, sem dúvida, em lados opostos do maciço de 3,21 quilômetros de comprimento. "Uma vez que não existe outro lugar além da planície de Er-Rahah sobre a qual os Filhos de Israel poderiam ter se reunido como espectadores, e uma vez que dessa planície o pico do Monte Mussa é invisível, estamos compelidos a rejeitar o último como o local da proclamação da Lei."

E quanto à tradição e a todos os lugares acima do pico do Monte Mussa reverenciados como locais para os vários detalhes do Êxodo? "Pode ser discutido", Palmer escreveu, "que a tradição aponte para o próprio cume – o pico Mussa – como o local em que a Lei foi entregue, e que nenhum interesse lendário que seja a ligue ao Ras Sufsafeh ou à planície na ponta norte da montanha"; mas – "tendo encontrado nossa montanha, não estamos compelidos a servilmente seguir mais a tradição, mas exercitar nosso próprio senso comum na determinação do local de permanência".

Os pontos de vista do professor Palmer logo foram criticados, apoiados ou modificados por outros acadêmicos. Em pouco tempo, existiam quatro picos na mesma área oferecidos como o verdadeiro Monte Sinai – os mais altos de todos, Catarina; Mussa; Sufsafeh; e Monte Monejah, do outro lado do vale, a leste do Monte Mussa. E tinha Serbal, afastado, mas majestoso – um candidato com muitos seguidores. Então, agora existiam cinco picos ao sul, bem como várias rotas diferentes para escolher.

Esses foram os únicos candidatos?

Voltando a abril de 1860, o *Jornal de Literatura Sacra* publicou uma sugestão revolucionária (por um colaborador anônimo) de que o Monte Sagrado não estava no sul do Sinai de jeito algum, mas deveria ser procurado no vasto platô chamado *Badiyeht el-Tih* – "O Deserto da Perambulação", a escarpa de arenito que fica a norte das montanhas altas de granito; uma montanha imensa chamada *Jebel el-Ojmeh* foi indicada. Então, em 1873, um geógrafo e linguista chamado Charles T. Beke (que explorou e mapeou as origens do Nilo) partiu "em busca do verdadeiro Monte Sinai".

Sua pesquisa estabeleceu que o Monte Mussa recebeu seu nome em homenagem ao monge do século IV, Mussa, que ficou famoso por sua piedade e milagres, e não em consideração ao Moisés bíblico; e que as reivindicações para o Monte Mussa tinham começado apenas cerca de 550 d.C. Também apontou que o historiador judeu Josefo Flávio (que registrou a história de seu povo para os romanos depois da queda de Jerusalém em 70 d.C.) descreveu o Monte Sinai como o mais alto em sua região, o que descartava tanto Mussa quanto Serbal. Beke também perguntou: como poderiam os israelitas ter ido para o sul, atravessando as guarnições egípcias minerando na área?

Em busca de novas pistas, levantou a questão: *o que* era o Monte Sinai? Ele sugeriu que era um vulcão, talvez um adormecido que entrou em atividade na época do Êxodo. Acontece que não existem vulcões conhecidos na península do Sinai. Também perguntou: onde ficava Midiã, que parecia não ser muito longe do Monte Sagrado? O título de sua principal obra foi feito sob medida para suas conclusões: *Discoveries of Sinai in Arabia and of Midian.* O Monte Sinai, escreveu, está além da península do Sinai, a noroeste de Aqaba.

Charles Beke não será lembrado como o homem que, por fim, encontrou o verdadeiro Monte Sinai. Um problema de grande monta com sua teoria foi a distância realmente longa de seu ponto indicado para o Egito, onde Moisés tinha continuado a pedir permissão para cultuar no Monte Sagrado "a uma distância de três dias de marcha no deserto". Para resolver esse problema, Beke colocou os israelitas não no Egito, mas na península do Sinai. Embora ninguém tenha aceitado isso, suas pesquisas limparam o tabuleiro para novos pensamentos no que diz respeito à rota do Êxodo e à possível localização do Monte Sinai em outro lugar que não fosse a região de granito do sul.

Os críticos de Beke, e ele mesmo, viram o problema da distância em termos de Passagem Sul, ou seja, a Travessia do Mar Vermelho cruzando-a, ou na ponta do Golfo de Suez. Se o Monte Sinai, como sugeriu, estava a norte da ponta do Golfo de Aqaba, os israelitas tiveram de atravessar pela costa oeste da península do Sinai, subindo sua costa leste – uma viagem difícil de centenas de quilômetros – no prazo de três dias. É óbvio que isso era impossível.

Uma Travessia pelo Sul, cruzando perto da ponta do Golfo de Suez, de fato era uma possibilidade mais enraizada (e plausível), apoiada por várias lendas. Assim foi narrado em escritos gregos antigos, pois quando Alexandre, o Grande, estava no Egito (332-331 a.C.), contaram a ele que os israelitas tinham cruzado o Mar Vermelho na ponta do Golfo de Suez. Lá, as águas rasas podiam ser varridas por ventos fortes. Confiante, tentou seguir os passos da Passagem – com pouco sucesso, pelo que parece.

O grande conquistador seguinte que se sabe ter tentado o feito foi Napoleão, em 1799. Seus engenheiros estabeleceram que onde a ponta do Golfo de Suez envia uma "língua" para dentro da terra, a sul de onde está localizada a cidade de Suez, há uma cordilheira submersa, por volta de 182 metros de largura, que se estende de costa a costa. Nativos ousados cruzam lá nos tempos de vazante, com as águas chegando a seus ombros. E, se soprar um forte vento leste, o fundo do mar fica quase sem água.

Os engenheiros de Napoleão calcularam para seu imperador o lugar e o tempo exatos para seguir os passos dos filhos de Israel. Acontece que uma mudança inesperada na direção dos ventos trouxe um súbito aumento das águas, cobrindo a cordilheira com *mais* de 2,13 metros cúbicos de água em minutos. O grande Napoleão escapou com vida no momento exato.

Essas experiências serviram para convencer os acadêmicos do século XIX de que foi, de fato, naquela ponta norte do Golfo de Suez que tinha acontecido aquela passagem miraculosa. Um vento podia criar uma passagem seca e uma mudança no vento poderia, de fato, afundar os egípcios logo depois. Entretanto, do lado do Sinai no golfo, existia um lugar chamado *Jebel Murr* ("A Montanha Amarga") e perto dele *Bir Murr* ("O Poço Amargo"), encaixando-se de modo convidativo com Mara, o lugar das águas amargas encontrado depois da Travessia. Mais ao sul fica *Ayun Mussa* – "A Fonte de Moisés"; não seria a estação seguinte Elim, lembrada por suas belas fontes e numerosas tamareiras? Uma passagem ao sul da Cidade de Suez – do oeste para o leste – também pareceu se encaixar na teoria da rota sul, independentemente de onde se virava para o interior.

A construção do Canal de Suez (1859-1869) e os dados geológicos, topográficos, climáticos e marítimos obtidos na ocasião, inadvertidamente, balançaram essas teorias mantidas há muito tempo, mostrando que não existia um, mas quatro pontos de travessia possíveis.

Ligando o Mar Mediterrâneo no norte com o Golfo de Suez no sul, o canal segue uma fissura natural que em era geológica antiga pode ter unido os dois mares. Essa ligação aquosa estreitou-se sob a influência de clima, terremotos e outras forças geológicas. Ela é representada hoje em dia por lagoas pantanosas ao norte, os lagos menores de Ballah e Timsah, e os maiores Grande Lago Amargo e Pequeno Lago Amargo. Esses lagos podem ter sido mais extensos na época do Êxodo; a ponta do Golfo de Suez pode também ter se estendido mais para o interior.

Os engenheiros do Canal de Suez, sob a direção de Ferdinand Marie de Lesseps, tornaram público em 1867 o seguinte diagrama (Figura 52) de uma seção norte-sul do istmo mostrando os quatro espinhaços de terrenos elevados ao longo da linha. Foi sugerido que, se a barreira de água fosse praticamente contínua, esses espinhaços serviram como os quatro pontos de passagem na Antiguidade (Figura 53):

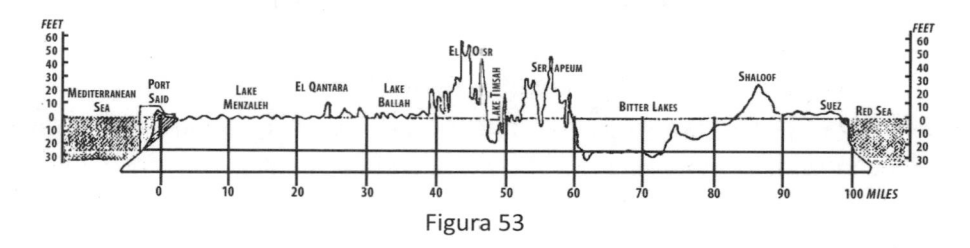

O Monte Fugidio 201

Figura 53

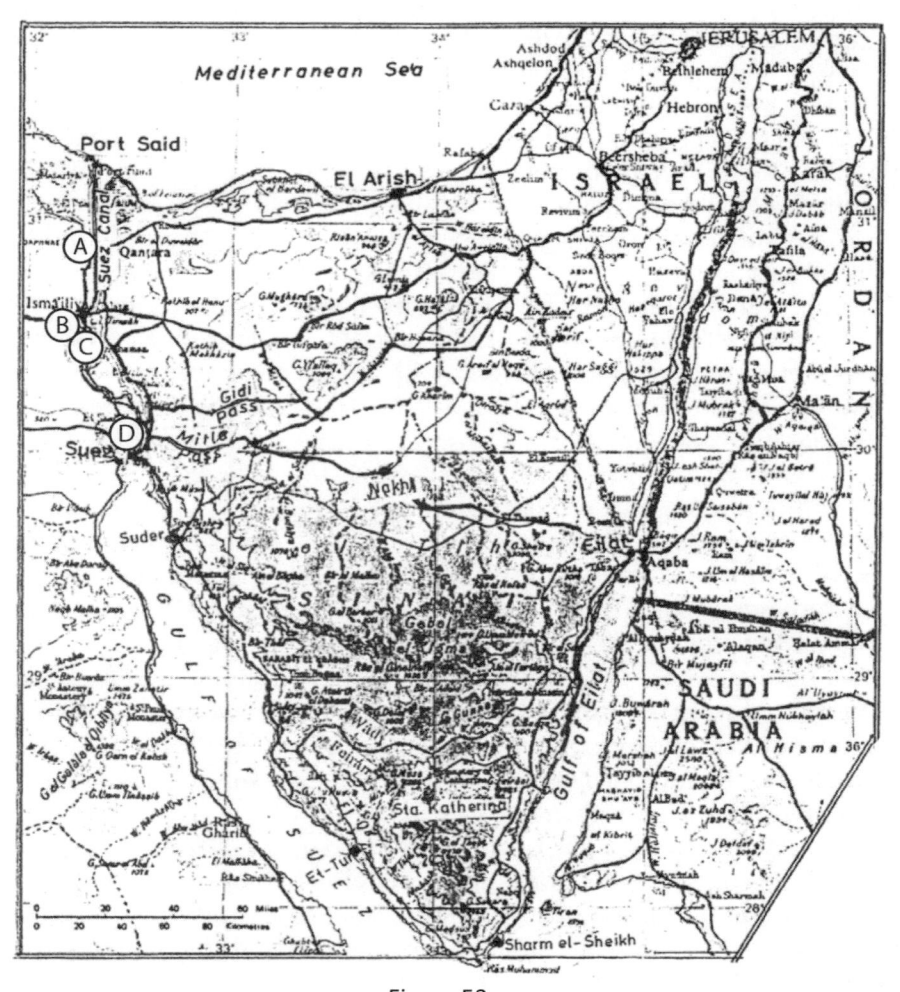

Figura 53

A) Entre as lagoas pantanosas de Menzaleh e o Lago Ballah.
B) Entre o Lago Ballah e o Lago Timsah.
C) Entre o Lago Timsah e os Lagos Amargos.
D) Entre os Lagos Amargos e o Golfo de Suez.

O coração do Egito, onde os históricos Alto Egito e Baixo Egito se encontram, é o ponto onde o Rio Nilo, tendo serpenteado seu caminho ao longo de 6.437 quilômetros das profundezas da África, de repente se dispersa para formar o Delta do Nilo. Lá, na Antiguidade, era o polo religioso-político-comercial de Memphis-Heliópolis e, em tempos modernos, está o Cairo. A partir desse centro, três rotas principais levavam às muitas terras da Ásia; as estradas e as rodovias de hoje ainda seguem esses antigos pontos de travessia.

As rotas gêmeas mais ao sul correm paralelas, tendo ligado Heliópolis e Memphis com os pontos de cruzamento "C" e "D" (Figura 53). Uma vez cruzado, lá fica uma faixa de deserto, depois o viajante chega à cordilheira de montanhas que sobe de modo abrupto, por volta de 457 metros. Duas passagens estão disponíveis para o viajante; ambas foram cenários de batalhas decisivas entre Israel e o Egito entre 1956 e 1973. Elas são *Giddi Pass* e *Mitla Pass*. (Quando os dois combatentes concordaram em separar as suas forças, foi apenas com a condição de que postos de monitoramento eletrônico, administrados pelos americanos, fossem instalados nessas duas passagens estratégicas.) Além das passagens, existem rotas que levam a nordeste, leste e sudeste.

Nos pontos de travessia, acima da ponta do Golfo, começa outra rota que vai para o sul, seguindo pela costa ocidental da península do Sinai. As noções antigas a respeito dos israelitas no Egito eram de que seriam escravos na construção das pirâmides de Gizé, perto de Memphis. Portanto, era lógico que pegariam a rota de fuga mais próxima, cruzando o ponto "D". Porém, quando o faraó mudou de ideia e não puderam passar por um ponto de travessia regular (e bem guardado), acabaram cruzando pelas águas da ponta do Golfo de Suez. Depois, pegando a rota para o sul marcharam em direção ao Monte Sinai – seja ele Mussa, Catarina ou Serbal.

Contudo, quando as descobertas arqueológicas começaram a se encaixar na imagem histórica, e fornecer uma cronologia precisa, ficou estabelecido que as grandes pirâmides foram construídas por volta de 15 séculos antes do Êxodo – mais de mil anos antes de os hebreus terem chegado ao Egito. Quando o século XIX entrou em seu último quarto, cada vez mais acadêmicos concordaram, os israelitas devem ter trabalhado na edificação da nova capital, que o faraó Ramsés II construiu por volta de 1260 a.C. Ela foi chamada de *Tanis* e estava localizada na parte nordeste do Delta.

A possibilidade de que a morada israelita – a terra de Goshen – fosse no nordeste, em vez de perto do centro do Egito, combinada com os dados de engenharia, começou uma série de novas teorias para a travessia. Um problema persistente com a teoria da travessia pelas águas da ponta do Mar Vermelho foi o termo hebraico *Yam Suff* que, literalmente, significa "Mar (ou Lago) de Juncos". Uma vez que essa descrição não se encaixa no Mar Vermelho, a cadeia de lagos rasos e pantanosos pareceu bem mais adequada.

De Lesseps, o mestre dos construtores do Canal de Suez, expressou a opinião de que a cadeia aquosa foi cruzada ao sul do Lago Timsah, no ponto "C". Outros, como Olivier Ritt (*Histoire de l'isthme de Suez*), concluíram a partir dos mesmos dados a respeito da topografia antiga que a travessia aconteceu em "D" pela cadeia de lagos, então estendida, em vez de pela atual ponta do Golfo. Ambos, contudo, conceberam a rota continental apenas em termos de uma virada para o sul, em direção ao Monte Sinai no sul da península.

Depois, em 1874, o egiptólogo Heinrich Karl Brugsch apresentou uma teoria revolucionária quando se dirigiu ao Congresso Internacional de Orientalistas. Apresentando argumentos fortes identificando a morada israelita e os pontos de referência ligados com sua escravidão e Êxodo (*Pithom, Succoth, Migdol,* etc.) na própria fronteira nordeste do Egito, sugeriu que os hebreus pegaram o ponto de travessia mais próximo e rota à mão: a mais ao norte "A" (Figura 53). As águas que cruzaram nem eram as do Mar Vermelho, ou os lagos que se estendiam acima dele, ele disse; foi o corpo de águas rasas, pântanos e bancos de areia na costa do Mediterrâneo conhecido como Mar Serbônico, ou (em árabe) o Mar de Bardawil.

Em meio às suas identificações impressionantes estava a de *Ba'al Zaphon* em frente de onde os israelitas esperaram para cruzar as águas. Ele apontou a ligação entre o nome desse lugar e o deus fenício *Ba'al Zaphon*, um protetor dos marinheiros; e mostrou que o banco de areia em arco que separava o Mar Serbônico do Mediterrâneo tinha um promontório chamado Zeus Cassius na Antiguidade – que era o nome grego para Ba'al Zaphon. Essa era uma prova conclusiva, ele sugeriu, de que os israelitas tinham cruzado por lá, e o "Mar de Juncos" era o Mar Serbônico.

Como se verificou, tal teoria de uma Travessia pelo Norte já tinha quas um século quando Brugsch a lançou, tendo sido sugerida em *Hamelsveld's Biblical Geography* em 1796, e por vários pesquisadores desde então. Contudo, Brugsch, como até seus opositores admitiram, apresentou a teoria com "uma série de alegadas evidências de confirmação a partir dos monumentos egípcios realmente brilhantes e deslumbrantes". Seu ensaio foi publicado no ano seguinte com o título *L'Exode et les Monuments Egyptiens*.

Brugsch percebeu que uma objeção importante para uma rota ao norte para Canaã – "O Caminho do Mar" – seria o fato de que ela estava fortificada e com guarnição ao longo do caminho. Esse fato é conhecido a partir de textos egípcios e de uma representação pictórica da rota costal ("A"), suas fortificações e poços por Seti I em uma parede de templo em Karnak. Em antecipação a tal objeção, Brugsch fez os israelitas entrarem em uma correria desde o Mar Serbônico por todo o caminho para o sul até Ayun Mussa, onde tomaram a rota sul tradicional.

Em 1883, Edouard H. Naville (*The Store City of Pithom and the Route of the Exodus*) identificou um local a oeste do Lago Timsah como Pithom. Tanis, a nova capital de Ramsés II, foi identificada como Raamses, outra cidade de trabalho escravo. A evidência acumulada, apresentada com habilidade por acadêmicos como Georg Ebers (*Durch Gosen zum Sinai*), indicou que a Goshen israelita se estendia do Lago Timsah para o oeste ao longo do *wadi* Tumilat – um vale pelo qual as águas doces do Nilo eram levadas por uma série de lagos pantanosos, e que serviu como rota nordeste do centro egípcio. Goshen, portanto, não estava no extremo nordeste do Egito, mas no centro de sua fronteira leste.

Os críticos de Brugsch – tão numerosos quanto seus apoiadores – que viram falha no raciocínio da "corrida do norte para o sul", agora ficaram convencidos de que ele estava errado colocando Goshen no extremo norte. H. Clay Trumbull (*Kadesh Barnea*) argumentou ainda que *Succoth* não era uma cidade, mas uma área de acampamento a oeste do Lago Timsah onde as caravanas se reuniam antes de deixar o Egito. *Migdol*, ele mostrou, não era um lugar específico, mas uma das várias torres fortificadas (que é o significado de *Migdol* em hebraico) que guardava a aproximação pelo leste ao Egito. Juntando a vasta literatura sobre o tema, que tinha sido publicada até então (1895), ele apresentou uma teoria: os israelitas foram para o norte, pelo ponto de travessia "A", mas, antes de chegarem a ele, o Senhor ordenou que voltassem (Êxodo 14:1-4) e foram para o sul, para cruzar no ponto "D". Perseguidos pelo faraó, acabaram cruzando miraculosamente pelas águas da ponta do Golfo.

Em 1897, Samuel C. Bartlett (*The Veracity of the Hexateuch*) tentou fechar o século com uma palavra final: a travessia foi em Suez; a rota foi para o sul; o Monte Sinai era o Monte Mussa.

Contudo, a palavra final ainda estava longe, pois ninguém até então tinha se deparado com uma questão simples: se os israelitas moravam na rota "B" e bem próximos do ponto "B" (figura 53) – por que não pegaram a saída mais próxima para a liberdade?

O Livro do Êxodo descreve vividamente não apenas a prontidão dos israelitas para partirem em cima da hora, mas também a ansiedade dos egípcios para verem eles partirem o mais rápido possível. Era meia-noite quando o Senhor castigou todos os primogênitos do Egito, "e (faraó) chamou por Moisés e Aarão à noite e disse: ergam-se e saiam do meio do meu povo... e os egípcios estavam estimulando o povo a se apressar, para mandá-los embora do território", pois os egípcios temiam que todos, e não só os primogênitos, seriam exterminados.

Por que, então, escolher um ponto de travessia que exigia uma marcha de vários dias pelas fronteiras do Egito, em vez de deixar o Egito de uma vez, como os israelitas e os egípcios desejavam?

# 10

Quando os Deuses, não os Homens, Percorreram o Novo Mundo

Artigo não publicado, escrito em 1992

No livro dos anos 1990 *Os Reinos Perdidos,* Sitchin discute seus achados nas Américas. Este artigo, não publicado, elabora seus pensamentos sobre esse tema fascinante dos primeiros visitantes do Novo Mundo.

O maior enigma para os primeiros conquistadores espanhóis, quando colocaram os pés pela primeira vez no Novo Mundo, foi quanto a cultura da América do Sul se parecia com a sua. A cultura que encontraram era uma alta cultura relativamente desenvolvida, com sistemas de governança completos, artes e religião. Os espanhóis ficaram ainda mais surpresos ao perceberem que os nativos não só cultuavam um deus de forma monoteísta, mas que também tinham familiaridade com o símbolo da cruz.

Então, Sitchin coloca uma questão: "Seria possível que o impossível tivesse acontecido – que de algum modo, em algum tempo no passado, pessoas do Velho Mundo vieram a essas terras, trazendo com elas as crenças religiosas, as estruturas sociais e a civilização do Velho Mundo –, mas há muito tempo para ser lembrado no Velho Mundo, vindos de uma época que precedeu o Cristianismo, há muitos milênios?". Explorações adicionais por parte de Sitchin revelaram semelhanças culturais fortes entre as civilizações Asteca, Maia e Inca. Mais impressionante ainda, parecia que os indígenas do Peru tinham conhecimento da Bíblia Hebraica e praticavam alguns dos rituais do Velho Testamento.

> Estudos posteriores envolvem os povos antigos da Mesoamérica: os olmecas, os quais, já foi comprovado, eram de raça "negroide" originais da África, que tinham vindo para a América do Sul em busca de ouro a ser minerado. As representações mais antigas desses olmecas mostram-nos com estrangeiros barbudos, incluindo o deus Quetzalcoatl. Sitchin continua para postular que esse deus Quetzalcoatl reverenciado era, de fato, o deus egípcio Thoth, que veio para a América do Sul para buscar ouro sob os auspícios dos Anunnaki, como o fez sua contraparte Viracocha.

NESTE ANO DE 1992, quando indicamos o 500º aniversário da descoberta da América por Colombo, nós também estamos indicando – sem saber – uma chegada *anterior* ao Novo Mundo.

De fato, a chegada de um novo povo (os espanhóis) ao Novo Mundo em 1492 apenas repetiu a saga da vinda não menos dramática, por lá, de pessoas de outro lugar, milênios antes – e, como o destino quis, a substituição da saga sobre a chegada de povos *de outro planeta* no planeta Terra.

As pistas estavam lá, o tempo todo, mas ou elas foram interpretadas de modo errôneo ou ignoradas – ou desacreditadas. A verdade sempre esteve lá, nas lendas dos "índios" nativos; porém suas histórias, fossem orais ou escritas em hieróglifos, foram tratadas como mito, como mitologia.

Por isso levamos todos esses séculos para redescobrir a verdadeira história das Américas, voltando ao tempo em que os deuses estavam, de fato, na Terra, e quando as migrações e os assuntos do homem estavam a serviço dos deuses.

AS SEMELHANÇAS ENIGMÁTICAS

Uma premissa básica que persistiu por todos os cinco séculos desde a descoberta da América, em 1492, foi a de que existia total ignorância sobre o Novo Mundo pelo Velho Mundo e vice-versa e, portanto, a conclusão de que os dois nunca estiveram em contato. Essa hipótese falaciosa que bloqueou o caminho para a verdade sobre as civilizações pré-colombianas nas Américas foi suspensa apenas temporariamente, quando os conquistadores perceberam as implicações do que tinham encontrado.

Quando os conquistadores espanhóis e outros europeus se deslocaram de uma terra conquistada para a outra nas Américas, ficaram atônitos ao estar diante de civilizações que eram muito semelhantes às do Velho Mundo: existiam reinados e reis, cortes reais e seus ministros e conselheiros, cidades e mercados, recintos sagrados, templos e sacerdotes, arte, poesia, literatura, comércio e indústria, exércitos e soldados. Como foi possível, os europeus se perguntaram, que em terras tão desconhecidas, distantes e isoladas, com as quais parecia nunca ter existido contato, tivessem sido criadas sociedades e civilizações tão semelhantes às do Velho Mundo?

Os nativos até tinham uma religião. Era uma religião pagã, com muitos deuses e deusas. Estava cheia de histórias incríveis sobre guerras e amores, alianças e ciúmes entre esses deuses, e genealogias complexas. Os sacerdotes católicos que chegaram à cena ficaram chocados e determinados a obliterar as crenças dos pagãos selvagens, e acabar com todas as estátuas e artefatos incrivelmente artísticos honrando aquele panteão.

Contudo, também foi igualmente surpreendente descobrir que, apesar da variedade confusa de deuses, os nativos falavam de *um* deus supremo, um Criador de Tudo. Os conquistadores tiveram de confrontar esse fato desconcertante desde o início, quando Cortes e seus homens encontraram os astecas e seu líder Montezuma. Como era possível que tais "selvagens" oferecessem preces a seu deus supremo, que chamavam de *Quetzalcoatl* ("A Serpente Emplumada") como esta:

> Você habita os céus,
> Você sustenta as montanhas...
> Você está em todos os lugares o tempo todo.
> A você se suplica, a você se roga.
> Sua glória é eminente.

Figura 54. Quetzalcoatl com seu escudo com o emblema da cruz.

E, para tornar as coisas mais difíceis no que dizia respeito à tentativa dos sacerdotes que estavam chegando para converter os pagãos ao Cristianismo, os "pagãos" já sabiam do *símbolo* da Cruz. Veneravam o símbolo como tendo significado celestial. Eles a representavam como um emblema de Quetzalcoatl em seu escudo (Figura 54).

A leste do Império Asteca, com sua capital Tenochtitlan (hoje em dia a Cidade do México), estão as terras maias. E lá, também, o Deus Supremo era a "Serpente Emplumada" na língua maia chamada *Kukulkan*.

Seria possível ter acontecido o impossível – que, de alguma forma, em alguma época do passado, pessoas do Velho Mundo tivessem vindo para essas terras, trazendo com elas as crenças religiosas, as estruturas sociais e a civilização do Velho Mundo –, mas há um tempo longínquo demais para ser lembrado no Velho Mundo, de uma era que precedeu o Cristianismo, há muitos milênios?

LENDAS DO DEUS QUE RETORNA

Tais pensamentos ocorreram aos europeus que estavam chegando, não só por causa das semelhanças óbvias, mas também pela lenda que era central para as crenças astecas: a *Lenda do Regresso*. Quetzalcoatl, eles disseram, depois de dar a civilização ao povo do México pré-histórico, foi embora desaparecendo pelas águas em direção ao leste. Porém, antes de partir, ele prometeu voltar.

De acordo com as lendas astecas, Quetzalcoatl foi forçado pelo maldoso Deus da Guerra a deixar as terras dos astecas (México central). Com um grupo de seguidores ele foi para o leste, para a península de Yucatán, de onde decolou em direção ao horizonte leste. Contudo, prometeu voltar, e deu uma data: voltarei, ele disse, no dia de meu aniversário, "I Junco".

No calendário asteca, o ciclo de anos completava-se a cada 52 anos; portanto, o ano da volta prometida poderia ocorrer uma vez a cada 52 anos. No calendário cristão paralelo, "I Junco" ocorreu em 1363, 1415 e 1467 – e de novo no ano de 1519. Aquele foi, *precisamente*, o ano em que Cortes e seu bando chegaram aos domínios astecas, tendo navegado de Cuba em comando de uma armada de 11 navios, por volta de 600 homens e muitos cavalos. Quando navegaram ao longo da costa de Yucatán, passaram pelas terras maias e aportaram no que era o reino asteca. Quando estavam montando seu posto avançado, chamando-o de Veracruz (como ainda é chamado), ficaram surpresos ao verem uma procissão de emissários do rei asteca oferecendo-lhes saudações e presentes sofisticados. Aquelas eram as boas-vindas dos astecas para o

Regresso do Deus que prometeu voltar, com *seus seguidores barbados*, no ano I Junco. Em outras palavras, os astecas deram as boas-vindas aos conquistadores porque foram considerados cumprindo a lenda do regresso de Quetzalcoatl!

A surpresa de descobrir nessas terras, além de grandes oceanos, crenças e civilização semelhantes às da Europa e do Oriente Médio antigo, foi multiplicada quando os espanhóis chegaram ao Peru, na América do Sul. Lá descobriram não só os mesmos aspectos sociais de reinos e reis, templos e sacerdotes, mas também uma semelhança entre as lendas dos deuses na Mesoamérica e as lendas da América do Sul – especialmente diante da presunção de que os dois não estavam em contato um com o outro.

Figura 55. Viracocha na Porta do Sol, Tiahuanaco (Bolívia).

Lá, na América do Sul, no Império Inca, o Criador Supremo era chamado de *Viracocha*, um grande deus do Céu e da Terra que veio aos Andes nos tempos antigos. De acordo com as lendas, sua principal morada era às margens do Lago Titicaca (agora dividido entre o Peru e a Bolívia), onde as ruínas enigmáticas de uma cidade megalítica chamada Tiahuanaco estão situadas e onde duas pequenas ilhas, ligadas a essas lendas, ainda são chamadas de Ilha do Sol e Ilha da Lua.

Foi de uma caverna de lá que Viracocha, criando quatro irmãos e quatro irmãs, lhes deu uma varinha mágica e lhes contou aonde irem para começar um reino e uma civilização na América do Sul. A cidade é a que era chamada (na época e agora) Cuzco, a capital inca.

Quando tudo foi executado, os deuses do Sol e da Lua, que estavam ajudando Viracocha, voltaram para o céu. Em outra versão dessas lendas, os dois ajudantes eram filhos de Viracocha, que foram enviados para transmitir a civilização. Em ambas as versões, no fim, Viracocha e seus ajudantes se encontram na praia, na costa do Pacífico "de onde eles subiram aos céus".

Figura 56. A Porta do Sol, Tiahuanaco.

Viracocha foi retratado, em pinturas e esculturas (por exemplo, na famosa Porta do Sol em Tiahuanaco), segurando um machado em uma das mãos e, na outra, um raio (Figuras 55 e 56). Para os incas, os rifles dos espanhóis que atiravam "raios" pareciam uma confirmação de que, de fato, o povo de Viracocha tinha voltado. Como no México, isso tornou a conquista espanhola muito mais fácil.

LENDAS DA CRIAÇÃO E O DILÚVIO

Já intrigados pelas semelhanças entre as civilizações americanas com as do Velho Mundo, e entre as dos astecas, maias e incas, os europeus ficaram ainda mais surpresos ao descobrirem que nas regiões *mais distantes* as semelhanças pareceram indicar algum conhecimento sobre a Bíblia e os costumes bíblicos!

Entre os indígenas do Peru, os costumes incluíam o Festival dos Primeiros Frutos, como mandava a Bíblia. Um Banquete de Expiação no fim de setembro correspondia em suas características ao Dia da Expiação judaico. O rito da circuncisão foi mantido; também o costume de abstenção do sangue da carne animal. Existia uma proibição contra comer peixe sem escamas – todos os aspectos mais importantes das regras para o alimento kosher ("próprio, aceitável") no Velho Testamento. No Festival dos Primeiros Frutos, os indígenas cantavam as palavras místicas *Yo Meshica, He Meschica, Va Meschica;* para os sacerdotes-eruditos espanhóis que tinham seguido os conquistadores, a palavra "Meschica" soou claramente como o termo Maschi'ach – a palavra Hebraica para "Messias".

Mais ainda, esses sacerdotes-eruditos descobriram que entre as lendas locais existiam histórias que pareciam ter sido aprendidas na aula dominical da Bíblia; histórias da criação do primeiro casal humano – um "Adão e Eva"; e histórias de uma Grande Enchente, o Dilúvio, que varreu a Terra e destruiu tudo, exceto um casal.

No México, lendas na língua nahuatl (a língua dos astecas e de seus predecessores, os toltecas) diziam que o Criador-de-Tudo, depois de configurar o Céu e a Terra, moldou um homem e uma mulher em argila para começar a humanidade. Contudo, todos os homens e mulheres da Terra foram destruídos em uma grande inundação, exceto por um sacerdote e sua esposa que, levando consigo sementes e animais, flutuaram em um tronco escavado até que a enchente cessou.

Lembranças de um Dilúvio estavam em quase todas as versões na América do Sul, tanto na língua quéchua dos incas como na língua aimará de seus predecessores. De acordo com o padre Molina (*Relación de las fábulas y ritos de los Yngas*), que compilou as várias versões, os indígenas "tinham todo um relato do Dilúvio; eles dizem que todo povo e todas as criaturas pereceram nele, as águas tendo subido acima de todas as montanhas mais altas do mundo. Nenhuma coisa viva sobreviveu, exceto um homem e uma mulher que permaneceram em uma caixa".

Por todas as Américas, lembranças de tempos antigos estavam divididas em eras chamadas de "Sóis". A versão mais clara dessa divisão é

Figura 57. Pedra Calendário Asteca mostrando as eras dos Cinco Sóis.

a expressa no Calendário Asteca, como a Grande Pedra do Calendário descoberta no recinto sagrado pré-conquista dos astecas da Cidade do México. O painel central, representando o que os astecas acreditavam ser sua própria Era do Quinto Sol, estava cercado por símbolos das quatro eras passadas, cada uma destruída por uma calamidade diferente: Água (o Dilúvio), Vento, Terremotos e Tempestades, e o Jaguar (animais selvagens).

AS TRIBOS PERDIDAS DE ISRAEL?

Em busca por explicações para essas semelhanças enigmáticas aos costumes bíblicos e a ecos de histórias bíblicas da criação e do Dilúvio, ocorreu aos europeus que estavam chegando que poderia existir uma explicação simples: que os indígenas da América eram, de algum modo, descendentes das Dez Tribos Perdidas de Israel – as tribos que foram exiladas e espalhadas pelos assírios quando conquistaram a Judeia no

Figura 58. Obelisco negro de Shalmaneser, rei da Assíria, mostrando o rei israelita se curvando.

século VII a.C. Isso também explicaria as semelhanças organizacionais (reis, cortes reais), religiosas (templos, sacerdotes) e a crença em um "Criador de Tudo".

Se não o primeiro a pensar a respeito, com certeza o primeiro a expor a teoria em um único manuscrito foi o frei dominicano Diego Duran, que foi levado à Nova Espanha com a idade de 5 anos. Principalmente em seu segundo livro *Historia de las Indias de Nueva España*, depois de analisar muitas semelhanças – ele afirmou com convicção sua conclusão de que "os nativos das Índias e o continente desse novo mundo" eram "judeus e hebreus". Esses nativos, ele escreveu, "eram parte das dez tribos de Israel que Shalmaneser, rei dos assírios, capturou e levou para a Assíria".

Entre as lendas que o frei Diego Duran reuniu, uma que mais impressionou aos seus leitores foi a história dos "gigantes, não tendo encontrado um modo de alcançar o Sol, decidiram construir uma torre tão alta que seu cume chegaria aos céus". Que os nativos na América pelo menos saberiam a história da Torre de Babel (contada na Bíblia no Capítulo 11 do Gênesis) pareceu um argumento convincente de que, de fato, os ancestrais dos indígenas eram israelitas que se espalharam por lugares distantes depois de terem sido levados para a Mesopotâmia (Assíria-Babilônia), onde aconteceram os fatos da Torre de Babel (o nome da cidade Babilônia em inglês significava na língua antiga "Passagem para os Deuses").

A teoria das Dez Tribos Perdidas de Israel se tornou a favorita para explicar os enigmas encontrados no Novo Mundo, e foi a teoria científica básica durante os séculos XVI e XVII. Mantinha-se que, quando os exilados continuaram a migrar para leste, encontraram o Extremo Oriente e, de algum modo, cruzaram o Oceano Pacífico, chegando às Américas. Tais teorias pareciam receber corroboração de outras lendas – por todas as Américas – de que os primeiros colonos chegaram àquelas terras por balsas atravessando o Oceano Pacífico e aportando no Cabo Santa Helena, no Equador. Esse foi o lugar onde o continente sul-americano se projetou no oceano para oeste, para se tornar o ponto continental mais próximo quando se navega para leste no Pacífico.

Vários cronistas, entre eles Juan de Velasco, registraram lendas de acordo com as quais antes desses colonos humanos existiam "gigantes" no cabo, para quem os colonos construíram templos nos quais cultuavam um panteão de 12 deuses. O líder desses colonos, de acordo com tais lendas detalhadas, era chamado Naymlap. Ele encontrou o caminho pelo oceano e foi informado sobre onde aportar com a ajuda de uma pedra verde que podia pronunciar as palavras ditas pelo Grande

Deus. Depois que as pessoas aportaram no cabo, o deus deu instruções aos colonos – de novo falando por meio da pedra verde – sobre as artes da agricultura, artesanato e construção.

A ERA DO "LÓGICO" E RIDÍCULO

O que pareceu aos exploradores e investigadores do século XVI e XVII como explicações simples para todas essas lendas e enigmas, se tornaria tema de "análise lógica" e, portanto, do ridículo nos séculos XVIII e XIX.

Com o advento do conhecimento científico, as histórias folclóricas e lendas locais foram descartadas como primitivas e sem valor científico. A ocupação das Américas, passou a ser mantido pelos acadêmicos, ocorreu pela migração por meio da travessia do Estreito de Bering – onde o Alasca se estende em direção à Ásia – durante a última Era do Gelo, quando o gelo criou uma ponte entre os continentes asiático e americano. Depois, gradualmente, os colonos se espalharam em direção ao sul até chegarem à parte mais ao sul da América.

Todo argumento sobre povos antigos – "perdidos", israelitas, fenícios náufragos e coisas do gênero –, sendo capazes de navegar pelos oceanos Pacífico ou Atlântico, foi considerado tolo e infantil porque a lógica ditava que ninguém poderia cruzar os oceanos em embarcações primitivas. Mesmo as histórias da chegada dos pré-colombianos nas Américas, por exemplo, por nórdicos ou irlandeses, foram descartadas. Tinha de ser migrantes cruzando o Estreito de Bering, e nada mais era aceitável.

Em minhas obras, especialmente no livro *Os Reinos Perdidos*, que lida com essas questões, questionei essa "lógica" com mais lógica. Se aqueles que (de acordo com essa teoria) caminharam pelo gelo para as Américas, da Ásia, foram os *primeiros* assentados – por que passariam pela dificuldade de se movimentar, com mulheres e crianças, atravessando milhares de quilômetros de gelo se não sabiam o que estava adiante... Se não sabiam que havia terras férteis "lá adiante"? Se ninguém esteve lá antes, como eles poderiam saber que encontrariam terras habitáveis, e não mais gelo e mais mar?

Quando os israelitas deixaram o Egito (eu escrevi, em 1985) e perambularam pelo deserto por 40 anos, aceitaram a dificuldade porque Deus lhes disse que no fim chegariam a uma terra fértil, a uma terra de leite e mel, onde toda a perambulação e caminhada no deserto provariam ter valido a pena.

Então, escrevi, aqueles que alegam que os primeiros colonos simplesmente continuaram andando por milhares de quilômetros de gelo estão ou completamente errados, ou têm de aceitar as lendas que enunciam que Deus, falando por uma pedra verde ou de algum outro modo, disse aos primeiros colonos para onde irem. E se foi assim, não passaram anos se movimentando através de uma camada de gelo, mas navegaram em barcos...

Tenho o prazer de dizer que, nos últimos dois ou três anos, os cientistas mudaram de opinião descartando a teoria da "caminhada pela camada de gelo". Arqueólogos e paleontólogos encontraram restos de assentamentos humanos, mais para o sul do que ao norte, remetendo a bem antes da suposta época do congelamento do Estreito de Bering. Agora é cada vez mais aceito entre os cientistas que *pessoas do Velho Mundo chegaram às Américas em barcos* – bem antes dos maias (que eram retardatários), dos astecas e toltecas e, com certeza, bem antes dos incas (cujo império, estendendo-se do Equador ao Chile, começou apenas em 1021 a.C.).

Contudo, como as pessoas puderam atravessar dois oceanos ameaçadores naqueles tempos antigos?

Os cientistas ainda não responderam. Porém, os povos antigos dizem: eles atravessaram *sob o comando dos deuses e com sua ajuda*.

IDENTIFICANDO OS PRIMEIROS COLONOS

Quem foram os primeiros portadores da civilização (tão distinta dos povos primitivos da Idade da Pedra)? Por sorte, eles deixaram para trás evidências não apenas de sua presença, mas também os seus *retratos*.

Hoje os acadêmicos reconhecem que na Mesoamérica (que inclui México, América Central e, às vezes, também as partes mais ao norte da América do Sul) a primeira civilização de verdade reconhecível foi a de um povo chamado olmecas. Habitando, em sua maior parte, a área que se estende desde o México central até as fronteiras de Yucatán, e da costa do Golfo do México às praias do Pacífico no Sul, seu reino estava em pleno florescimento cerca de 1500 a.C. Ninguém sabe ao certo quando começou – pelo menos mil anos mais cedo. É certo, contudo, que por volta de 800 a.C. sua civilização declinou, para ser substituída pelas tolteca, asteca e maia posteriores.

Os olmecas deixaram para trás grandes cidades, entre elas Tres Zapotes, La Venta e San Lorenzo. Ali, foram encontradas estátuas, pirâmides e trabalhos na terra impressionantes. A primeira escrita em glifo mesoamericana começou nas terras olmecas. Também foi aí que se iniciou o sistema de numeração. Mais ainda, o sistema de calendário

Figura 59. Retratos esculpidos em pedra dos olmecas.

Figura 60. Uma cabeça de pedra gigante olmeca no Museu Parque Villahermosa, Yucatán, México.

Figura 61. A expedição com uma cabeça de pedra gigante olmeca em Jalapa, México.

Figura 62. Mineradores olmecas, com ferramentas de mineração.

conhecido como Contagem Longa principiou lá. Esse é o sistema de contagem que conta o número de dias passados de fato a partir de um início enigmático no ano 3113 a.C.

Em *Os Reinos Perdidos*, sugeri uma solução para o quebra-cabeça dessa data; nós retornaremos para olhar para ele mais tarde neste artigo.

Quem foram os olmecas, de onde vieram, onde sua civilização se originou?

Seus "retratos" não deixam dúvidas sobre *quem* eram. De cabeças colossais de pedra a inúmeras pequenas estátuas e monumentos, está claro que eram africanos de raça negroide (Figuras 59, 60 e 61). Comparações entre esses retratos em pedra e tipos tribais da África atual mostram que vieram do oeste africano, de uma região conhecida antes como Costa Dourada e, hoje, como o país chamado Gana.

Por que vieram? A resposta também é dada por esses monumentos. Os olmecas, em geral, são retratados segurando certas ferramentas (Figura 62) – e via de regra dentro de cavernas ou outros espaços ocos dentro de uma montanha. De vez em quando, seus chefes são mostrados utilizando um tipo de aparato flamejante que é usado para cortar as rochas ou fundir as pedras. Não deve existir dúvida de que essas representações nos dizem *por que* os olmecas vieram da África para a Mesoamérica: para serem *mineiros*, para extrair certos minerais das profundezas da terra. E o mineral ou metal que procuravam era *ouro*.

OS "BARBUDOS"

O dispositivo flamejante, ou lança-chamas, usado para as operações de mineração aparece em duas situações ligadas aos deuses mesopotâmicos.

Uma situação foi e continua sendo a mais enigmática. Diz respeito a um número de figuras gigantescas esculpidas em pedra que ficam no topo de uma pirâmide sagrada na cidade chamada Tollan (a norte da Cidade do México), a antiga capital dos toltecas (o povo que precedeu os astecas). Cada um desses gigantes está armado com um desses lança-chamas, mantido em um coldre no lado direito do quadril. Em uma das colunas quadradas entalhadas, que seguram o teto do templo onde esses gigantes, chamados popularmente de *"atlantes"* * ficavam, o uso lança-chamas para cortar e fundir rochas é demonstrado com precisão (Figura 63).

A outra representação de um deus usando, de fato, o aparato flamejante foi encontrada entre as esculturas de pedra dos olmecas. Ela

---

*N. E.: Sitchin os chama de "atlantes" em seus trabalhos publicados.

Figura 63. "Atlantes" armados com lança-chamas.

Figura 64. Desenhos das colunas esculpidas em pedra.

Figura 65. Um olhar mais detalhado do lança-chamas
e seu coldre.

Figura 66. Os "barbados" do Oriente Médio antigo.

mostra o deus chamado na língua nahuatl de Tepeyolloti, significando "Coração da Montanha". Ele foi cultuado em cavernas ou minas dentro de montanhas. O glifo que o simbolizava era uma montanha perfurada. Era representado segurando sua ferramenta – um lança-chamas ou fundidor de pedra. *E ele tinha barba.*

A própria ideia de um deus *barbado* parece estranha, pois os indígenas nativos – por todas as Américas – não possuem pelos faciais. Onde adquiriram a noção de que outros povos podiam ter barba, a não ser que tenham, de fato, visto essas pessoas? De onde eles tiraram a noção de um deus ou deuses barbados – a não ser que fosse como, realmente, os deuses se pareciam?

Na verdade, era um Quetzalcoatl *barbado,* cuja volta os astecas estavam esperando – confundiram os espanhóis barbados liderados por Cortes com os deuses em regresso...

O fato é que pessoas barbadas, por certo, tinham vindo à Mesoamérica e à América do Sul muito tempo antes de Colombo. Seus retratos também foram deixados para trás, como evidência irrefutável. Na maioria dos casos, eles são mostrados junto aos olmecas. Isso significa que estavam presentes na Mesoamérica já em 1500 a.C.

QUETZALCOATL: O DEUS EGÍPCIO THOTH

Agora podemos resolver o quebra-cabeça de quando, por que e quem se fixou na Mesoamérica milhares de anos antes de Colombo, e pelo menos mil anos antes de toltecas e astecas, 2 mil anos antes dos maias.

Eles vieram do Velho Mundo, como mineradores de ouro do oeste da África – acompanhados e assistidos, um pouco mais tarde, por pessoas do Oriente Médio antigo.

Eles puderam vir, e seus metais puderam ser transportados, porque essa era a vontade dos deuses.

E o deus da Serpente Emplumada – Quetzalcoatl, Kukulkan – estava liderando todos eles.

Quando chegaram pela primeira vez àquelas terras? O calendário da Contagem Longa começado pelos olmecas nos dá a resposta: 3113 a.C.

Como já mostrei com grandes detalhes em meus livros anteriores (*O 12º Planeta, O Caminho para o Céu* e *As Guerras dos Deuses e dos Homens*), aquele ano exato foi quando, no Egito, o deus dos egípcios chamado Thoth, o deus da ciência e do calendário, foi *exilado* como resultado das lutas entre os deuses. *Quetzalcoatl, mostrei, não era outro que não Thoth.*

Uma de suas tarefas no Egito antigo era ser o "guardião dos segredos das pirâmides". Possuindo aquele conhecimento, supervisionou a construção das duas maiores pirâmides do México em um local colossal chamado Teotihuacán (a norte da Cidade do México). Lá, uma avenida que se estende por quilômetros, como se fosse uma pista de aterrissagem e decolagem, liga a Pirâmide do Sol e a Pirâmide da Lua (Figura 67).

Teotihuacán era principalmente um centro para o processamento de minerais. As operações de mineração sob os auspícios de Quetzalcoatl/Thoth se estenderam por toda a América do Sul. Lá, no norte do Peru, em um lugar chamado Chavín de Huántar, o reino de Thoth chegou a sua fronteira mais ao sul; pois aí encontra o reino de outro deus do Velho Mundo – o deus das tempestades, o Deus dos Raios.

QUEM FOI VIRACOCHA?

Aquele era o reino de Viracocha, o deus que encabeçava o panteão sul-americano, o deus que figurava nas várias histórias da Criação.

Evidência arqueológica e lendária não deixa dúvida de que ele, também, tinha vindo para a América do Sul em conexão com as operações de mineração – primeiro ouro, depois estanho para fazer bronze (misturando-o com cobre). Seus domínios também tinham pirâmides, mas eram mais parecidas com as torres de degraus (zigurate) mesopotâmicas do que com as pirâmides com lados planos do Egito.

Ele também trouxe seus seguidores, mas não eram africanos do oeste. Como os "retratos" esculpidos em pedra mostram de modo claro, eram de raça indo-europeia. Sugeri em meus livros que eram *hititas* da Anatólia (hoje Turquia), os maiores especialistas em mineração do Oriente Médio.

Seu centro de mineração era Tiahuanaco – o mesmo lugar às margens do Lago Titicaca que os incas e lendas pré-incas consideraram a

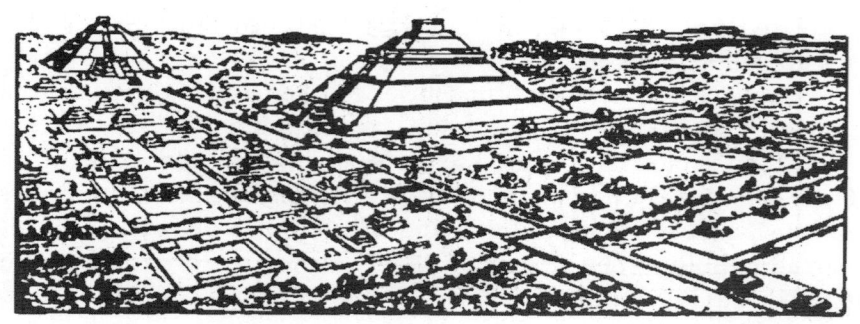

Figura 67. As pirâmides e a longa avenida em Teotihuacán, México.

cidade mais antiga da América do Sul. Estudos baseados em arqueoastronomia confirmam a minha conclusão de que a cidade começou no quarto milênio antes de Cristo – por volta de 6 mil anos atrás.

Quem foi Viracocha?

Sua história não começa nem nas Américas nem no Egito, mas na antiga Suméria, o local da primeira civilização humana conhecida. Ela floresceu, de repente, no sul da Mesopotâmia (hoje Iraque) por volta de 6 mil anos atrás.

Cada "ineditismo" que consideramos essencial para a civilização – a roda, o forno, a escrita, a matemática, a ciência, a arte, a religião, etc. –, cada um desses aspectos de uma civilização avançada começou na Suméria. O mais impressionante entre todos foi o conhecimento sumério de astronomia, pois sabiam que o Sol (não a Terra) está no centro, sabiam sobre (e descreveram) todos os planetas que conhecemos – até os distantes Urano, Netuno e Plutão, e declaravam que existe *mais um planeta* em nosso sistema solar. Eles o chamavam NIBIRU, significando "Planeta da Travessia". Seu símbolo era a cruz (Figuras 68 e 69) e, de acordo com os sumérios, em sua vasta órbita que dura 3.600 anos terrestres, ele chega perto de nós, entre Marte e Júpiter, uma vez a cada 3.600 anos.

Figura 68. A cruz, o símbolo de Nibiru.

Figura 69. Um selo cilíndrico mostrando um grupo de lavradores olhando para Nibiru, o 12º planeta, ilustrado com seu símbolo da cruz.

Em tais ocasiões, os sumérios afirmavam, que visitantes de Nibiru iam e vinham entre seu planeta e o nosso planeta Terra.

Os sumérios chamavam esses visitantes – os "deuses" antigos – de ANUNNAKI, significando "Aqueles que desceram dos céus". Foram os Anunnaki, os sumérios escreveram em tabuletas de argila, que deram a civilização à humanidade. As histórias bíblicas da Criação, agora, os acadêmicos sabem, são apenas versões resumidas de textos sumérios muito mais detalhados. As histórias de como a Terra foi criada, de como "O Adão" foi criado, do Jardim do Éden, do Dilúvio ou da Torre de Babel – todas eram registros sumérios do que, de acordo com eles, tinha acontecido de verdade com a Terra. Essa é a razão pela qual chamo a série de meus livros de As Crônicas da Terra.

O deus chamado Viracocha, na América do Sul, não foi outro que não o deus chamado pelos sumérios de Ishkur ("Ele das Montanhas") e pelos semitas posteriores de *Adad,* o deus das tempestades e dos raios.

"ELDORADO" DOS CÉUS

A conquista europeia das Américas, com toda a avareza e crueldade que a acompanharam, foi motivada (depois das primeiras descobertas) pela cobiça dos deuses, a busca por *El Dorado,* o local do rei lendário que tinha tanto ouro que ele se banhava em ouro todos os dias.

O fato é que, antes dos conquistadores, os "deuses" – os Anunnaki – tinham chegado ao Novo Mundo pelo mesmo motivo. Milhares de anos antes de Colombo *eles* vieram para as Américas em busca de ouro, trazendo os mineradores e os especialistas em metalurgia do Velho Mundo.

De fato, a razão verdadeira de os Anunnaki terem vindo à Terra foi a necessidade de ouro. Em seu planeta, a atmosfera estava se esgotando e a vida em Nibiru corria risco de extinção. Seus cientistas decidiram que eles poderiam sobreviver apenas criando um escudo de partículas de ouro suspensas acima de sua atmosfera. Ao descobrirem a presença de ouro na Terra, os Anunnaki vieram para cá por volta de 450 mil anos atrás. Primeiro, tentaram obter ouro das águas do Golfo Pérsico. Quando a tentativa falhou, começaram a minerar ouro no sul da África.

Acontece que depois veio o Dilúvio e tudo nas terras antigas foi coberto pelas enchentes. Então, uma nova fonte de ouro teria de ser encontrada. Essa fonte foi o Novo Mundo, as Américas.

A história de deuses e homens da Terra não pode ser compreendida sem os papéis de Nibiru, dos Anunnaki e da busca por ouro.

A história das Américas é parte de uma história maior. O que aconteceu nas Américas – bem antes de Colombo – também não pode ser entendido sem Nibiru, os Anunnaki e a busca por ouro.

Já que as pessoas nas Américas – e em especial nos Andes ou no vasto vale da Amazônia – veem óvnis nos céus, elas deviam saber que isso é apenas uma lembrança de que *o presente e o futuro têm seu eco no passado: o tempo quando os deuses, e não os homens, andaram pelo Novo Mundo.*

11
Cidades Perdidas e Encontradas

Compilação da obra
Os Reinos Perdidos *(capítulo 9)*

Em *Os Reinos Perdidos*, Sitchin discute suas descobertas quando dizem respeito às Américas. Ele escreve sobre civilizações antigas que começaram às margens do Lago Titicaca, com rochas monolíticas semelhantes às encontradas em Baalbeck, no Líbano, evidências de povos semíticos, africanos e indo-europeus terem estado nas Américas em tempos antigos, templos alinhados aos solstícios e equinócios, e áreas sagradas que parecem ter sido utilizadas na prática de metalurgia. Uma vez que o ouro era de importância fundamental para os Anunnaki, e dada a abundância dele nessas regiões, não causa surpresa que pudessem explorar e tirar partido dos recursos minerais disponíveis.

    As histórias e as lendas transmitidas pelo povo local, e preservadas em desenhos e outras inscrições apresentam a descrição de um panteão semelhante ao encontrado em outras partes do mundo. As histórias do Dilúvio, da "Torre de Babel", etc. são ecoadas nessas regiões, embora arqueólogos mais modernos ainda não estejam convencidos de que houve viagens entre os continentes naqueles tempos. Aqui, de novo, as teorias de Sitchin iniciam um novo paradigma para os fatos registrados em desenhos e artefatos cotidianos. Se acreditamos na tecnologia dos Anunnaki, podemos imaginar com facilidade as viagens entre as regiões nos tempos remotos. As histórias sobre aeronaves pessoais disponíveis para os Anunnaki, aparatos de

> comunicação e equipamento sofisticado, que podia cortar e transportar pedras grandes, criam uma compreensão sobre como ocorrências no Velho Mundo e no Novo Mundo podem ter feito parte da mesma história, compartilhada pelos deuses que puderam viajar e interagir com povos de ambas as regiões.

A DESCOBERTA DA HISTÓRIA DO GÊNESIS, em sua versão original mesopotâmica, representada no templo inca Lugar Sagrado, dá margem a muitas perguntas. A primeira e mais óbvia é: como os incas ficaram sabendo dessas histórias, não apenas quanto ao aspecto geral pelo qual elas ficaram conhecidas universalmente (a criação do primeiro casal, o Dilúvio), mas também como seguem o Épico da Criação, incluindo o conhecimento de um sistema solar completo e da órbita de Nibiru?

Uma resposta possível é que os incas possuíam esse conhecimento desde um tempo imemorial, trazendo-o com eles para os Andes. A outra possibilidade é que tinham escutado de outros que encontraram nessas terras.

Na falta de registros escritos, como se encontra no Oriente Médio, a escolha de uma resposta depende em algum grau de como se responde a outra pergunta: quem, de fato, eram os incas?

A *Relação* de Salcamayhua é um bom exemplo da tentativa dos incas de perpetuarem um exercício em propaganda estatal: a atribuição de um nome reverenciado *Manco Capac* ao primeiro monarca inca, Inca Rocca, para fazer com que o povo subjugado por eles acreditasse que o primeiro inca foi o "Filho do Sol" original, recém-saído do lago sagrado Titicaca. De fato, a dinastia inca começou por volta de 3.500 anos depois daquele início sacralizado. Além disso, a língua falada pelos incas era o quéchua, a língua do povo do centro-norte dos Andes, enquanto, nas terras altas do Lago Titicaca, o povo falava aimará. Essa e outras considerações levaram alguns acadêmicos a especular que os incas eram retardatários que tinham chegado do leste, fixando-se no vale de Cuzco, que faz fronteira com a grande planície da Amazônia.

Esse fato em si não descarta uma origem ou ligação dos incas com o Oriente Médio. Embora a atenção tenha sido focada nas ilustrações feitas na parede acima do Altar Principal, ninguém se perguntou por que, no meio das pessoas que fizeram as imagens de seus deuses, e que colocaram seus ídolos em santuários e templos, não existe nenhum ídolo no grande templo inca, nem em qualquer outro santuário inca.

Os cronistas relataram que um "ídolo" era carregado durante algumas celebrações, mas era a imagem do Manco Capac, não a de um deus. Também relatam que em certo dia santo um sacerdote ia a uma montanha distante sobre a qual existia um grande ídolo de um deus, e lá ele sacrificava uma lhama. Porém, a montanha e seu ídolo eram de tempos pré-incas, e a referência podia muito bem ser ao templo de Pachacámac na costa (sobre o qual já escrevemos).

Curiosamente, os dois costumes estão alinhados aos mandamentos bíblicos dos tempos do Êxodo. A proibição de fabricar e cultuar ídolos estava nos Dez Mandamentos. E no Dia da Expiação um sacerdote tinha de sacrificar um "bode do pecado" no deserto. Nunca ninguém ressaltou que o *quipos* usado pelos incas para lembrar episódios – fitas de cores diferentes que tinham de ser de lã, com nós em posições distintas – era em feitura e propósito similar ao *tzitzit*, "franjas no canto de um fio azul", que era ordenado aos israelitas prenderem a suas vestes como um modo de lembrarem os Mandamentos de Deus. Há a questão das regras de sucessão, pelas quais o herdeiro legal era o filho com uma meia-irmã – um costume sumério seguido pelos patriarcas hebreus. E havia o costume da circuncisão na família real inca.

Arqueólogos peruanos relataram descobertas intrigantes nas províncias amazônicas do Peru, incluindo as aparentes ruínas de cidades construídas em pedra, em especial nos vales dos Rios Utcubamba e Marañón. Sem dúvida, existem "Cidades Perdidas" nas regiões tropicais, mas em alguns exemplos as descobertas anunciadas são realmente expedições para sítios conhecidos. Tal foi o caso das notícias em manchete de Gran Patajen em 1985 – um sítio visitado pelo arqueólogo peruano F. Kauffmann-Doig e o americano Gene Savoy 20 anos antes. Houve anúncios de avistamentos aéreos de "pirâmides" no lado brasileiro da fronteira, de cidades perdidas como Akakor, e histórias indígenas sobre ruínas com tesouros incalculáveis. Supõe-se que um documento no arquivo nacional no Rio de Janeiro seja um relatório do século XVIII registrando uma cidade perdida na floresta amazônica vista por europeus em 1591. O documento até transcreve um manuscrito encontrado lá. Essa foi a razão principal para uma expedição feita pelo coronel Percy Fawcett, cujo desaparecimento misterioso na selva ainda é tema de artigos populares.

Tudo isso não é para dizer que não existem ruínas antigas na bacia da Amazônia, que permanece longe de uma trilha que atravessa o continente sul-americano de Guiana/Venezuela a Equador/Peru. Os relatórios de Humboldt, de suas viagens pelo continente, mencionam uma tradição de que pessoas do outro lado do mar aportaram na Venezuela e foram para o interior do continente. E o principal rio do vale Cuzco, o Urubamba, é apenas um afluente do Amazonas. Equipes oficiais brasileiras visitaram muitos locais (sem, contudo, conduzirem escavações continuadas). Em um sítio próximo à foz do Amazonas, foram localizadas urnas de cerâmica decoradas com padrões inscritos, que lembram um dos padrões encontrados em jarros de cerâmica de Ur (o local de nascimento sumério de Abraão). Uma ilhota chamada Pacoval parece ter sido criada artificialmente e serviu como base para vários montes (que não foram escavados). De acordo com L. Netto, *Investigações sobre a Archeologia Brazileira,* urnas e vasos decorados de modo semelhante, "de qualidade superior", foram encontrados bem mais acima no rio Amazonas. E, nós acreditamos, uma rota igualmente importante ligando os Andes ao Oceano Atlântico existiu mais ao sul.

Ainda assim, é incerto que os próprios incas tenham vindo por esse caminho. Uma de suas versões de ancestralidade atribui seu início a uma aterrissagem na costa peruana. Sua linguagem, o quéchua, tem semelhanças com a do Extremo Oriente, tanto no significado das palavras quanto no dialeto. Pertencem claramente a raças ameríndias – a quarta raça da humanidade que, aventuramo-nos a sugerir, brotou da linhagem de Caim. (Um guia em Cuzco, ouvindo sobre nossa especialização em Bíblia, perguntou se *In-ca* podia ter derivado de *Ca-in* pela reversão das sílabas. É para se pensar.)

Acreditamos que a evidência à mão indica que as histórias e crenças do Oriente Médio, incluindo a história de Nibiru e a dos Anunnaki que vieram de lá para a Terra – o panteão de 12 –, foram trazidas para os predecessores dos incas do outro lado do mar. Isso aconteceu nos tempos do Império Antigo, e os portadores dessas histórias e crenças também eram Estrangeiros do Outro Lado do Mar, mas não necessariamente os mesmos que trouxeram histórias semelhantes, crenças e civilização para a Mesoamérica.

Além de todos esses fatos e evidências que já apresentamos, deixe-nos voltar a Izapa, um local perto da costa do Pacífico no qual o México e a Guatemala se encontram, e onde os olmecas e os maias ficaram ombro a ombro. Reconhecido apenas tardiamente como o maior sítio ao longo da costa do Pacífico, na América do Norte ou Central, ele abrange 2.500 anos de ocupação contínua, de 1500 a.C. (uma data confirmada por datação de carbono) a 1000 d.C. Tinha as pirâmides costumeiras e estádios para jogos; mas impressionou mais aos arqueólogos por seus monumentos de rocha escavada. O feitio, imaginação, conteúdo mítico e perfeição artística desses entalhes vieram a ser chamados de "Estilo Izapan", e hoje é reconhecido que foi a fonte de onde o estilo se espalhou para outros lugares ao longo das encostas do Pacífico, do México e da Guatemala. Era a arte pertencente ao Pré-Clássico Inicial e Médio Olmeca, adotada pelos maias quando o local mudou de mãos.

Os arqueólogos da New World Archaeological Foundation of Brigham Young University, que devotaram décadas à escavação e ao estudo do sítio, não têm dúvida de que estava orientado para o solstício da época de sua fundação e que mesmo os vários monumentos estavam dispostos "em alinhamentos deliberados com movimentos planetários" (V. G. Norman, *Izapa Sculpture*). Temas religiosos, cosmológicos e mitológicos entremeados com temas históricos são expressos nos entalhes em pedra. Já vimos uma das muitas e variadas representações dos deuses alados. De especial interesse aqui é uma pedra grande entalhada cuja face mede por volta de 2,8 metros quadrados, nomeada pelos arqueólogos de Estela de Izapa 5, encontrada juntamente com um altar principal de pedra. A cena complicada (Figura 70) foi reconhecida por vários acadêmicos como "mito fantástico visual" relativo à "gênese da humanidade" em uma Árvore da Vida que cresce à beira de um rio. O relato mítico e histórico é contado por um ancião barbado sentado à esquerda, e é recontado por um homem de aparência maia à direita (do observador da estela).

Figura 70

A cena está repleta de vegetação variada, pássaros e peixes, bem como figuras humanas. Curiosamente, duas figuras centrais representam

Figura 71

os homens que têm o rosto e os pés de elefantes – um animal completamente desconhecido pelos americanos. O personagem à esquerda é mostrado em associação com um homem olmeca de capacete, que reforça nossa convicção de que as cabeças de pedra colossais e os olmecas que elas retratavam eram africanos.

O painel à esquerda, quando aumentado (Figura 71 a), revela claramente detalhes que consideramos pistas de extrema importância. O homem barbado conta sua história sobre um altar que porta o símbolo da ferramenta de corte umbilical. Esse era o símbolo (Figura 71 b) pelo qual Ninti (a deusa suméria que ajudou Enki a criar o homem) era identificada em selos cilíndricos e monumentos. Quando a Terra foi dividida entre os deuses, ela recebeu o reino sobre a península do Sinai, a fonte egípcia de sua turquesa verde-azulada tão apreciada por eles. Eles a chamavam de Hator e a representavam com chifres de vaca, como nessa cena da Criação do Homem (Figura 71 c). Essas "coincidências" reforçaram a conclusão de que a estela de Izapa ilustra nada além do que as histórias do Velho Mundo sobre a Criação do Homem e o Jardim do Éden.

Por fim, existem representações de pirâmides, com lados planos como as de Gizé no Nilo, ilustradas aqui na parte de baixo de um painel ao lado de um rio correndo. De fato, quando se examina e reexamina esse painel milenar, deve-se concordar que uma imagem vale mais que mil palavras.

Lendas e evidências arqueológicas indicam que os olmecas e os barbados não pararam na borda o oceano, mas se dirigiram para o sul para a América Central e os territórios ao norte da América do Sul. Podem ter avançado por via terrestre, pois com certeza deixaram vestígios de sua presença em locais continentais. Com toda a probabilidade, viajaram para o sul do jeito mais fácil, por barcos.

As lendas nas partes norte e equatorial dos Andes relembram não apenas a chegada por mar de seus próprios ancestrais (tais como Naymlap), mas também de dois separados por "gigantes". Um apareceu nos tempos do império antigo, o outro nos tempos mochicas. Cieza de Leon descreveu o último assim: "Eles chegaram à costa de lá, em barcos feitos de juncos tão grandes quanto os navios enormes; um grupo de homens de tal tamanho que, dos joelhos para baixo, sua altura era tão grande quanto toda a altura de um homem comum". Tinham ferramentas de metal com que cavavam poços na rocha viva, mas para alimento assaltavam as provisões nativas. Também violavam as mulheres nativas, pois não existiam mulheres entre os gigantes que desembarcaram. Os mochicas representaram esses gigantes que os tinham escravizado em suas cerâmicas, pintando seus rostos em negro (Figura 72), enquanto os dos mochicas eram pintados de branco. Em ruínas mochicas,

Figura 72

Figura 73

também foram encontrados retratos de argila de homens mais velhos com barbas brancas.

Nosso palpite é que esses visitantes indesejados eram olmecas e seus companheiros barbados do Oriente Médio que estavam fugindo dos motins na Mesoamérica cerca de 400 a.C. Deixaram para trás uma trilha de veneração temerosa, enquanto atravessavam a América Central para as terras equatoriais bem mais ao sul na América do Sul. Expedições arqueológicas para as regiões equatoriais da costa do Pacífico encontraram monólitos enigmáticos que se originaram nesse período medonho. A expedição de George C. Heye encontrou no Equador cabeças de pedra gigantes com traços humanoides, mas com presas como se fossem jaguares ferozes. Outra expedição encontrou em San Augustín um local próximo da fronteira colombiana, estátuas de pedra retratando gigantes, algumas vezes representados portando ferramentas ou armas; seus traços faciais são os dos africanos olmecas (Figura 73).

Esses invasores podem ter sido a fonte de lendas de como o homem foi criado, de um Dilúvio e de um deus serpente que exigia um tributo anual em ouro, também comum nessas terras. Uma das cerimônias registradas pelos espanhóis era uma dança ritual com 12 homens vestidos em vermelho. Ela era executada às margens de um lago ligado à lenda do Eldorado.

Os nativos equatorianos cultuavam um panteão de 12, um número de grande significado e uma pista importante. Era encabeçado por uma tríade constituída de um Deus Criador, o Deus Mau e a Deusa Mãe; e incluía o Deus Lua, o Sol e o Raio-Chuva. Também significativo, o Deus Lua tinha uma posição mais alta que o Deus Sol. Os nomes dos deuses mudavam de localidade para localidade, retendo, contudo, a afinidade celestial. Entre esses nomes que soam estranhos, dois se destacam: o cabeça do panteão era chamado no dialeto chibcha de *Abira* – com semelhança impressionante com o epíteto divino mesopotâmico *Abir*, que significa Forte, Poderoso –; e o Deus Lua, como nós notamos, era chamado "Si" ou "Sian", que guarda paralelo com o nome mesopotâmico *Sin* para aquela divindade.

O panteão desses nativos sul-americanos, portanto, inevitavelmente, traz à mente o panteão do Oriente Médio antigo e do leste do Mediterrâneo – de gregos e egípcios, dos hititas, dos canaanitas e fenícios, dos assírios e dos babilônicos –, remontando ao caminho em que tudo começou: os sumérios do sul da Mesopotâmia, de onde todos os outros obtiveram os deuses e suas mitologias.

O panteão sumério era encabeçado por um "Círculo Olimpiano" de 12, pois cada um desses deuses supremos precisava ter uma contraparte celestial, um dos 12 membros do sistema solar. De fato, os nomes dos deuses e de seus planetas eram um e o mesmo (exceto quando uma variedade de epítetos foi usada para descrever o planeta ou os atributos do deus). No topo do panteão estava o governador de Nibiru ANU, cujo nome é sinônimo de "Céu", pois residia em Nibiru. Sua esposa, também um membro dos 12, era chamada ANTU. Incluídos nesse grupo estavam os dois filhos principais de ANU: E.A. ("Cuja Casa é Água"), o primogênito de Anu, mas não com Antu; e EN.LIL ("Senhor do Comando"), que era o aparente herdeiro porque sua mãe era Antu, uma meia-irmã de Anu. Ea também era chamado em textos sumérios EN.KI ("Senhor Terra"), pois tinha liderado a primeira missão dos Anunnaki de Nibiru para a Terra e estabelecido na Terra suas primeiras colônias no E.DIN ("Lar dos Justos") – o Éden bíblico.

Sua missão era obter ouro, sendo a Terra uma fonte especial. Não para ornamentação ou por vaidade, mas como um jeito de salvar a atmosfera de Nibiru, suspendendo poeira de ouro na estratosfera daquele planeta. Como documentado nos textos sumérios (e relatado por nós em *O 12º Planeta*, e em livros subsequentes da série As Crônicas da Terra), Enlil foi enviado à Terra para assumir o comando quando os métodos iniciais de extração usados por Enki se provaram insatisfatórios. Esse fato definiu a base para um feudo contínuo entre os dois meios-irmãos e seus descendentes, um feudo que levou às Guerras dos Deuses. Isso acabou com um tratado de paz elaborado por sua irmã Ninti (depois disso rebatizada como Ninharsag). A Terra desabitada foi dividida entre os clãs em guerra. Os três filhos de Enlil – Ninurta, Sin, Adad – juntos com os filhos gêmeos de Sin, Shamash (o Sol) e Ishtar (Vênus), receberam as terras de Shem e Jafé, as terras dos semitas e indo-europeus: Sin (a Lua), as terras baixas da Mesopotâmia; Ninurta ("Guerreiro de Enlil", Marte), as terras altas de Elam e Assíria; Adad ("O Trovejante", Mercúrio), Ásia Menor (as terras dos hititas) e o Líbano. A Ishtar foi entregue o reino como deusa da civilização do vale do Indo; Shamash recebeu o comando do espaçoporto na península do Sinai.

Essa divisão, que não ficou sem contestação, deu a Enki e seus filhos as terras de Ham – o povo marrom/preto – da África: a civilização do vale do Nilo e as minas de ouro do sul e oeste africanos – um prêmio vital e precioso. Um grande cientista e metalúrgico, o nome egípcio de Enki era *Ptah* ("O Desenvolvedor", um título traduzido como *Hefesto* pelos gregos e *Vulcano* pelos romanos). Ele dividiu o continente com seus filhos, entre eles estava o primogênito MAR.DUK ("Filho do

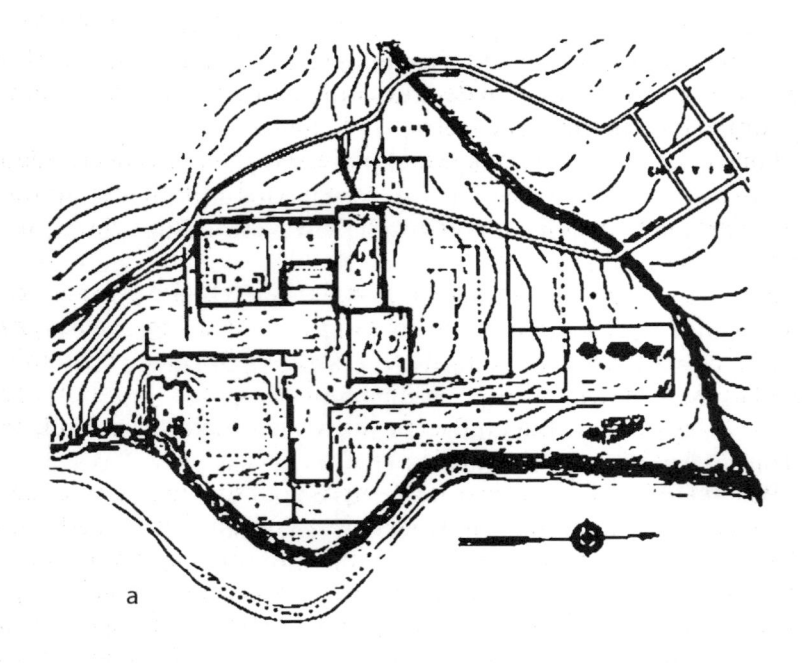

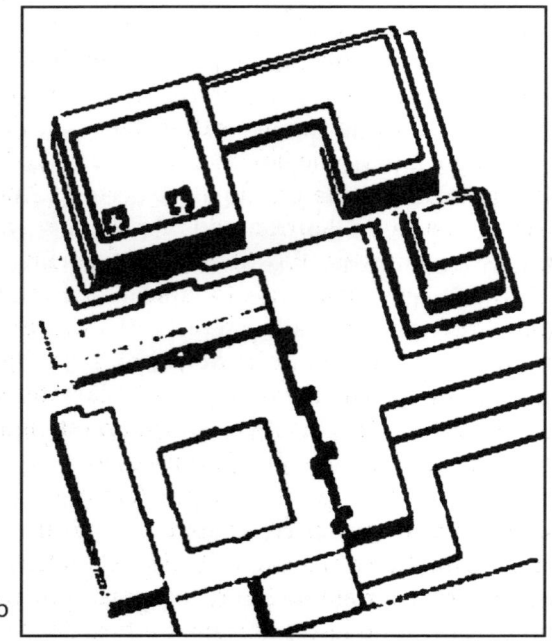

Figura 74

Monte Brilhante"), que os egípcios chamaram de *Rá,* e NIN.GISH.ZI.DA ("Senhor da Árvore da Vida"), que os egípcios chamaram de Thoth (Hermes para os gregos) – um deus de conhecimento secreto, incluindo astronomia, matemática e a construção de pirâmides.

Foi o conhecimento transmitido por esse panteão, as necessidades dos deuses que vieram para a Terra e a liderança de Thoth que conduziram os olmecas africanos e os barbudos do Oriente Médio para o outro lado do mundo.

E, tendo chegado à Mesoamérica na costa do Golfo – exatamente como os espanhóis, ajudados pelas mesmas correntes marítimas, fizeram milênios depois –, eles cruzaram o istmo da Mesoamérica em sua garganta mais estreita – e como os espanhóis, em razão da mesma geografia –, navegaram a costa do Pacífico da Mesoamérica para o sul, para as terras da América Central e além dela.

Pois era onde estava o ouro, nos tempos dos espanhóis, e antes deles.

Antes da inca, chimu e mochica, uma cultura denominada pelos acadêmicos de chavín floresceu nas montanhas que ficam no norte do Peru, entre a costa e a bacia da Amazônia. Um de seus primeiros exploradores, Julio C. Tello (*Chavín* e outras obras) a chamou de "a matriz das civilizações andinas". Isso nos leva para pelo menos 1.500 anos antes; ao mesmo tempo que a civilização olmeca floresceu no México, surgiu de repente e sem nenhum desenvolvimento primário gradual aparente.

Abrangendo uma grande área cuja dimensão é constantemente expandida à medida que são feitas novas descobertas, a Cultura Chavín parece ter tido lugar em Chavín de Huántar, perto da vila de Chavín (daí o nome da cultura). Está situada em uma elevação de 3.048 metros na Cordilheira Blanca, cadeia do noroeste dos Andes. Lá, em um vale de montanha onde os afluentes do Rio Maranhão formam um triângulo, uma área de 27.870 metros quadrados foi aplanada e transformada em terraço, tornando-a própria para a construção de estruturas complexas, dispostas com cuidado e precisão de acordo com um projeto preconcebido que levou em consideração os contornos e as características do local (Figura 74). As edificações e praças não só formam retângulos e quadrados precisos; também foram alinhadas com precisão com os pontos cardeais, com o eixo leste-oeste como o principal. As três edificações principais ficavam sobre terraços que as elevavam e inclinavam em direção ao muro ocidental exterior, que tinha por volta de 152 metros.

O muro que parece ter envolvido o complexo por três lados, deixando-o aberto para o rio no leste, chegava à altura de até 12 metros.

A maior construção estava no canto sudoeste, media por volta de 73 por 76 metros e consistia em pelo menos três pisos (veja uma reconstrução artística de uma vista do alto na Figura 74). Foi construída de blocos de pedra cortados, bem modelados, mas não recobertos, dispostos em cursos e níveis regulares. Como algumas lajes indicam, as paredes eram recobertas no lado de fora com placas lisas de pedras parecidas com mármore, algumas ainda retêm suas decorações entalhadas. De um terraço no leste, uma escadaria monumental ia por meio de um portão imponente em direção aos prédios principais. A escada era flanqueada por duas colunas cilíndricas – um elemento muito incomum na América do Sul –, que com blocos de pedra vertical contíguos sustentavam uma travessa horizontal de nove metros feita de um único monólito. Bem mais acima, uma escada monumental dupla levava ao topo da construção. Essa escada era feita de pedras perfeitamente cortadas e talhadas que me lembraram uma das grandes pirâmides do Egito. As duas escadas levavam ao topo da edificação, onde arqueólogos encontraram as ruínas de duas torres. O resto da plataforma mais alta permanecia não construído.

O terraço oriental, fazendo parte da plataforma em que essa edificação foi construída, levava para (ou formava) uma praça afundada a que se chegava por degraus cerimoniais e era cercada em três de seus lados por praças ou plataformas retangulares. Do lado do canto sudoeste da praça afundada, e perfeitamente alinhada com as escadas da construção principal, e seu terraço, ficava uma imensa rocha achatada: tinha sete perfurações e um nicho retangular.

A precisão externa era superada pela complexidade interior. No interior de três estruturas existiam corredores e passagens labirínticas, entremeados com galerias ligadas, salas e escadas, ou levando a becos sem saída e, portanto, apelidados de labirintos. Algumas das galerias tinham sido recobertas com placas lisas, aqui e ali decoradas com delicadeza. Todas as passagens são cobertas com placas de pedra selecionadas com cuidado e colocadas com grande engenho, evitando que elas caíssem ao longo dos milênios. Há nichos e saliências sem propósito aparente; e eixos verticais ou inclinados que os arqueólogos concluíram ter servido para ventilação.

Para o que Chavín de Huántar foi feita? O único propósito plausível que seus descobridores puderam ver foi a vila ser um centro religioso, um tipo de "Meca" antiga. Essa tese foi fortalecida pelas três relíquias mais fascinantes e enigmáticas encontradas no sítio. Uma que desconcerta com suas imagens complexas foi descoberta por Tello no edifício principal e é chamada de Obelisco Tello (Figura 75, a e b, mostra a frente e as costas). Ele é entalhado com uma aglomeração de corpos humanos e rostos, mas com patas felinas com presas ou asas. Há animais, pássaros, árvores, deuses emitindo raios parecidos com os de foguetes e uma variedade de figuras geométricas. Era esse totem que servia para culto, ou uma tentativa de um "Picasso" antigo de reunir todos os mitos e lendas em uma coluna? Ninguém ainda descobriu uma resposta plausível.

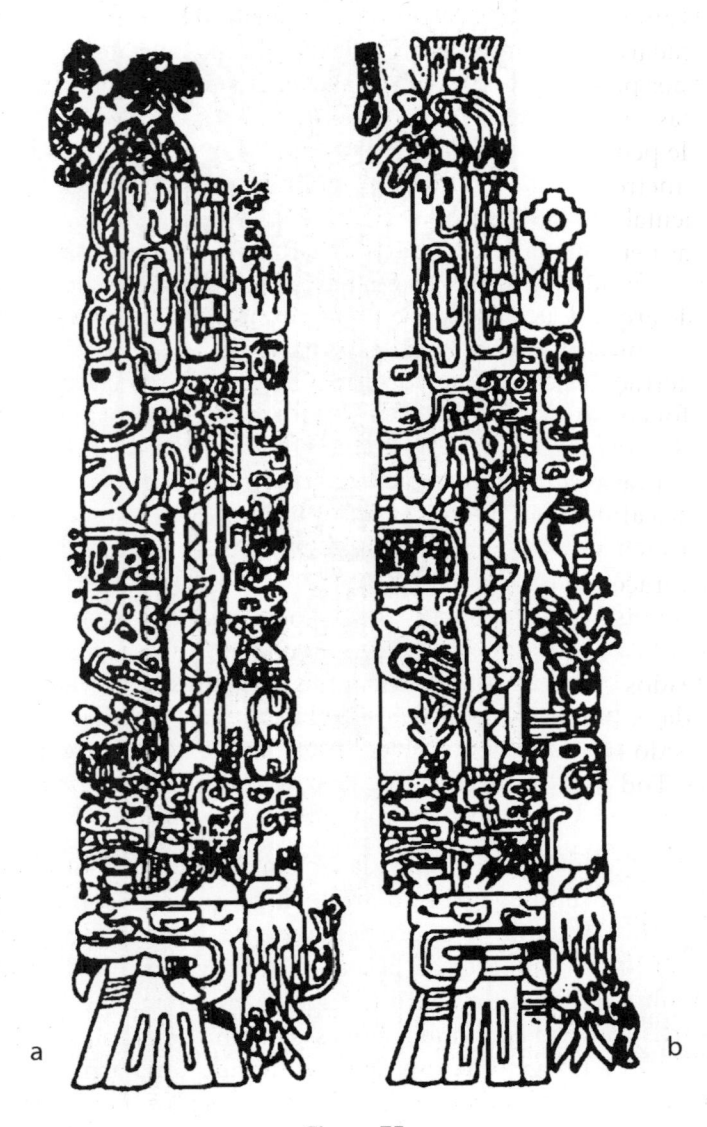

a   b

Figura 75

Figura 76

Uma segunda pedra entalhada é chamada de Monólito Raimondi (Figura 76), em homenagem ao arqueólogo que a encontrou em um local próximo. Acredita-se que, originalmente, ficava no topo da pedra sulcada no limite sudoeste da praça em desnível, alinhado com uma escada monumental. Agora ele está exposto em Lima.

O artista antigo entalhou sobre essa coluna de granito de 2,13 metros de altura a imagem de um deus segurando uma arma – um raio, segundo alguns – em cada mão. Enquanto o corpo e membros do deus são em essência, embora não completamente, antropomórficos, o rosto não é. Seu rosto intrigou os acadêmicos porque não representa ou estiliza uma criatura local (como um jaguar), em vez disso, parece ser a concepção do artista do que os acadêmicos chamaram, por conveniência, de "um animal mitológico", ou seja, um do qual o artista tinha ouvido falar, mas não viu de verdade.

Aos nossos olhos, contudo, o rosto do deus lembra o de um touro – um animal completamente ausente na América do Sul, mas que participou de forma considerável das lendas e iconografias do Oriente Médio antigo. De modo significativo (em nossa opinião), ele era o "animal de culto" de Adad, e a cadeia de montanhas em seu domínio, na Ásia Menor, ainda é chamada até os dias de hoje de Montanhas Taurus.

Uma terceira pedra entalhada incomum e enigmática em Chavín de Huántar é chamada de *El Lanzon,* por sua forma semelhante à de lança (Figura 77). Ela foi descoberta na edificação do meio e permaneceu lá por causa de sua estatura, 3,65 metros, exceder a altura de três metros da galeria onde ela está. O topo do monólito, portanto, projeta-se para dentro do piso acima dele por uma abertura quadrada cortada com todo o cuidado. A imagem nesse monólito foi tema de muita especulação. A nossos olhos, de novo, ela parece ilustrar o rosto antropomorfizado de um touro. Isso significa, então, que quem criou esses monumentos – é óbvio que *antes* de a edificação ser construída, pois a última parte foi concebida para acomodar a estátua – cultuava um deus touro?

De modo geral, foi o alto nível artístico dos artefatos, em vez das estruturas complexas e incomuns, que impressionou tanto os acadêmicos e os levou a considerar Chavín a "matriz cultural" do Peru norte central, e a acreditar que o sítio era um centro religioso. Contudo, que o propósito não era religioso, mas em vez disso utilitário, parece ser indicado por descobertas recentes em Chavín de Huántar. Essas últimas escavações revelaram uma rede de túneis subterrâneos feitos na rocha nativa. Formam uma colmeia em todo o sítio, tanto partes construídas como não construídas, e serviam para ligar várias séries de compartimentos subterrâneos arranjados como uma cadeia (Figura 78).

As aberturas dos túneis deixaram seus descobridores perplexos, pois elas pareciam conectar os dois rios afluentes que flanqueiam o sítio, um (por causa do terreno montanhoso) acima dele e o outro no vale abaixo. Alguns exploradores sugeriram que esses túneis foram construídos para propósito de controle de enchentes, para canalizar as águas em aceleração vindas das montanhas quando a neve derrete e deixá-las correrem para baixo em vez de pelas edificações. Porém, se existia perigo de tais enchentes (depois de chuvas pesadas em vez de neve derretida), por que os construtores engenhosos em outros tópicos colocaram sua estrutura em um local tão vulnerável?

Figura 77

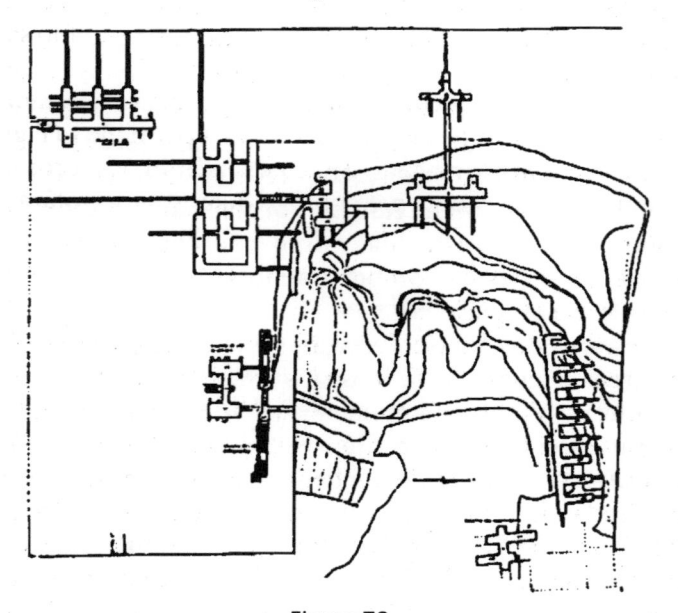

Figura 78

Eles o fizeram, afirmamos, de propósito. Usaram, de modo engenhoso, os dois níveis dos afluentes para criar um fluxo de água poderoso e constante, necessário para os processos que aconteciam em Chavín de Huántar. Pois lá, como em muitos outros locais, tais aparatos de água em fluxo eram usados no beneficiamento do ouro.

Encontraremos mais dessas obras de água engenhosas nos Andes. Nós as vimos, em forma mais rudimentar, em sítios olmecas. Estavam na parte do México de terraplenagens complexas; estavam em obras-primas em pedra dos Andes – algumas vezes sítios enormes, tais como Chavín de Huántar, em outras emruínas solitárias de rochas incrivelmente cortadas e formatadas, como essa vista por Squier na área de Chavín (Figura 79), que parece ter sido destinada a alguma maquinaria ultramoderna há muito perdida.

Foi o trabalho em pedra, de fato – não o das edificações, mas dos artefatos artísticos – que pareceu fornecer a resposta para a questão: quem estava lá em Chavín de Huántar? As habilidades artísticas e estilos de escultura em pedra são curiosamente reminiscentes da arte olmeca do México. Os objetos encantadores incluem um receptáculo jaguar-gato, um touro felino, uma águia-condor, uma bacia de tartaruga, muitos vasos e outros objetos decorados com glifos criados a partir de presas entrelaçadas – um motivo decorando placas de parede e também artefatos (Figura 80 a). Contudo, também existiam placas de pedra decoradas com motivos egípcios – serpentes, pirâmides, o olho sagrado de Rá (Figura 80 b). E, como se essa variedade não fosse suficiente, havia fragmentos de blocos de pedras entalhadas que ilustravam motivos mesopotâmicos, tais como deuses dentro de Discos Alados (Figura 80 c) ou (gravadas em ossos) imagens de deuses usando adereços de cabeça cônicos, o protetor de cabeça pelo qual os deuses mesopotâmicos eram identificados (Figura 80 d).

Os deuses usando o protetor de cabeça cônico têm traços faciais com uma aparência "africana" e, tendo sido entalhados em ossos, podem simbolizar as mais antigas representações artísticas do sítio. É possível que africanos – negroides, egípcios-núbios – já tenham estado nesse local da América do Sul em seus tempos mais remotos? A resposta surpreendente é sim. De fato, existiram africanos negros aqui e em sítios próximos (em especial um chamado Sechin), e deixaram seus retratos para trás. Em todos esses sítios, pedras entalhadas às dúzias trazem ilustrações dessas pessoas. Na maioria das situações, são mostrados segurando algum tipo de ferramenta; em muitos casos, o "engenheiro" é representado em associação com um símbolo para sistemas de distribuição de água (Figura 81).

Figura 79

Figura 80

Figura 81

Em sítios costeiros que levam ao de Chavín nas montanhas, arqueólogos encontraram cabeças de argila esculpidas, em pedra, que devem ter representado visitantes semitas (Figura 82). Uma tinha semelhança tão marcante com esculturas assírias que o descobridor, H. Ubbelohde-Doering (*On the Royal Highway of the Incas*), a apelidou de "Rei da Assíria". Porém, não é certo que esses visitantes tenham chegado aos locais altos – pelo menos não vivos: cabeças de pedra esculpidas com traços semíticos foram encontradas em Chavín de Huántar, mas em sua maior parte com caretas grotescas ou mutilações, presas como troféus nos muros em torno do sítio.

A idade de Chavín sugere que a primeira onda desses migrantes do Velho Mundo, tanto olmecas como semitas, chegou por volta de 1500 a.C. De fato, foi no reino do 12º monarca do Império Antigo que, como relatado por Montesinos, "chegaram notícias a Cuzco sobre o desembarque na costa de alguns homens de estatura alta... gigantes que estavam se fixando por toda a costa" e que possuíam implementos de metal. Depois de algum tempo se deslocaram para o interior, para as

Figura 82

montanhas. O monarca enviou batedores para investigarem e fornecerem relatórios a ele sobre o avanço dos gigantes, no mínimo se eles se aproximassem demais da capital. Contudo, no fim das contas, os gigantes provocaram a ira do Grande Deus e ele os destruiu. Esses fatos aconteceram por volta de um século antes da paralisação do Sol, o que ocorreu cerca de 1400 a.C. – isto é, cerca de 1500 a.C., o próprio tempo em que os sistemas de água de Chavín de Huántar foram construídos.

Esse, deve-se ressaltar, não é o mesmo incidente relatado por Garcilaso, sobre os gigantes que pilharam a terra e estupraram as mulheres – uma ocorrência nos tempos moches, cerca de 400 a.C. De fato, foi naquela época, como já vimos, que os dois grupos combinados de olmecas e semitas estavam fugindo para a Mesoamérica. Seu destino, todavia, não foi diferente no norte dos Andes. Além das cabeças de pedra semíticas grotescas encontradas em Chavín de Huántar, imagens de corpos negroides mutilados são encontradas em toda a área, em especial em Sechin.

Assim, foi depois de por volta de mil anos no norte dos Andes e por volta de 2 mil anos na Mesoamérica que a presença semítico-africana chegou a um fim trágico.

Embora alguns dos africanos possam ter ido mais para o sul, como os achados em Tiahuanaco atestam, as extensões africano-semíticas nos Andes da Mesoamérica parecem não ter ido além da área da cultura Chavín. As histórias dos gigantes atingidos por mão divina podem ter mais de um núcleo de fato; pois é bem possível que lá, no norte dos Andes, dois

Figura 83

reinos de dois deuses tenham se encontrado, com um limite invisível entre jurisdições e subordinados humanos.

Nós dizemos isso porque, naquela mesma região, outros homens brancos estiveram presentes. Foram retratados em bustos de pedra (Figura 83) – vestidos com nobreza, usando turbantes ou tiaras com símbolos de autoridade e decorados com o que os acadêmicos chamam de "animais mitológicos". Essas estátuas de bustos foram encontradas em sua maior parte em um sítio próximo a Chavín chamado de Aija. Seus traços faciais, em especial os narizes retos, identificam-nos como indo-europeus. Sua origem pode ter sido apenas o território da Ásia Menor e Elam para seu sudeste, e com o tempo o Vale do Indo mais longe a leste.

É possível que povos dessas terras distantes tenham cruzado o Pacífico e vindo para os Andes em tempos pré-históricos? A ligação que, evidentemente, existiu é confirmada pelas representações ilustrando os feitos de um antigo herói do Oriente Médio, cujas lendas foram contadas e recontadas. Ele foi Gilgamesh, governante de Uruk (a Erech bíblica) que reinou cerca de 2900 a.C. Ele foi em busca do herói da história do Dilúvio a quem os deuses tinham concedido a imortalidade (de acordo com a versão mesopotâmica). Suas aventuras foram contadas no *Épico de Gilgamesh*, traduzido na Antiguidade do sumério para outras línguas do Oriente Médio. Um dos feitos do herói, a luta com dois leões com as mãos nuas derrotando-os, era a representação favorita dos artistas antigos, como essa em um monumento hitita (Figura 84 a).

Por incrível que pareça, a mesma representação aparece em tabuletas de pedra de Aija (Figura 84 b) e em um sítio próximo, Callejón de Huaylas (Figura 84 c) no norte dos Andes.

Figura 84

Esses indo-europeus não foram identificados na Mesoamérica ou América Central, e devemos assumir que vieram pelo Pacífico direto para a América do Sul. Se as lendas forem o guia, eles precederam as duas ondas de "gigantes" africanos e dos barbados do Mediterrâneo, e podem ter sido os colonos mais antigos sobre os quais as lendas de Naymlap narram. O local tradicional de desembarque para essa chegada foi a península de Santa Elena (hoje Equador) que, com sua ilha de La Plata próxima, sobressai para dentro do Pacífico. Escavações arqueológicas confirmaram assentamentos antigos por lá, começando com o que é chamado de Fase Valdiviana, cerca de 2500 a.C. Entre os achados relatados pelo renomado arqueólogo equatoriano Emilio Estrada (*Últimas Civilizaciones Pre-Historicas*) estavam estatuetas de pedra com os mesmos narizes retos (Figura 85 a), bem como símbolos em cerâmica (Figura 85 b) que tinham o hieróglifo hitita para "deuses" (Figura 85 c).

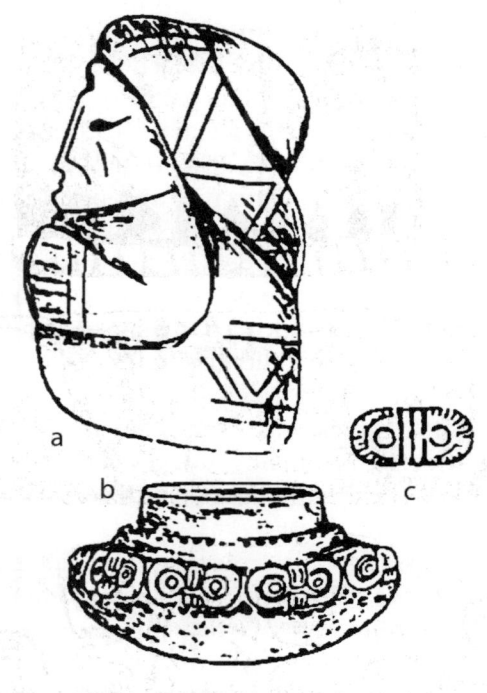

Figura 85

É digno de nota que as estruturas megalíticas nos Andes, como já vimos em Cuzco, Sacsahuaman e Machu Picchu, estejam todas a sul da demarcação invisível entre os dois reinos divinos. O trabalho manual dos construtores megalíticos – indo-europeus guiados pelos seus deuses? – que começou a sul de Chavín (Figura 79) deixou sua marca por todo o caminho desde o sul até o Vale do Rio Urubamba, e além dele – por todo lado, de fato, onde o ouro foi coletado e processado. Por toda parte, rochas foram moldadas como se fossem massa macia colocada em canais, compartimentos, nichos e plataformas que a distância parecem escadas para lugar algum, túneis que levam para lados de montanhas, fissuras alargadas para formarem corredores cujas paredes foram alisadas ou entalhadas em ângulos precisos. Por todo lado, mesmo em locais em que os habitantes podiam obter toda a água de que necessitavam do rio abaixo, foram criados canalizações e afunilamentos de água mais acima para fazer com que a água vinda de fontes, afluentes ou chuva fluísse em uma direção desejada.

A oeste-sudoeste de Cuzco, no caminho para a cidade de Abancay, ficam as ruínas de Sayhuiti-Rumihuasi. Como em outros sítios semelhantes, estão situadas perto da junção de um rio e de um riacho. Lá existem remanescentes de um muro de retenção grande. Como Luis A. Pardo ressaltou em um estudo devotado ao sítio (*Los Grandes Monolitos de Sayhuiti*), o nome significa na língua nativa "Pirâmide Truncada".

O sítio é conhecido por seus vários monólitos e um em especial chamado de Grande Monólito. O nome é apropriado já que essa pedra imensa, que a distância parece um imenso ovo brilhante apoiado na encosta da colina, mede por volta de 4,25 metros por 3,04 metros por 2,74 metros. Embora sua parte de baixo tenha sido moldada com cuidado como metade de um ovoide, a parte superior foi entalhada para representar com todas as probabilidades um modelo em escala de uma área desconhecida. Estão perceptíveis paredes em miniatura, plataformas, escadas, circuitos, túneis, rios, canais, estruturas diversas, algumas representando edifícios com nichos e degraus entre eles. Imagens de vários animais nativos do Peru e figuras humanas do que parecem ser guerreiros e, alguns dizem, deuses.

Alguns veem nesse modelo em escala um artefato religioso, honrando os deuses que eles discernem. Outros acreditam que representa uma seção do Peru que abrange três distritos, estendendo-se do sul do Lago Titicaca (que identificam como um lago escavado na pedra) ao sítio muito antigo de Tiahuanaco. Esse era, então, um mapa esculpido em pedra – ou talvez um modelo em escala de um grande artífice que planejou a disposição e estruturas a serem criadas?

A resposta pode residir no fato de que, enrolando-se por esse modelo em escala, estão sulcos, de 2,54 a 5,08 centímetros de largura. Todos se originam em um "prato" localizado no ponto mais alto do monólito e descem, enrolando-se e ziguezagueando para o limite mais abaixo do modelo esculpido, chegando lá em torno de sulcos de descarte. Alguns consideram que esses sulcos serviram para o derrame pelos sacerdotes de poções (sucos de coca) como oferendas para os deuses representados nas rochas. Contudo, e se foram os próprios deuses os arquitetos, qual era seu objetivo?

Os sulcos intrigantes também são uma característica de outra pedra imensa, que igualmente foi cortada e moldada com precisão geométrica (Figura 86), sua superfície e lados feitos como degraus, plataformas e nichos em cascata. Um lado foi cortado para formar pequenos "pratos" no nível mais alto. Estão conectados a um recipiente mais largo de onde canais profundos levam para baixo, separando no meio do caminho em dois sulcos. Qualquer que fosse o líquido que transportavam, derramava na rocha, que foi escavada e podia ser penetrada por uma entrada na parte de trás.

Figura 86

Outras ruínas no sítio, provavelmente de placas maiores, intrigam pelos sulcos e furos cortados nelas, complexos e com precisão geométrica. Podem ser mais bem equiparadas a moldes ou matrizes para a fundição de instrumentos ultramodernos.

Um dos sítios mais conhecidos, a leste de Sacsahuaman, é chamado de Kenko – um nome que na língua nativa significa "Canais Entrelaçados". A principal atração turística lá é um monólito imenso que fica em um pódio que pode ter representado um leão ou outro animal grande apoiado em suas patas traseiras. Em frente ao monólito há um muro de 1,82 metro construído com belas pedras de cantaria, cercando o monólito em um círculo. O monólito fica em frente a uma rocha natural imensa e o muro circular chega a uma ponta da pedra como uma pinça Na parte de trás, a rocha foi cortada, escavada e moldada em vários níveis ligados por plataformas intercaladas. Canais em zigue-zague foram entalhados na rocha, nos lados inclinados, e o interior da rocha foi cortado para criar túneis e câmaras labirínticos. Na proximidade, uma fenda na rocha leva a uma abertura em forma de caverna escavada com precisão geométrica para formar elementos de pedra, descritos por alguns como tronos e altares.

Existem mais desses sítios em torno de Cuzco-Sacsahuaman, por todo o Vale Sagrado e chegando ao sudeste, onde um lago tem o nome de Lago Dourado. Um sítio chamado Torontoy inclui entre seus blocos de pedra megalíticos cortados com precisão um que tem 32 ângulos. Por volta de 80 quilômetros de Cuzco, perto de Torontoy, um fluxo artificial de água foi feito para criar uma cascata entre dois muros e sobre 54 "degraus", todos cortados na pedra viva. De modo significativo o sítio é chamado Cori-Huairachina, "Onde o Ouro é Purificado".

Cuzco significa "O Umbigo" e, de fato, Sacsahuaman parece ter sido o maior, mais colossal e central entre esses sítios. Um aspecto de sua centralidade pode ser evidenciado por um local chamado Pampa de Anta, a uns 16 quilômetros a oeste de Sacsahuaman. Lá, a rocha pura foi escavada em uma série de degraus que formam um imenso crescente (daí o nome da rocha *Quillarumi*, "Pedra Lua"). Já que não existe nada para ver por lá a não ser o céu oriental, Rolf Müller (*Sonne, Mond und Steiner über dem Reiche der Inka*) concluiu que era um tipo de observatório, situado assim para refletir os dados astronômicos para o promontório em Sacsahuaman.

Porém, o que foi Sacsahuaman, agora que a noção de ter sido construída pelos incas como um forte foi completamente desacreditada? Os canais labirínticos desconcertantes e outros entalhes aparentemente aleatórios em que as rochas naturais foram moldadas começam a fazer sentido quando os resultados de novas escavações arqueológicas foram divulgados há vários anos. Embora longe de revelar mais que uma pequena parte das estruturas de pedra extensivas no platô, que se estende por trás da rocha Rodadero lisa, eles já revelaram dois aspectos importantes do sítio. Um é o fato de que muros, condutos, receptáculos, canais e coisas do gênero foram criados a partir da rocha bruta e com a ajuda de pedras de cantaria moldadas à perfeição, muitas do tipo poligonal da Era Megalítica, para formar uma série de estruturas canalizadoras de água, uma acima da outra; portanto, era possível fazer fluir chuva ou águas de fontes de um modo regular, de nível a nível.

O outro aspecto é a revelação de uma área circular enorme encerrada por pedras de cantaria megalíticas, que na opinião de todos serviu como um reservatório. Também foi descoberta uma câmara de eclusa construída com pedras de cantaria megalíticas, que fica no subsolo em um nível que permite à água correr para fora do reservatório circular. Como as crianças que vão brincar lá demonstraram, os canais levando para fora da câmara chegam ao *Chingana* ou "Labirinto", escavado na rocha atrás e abaixo dessa área circular.

Mesmo antes de todo complexo que foi construído nesse promontório ter sido descoberto, agora está claro que algum minério ou compostos químicos foram despejados no Rodadero, dando a seu lado de trás, plano, a descoloração resultante de tal uso. Qualquer que fosse – solo com ouro? – foi derramado no reservatório circular grande. Do outro lado, a água foi forçada a correr. Tudo parece uma instalação de processamento de ouro em larga escala. A água, por fim, corria para fora por uma câmara, e para fora e longe pelo labirinto. Nas cubas de pedra, o que permanecia era ouro.

O que, então, os muros megalíticos colossais em zigue-zague, nos limites do promontório, protegiam ou suportavam? Para essa pergunta ainda não existe uma resposta clara, exceto para depreender que era exigido algum tipo de plataforma imensa para os veículos – aéreos, devemos presumir – que eram usados para transportar os metais e levar as pepitas.

Um sítio que pode ter servido, ou foi destinado a servir, a uma função de transporte semelhante, localizado por volta de 9,65 quilômetros a noroeste de Sacsahuaman, é Ollantaytambu. As ruínas arqueológicas estão no topo do esporão de uma montanha íngreme. Eles dão para uma abertura entre as montanhas que se elevam onde os Rios Urubamba-Vilcanota e Patcancha se encontram. Uma vila que deu seu nome às ruínas está situada aos pés da montanha. O nome significando "Lugar de Descanso de Ollantay" se origina do tempo em que um herói inca se preparou lá para enfrentar os espanhóis.

Várias centenas de degraus de pedra de construção rústica ligam uma série de terraços de feitura inca e levam às principais ruínas no cume. Lá, no que se presume ter servido de fortaleza, existem, de fato, restos de estruturas amuralhadas incas construídas de pedras recolhidas. Elas parecem primitivas e feias se comparadas com estruturas pré-incas da Era Megalítica.

As estruturas megalíticas começam com um muro de retenção construído com pedras poligonais moldadas de forma muito bela, como as encontradas nas ruínas megalíticas descritas anteriormente. Passando por um pórtico cortado de um único bloco de pedra, chega-se a uma plataforma apoiada por outro muro de contenção, construído de modo semelhante com pedras poligonais, mas de um tamanho maior. Em um lado, uma extensão desse muro se torna um recinto com 12 aberturas trapezoidais – duas servindo como portas e dez sendo falsas janelas. Talvez seja por isso que Luis Pardo (*Ollamtaitampu, Una ciudad megalítica*) chamou essa estrutura de "Templo Central". No outro lado do muro fica um portão imenso e perfeitamente cortado (Figura 87) que em seu tempo serviu para subir para a estrutura principal.

Figura 87

O maior mistério de Ollantaytambu está lá, uma fila de seis monólitos colossais que ficam em um terraço mais elevado. Os blocos gigantescos de pedra variam de 3,35 a 4,26 metros de altura, em média com 1,82 metro ou mais de largura e variando em espessura de por volta de 0,91 metro a até mais de 1,82 metro (Figura 88). Eles estão lado a lado, sem argamassa ou qualquer material de junção, com a ajuda de pedras longas recobertas, que foram inseridas entre os blocos colossais. Onde

Figura 88

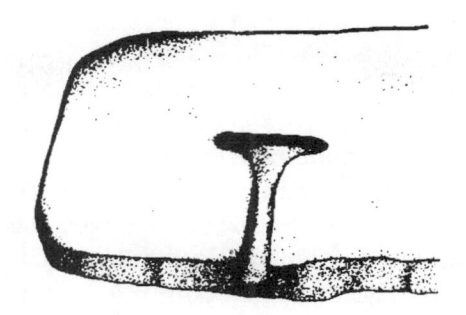

Figura 89

a espessura dos blocos é menor do que as espessuras maiores (acima de 1,82 metro), grandes pedras poligonais são encaixadas como em Cuzco e Sacsahuaman, para criarem uma espessura igualada. Em frente, contudo, os megálitos ficam em pé como uma parede única, orientada exatamente a sudeste, com faces cuidadosamente alisadas para obterem uma leve curvatura. Pelo menos dois dos monólitos têm os restos desgastados de decorações em relevo. No quarto deles (contando a partir da esquerda), o desenho é claramente o de um símbolo de escada. Todos os arqueólogos concordam que o símbolo, que tem suas origens em Tiahuanaco no Lago Titicada, significava a ascensão da Terra para o céu ou, em reverso, uma descida do céu para a Terra.

Molduras e protuberâncias nos lados e faces dos monólitos e incisões parecidas com degraus no topo do sexto deles sugerem que a construção não foi finalizada. De fato, blocos de pedra de vários tamanhos e formatos estão esparramados pela área. Alguns foram cortados e formatados e receberam cantos, ranhuras e ângulos perfeitos. Um fornece uma pista das mais significativas: um formato em T profundo foi cortado nele (Figura 89). Todos os acadêmicos, tendo encontrado tais incisões em blocos de pedra gigantescos em Tiahuanaco, tiveram de concordar que essas ranhuras eram destinadas a manter duas pedras unidas com um clipe de metal: como uma precaução contra terremotos.

É preciso, portanto, que se pergunte como os acadêmicos podem continuar a atribuir essas ruínas aos incas, que não possuíam nenhum metal exceto ouro, que é macio demais e, assim, totalmente impróprio para manter unidos blocos de pedra colossais sacudidos por um terremoto. Também é ingênua a explicação de que os governantes incas construíram esse lugar colossal como uma casa de banhos gigante, pois tomar banho era um de seus prazeres. Com dois rios correndo bem nos pés da colina, por que transportar blocos imensos – alguns pesando até

250 toneladas – para construir uma banheira em cima da colina? E tudo isso sem ferramentas de ferro?

Mais convincente é a explicação para a fileira de seus monólitos que faziam parte de um muro de contenção, provavelmente, planejado para apoiar uma grande plataforma no topo da montanha. Se for isso, o tamanho e a solidez dos blocos de pedra trazem à mente os blocos de pedra colossais usados para construir a plataforma singular em Baalbek, nas montanhas do Líbano. Em *O Caminho para o Céu*, descrevemos e examinamos com minúcia aquela plataforma megalítica, e concluímos que ela era o "local de aterrissagem", que foi o primeiro destino de Gilgamesh – um local de aterrissagem para os "barcos aéreos" dos Anunnaki.

As muitas semelhanças que encontramos entre Ollantaytambu e Baalbeck incluem a origem dos megálitos. Os blocos de pedra colossais de Baalbeck foram extraídos a quilômetros de distância em um vale, depois erguidos de modo incrível, transportados e colocados no lugar para se encaixarem com outras pedras da plataforma. Em Ollantaytambu também os blocos de pedra gigantescos foram extraídos da encosta da montanha, no lado oposto do vale. Os blocos pesados de granito vermelho, depois de extraídos, talhados e esculpidos, foram transportados da encosta da montanha, erguidos com todo o cuidado, colocados no lugar com precisão e, por fim, unidos.

De quem foi o trabalho manual em Ollantaytambu? Garcilaso de la Vega escreveu que era "da primeira época mesmo, antes dos incas". Blas Valera afirmou: "de uma era que antecedeu a época dos incas... a era de o panteão dos deuses dos tempos pré-incas". Está na hora de os acadêmicos modernos concordarem.

Também é tempo de perceber que esses deuses eram as mesmas divindades para quem a construção de Baalbek foi atribuída pelas lendas do Oriente Médio.

Ollantaytambu estava destinada a ser uma fortaleza, como Sacsahuaman pode ter sido, ou um local de aterrissagem, como foi Baalbek?

Em nossos livros anteriores mostramos que, ao determinar o local de seus espaçoportos e "locais de aterrissagem", os Anunnaki primeiro ancoravam um corredor de aterrisagem em algum elemento geográfico excelente (tal como o Monte Ararat). O percurso do voo dentro desse corredor era, então, inclinado em 45 graus precisos com o Equador. Em tempos pós-diluvianos, quando o espaçoporto estava na península do Sinai, e no local de aterrissagem para veículo aéreo em Baalbek, a grade seguiu o mesmo padrão.

Figura 90

O *Torreon* em Machu Picchu tem, além das duas janelas de observação na seção semicircular, outra janela enigmática (Figura 90) que tem uma escada invertida, abrindo em sua parte de baixo, e uma abertura em forma de cunha em seu topo. Nossos próprios estudos mostram que uma linha vinda da Pedra Sagrada, desde a fenda até o Intihuatana, correrá em um ângulo preciso de 45 graus em relação aos pontos cardeais, estabelecendo com isso a principal orientação para Machu Picchu.

Essa orientação de 45 graus determinou não só a configuração de Machu Picchu, mas também a localização de sítios antigos importantes. Se alguém desenhar em um mapa da região uma linha unindo as paradas lendárias feitas por Viracocha, da Ilha do Sol no Lago Titicaca, as linhas passarão por Cuzco e continuarão até Ollantaytambu – precisamente em um ângulo de 45 graus em relação ao Equador.

Uma série de estudos e conferências feitas por Maria Schulten de D'Ebneth, resumidos em seu livro *La Ruta de Wirakocha*, mostrou que a linha de 45 graus em que Machu Picchu está localizada se encaixa em um padrão de grade ao longo dos lados de um quadrado inclinado em 45 graus (para que os cantos e não os lados apontem para os pontos cardeais). Ela confessou que foi inspirada a buscar por essa grade antiga pelo *Relación* de Salcamayhua. Relacionando a história de três janelas, ele fez um desenho (Figura 91 a) para ilustrar a narrativa e deu um nome a cada janela: Tampu-Tocco, Maras-Tocco e Sutic-Tocco. Maria Schulten percebeu que esses são nomes de lugares. Quando aplicou o quadrado inclinado a um mapa da região de Cuzco-Urubamba, com seu canto noroeste a Machu Picchu (aliás Tampu-Tocco), ela descobriu que todos os outros lugares caíam na posição correta.

Ela desenhou linhas mostrando que uma linha de 45 graus se originando em Tiahuanaco, combinada com quadrados e círculos de medidas definidas, abrangia todos os sítios-chave antigos entre Tiahuanaco, Cuzco e Quito no Equador, incluindo o mais importante, Ollantaytambu (Figura 91).

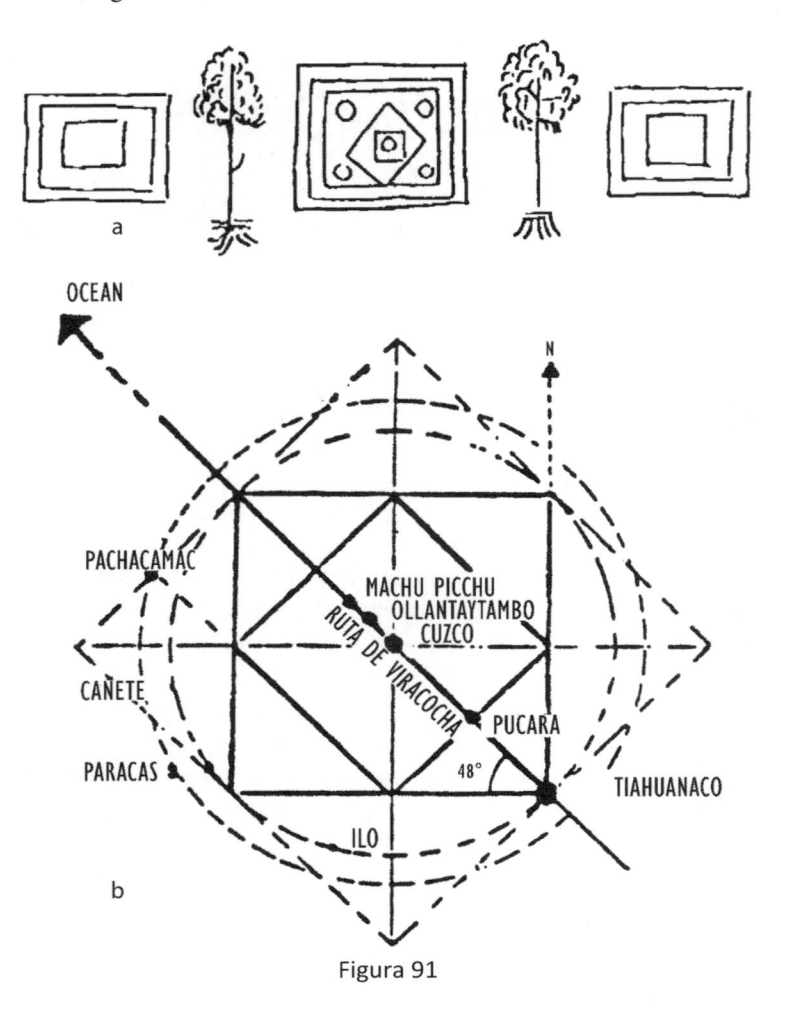

Figura 91

Não menos importante é outro achado feito por Maria Schulten. Os subângulos que tinha calculado entre a linha central de 45 graus e sítios localizados longe dela, tais como o templo de Pachacamac, indicaram-lhe que a inclinação da Terra ("obliquidade"), na época em que essa grade foi disposta, era perto de 24° 08'.

Isso significa que a grade foi planejada (de acordo com ela) 5.125 anos antes de suas medições serem feitas em 1953; em outras palavras, em 3172 a.C.

Essa é uma determinação que confirma nossas próprias conclusões de que as estruturas megalíticas pertencem à Era de Touro, a era entre 4000 e 2000 a.C. E, ao combinar os estudos modernos com os dados fornecidos pelos cronistas, essa combinação afirma o que as lendas se mantiveram reiterando:

Tudo começou no Lago Titicaca.

O Surgimento de *Havia Gigantes na Terra*

Artigos não publicados, escritos em 1991

> O último de seus livros publicados antes de Zecharia Sitchin falecer em 2010, *Havia Gigantes na Terra*, esteve por muito tempo na mente do autor. De fato, como descobrimos, a menção aos "gigantes" em Gênesis, capítulo 6, foi a centelha que iniciou o jovem Sitchin em seu estudo das civilizações e línguas antigas: "Existiram gigantes sobre a Terra naqueles tempos e também depois, quando os filhos dos deuses se uniram às filhas dos homens e tiveram filhos com elas – os que eram os homens poderosos que eram antigos, homens de renome".
>
> O Livro do Gênesis não é a única fonte de informação sobre os antigos gigantes. Por todo o globo, no Novo Mundo assim como no Velho, histórias de gigantes continuam presentes. Alguns dos relatos mais conhecidos envolvem os gigantes dos mitos gregos, bem como suas contrapartes na mitologia indígena. Outros exemplos incluem lendas sul-americanas que relatam sobre homens de estatura gigantesca desembarcando naquelas praias no primeiro e segundo milênios antes de Cristo.

> Evidências de gigantes no Novo Mundo existem não só nessas lendas, mas também nas imensas estátuas de Tollan, México, onde verdadeiros gigantes estão retratados –, bem como imagens de gigantes apresentadas em pinturas no Peru. A presença de gigantes no Novo Mundo pode ser deduzida pela existência de estruturas megalíticas compostas de blocos de pedra imensos, alguns pesando mais de cem toneladas, dentro e no entorno de Cuzco, a antiga capital inca. Suas contrapartes também existem no Velho Mundo, algumas pesando mil toneladas. Como essas pedras imensas foram transportadas e arranjadas de modo tão preciso para criarem estruturas perfeitas de pedra? Investigações posteriores sobre os megálitos da América do Sul revelam que, quando vistos de cima, os sítios megalíticos se dispõem em uma linha reta levando ao Oceano Pacífico, portanto, em paralelo ao antigo mito do deus Viracocha, de quem foi dito ter desaparecido sobre as águas do Pacífico.
>
> O artigo em duas partes que vem a seguir resume algumas das descobertas de Sitchin sobre o tema dos gigantes. Como vocês verão, ele relaciona a presença de gigantes com o relato de deuses misteriosos do espaço, os Anunnaki, que vieram à Terra há muito tempo.

PARTE 1

Houve um tempo em que existiram gigantes sobre a Terra?

Essa não é uma pergunta tola ou uma que pertença aos contos de fada ou livros infantis. Por curioso que pareça, a busca por uma resposta nos levará de volta aos tempos antigos e aos assuntos de seres divinos e heroicos. Mais ainda: a resposta abrirá as portas para a compreensão do que *realmente* aconteceu em nosso planeta.

O folclore e a mitologia de quase todas as nações estão repletos de histórias de gigantes e seus feitos. Por um longo tempo essas histórias foram tratadas, de fato, como contos de fada ou lendas gerados por povos primitivos, mas estão se acumulando evidências – incluindo evidências materiais – que indicam que essas histórias de gigantes, ou feitos explicáveis apenas por os atribuirmos a gigantes, representam memórias coletivas de ocorrências que, embora tenham acontecido há muito tempo, permaneceram impressas nas mentes do povo. Isso é verdade tanto para o povo do Velho Mundo quanto para o do Novo Mundo.

As Lendas dos Gregos

No folclore ocidental, as histórias de gigantes mais conhecidas são encontradas na mitologia grega. Elas nos levam de volta para o tempo em que existiam deuses sobre a Terra. Tais escritos gregos, como a *Teogonia* de Hesíodo, bem como as *Odes* de Píndaro, relembram os primeiros "gigantes" como descendência modificada de uma linhagem de deuses que foram, no início, celestiais e, depois, se tornaram terrestres. É interessante – mas não só por acaso – que esses escritos seguem os passos das histórias do início do Velho Testamento e começam sua narrativa com *Caos*, seguindo com *Gaia* ("Terra") e *Uranus* ("Céu Estrelado"). De sua união nasceram os 12 Titãs – seis masculinos e seis femininos – que se casaram entre si e tiveram numerosos descendentes. Os gregos pensavam nos Titãs sendo altos e com poder extraordinário, uma raça de deuses que ligou os céus com a Terra. Usamos o termo "titânico" até hoje para denotar algo de grande tamanho, algo realmente "gigantesco".

Nunca satisfeito sexualmente, o lúbrico Uranus continuou a produzir descendência, embora alguns de seus filhos tivessem deformidades ou características incomuns. Primeiros entre os monstros foram os três *Cíclopes* ("Olhos de Orbe"), assim chamados porque só tinham um olho, como um orbe em suas testas. Os gregos acreditavam que eles eram gigantes em tamanho e foram retidos em nossas línguas pelo uso do termo *ciclópico* para denotar algo realmente imenso. Esses foram seguidos pelos três *Hekatoncheires* significando "Aqueles com Cem Braços", deuses masculinos de tamanho gigante de cujos troncos saíam cem braços e 50 cabeças.

Quando Gaia ficou cansada dos excessos sexuais de Uranus, ela persuadiu seu filho Cronos a cortar os genitais de Uranus – castrar seu próprio pai. Hesíodo descreve como o feito cruel foi executado quando Uranus buscou Gaia à noite, "desejando amor". Cronos estava escondido, esperando pelo momento certo. Depois, "com a grande e longa foice denteada ele cortou fora os genitais de seu pai e os jogou na maré alta".

Porém, o sangue de Uranus impregnou Gaia e resultou em mais descendência. Entre eles estavam os *Gigantes* os verdadeiros deuses de cujo nome o termo "gigantes" entrou na memória dos homens e nos seus léxicos.

Todos esses deuses diversos – alguns maus, outros bons, alguns leais a sua mãe, alguns a seu pai – acabaram como adversários. Essas lealdades conflitivas transformaram-se em verdadeiras guerras dos deuses no tempo da terceira geração de deuses – que estavam, na época, na Terra. Quando Zeus, o filho mais jovem de Cronos, almejou conquistar a liderança dos deuses longe dos Titãs mais velhos, os Gigantes ficaram do lado dos Titãs, mas os Cíclopes e Hekatoncheires ficaram do lado de Zeus. Eles armaram Zeus com uma "Pedra de Trovão", cujo brilho cintilante cegou os Titãs oponentes e cuja "Tempestade de Ventos" fez a terra tremer.

Na batalha final, Zeus enfrentou *Typoeus* ("Tifão"), o deus serpente alada. As armas que usaram um contra o outro tinham todos os atributos da tecnologia de *Guerra nas Estrelas*, incluindo relâmpagos nucleares e raios de *laser*. Essa última batalha, que acabou com a supremacia de Zeus, foi lutada em sua maior parte nos ares, com os dois deuses pelejando um contra o outro de "carruagens aéreas". Aqui não entrarei em mais detalhes e descrições (os interessados encontrarão mais em *As Guerras dos Deuses e dos Homens*, o terceiro livro da série As Crônicas da Terra). O pertinente é notar que a batalha final entre os deuses teve lugar, de acordo com as tradições gregas, nos arredores de Monte Cássio, que a maioria dos acadêmicos localiza nas montanhas do Líbano. Vamos manter essa localização em mente, enquanto continuamos.

Lendas dos Indo-Europeus

Vamos pular centenas de quilômetros para o leste, para o subcontinente indiano.

Lá, encontramos os mitos e as lendas hindus, quase idênticos às descrições gregas das batalhas dos deuses, e a genealogia dos deuses.

As histórias transmitidas em sânscrito – a língua mãe do ramo indo-europeu de línguas – são encontradas nos *Vedas*. Eles são escrituras sagradas que, de acordo com a tradição hindu, não "são de origem humana", tendo sido compostos pelos próprios deuses em uma era anterior. Foram levados para o continente indiano pelos migrantes indo-europeus, algumas vezes chamados de "arianos", por volta de 3.500 anos atrás como textos orais memorizados e foram escritos, palavra por palavra, em algum momento posterior. Com textos auxiliares chamados *Puranas* ("escritos antigos") e as histórias épicas do *Mahabharata* e do *Ramayana*, eles constituem as fontes para as histórias hindu-arianas do Céu e da Terra, dos deuses e dos gigantes.

Como nas lendas gregas, esses "mitos", como os eruditos gostam de chamá-los, começam com os deuses celestiais ou planetários, depois falam da segunda e terceira gerações desses seres celestiais que vieram para a Terra. Os paralelos com a mitologia grega estão bem estabelecidos. Comparado ao grego Cronos, significando "O Coroado", está o chefe dos "Reluzentes" chamado *Kas-Yapa* ("Ele do Trono"). O paralelo de Zeus é *Dyaus-Pitar* ("Pai do Céu"), *Júpiter*.

As batalhas divinas estão descritas nos *Vedas* em versos quase idênticos aos gregos, e não existe dúvida de que ambas as versões lidam com os mesmos fatos e os mesmos "deuses" do Céu e da Terra. Na versão hindu, a última batalha é entre Indra e o monstro Vritra.

Eles lutam em *Vimanas*, "carros" aéreos que podiam viajar grandes distâncias com rapidez incrível. Usam armas emissoras de raios e destruidoras da Terra. E, como nas lendas gregas, o vitorioso final é Indra, ou seja, Zeus.

Quem copiou quem? Os acadêmicos estão convencidos de que as versões gregas e hindus não foram copiadas uma da outra, mas que ambas derivam da mesma fonte. Eles atribuem essas recordações primárias de fatos passados a um grupo anterior de povos chamados *hurrians* (os horitas bíblicos), que habitaram a cabeceira do Rio Eufrates. Os primeiros indo-europeus a emprestarem essas lendas e crenças foram um povo antigo chamado hititas, que, em alguma época, por volta de 3.500 anos atrás, governaram o que é hoje a Turquia e norte da Síria e Líbano, a partir de sua capital nas cordilheiras da Ásia Menor.

Por sorte, suas histórias foram escritas em tabuletas de argila ou algumas vezes entalhadas na pedra. Felizmente, os acadêmicos foram capazes de decifrar os seus escritos. As descobertas dos arqueólogos incluem o que chamam de "textos mitológicos". E, neles, encontramos histórias de guerras entre os deuses e a batalha final entre o deus do trovão e raios, *Teshub* ("O Soprador de Ventos"), e um monstro que cresceu a tamanhos ciclópicos.

Assim, bem antes dos gregos, hindus, hititas, horitas, e de todos os relatos indo-europeus, existiu um tempo em que gigantes viveram sobre a Terra – a época em que os deuses que tinham vindo do Céu começaram a ter descendência na Terra.

Gigantes no Novo Mundo

Tais memórias de deuses e gigantes não estão limitadas ao Velho Mundo. Elas também abundam nas lendas de povos do Novo Mundo, as Américas.

Nas terras de astecas e maias, na Mesoamérica, e dos incas na América do Sul, houve recordações persistentes de gigantes que vieram para essas localidades do outro lado das águas. Eles são retratados como guerreiros, possuindo implementos de metal e armas incríveis. Alguns foram benevolentes, outros não. Lido de modo extensivo com essas recordações e seu significado no quarto livro da série As Crônicas da Terra, intitulado *Os Reinos Perdidos*.

Os astecas, por exemplo, registraram em seu calendário de pedra quatro eras ou "sóis" que precederam seu próprio tempo. A primeira era, eles contaram, chegou ao fim por uma Grande Enchente que engoliu a Terra. Ela foi seguida pela "Era de Ouro". Algumas versões dessas lendas dizem que a primeira era, ou, de acordo com outros, a segunda era, foi a dos "Gigantes de Cabelo Branco".

Lendas locais, registradas pelos espanhóis logo depois da conquista do México, incluíram tradições de um tempo quando "homens de grande estatura surgiram e tomaram posse do país... e esses gigantes, não tendo encontrado como chegar ao Sol, decidiram construir uma torre tão alta que seu cume chegaria aos céus".

Os dois temas, da Grande Enchente e de uma Torre cujo topo chegaria aos céus, nos lembram, é claro, das histórias bíblicas do Dilúvio e da Torre de Babel. Essas são pistas às quais voltaremos.

Sabe-se agora que os astecas adquiriram suas tradições e crenças dos toltecas, um povo anterior que tinha se estabelecido no Vale do México depois de longa migração, incluindo uma chegada pelo mar. Séculos antes dos astecas, os toltecas tinham construído sua capital e centro religioso em Tollan, um lugar cheio de pirâmides com degraus. Tollan, agora os arqueólogos sabem, foi também o modelo para o sítio maia bem conhecido chamado Chichen-Itza em Yucatán, onde foram copiadas muitas das pirâmides de Tollan, outras estruturas e simbolismos.

Foi em Tollan que a recordação dos gigantes encontrou expressão física nas esculturas de um grande número de estátuas de pedra colossais. Algumas dessas figuras de pedra colossais, a maior parte se elevando até 4,57 metros, foram restauradas e reerigidas no topo da pirâmide que um dia foi dedicada ao deus Serpente Emplumada ou Alada. Cada um desses gigantes está armado com o que parece ser uma arma de raios. Embora com equipamento e vestimenta semelhantes, cada estátua de gigante tem um rosto diferente, sugerindo que esses são retratos em pedra de indivíduos específicos. Nenhum tem traços que se assemelhem a nenhuma raça da Terra. Esses gigantes foram, de fato, os deuses de mitos e lendas, pessoas estranhas de um lugar estranho.

Em *Os Reinos Perdidos*, identifico *Quetzalcoatl*, o Deus Serpente Emplumada ou Alada, que ensinou aos mesoamericanos como construir pirâmides e os segredos da matemática e do calendário, como o deus chamado pelos egípcios de Thoth (Hermes para os gregos). Thoth foi considerado o deus da matemática e do calendário, e o guardião dos segredos da construção de pirâmides. As duas grandes pirâmides de Gizé no Egito são comparáveis em muitos aspectos a duas pirâmides no Vale do México, em um lugar chamado Teotihuacán, que significa "O Lugar/Cidade dos Deuses". Elas são chamadas hoje de Pirâmide do Sol e Pirâmide da Lua, sem nenhuma razão válida, e sua construção é atribuída por lendas aos "deuses" que se reuniram lá quando o Sol ficou parado. Essa é uma recordação de um fato que corrobora relatos bíblicos.*

---

* N. E.: Veja o Apêndice I para mais informações sobre o dia em que o Sol parou.

Os Gigantes da América do Sul

Tais evidências materiais dando sustentação às lendas – grandes pirâmides cuja construção é atribuída a deuses/gigantes e verdadeiros "retratos em pedra" desses gigantes – se estendem além da Mesoamérica.

As lendas na América do Sul nas fronteiras com a Mesoamérica e América Central também relembram tempos quando testemunharam a chegada de "gigantes". Algumas das lendas identificam o Cabo Santa Elena no Equador como o local de desembarque. No Equador e na vizinha Colômbia, os arqueólogos encontraram inúmeras estátuas gigantes de pedra em veneração a esses "gigantes" enigmáticos.

Mais abaixo, na costa do Pacífico da América do Sul, mitos e lendas – bem como muitas representações e monumentos de pedra – fornecem evidências materiais em apoio às lendas de deuses e gigantes. Agora é bem conhecido que os incas, a quem os espanhóis encontraram nos Andes quando chegaram ao Peru nos anos 1530, não foram a primeira civilização avançada naquelas terras. Nas áreas costeiras foram imediatamente precedidos pela civilização chimu (1000 a 1400 d.C.). As lendas desses povos primários recordam um tempo em que "chegou à costa, em barcos feitos de juncos tão grandes quanto navios enormes, uma turma de homens de tamanho tão grande que, do joelho para baixo, sua altura era tão imensa quanto todo o tamanho de um homem comum". Essa parece ser a descrição que se encaixa com a altura dos gigantes enigmáticos retratados em pedra em Tollan, mas fossem ou não eles os gigantes chegando por barcos na costa da América do Sul, ninguém pode dizer. O que ficamos sabendo a partir das tradições locais, registradas pelos cronistas espanhóis pouco depois da conquista, é que esses gigantes tinham ferramentas de metal, que usaram para escavar poços no chão rochoso. "Mas para alimento assaltavam as provisões nativas; eles também violentavam as mulheres nativas, pois não existiam mulheres entres os gigantes que desembarcaram."

Desenhos na cerâmica mochica mostram cenas desses gigantes sendo servidos pelos nativos humanos. Eles também representam os gigantes como guerreiros engajados em batalha, usando capacetes de formato estranho, armados com armas de metal e, algumas vezes, equipados com asas.

Lendas incas posteriores relembraram a chegada de tais gigantes, que despojaram a terra; mas a população das cordilheiras foi poupada de suas invasões porque os gigantes, de alguma maneira, provocaram "a ira do Grande Deus" que os destruiu com fogo dos céus.

Ligações com a Bíblia

A recordação e, *crença* na punição divina vinda na forma de fogo dos céus, não são particulares das Américas. Nós as encontramos muito antes na Bíblia. Quando os inimigos do profeta Elias tentaram capturá-lo, "veio fogo do céu e queimou" seus inimigos (Reis II 1:10-14). Mais bem conhecida é a destruição de Sodoma e Gomorra na época de Abraão, quando o Senhor "fez chover sobre Sodoma e Gomorra enxofre e fogo do Senhor, do céu".

Já apontamos antes as semelhanças entre lendas americanas lidando com gigantes e as histórias bíblicas do Dilúvio e da Torre de Babel. Apontaremos, na continuação deste artigo, que elas não foram coincidências: de fato, as similaridades vêm de ligações muito próximas com as terras da Bíblia.

PARTE 2

Anteriormente avisei ao leitor que a pergunta, "Houve um tempo em que existiram gigantes estavam sobre a Terra?", não era uma questão de contos de fadas ou livros infantis. Escrevi que a resposta nos levará "de volta aos tempos antigos e aos assuntos de seres heroicos e divinos".

Mais ainda, prometi que "a resposta abrirá as portas para a compreensão do que *realmente* aconteceu em nosso planeta".

De fato, essa análise de mitos e histórias sobre "gigantes" nos levou à Grécia antiga e às guerras entre os deuses que trazem à mente as "Guerras nas Estrelas" futuras. Visitamos o panteão dos hindus antigos e sua ligação com o panteão grego e deuses e deusas armados com "Lançadores de Trovão e Fogo Celestial". Voltamos à fonte dessas lendas indo-europeias e encontramos sua relação com os hititas da Ásia Menor.

Depois, atravessando os oceanos para a América, encontramos no Novo Mundo a mesma lembrança de deuses gigantes – não só em lendas orais, mas também em *retratos reais*: estátuas colossais em Tollan no México, pinturas de gigantes no norte do Peru.

Mais ainda, descobrimos que a recordação americana sobre os gigantes os liga a histórias bíblicas distintas: a memória sobre um Dilúvio global e a história da Torre de Babel. Existe muito mais para essas histórias e ligações com a Bíblia.

A Era Megalítica

Nas cordilheiras do Peru, e no que hoje em dia é a Bolívia, lendas de gigantes estão conectadas com estruturas colossais de pedra tão imensas e precisas, que os nativos não podem conceber seus construtores como sendo nada além de gigantes. De fato, essas são estruturas que até os engenheiros modernos não podem duplicar, alcançar ou descobrir como foram erigidas na Antiguidade.

Algumas dessas ruínas, embora longe de serem as maiores, ainda podem ser vistas em Cuzco, a antiga capital inca. Nem os conquistadores, que desmantelaram o que puderam para satisfazer as suas necessidades, nem os terremotos frequentes na região puderam destruir essas paredes que datam de tempos pré-incas, em um tempo que os arqueo-astrônomos determinaram que deve ter sido entre 4000 e 2000 a.C., ou seja, pelo menos 4 mil anos atrás, provavelmente muito antes. Essas paredes em ruínas foram construídas com pedras poligonais revestidas e cortadas com tal engenhosidade que seus muitos lados e ângulos se encaixam perfeitamente nos blocos de pedra contíguos. As pedras se encaixam umas nas outras de modo que, sem argamassa, elas ficaram firmes por milênios. Ninguém ainda conseguiu nem mesmo enfiar a ponta de uma faca entre essas pedras.

O promontório chamado Sacsahuaman acima de Cuzco é a localização de estruturas megalíticas ainda mais deslumbrantes, provavelmente mais antigas ainda do que as paredes de pedra pré-incas de Cuzco. Em Sacsahuaman alguém erigiu três linhas paralelas de muros de pedra em zigue-zague feitos de megálitos colossais, alguns pesando bem acima de cem toneladas cada. As pedras gigantes foram trazidas pelos construtores misteriosos de grandes distâncias, sobre montanhas e cruzando vales e rios. Cada rocha de pedra colossal recebeu uma face levemente convexa e foi cortada em formas poligonais. Aqui, de novo, as rochas gigantes foram entalhadas em inúmeros lados e ângulos como para se encaixarem à perfeição nos megálitos vizinhos – de novo sem argamassa, novamente com tal precisão que nem uma lâmina pode ser inserida entre as pedras. Assim, esses três muros, um se elevando mais alto que o outro, resistiram ao tempo, aos terremotos e à erosão feita pelo homem por milênios.

Quem erigiu essas paredes, que nenhuma tecnologia de engenharia moderna pode duplicar? As lendas locais atribuem a construção aos "gigantes". Por que, para quê? Ninguém sabe, mas nós ofereceremos um palpite plausível depois que outras estruturas megalíticas no Peru forem examinadas.

Outro sítio com megálitos fantásticos é chamado de Ollantaytambu. Lá, no topo de uma montanha a noroeste de Cuzco, os mesmos construtores misteriosos erigiram um muro alto feito de seis megálitos. Como em Sacsahuaman, o propósito parece ter sido criar uma plataforma imensa que podia suportar pesos enormes. Blocos de pedra, perfeitamente entalhados e revestidos para formar feixes de granito e outros componentes estruturais onde alguém hoje usaria madeira ou concreto, estão sobre o topo da montanha. Como os blocos de pedra foram cortados e entalhados com incrível precisão é apenas um dos enigmas. Um quebra-cabeças ainda maior surge do fato de que de onde esses blocos de pedra foram extraídos é conhecido, pois alguns deles ainda estavam na pedreira: sobre as montanhas do lado oposto do caudaloso Rio Urubamba que separa a pedreira de Ollantaytambu. Como esses blocos de pedra imensos foram carregados e depois colocados com tanta precisão?

Continuando a noroeste ao longo do sinuoso rio Urubamba – toda a área é chamada de Vale Sagrado –, lá está a "cidade perdida" de Machu Picchu, descoberta por Hiram Bingham em 1911. Os governantes incas tinham escapado para lá em várias ocasiões, incluindo quando finalmente se revoltaram contra os espanhóis. Contudo, em acréscimo às estruturas incas, construídas de forma grosseira com pedras coletadas, em Machu Picchu se erguem estruturas megalíticas imensas que, de novo, mostram um tamanho incrível, poligonalidade e a necessidade de transportá-las de uma distância muito grande pelas montanhas que se erguem como imensos arranha-céus. Todas elas pertencem à Era Megalítica, quando deuses, não homens, andavam pela terra.

A Primeira Metrópole das Américas

O mistério das estruturas megalíticas no Peru, em especial nas localidades mencionadas, começa com a curiosidade sobre *como* elas foram erigidas, mas, de repente, leva à questão *por quem* e, depois, pela busca do motivo, *para quê?*

Existem lendas e histórias sobre o começo nos Andes, que ligam Cuzco, Machu Picchu e todo o Vale Sagrado dos incas às margens sul do Lago Titicaca, que agora está na Bolívia. Ele é o maior lago navegável em tal elevação em qualquer lugar do mundo. A lenda diz que, há muito tempo, deuses, liderados por um que chamam de *Viracocha*, significando "Criador de Tudo", vieram para a margem sul do Lago Titicaca e lá construíram uma grande cidade, um imenso centro metalúrgico. A lenda relembra uma Grande Enchente, o Dilúvio, e o repovoamento das terras altas a partir de um casal humano que foi salvo. Depois, Viracocha deu a alguns líderes selecionados uma vara de ouro e ensinou-os em que direção irem, para construir uma cidade dos homens onde a vara iria afundar no chão. O local escolhido desse modo foi Cuzco.

Pesquisadores sul-americanos, até recentemente os únicos a levarem essas lendas a sério, descobriram que todos os sítios ao longo da rota lendária, de fato, ficam em uma linha reta que começa às margens do Lago Titicaca e continua por Cuzco, Sacsahuaman, Ollantaytambu e Machu Picchu, e à frente até a costa do Pacífico onde – de acordo com essas lendas – Viracocha, por fim, desapareceu sobre as águas. Todos esses locais megalíticos, então, foram construídos de acordo com um plano diretor que exigiu ver e fazer um levantamento topográfico dos Andes a partir do céu...

Vale a pena notar aqui que o progresso da arqueologia ficou conhecido pelos inúmeros exemplos em que as cidades lendárias, cuja existência real foi por muito tempo considerada fantasia, se provaram ser lugares verdadeiros. Isso tem sido verdade para muitos desses reinos e cidades antigas mencionadas na Bíblia. Um exemplo bem conhecido diz respeito à cidade de Troia, considerada, assim como toda a história da *Ilíada*, ficção extravagante. Contudo, ela provou ser uma cidade real, graças à determinação de um único homem, Heinrich Schliemann, que nem era um arqueólogo.

O mesmo é acontece com a cidade lendária às margens do Lago Titicaca, chamada Tiahuanaco. Ela provou ser um lugar real graças à crença e à determinação de um homem, também não um arqueólogo, mas um engenheiro por profissão, Arthur Posnansky. Durante décadas trabalhando quase sozinho, ele descobriu lá uma vasta cidade com estruturas piramidais, um observatório com alinhamentos precisos, sistemas de distribuição de água intrincados e instalações para processamento de metais. Um grande monólito conhecido como Porta do Sol ainda se ergue majestosamente no que era apenas um canto de um enorme recinto. Gravado e entalhado intrincadamente, ele foi cortado de um bloco imenso de pedra pesando mais de cem toneladas e, como nos outros lugares, originando-se de uma pedreira a 16 quilômetros de distância.

O topo da Porta do Sol – um nome dado a esse monumento pelos espanhóis – foi entalhado com imagens, símbolos e signos incomuns. Acredita-se que constituem um calendário na pedra. Para a surpresa de muitos, mas não minha, um calendário que é uma cópia precisa daquele introduzido pela primeira vez na Mesopotâmia, no outro lado do mundo. Os entalhes são dominados pela imagem de Viracocha, segurando uma vara dourada em uma mão e um relâmpago na outra – uma imagem do deus, copiada interminavelmente pelos povos andinos em sua arte. Na Porta do Sol, bem como em inúmeros xales tecidos com que os mortos mumificados eram enrolados, Viracocha é mostrado acompanhado de seus servidores ou "arraia-miúda" dos deuses, todos apresentados com asas para indicar sua habilidade para voarem nos céus da Terra. Tiahuanaco, ou Tianaku, como os locais preferem pronunciar, espalhava-se em seus tempos de grandeza pelas margens do Lago Titicaca.

Conhecida como Puma Punku, a parte da cidade que abraçava as margens do lago era, de acordo com as tentativas de reconstrução, um tipo de "Veneza" do Novo Mundo – um lugar com extensos cais e atracadouros de onde numerosos canais levavam para a terra, ligando o lago por meio dos atracadouros e canais a instalações gigantes de processamento de metal. Algumas das estruturas de serviço foram construídas com paredes e chãos de pedra cortados e entalhados de rochas gigantes – de novo trazidas de distâncias incríveis. Não menos fantásticos do que essas ruínas em pedra são numerosos blocos de pedra da mais pura rocha vulcânica (andesita), cortados em formas intrincadas e precisas. A única explicação para eles é que serviram como moldes para fundição ou moldes de metais. Por quem? A resposta constante dos nativos tem sido "os deuses, os gigantes".

Em *Os Reinos Perdidos*, ofereço mais evidências para a minha conclusão de que Tianaku era o que seu nome significava nas línguas do Oriente Médio, *Cidade de Estanho*, a capital metalúrgica do Novo Mundo, que forneceu o estanho e o bronze para o Velho Mundo quando as civilizações lá ficaram sem.

Pode ter ocorrido comércio entre as duas partes do mundo milênios atrás? Podem os comerciantes do Mediterrâneo e mineiros da Ásia Menor – semitas e indo-europeus – terem vindo aos Andes 3.500 anos *antes dos incas*? Aqueles que ainda não podem aceitar a conclusão inevitável encontram alguma outra explicação para as estátuas de homens – tanto com corte limpo dos indo-europeus, como traços semíticos barbados – que foram encontrados nos Andes?

De fato, a conclusão de que Viracocha não era outro além do Deus das Terras Mineradas do Velho Mundo, que os povos do Oriente Médio chamaram de "O Trovejante" ou "O Deus Tempestade" em relatos sobre o relâmpago, que era sua arma, também é inescapável. Ele era *Adad* para os canaanitas, *Teshub* para os hititas. Em alguns sítios hititas na Ásia Menor (a Turquia de hoje), retrataram-no – como em Tianaku – acompanhado por atendentes alados.

Ligações com as Terras da Bíblia

Lendas, bem como evidências materiais, também ligam as Américas com as lendas da Bíblia – e até com a própria Bíblia, pois alguns dos relatos bíblicos da Criação foram encontrados não só em pistas verbais, como também gráficas no Novo Mundo.

Quando os espanhóis chegaram ao Novo Mundo, ficaram atônitos não só com essas semelhanças, mas também com as similaridades em costumes (tais como circuncisão ou as oferendas das primeiras frutas, ambos mandamentos bíblicos). Igualmente ficaram espantados com as semelhanças em terminologia (*Manco*, significando "Rei", sendo uma variação do semítico *malko*, como um exemplo), fazendo-os terem certeza de que os indígenas americanos eram descendentes das Dez Tribos de Israel.

Essas noções caíram no ridículo nos séculos seguintes graças a acadêmicos que insistiram que as Américas se desenvolveram em total isolamento, que não existiu nenhum contato entre o Velho e o Novo Mundo – se por nenhuma outra razão, simplesmente porque os homens antigos não teriam possibilidade de terem navegado atravessando os oceanos Pacífico ou Atlântico. Bem, agora eles sabem melhor, porque as evidências arqueológicas – mesmo se ignorarmos as lendas, costumes, línguas – mostraram cada vez mais em anos recentes que aconteceram esses contatos, e eles não foram ocasionais, tais como naufrágios de navios –, mas constantes, frequentes e propositais.

E exatamente como as estruturas megalíticas nas Américas foram conferidas pelos habitantes locais aos "gigantes", do mesmo modo elas foram atribuídas no Oriente Médio. De fato, um dos principais exploradores desses sítios andinos no século XIX, Ephraim Squier, comparou-os com a plataforma singular de Baalbek nas montanhas do Líbano. Lá, blocos de pedra entalhados com grande precisão e pesando mais de mil – sim, *mil* – toneladas cada foram extraídos a quilômetros de distância, depois carregados sobre as montanhas e vales para serem colocados precisamente no topo e cada um ao lado do outro, sem argamassa, para criar uma imensa plataforma de pedra sólida que não é encontrada em nenhum outro lugar. Textos canaanitas identificam o local como a fortaleza de Adad, o lugar de onde decolava para o céu para "cavalgar as nuvens". No bem conhecido *Épico de Gilgamesh*, aquela história do rei sumério que foi em busca da imortalidade, a plataforma de Baalbek é claramente chamada de "local de aterrissagem".

Os canaanitas, bem como os assírios e babilônicos antes deles, chamaram de *Ilu* a esses deuses que percorriam os céus, que significava "Os Elevados". Esse era só um termo de veneração e reverência, um adjetivo figurativo, ou o termo realmente denotava a altura e o tamanho desses deuses, eles sendo gigantes?

Seja em representações hititas ou assírias, descobrimos que, quando um rei e deus são mostrados juntos, o deus é bem maior que o ser humano. Portanto, a questão: esses *gigantes* estiveram sobre a Terra?, resulta na pergunta: esses *deuses* estiveram sobre a Terra e, se estiveram, quem eram? As estruturas megalíticas em ambos os lados do mundo exigiam gigantes capazes de erguer e transportar os blocos de pedra colossais, ou eles eram simplesmente povos de uma civilização avançada e de uma tecnologia que a humanidade não possuía na época e não possui até agora? Em outras palavras, os "gigantes" foram na verdade visitantes à Terra de outro planeta?

Os Gigantes da Bíblia

Quanto mais para trás no tempo, para a Pré-história, parece que podemos contar menos com descobertas arqueológicas e evidências materiais e temos de depender mais de lembranças vagas que os acadêmicos tratam como "mitologia". Mas me perguntei no início de minha obra: "E se?" – e se os "mitos" não são superstições fantasiosas, mas estão baseados em um registro do que realmente aconteceu na Terra?

Por sorte, existe uma fonte confiável, respeitada e venerada em que tais "mitos" foram registrados, coletados e escritos em linguagem muito precisa. Ela é uma fonte que não pode ser ignorada; é chamada de Bíblia, o Velho Testamento.

Nós já vimos que muitos fatos registrados na história bíblica da Criação, no Livro do Gênesis, encontraram expressão nas Américas. Notamos como a história do Dilúvio, a grande enchente que varreu a Terra, é um elemento central em todas as mitologias em todos os lugares. Talvez, então, não seja tão estranho ser na versão bíblica da história do Dilúvio que encontramos as informações mais importantes sobre os "gigantes" de muito tempo atrás.

O relato bíblico do Dilúvio, de Noé e da Arca começa no capítulo 6 do Gênesis. Contudo, a história do Dilúvio é precedida por vários versículos bem enigmáticos. Eles são claramente um extrato, um remanescente de um texto bem mais detalhado ou capítulo, e lidam com as condições na Terra na data do Dilúvio. É entre esses versículos que encontramos o mais intrigante, tantas vezes usado pelos pregadores e filósofos – o que afirma que naquela época existiam gigantes sobre a Terra. Aqui está como os versículos enigmáticos em geral são traduzidos:

> E veio a acontecer
> quando os homens começaram a multiplicar sobre a face da Terra
> e as filhas nasceram entre eles,

Que os filhos dos deuses
viram as filhas dos homens e que elas eram adequadas,
eles as tomaram como esposas
dentre as quais eles escolheram...
Existiam gigantes sobre a Terra
naqueles dias e depois,
quando os filhos dos deuses
vieram até as filhas dos homens
e tiveram filhos com elas –
aqueles que eram os homens poderosos.

Como apontei não apenas em meu primeiro livro, *O 12º Planeta*, mas também como estudante da Bíblia em seu original hebraico, o termo que a Bíblia usa para o que é traduzido como "gigantes" é *Nefilim*, que, literalmente, significa "Aqueles que Desceram" dos céus para a Terra. Tradutores assumiram que significava "gigantes" porque em outro lugar da Bíblia é mencionado que os *Nefilim* também eram conhecidos como *Anakim* e, na história sobre o gigante Golias, foi indicado que ele era descendente de *Anak*; portanto, a linha de pensamento de que, se Anak fosse um gigante, então os *Nefilim* (plural) que também eram Anakim (plural) eram de tamanho gigante.

Mas, mesmo se os povos em questão fossem de grande estatura, por que a Bíblia se refere a eles como "os filhos dos deuses", um grupo distintamente diferente dos descendentes do homem, e os descreve como "Aqueles que Vieram" dos céus para a Terra?

Devotando por volta de 30 anos de minha vida à busca dos *Nefilim*, descobri que as mitologias de todas as civilizações antigas, seja no Velho ou no Novo Mundo, derivam de textos escritos em tabuletas de argila dos sumérios, o povo a quem a primeira civilização conhecida é atribuída. Ela floresceu, de repente, e sem que se esperasse, na Mesopotâmia (hoje Iraque), por volta de 6 mil anos atrás. Sua crença básica e mensagem foram que, em tempos muito antigos, um povo de outro planeta chamado Nibiru veio para a Terra em busca de ouro – ouro não para joalheria, mas para usar as partículas de ouro para proteger sua atmosfera em declínio.

Os sumérios chamaram esses visitantes à Terra de *Anunnaki*, literalmente significando "Aqueles Que dos Céus Vieram para a Terra". Eles representaram-nos com frequência como seres alados, para indicar sua habilidade de subir ao céu, e fizeram pinturas de veículos aéreos dos Anunnaki. Foi esse nome, *Anunnaki*, que o Livro do Gênesis tomou emprestado para criar o termo *Anakim* na Bíblia. Eles eram os Filhos dos Deuses que se casaram com as filhas dos homens na época do Dilúvio. Eles eram os *Nefilim*.

Iremos acreditar nesses textos sumérios e em toda a mitologia que se seguiu? Vamos aceitar as declarações da Bíblia?

Se não, como podemos explicar as estruturas megalíticas colossais que apenas "gigantes" poderiam construir?

Histórias de Calendário

Compilação da obra
O Começo do Tempo *(capítulo 8)*

Como o calendário atual surgiu e qual foi a principal motivação para que fosse criado? Ele foi uma ferramenta para os agricultores utilizarem para assegurar uma colheita abundante? Ou foi criado para marcar os dias festivos de culto das primeiras religiões da Terra? À medida que a humanidade evoluiu, também evoluíram os muitos tipos de calendários, alguns baseados nas ações do Sol e alguns com base nos ciclos da Lua. Além de um calendário desenvolvido pela Igreja, um calendário secular também se desenvolveu no Egito, aproximadamente em 2800 a.C.

Em seu artigo elucidativo, Sitchin traça o desenvolvimento desses calendários antigos e examina suas funções variadas, antes de lançar a discussão de como tanto o zodíaco como o calendário egípcio se desenvolveram na Suméria como "invenções dos Deuses". Ele também discute como inovações desses calendários foram motivadas pela mudança da dinâmica entre os irmãos Marduk/Rá e Ningishzidda/Thoth, bem como o relacionamento sempre mutável que Ra e Thoth tinham com seus outros irmãos, todos constantemente competindo entre si por poder e supremacia.

> Um elemento particularmente fascinante de nosso calendário atual é a divisão do ano em semanas compostas de sete dias. De onde derivou essa escolha? O senhor Enlil estava associado ao número sete e, de acordo com Sitchin, a Terra era conhecida como o sétimo planeta para os sumérios. Então, o número sete era de extrema importância para eles, refletido por seu uso no calendário à medida que ele evoluiu. A determinação precisa de solstícios, equinócios e eclipses também era de grande importância, de tal maneira que os templos e os monumentos antigos foram construídos para mostrar a ocasião dessas ocorrências.

A HISTÓRIA DO CALENDÁRIO é uma história de engenho, de uma combinação sofisticada de astronomia e matemática. Também é uma história de conflito, fervor religioso e lutas por supremacia.

A ideia de que o calendário foi criado por e para agricultores para que soubessem quando arar e quando colher foi tomada como certa por tempo demais. Ela falha tanto no teste de lógica quanto do fato. Agricultores não precisam de um calendário formal para conhecer as estações, e sociedades primitivas conseguem se alimentar por gerações sem um calendário. O fato histórico é que o calendário foi criado para predeterminar a época precisa dos festivais honrando os deuses. O calendário, em outras palavras, era um dispositivo religioso. Os primeiros nomes pelos quais os meses foram chamados na Suméria tinham o prefixo EZEN. A palavra não significa "mês", mas "festival". Os meses eram as épocas em que o Festival de Enlil ou o Festival de Ninurta, ou os de outras divindades importantes, deviam ser observados.

Que o propósito dos calendários era possibilitar a observância religiosa não deveria surpreender de modo algum. Encontramos um exemplo que ainda regula nossas vidas no calendário corrente comum, mas, na verdade, cristão. Seu principal festival, e o ponto focal que determina o resto do calendário anual, é a Páscoa, a celebração da ressurreição, de acordo com o Novo Testamento, de Jesus no terceiro dia após sua crucificação. Os cristãos ocidentais comemoram a Páscoa no primeiro domingo depois da Lua Cheia que ocorre no equinócio de primavera no hemisfério norte ou logo depois dele. Isso criou um problema para os primeiros cristãos em Roma, onde o elemento do calendário era o ano solar de 365 dias, e os meses eram de tamanho irregular e não exatamente relacionados com as fases da Lua. A determinação do Dia de Páscoa, portanto, exigiu uma dependência do calendário judeu, porque a Última Ceia, de onde os outros dias cruciais do tempo pascal são contados, era, na verdade, a refeição do *Seder* com que os judeus celebravam a Páscoa judaica começando na noite do 14º dia da lua Nissan, a época da Lua Cheia. Como resultado, durante os primeiros séculos do Cristianismo a Páscoa era celebrada de acordo com o calendário judaico. Foi somente quando o imperador romano Constantino, tendo adotado a fé cristã, convocou um conselho da Igreja, o Conselho de Niceia, no ano 325, que a dependência continuada do calendário judaico foi cortada e o Cristianismo, até então considerado pelos gentios meramente outra seita judaica, foi transformado em uma religião separada.

Nessa mudança, como em suas origens, o calendário cristão foi, portanto, uma expressão de crenças religiosas e um instrumento para determinar as datas de culto. Foi assim também, mais tarde, quando os muçulmanos saíram da Arábia para conquistar pela espada as terras e povos, a leste e oeste. A imposição de seu calendário puramente lunar foi um de seus primeiros atos, pois tinha uma conotação religiosa profunda: ele contava a passagem do tempo desde a *Hégira*, a migração do fundador do Islã, Maomé, de Meca para Medina (em 622).

A história do calendário romano-cristão, interessante em si, ilustra alguns dos problemas inerentes à mistura imperfeita de tempos lunares e solares, e a necessidade resultante, no decorrer dos milênios, de reformas no calendário e a subsequente noção de eras em constante renovação.

O calendário corrente da Era Comum Cristã foi introduzido pelo papa Gregório XIII, em 1582, e, portanto, é chamado de Calendário Gregoriano. Ele constituiu uma reforma do Calendário Juliano anterior, assim batizado em homenagem ao imperador Júlio César.

Esse imperador romano eminente, cansado do calendário romano caótico, convidou o astrônomo do século I a.C., Sosígenes de Alexandria, Egito, para sugerir uma reforma no calendário. O conselho de Sosígenes foi esquecer a cronometragem lunar e adotar o calendário solar "como o dos egípcios". O resultado foi um ano de 365 dias mais um ano bissexto de 366 dias, uma vez a cada quatro anos. Porém, isso ainda falhou em contabilizar os 11 e ¼ de minutos por ano em excesso do quarto dia, acima e além dos 365 dias. Isso pareceu muito pouco para causar incômodo, mas o resultado foi que, por volta de 1582, o primeiro dia da primavera, fixado pelo Conselho de Niceia para cair em 21 de março, foi antecipado em dez dias para 11 de março. O papa Gregório corrigiu a diferença simplesmente decretando, em 4 de outubro de 1582, que o dia seguinte devia ser 15 de outubro. Essa reforma estabeleceu o uso atual do Calendário Gregoriano, cuja outra inovação foi decretar que o ano começa em 1º de janeiro.

A sugestão do astrônomo de que o calendário "como o dos egípcios" fosse adotado em Roma foi aceita, deve-se presumir, sem dificuldade injustificada porque na época Roma, e especialmente de Júlio César, era muito familiarizada com o Egito, seus costumes religiosos e, portanto, com seu calendário. O calendário egípcio era naquele período, de fato, um calendário puramente solar de 365 dias, divididos em 12 meses de 30 dias cada. A esses 360 dias era acrescentado um festival religioso de fim do ano de cinco dias, dedicado aos deuses Osíris, Hórus, Seth, Ísis e Néftis.

Os egípcios sabiam que o ano solar é mais longo que 365 dias – não só pelo dia cheio a cada quatro anos, como Júlio César autorizou, mas o suficiente para voltar o calendário um mês a cada 120 anos e um ano todo a cada 1.460 anos. A determinação do ciclo sagrado do calendário egípcio era esse período de 1.460 anos, pois coincidia com o ciclo do nascimento helíaco da estrela Sirius (egípcio *Sept*, grego *Sothis*) na época da cheia anual do Nilo que, por seu lado, acontece por volta do solstício do verão (no hemisfério norte).

Edward Meyer (*Ägyptische Chronologie*) concluiu que, quando esse calendário egípcio foi introduzido, essa convergência do nascimento helíaco de Sirius e a inundação do Nilo ocorreram em 19 de julho. Baseado nisso, Kurt Sethe (*Urgeschichte und älteste Religion der Ägypter*) calculou que isso pode ter acontecido ou em 4240 a.C. ou 2780 a.C., pela observação dos céus ou em Heliópolis ou em Mênfis.

Agora os pesquisadores do calendário do Egito antigo concordam que o calendário solar de 365 + 5 dias não foi o primeiro calendário pré-histórico da terra. Esse calendário "civil" ou secular foi introduzido apenas depois do começo do governo dinástico no Egito, ou seja, depois de 3100 a.C. De acordo com Richard A. Parker (*The Calendars of the Ancient Egyptians*), isso aconteceu por volta de 2800 a.C., "provavelmente para propósitos administrativos e fiscais". Esse calendário civil suplantou, ou talvez tenha suplementado no início, o calendário "sagrado" dos velhos tempos. Nas palavras da *Enciclopédia Britânica*: "os antigos egípcios originalmente empregaram um calendário baseado na Lua". De acordo com R. A. Parker (*Ancient Egyptian Astronomy*), esse primeiro calendário era "como o de todos os povos antigos", um calendário de 12 meses lunares mais um 13º mês intercalar que mantinha as estações no lugar.

O calendário mais antigo também era, na opinião de Lockyer, equinocial e se unia de fato com o mais antigo templo em Heliópolis, cuja orientação era equinocial. Em tudo isso, como na associação dos meses com festivais religiosos, os primeiros calendários egípcios eram equiparáveis com o dos sumérios.

A conclusão de que o calendário egípcio teve suas raízes em tempos pré-dinásticos, antes que a civilização tivesse surgido no Egito, só pode significar que não foram os próprios egípcios que inventaram seu calendário. É uma conclusão que coincide com a relativa ao zodíaco egípcio, e no que diz respeito tanto ao zodíaco como ao calendário na Suméria: eles eram todos as invenções artificiais dos "deuses".

No Egito, religião e culto dos deuses começaram em Heliópolis, perto das pirâmides de Gizé. Seu nome egípcio original era *Annu* (como o nome do governante de Nibiru) e ela é chamada de *On* na Bíblia: quando José foi feito vice-rei de todo o Egito (Gênesis, capítulo 41), o faraó "deu a ele Assenet, a filha de Potifar, o (alto) sacerdote de On, como esposa". Seu santuário mais antigo era dedicado a *Ptah* ("O Desenvolvedor"), que, de acordo com a tradição egípcia, elevou o Egito de sob as águas da Grande Inundação e tornou-o habitável por drenagem extensiva e terraplenagem. O reino divino sobre o Egito foi então transferido por Ptah para seu filho *Rá* ("O Brilhante"), que igualmente era chamado de *Tem* ("O Puro") e em um santuário especial, também em Heliópolis, o Barco do Céu de Rá, o cônico *Ben-Ben*, podia ser visto pelos peregrinos uma vez por ano.

Rá foi o líder da primeira dinastia divina, de acordo com o sacerdote egípcio Mâneton (seu nome hieroglífico significava "Presente de Thoth"), que compilou no século III a.C. as listas dinásticas do Egito. O reino de Rá e seus sucessores, os deuses Shu, Geb, Osíris, Seth e Hórus, durou mais de três milênios. Ele foi seguido por uma segunda dinastia divina que começou com Thoth, outro filho de Ptah. Ela durou quase tanto quanto a primeira dinastia. Em seguida, uma dinastia de semideuses, 30 deles, reinou o Egito por 3.650 anos. Ao todo, de acordo com Mâneton, o reino divino de Ptah, a dinastia de Rá, a dinastia de Thoth e a dinastia dos semideuses duraram 17.520 anos. Karl R. Lepsius (*Königsbuch der alten Ägypter*) apontou que esse período representava, exatamente, 12 ciclos sóticos de 1.460 anos cada, portanto corroborando a origem pré-histórica do conhecimento calendário-astronômico no Egito.

Com base em evidência substancial, concluímos em *As Guerras dos Deuses e dos Homens,* e outros volumes de A Crônicas da Terra, que Ptah não era outro além de Enki e que Rá era Marduk do panteão da Mesopotâmia. Foi para Enki e seus descendentes que foram concedidas as terras africanas quando a Terra foi dividida entre os Anunnaki depois do Dilúvio, deixando os E.DIN (a terra bíblica do Éden) e a esfera de influência da Mesopotâmia nas mãos de Enlil e seus descendentes. Thoth, um irmão de Rá/Marduk, era o deus que os sumérios chamavam de Ningishzidda.

Muito da história e dos conflitos violentos que se seguiram à divisão da Terra derivou da recusa de Rá/Marduk de concordar com a divisão. Ele estava convencido de que seu pai foi privado, injustamente, do comando da Terra (o que o epíteto-nome EN.KI, "Senhor Terra", conotava); e que, portanto, ele, não o Primogênito de Enlil, Ninurta, devia governar supremo na Terra a partir da Babilônia, a cidade mesopotâmica cujo nome significava "Caminho dos Deuses". Obcecado por sua ambição, Rá/Marduk causou não só conflitos com os enlilitas, mas também despertou a animosidade de alguns de seus próprios irmãos ao envolvê-los nesses conflitos rancorosos, bem como deixou o Egito e depois voltou para reclamar o domínio sobre ele.

No decurso dessas idas e vindas e do sobe e desce nas lutas de Rá/Marduk, ele causou a morte de um irmão mais jovem chamado Dumuzi, deixou seu irmão Thoth reinar e depois o forçou ao exílio, e fez seu irmão Nergal mudar de lado na Guerra dos Deuses que resultou em um holocausto nuclear. Em particular, foi o relacionamento "liga de novo", "desliga de novo" com Thoth, nós acreditamos, o essencial para as Histórias do Calendário.

Figura 92

Os egípcios, relembre, não tinham um, mas dois calendários. O primeiro, com raízes em tempos pré-históricos, era "baseado na Lua". O mais tardio, introduzido vários séculos depois do começo do governo faraônico, era baseado nos 365 dias do ano solar. Contrariamente à noção de que o último "calendário civil" fosse uma inovação administrativa do faraó, sugerimos que ele, também, como o anterior, era uma criação artificial dos deuses, exceto que, enquanto o primeiro foi obra de Thoth, o segundo foi um artifício de Rá.

Um aspecto do calendário civil considerado específico e original foi a divisão do mês de 30 dias em "decanatos", períodos de dez dias, cada um prenunciado pelo nascimento de determinada estrela. Cada estrela (representada como um deus celestial navegando pelos céus, Figura 92) era analisada para dar notícia da última hora da noite; e, no fim de dez dias, uma nova estrela do decanato seria observada.

É nossa hipótese que a introdução desse calendário com base em decanato foi um ato deliberado de Rá em um conflito em desenvolvimento com seu irmão Thoth.

Ambos eram filhos de Enki, o grande cientista dos Anunnaki, e pode-se assumir com segurança que muito de seu conhecimento tinha sido adquirido de seu pai. Esse foi, com certeza, o caso de Rá/Marduk, pois foi encontrado um texto mesopotâmico que afirma isso claramente. Ele é um texto cujo início relembra uma queixa de Marduk a seu pai de não ter determinados conhecimentos de cura. A resposta de Enki é a seguinte:

> Meu filho, o que você não sabe?
> O que mais eu posso lhe dar?
> Marduk, o que você não sabe?
> O que posso lhe dar a mais?
> Tudo o que eu sei, você sabe.

Existia, talvez, algum ciúme entre os dois irmãos quanto a isso? O conhecimento da matemática, astronomia, orientação sagrada de estruturas foi compartilhado por ambos. Um testemunho dos feitos de Marduk nessas ciências foi o magnífico zigurate da Babilônia, que, de acordo com o *Enuma Elish*, o próprio Marduk tinha projetado. Porém, como o texto citado detalha, quando se tratava de medicina e cura, seu conhecimento era menor do que o do seu irmão: ele não podia reviver os mortos, enquanto Thoth podia. Nós ficamos sabendo dos últimos poderes tanto por fontes mesopotâmicas quanto egípcias. Esta representação suméria o mostra com o emblema das serpentes entrelaçadas (Figura 93a), o emblema, originalmente, de seu pai Enki como o deus que podia se engajar em engenharia genética – o emblema que sugerimos ser a dupla hélice do DNA (Figura 93b). Seu nome sumério, NIN.GISH.ZID.DA, que significava "Senhor do Artefato da Vida", é sob medida para o reconhecimento de sua capacidade de restaurar a vida revivendo os mortos. "Senhor, curador, Senhor que agarra a mão, Senhor do Artefato da Vida", um texto litúrgico sumério o chamou. Ele foi representado com proeminência em cura mágica e textos de exorcismo. Uma série de encantamentos e fórmulas mágicas *Maqlu* ("Oferendas Queimadas") devotou toda uma tabuleta, a sétima, a ele. Em um encantamento, devotado a marinheiros afogados ("o pessoal marítimo que está completamente em paz"), o sacerdote invoca as fórmulas de "Siris e Ningishzidda, os que obram milagres, os feiticeiros".

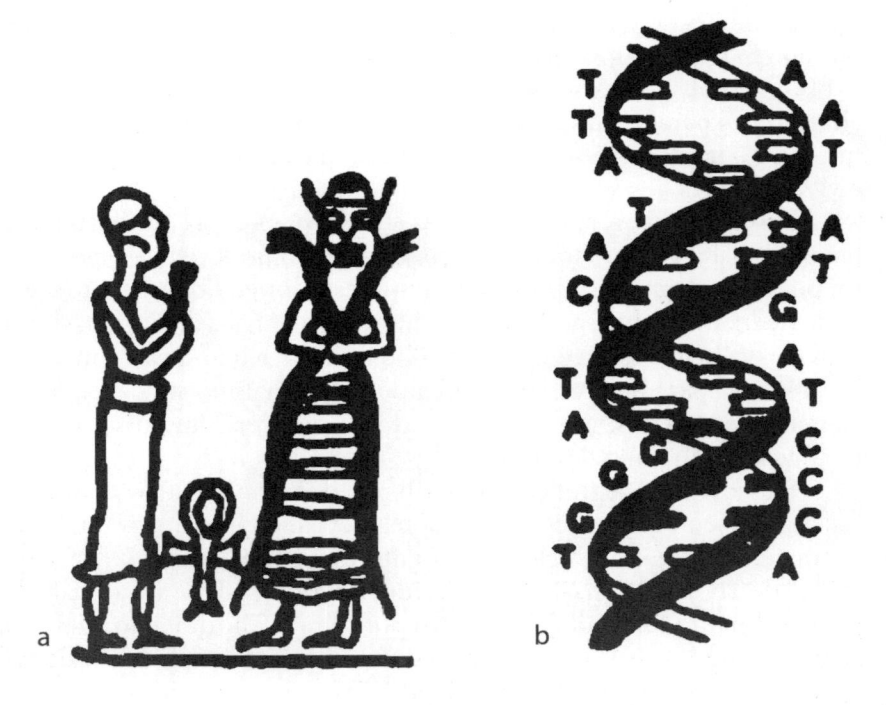

Figura 93

Siris é o nome de uma deusa desconhecida no panteão sumério, exceto por essa menção, e a possibilidade de ser uma interpretação mesopotâmica do nome da estrela Sirius vem à nossa mente porque, no panteão egípcio, Sirius era a estrela associada com a deusa Ísis. Nas histórias lendárias egípcias, Thoth foi o único que ajudou Ísis, a esposa de Osíris, a extrair do marido desmembrado o sêmen com o qual ela foi impregnada para conceber e gerar Hórus. E não foi tudo. Em uma inscrição egípcia em um artefato conhecido como Estela Metternich, a deusa Ísis descreve como Thoth trouxe seu filho Hórus de volta à vida depois que Hórus foi picado por um escorpião venenoso. Respondendo a seus apelos, Thoth desceu dos céus, "e ele tinha poderes mágicos e possuía o grande poder que fez a palavra tornar-se fato". Ele executou uma magia, à noite ela retirou o veneno e Hórus voltou à vida.

Os egípcios afirmavam que todo *O Livro dos Mortos,* de onde eram inscritos versos nas paredes das tumbas faraônicas para que o faraó falecido pudesse ser transferido para um Além da Vida, era uma composição de Thoth, "escrita com seus próprios dedos". Em um trabalho menor chamado pelos egípcios de *Livro da Respiração*, afirmava-se que "Thoth, o mais poderoso dos deuses, o senhor de Khemennu, veio a ti; ele escreveu para ti o *Livro da Respiração* com seus próprios dedos, para que teu *Ka* possa respirar para sempre e sempre e tua forma dotada com a vida na Terra".

Nós sabemos, a partir de fontes sumérias, que esse conhecimento, tão essencial à crença faraônica – conhecimento de reviver os mortos –, foi possuído primeiro por Enki. Em um texto longo lidando com a jornada de Inanna/Ishtar ao Mundo Subterrâneo (África do Sul), os domínios de sua irmã casada com outro filho de Enki, a deusa não convidada foi colocada para morrer. Respondendo ao apelo, Enki concebeu medicamentos e supervisionou o tratamento do cadáver com pulsos de som e radiação, e "Inanna despertou".

É evidente, o segredo não foi divulgado para Marduk. E, quando reclamou, seu pai lhe deu uma resposta evasiva. Isso em si teria sido a suficiente para o ambicioso e sedento por poder Marduk ficar com ciúme de Thoth. A sensação de ter sido ofendido, talvez até ameaçado, provavelmente foi maior. Primeiro, porque foi Thoth e não Marduk/Rá quem ajudou Ísis a recuperar o desmembrado Osíris (neto de Rá) e a extrair seu sêmen; depois reviveu Hórus envenenado (um bisneto de Rá). E, segundo, porque tudo aquilo levou – como o texto sumério torna mais claro – a uma afinidade entre Thoth e a Estrela Sirius, a controladora do calendário egípcio e arauta da inundação doadora de vida do Nilo.

Essas foram as únicas razões para o ciúme, ou Rá/Marduk tem motivos mais fortes para ver em Thoth um rival, uma ameaça à sua supremacia? De acordo com Mâneton, o longo reino da primeira dinastia divina iniciado por Rá acabou de forma repentina depois de um reinado curto de apenas 300 anos por Hórus, após o conflito que ele chamou de Primeira Guerra das Pirâmides. Depois, em vez de outro descendente de Rá, foi Thoth quem recebeu o comando sobre o Egito e sua dinastia continuou (de acordo com Mâneton) por 1.570 anos. Seu reino, uma era de paz e progresso, coincidiu com a Nova Idade da Pedra (Neolítico) no Oriente Médio – a primeira fase da concessão da civilização pelos Anunnaki à humanidade.

Por que Thoth, entre todos os outros filhos de Ptah/Enki, foi o escolhido para substituir a dinastia de Rá no Egito? Uma pista pode estar sugerida em um estudo intitulado *Religion of the Ancient Egyptians*, de W. Osborn Jr., em que é declarado como segue sobre Thoth: "Embora figurasse na mitologia em uma hierarquia secundária de divindades, ainda assim ele sempre permaneceu uma emanação direta e parte de Ptah – o *primogênito* da divindade primordial" (a ênfase é nossa). Com as regras de sucessão complexas dos Anunnaki, em que um filho nascido de uma meia-irmã se tornava o herdeiro legal acima do primogênito (se não tivesse como mãe uma meia-irmã) – causa de atritos intermináveis e rivalidade entre Enki (o primogênito de Anu) e Enlil (nascido de uma meia-irmã de Anu) –, poderia ser que as circunstâncias do nascimento de Thoth de algum modo acarretassem uma ameaça às reivindicações de Rá/Marduk por supremacia?

É sabido que, inicialmente, a "companhia dos deuses" dominante ou dinastia divina foi a de Heliópolis, mais tarde suplantada pela tríade divina de Mênfis (quando Mênfis se tornou a capital de um Egito unificado). Porém, entre elas houve uma *Paut* ou "companhia divina" interina de deuses liderada por Thoth. O "centro de culto" desta última era Hermópolis ("Cidade de Hermes" em grego) cujo nome egípcio, *Khemennu*, significava "oito". Um dos epítetos de Thoth era "Senhor dos Oito", que, de acordo com Heinrich Brugsch (*Religion und Mythologie der alten Aegypter*), remetia a oito orientações celestiais, incluindo os quatro pontos cardeais. Podia também remeter à habilidade de Thoth de apurar e marcar os oito pontos de suspensão da Lua – o corpo celestial ao qual Thoth estava associado.

Marduk, um "deus sol", por outro lado, estava associado ao número dez. Em uma hierarquia numérica dos Anunnaki, em que a posição de Anu era a mais elevada, 60, a de Enlil 50 e de Enki 40 (e por aí vai), a posição de Marduk era dez; e isso pode ter sido a origem dos decanatos. De fato, a versão babilônica do Épico da Criação atribui a Marduk a elaboração de um calendário de 12 meses, cada mês dividido em três "astrais celestiais":

> Ele determinou o ano,
> designando as regiões:
> Para cada um dos 12 meses
> ele determinou três astrais celestiais,
> [assim] definindo os dias do ano.

Essa divisão dos céus em 36 partes como um meio de "definir os dias do ano" é uma referência tão clara quanto possível ao calendário – um calendário com 36 "decanatos". E aqui, no *Enuma Elish*, a divisão é atribuída a Marduk, aliás, Rá.

O Épico da Criação, sem dúvida de origem suméria, é conhecido hoje em dia em sua maior parte por sua derivação babilônica (as sete tabuletas do *Enuma Elish*). Ele é uma versão, todos os acadêmicos concordam, destinada a glorificar o deus babilônico nacional Marduk. Portanto, o nome "Marduk" foi inserido onde no texto original sumério o invasor do espaço sideral, o planeta Nibiru, foi descrito como o Senhor Celestial; e onde, descrevendo os feitos na Terra, o Deus Supremo foi denominado Enlil, a versão babilônica também nomeou Marduk. Assim, Marduk foi tornado supremo tanto no céu como na Terra.

Sem descobertas adicionais de tabuletas intactas ou até fragmentadas inscritas com o texto original sumério do Épico da Criação, é impossível dizer se os 36 decanatos foram uma inovação verdadeira de Marduk ou se foram simplesmente emprestados da Suméria por ele. Um princípio básico da astronomia suméria era a divisão da esfera celestial envolvendo a Terra em três "caminhos" – o Caminho de Anu, como uma faixa celestial central; o Caminho de Enlil, nos céus do norte; e o Caminho de Ea (ou seja, Enki), nos céus do sul. Pensou-se que os três caminhos representassem a faixa equatorial no centro e as faixas demarcadas pelos dois trópicos, norte e sul. Entretanto, mostramos em *O 12º Planeta* que o Caminho de Anu, abrangendo o Equador, se estendia 30 graus ao norte e 30 graus ao sul do Equador, resultando em uma largura de 60 graus, e que o Caminho de Enlil e o Caminho de Ea, de modo semelhante, se estendiam por 60 graus cada, de modo que os três cobriam todo o alcance celestial de 180 graus de norte a sul.

Caso essa divisão tripartite do céu fosse aplicada à divisão do ano no calendário em 12 meses, o resultado seria 36 segmentos. Tal divisão – resultando em decanatos –, de fato, foi feita na Babilônia.

Em 1900, dirigindo-se à Sociedade Real de Astronomia em Londres, o orientalista T. G. Pinches apresentou uma reconstrução de um astrolábio mesopotâmico (literalmente "Comparador de Estrelas"). Era um disco circular dividido como uma torta em 12 segmentos e três anéis concêntricos, resultando em uma divisão do céu em 36 pedaços (Figura 94). Os símbolos redondos perto dos nomes inscritos indicam que a referência era a corpos celestiais.

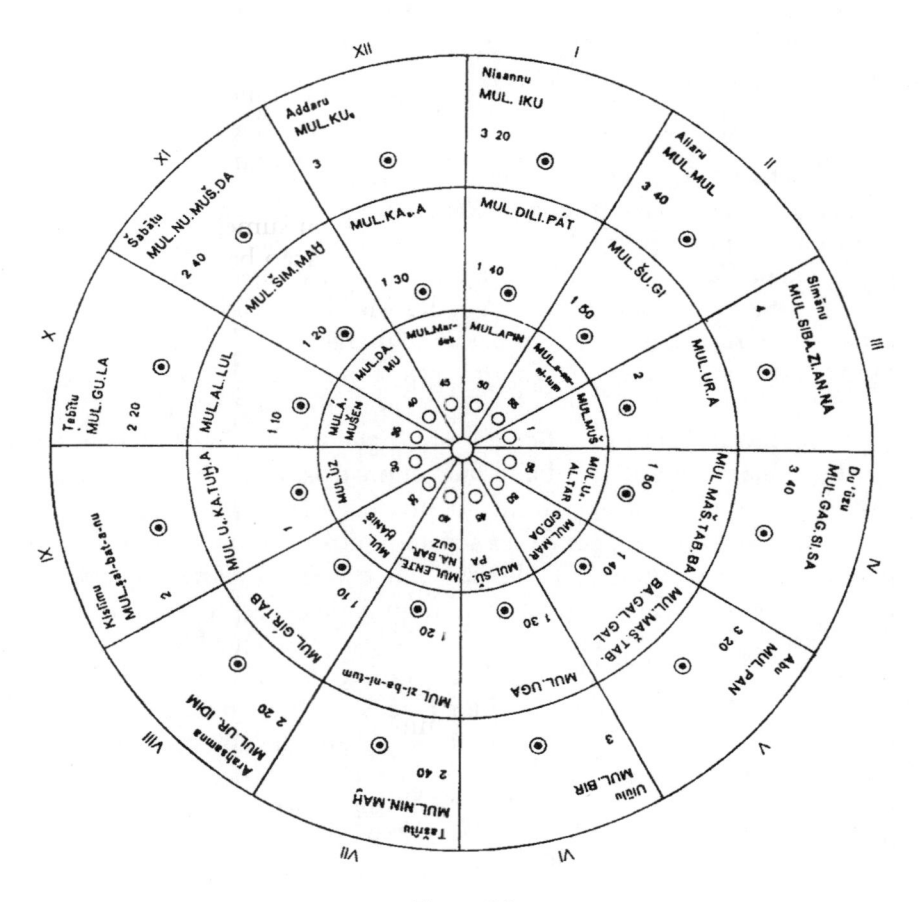

Figura 94

Os nomes (aqui transliterados) são os das constelações do zodíaco, estrelas e planetas – 36 ao todo. É evidente que essa divisão estava ligada ao calendário pela inscrição dos nomes dos meses, um em cada um dos 12 segmentos no topo do segmento (as marcas de I a XII, começando com o primeiro mês Nisannu do calendário babilônico, são de Pinches).

Embora esse planisfério babilônico não responda à questão da origem dos versos relevantes no *Enuma Elish*, estabelece que o que se supunha como inovação singular e original egípcia, de fato, tinha uma contraparte (senão predecessora) na Babilônia – o lugar reivindicado por Marduk para sua supremacia.

Ainda mais certo é o fato de que os 36 decanatos não estão presentes no primeiro calendário egípcio. O mais antigo estava ligado à Lua, o seguinte ao Sol. Na teologia egípcia, Thoth era um Deus Lua, Rá era um Deus Sol. Estendendo isso para os dois calendários, segue-se que o primeiro e mais antigo calendário egípcio foi formulado por Thoth e o seguinte por Rá/Marduk.

O fato é que, quando o tempo chegou, cerca de 3100 a.C., de estender o nível sumério de civilização (reino humano) aos egípcios, Rá/Marduk – tendo sido frustrado em seus esforços para estabelecer a supremacia na Babilônia – voltou para o Egito e expulsou Thoth.

Foi então, nós acreditamos, que Rá/Marduk – não por conveniência administrativa, mas em um passo deliberado para erradicar os vestígios da predominância de Thoth – reformou o calendário. Uma passagem no *Livro dos Mortos* relata que Thoth foi "perturbado pelo que havia acontecido com os filhos divinos", que tinham "se engajado em batalhas, mantido a discórdia, criado monstros, causado problemas". Como conséquência disso, Thoth "foi provocado à ira quando eles [seus adversários] trouxeram confusão aos anos, atropelaram e empurraram para perturbar os meses". Todo esse mal, o texto declara, "em tudo o que eles fizeram a ele, eles criaram a iniquidade em segredo".

Esse trecho pode bem indicar que a discórdia, que levou à substituição do calendário de Thoth pelo calendário de Rá/Marduk no Egito, aconteceu quando o calendário (por razões explicadas antes) precisou ser colocado de volta nos trilhos. R. A. Parker, ressaltamos anteriormente, acredita que essa mudança ocorreu cerca de 2800 a.C. Adolf Erman (*Aegypten und Aegyptisches Leben im Altertum*) foi mais específico. A oportunidade, ele escreveu, foi a volta de Sirius para sua posição original depois de um ciclo de 1.460 anos, em 19 de julho de 2776 a.C.

Deveria ser ressaltado que a data, cerca de 2800 a.C., é a oficial adotada pelas autoridades britânicas para Stonehenge I.

A introdução por Rá/Marduk de um calendário dividido em, ou baseado em, períodos de dez dias pode também ter sido motivada por um desejo de extrair uma distinção clara, para seus seguidores no Egito, bem como na Mesopotâmia, entre ele mesmo e aquele que era "sete" – o líder dos enlilitas, o próprio Enlil. De fato, tal distinção podia estar subjacente às oscilações entre calendários lunar e solar; pois os calendários, como mostramos e os registros antigos atestaram, foram concebidos pelos "deuses" Anunnaki para delinear para seus seguidores os ciclos de culto; e a luta por supremacia significou, na análise final, quem devia ser cultuado.

Acadêmicos debatem há muito, mas ainda precisam verificar, a origem da semana, a fatia do ano mensurada em durações de sete dias. Mostramos em livros anteriores de As Crônicas da Terra que sete era o número que representava o nosso planeta, a Terra. Ela era chamada em textos sumérios de "a sétima" e era mostrada em representações dos corpos celestiais pelo símbolo de sete pontos porque, viajando para o centro do nosso sistema solar a partir de seu planeta mais exterior, os Anunnaki encontrariam primeiro Plutão, passariam por Netuno e Urano (segundo e terceiro) e continuariam passando por Saturno e Júpiter (quarto e quinto). Eles contavam Marte como o sexto (e, portanto, ele era representado por uma estrela de seis pontas) e a Terra seria o sétimo. Tal viagem e contagem estão, de fato, ilustradas em um planisfério descoberto nas ruínas da biblioteca real em Nínive, onde um de seus oito segmentos (Figura 95) mostra a caminho de voo de Nibiru e afirma (aqui em tradução inglesa) "divindade Enlil passou pelos planetas". Os planetas, representados por pontos, são sete em número. Para os sumérios, era Enlil, e não outro, o "Senhor do Sete". Nomes mesopotâmicos e bíblicos de pessoas (por exemplo *Bath-sheba*, "Filha de Sete") ou lugares (por exemplo, *Beer-Sheba*, "o poço de Sete") honraram o deus e seu epíteto.

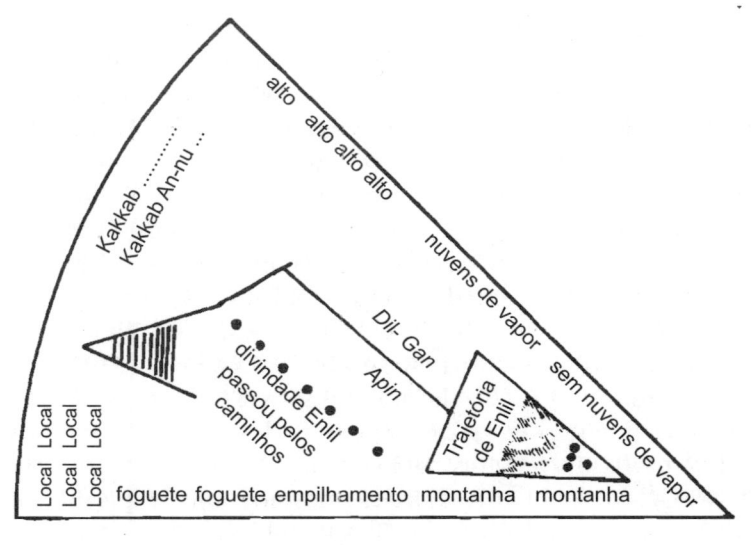

Figura 95

A importância da santidade do número sete, transferida para a unidade do calendário de sete dias como uma semana, permeou a Bíblia e outras escrituras antigas. Abraão separou sete ovelhas quando negociou com Abimeleque. Jacó serviu a Labão sete vezes quando ele se aproximou de seu irmão ciumento Esaú. Ao Alto Sacerdote era exigido executar vários ritos sete vezes. Jericó teve de ser circulada sete vezes para que seus muros caíssem; e, em termos de calendário, o sétimo dia tinha de ser observado com rigidez, já que o Sábado e o importante festival de Pentecostes tinham de acontecer depois da contagem de sete semanas depois da Páscoa Judaica.

Embora ninguém possa dizer quem "inventou" a semana de sete dias, é óbvia sua associação na Bíblia com os tempos primordiais – de fato, quando o próprio Tempo começou: veja os sete dias da Criação com que o Livro do Gênesis começa. O conceito de um período delineado de contagem de tempo de sete dias, o Tempo do Homem, é encontrado nas histórias bíblicas e na história mesopotâmica mais antiga do Dilúvio, atestando com isso sua antiguidade. Nos textos mesopotâmicos, o herói da enchente recebe um aviso de Enki com sete dias de antecedência, que "abriu o relógio de água e o encheu" para assegurar que seu seguidor fiel não perderia o prazo. Nessas versões, é dito que o Dilúvio começou com uma tempestade que "varreu o país por sete dias e sete noites". Na versão bíblica, o Dilúvio também começou depois de um aviso sete dias antes a Noé.

A história bíblica da enchente e sua duração revela uma compreensão mais abrangente do calendário em tempos muito antigos. De modo significativo, ela mostra familiaridade com a unidade de sete dias e uma divisão do ano em 52 semanas de sete dias cada. Mais ainda, sugere um entendimento das complexidades de um calendário lunar-solar.

De acordo com o Gênesis, o Dilúvio começou "no segundo mês, no 17º dia do mês" e acabou no ano seguinte, "no segundo mês, no 27º dia do mês". Contudo, o que diante disso pareceria ser um período de 365 dias mais dez, não é. A história bíblica rompe o Dilúvio em 150 dias depois da avalanche de água; 50 dias durante os quais a água baixou, e outros 40 dias até que Noé considerou seguro abrir a Arca. Em seguida, em dois intervalos de sete dias, ele enviou um corvo e uma pomba para analisar a paisagem. Apenas quando a pomba não voltou mais Noé soube que era seguro sair. De acordo com essa repartição, tudo acrescentado soma 354 dias (150 + 150 + 40 + 7 + 7). Porém, isso não é um ano solar; precisamente, um ano lunar de 12 meses tendo em média 29,5 dias cada (29,5 x 12= 354), representado por um calendário – como o dos judeus ainda é – alternando entre meses de 29 e 30 dias.

Contudo, 354 dias não é um ano cheio em termos solares. Reconhecendo isso, o narrador ou editor do Gênesis recorreu a intercalações, ao afirmar que o Dilúvio, que começou no 17º dia do segundo mês, acabou (um ano mais tarde) no 27º dia do segundo mês. Os acadêmicos estão divididos em relação ao número de dias que foram acrescentados assim ao lunar de 354 dias. Alguns (por exemplo, S. Gandz, *Studies in Hebrew Mathematics and Astronomy*), consideram terem sido acrescidos 11 dias – a adição intercalar correta que teria expandido os 354 dias para os 365 dias cheios do ano solar. Outros, entre eles o autor do antigo *Livro dos Jubileus*, considera o número de dias acrescentados como apenas dez, aumentando o ano em questão para apenas 364 dias. O significativo, é claro, é que ele implica um calendário dividido em 52 semanas de sete dias cada (52 x 7 = 364).

Que esse não foi só o resultado de acrescentar 354 + 10 como o número de dias, mas também uma divisão deliberada do ano em 52 semanas de sete dias cada, é tornado claro no texto do *Livro dos Jubileus*. Ele afirma (capítulo 6) que Noé recebeu, quando o Dilúvio acabou, "tabuletas celestiais" ordenando que:

> Todos os dias do mandamento
> serão dois e 50 semanas de dias
> que formarão um ano completo.
> Assim está gravado e ordenado
> nas tabuletas celestiais;
> não haverá negligência para um único
> ano ou de ano para ano.
> E o comando a vocês, os filhos de Israel,
> que observem o ano de acordo com
> esse cálculo,
> trezentos e sessenta e quatro dias;
> esse deve constituir o ano completo.

A insistência em um ano de 52 semanas de sete dias encaixando em um ano-calendário de 364 dias não foi resultado de ignorância em relação à verdadeira duração de 365 dias cheios em um ano solar. A percepção dessa duração verdadeira é tornada clara na Bíblia pela idade ("*cinco* e sessenta e trezentos anos") de Enoque até ele ser erguido pelo Senhor. No *Livro de Enoque* não bíblico o "Sol sobre Nós", os cinco dias epagômenos que tiveram de ser acrescentados aos 360 dias (12 x 30) de outros calendários, para completar os 365 dias, são mencionados especificamente. Ainda assim o *Livro de Enoque*, em capítulos descrevendo os movimentos do Sol e da Lua, os 12 "portais" zodiacais, os equinócios e os solstícios, afirma de modo inequívoco que o calendário deveria ser "um ano exato quanto a seus dias: 364". Isso é repetido em uma declaração de que "o ano completo, com perfeita justiça" era de 364 dias – 52 semanas de sete dias cada.

Acredita-se que o *Livro de Enoque*, em especial em sua versão conhecida como Enoque II, mostra elementos de conhecimento científico centrado na época em Alexandria, Egito. Quanto daquilo pode ser rastreado até os ensinamentos de Thoth não pode ser afirmado com nenhuma certeza, mas as histórias bíblicas, bem como as egípcias, sugerem um papel para sete e 52 vezes sete começando em tempos bem anteriores.

A história bíblica da elevação de José ao governo do Egito depois que ele interpretou os sonhos do faraó com sucesso é bem conhecida. Primeiro, sete vacas gordas que foram devoradas por sete vacas magras, e depois sete espigas cheias de grãos são engolidas por sete espigas de grãos secos. Poucos percebem, contudo, que a história – "lenda" ou "mito" para alguns – tinha raízes egípcias profundas, bem como uma contraparte anterior no folclore egípcio. Entre os anteriores estava o antecessor do oráculo grego das deusas Sibilinas. Elas eram chamadas de sete Hatores, Hator tendo sido a deusa da península do Sinai era representada como uma vaca. Em outras palavras, as Sete Hatores simbolizavam sete vacas que podiam prever o futuro.

A contraparte anterior da história de sete anos magros que seguiram sete anos de abundância é um texto hieroglífico (Figura 96) que E. A. W. Budge (*Lendas dos Deuses*) intitulou "Uma Lenda do Deus Khnemu e de Sete Anos de Miséria". Khnemu, era outro nome para Ptah/Enki em seu papel como moldador da humanidade. Os egípcios acreditavam que depois de ter entregado a soberania sobre o Egito para seu filho Rá, ele se retirou para a ilha de Abu (conhecida como Elefantina desde os tempos gregos por sua forma), onde formou cavernas gêmeas – dois reservatórios ligados –, cujas eclusas ou válvulas podiam ser manipuladas para regular o fluxo das águas do Nilo. (A Represa de Aswan moderna está localizada de modo semelhante acima da primeira catarata do Nilo.)

De acordo com esse texto, o faraó Zoser (construtor da pirâmide em degraus em Saqqara) recebeu um despacho real do governador do povo do sul sobre o sofrimento grave que tinha caído sobre a população "porque o Nilo não tinha chegado à altura correta por *sete anos*." Como resultado, "o grão está muito escasso, os vegetais estão totalmente em falta, todo o tipo de coisa que os homens comem como alimento tinha terminado, e todo homem agora pilhava seu vizinho".

Esperando que a disseminação da miséria e caos pudesse ser evitada por um apelo direto ao deus, o rei viajou ao sul, para a ilha de Abu.

O deus, tinham lhe contado, mora lá, "em um edifício de madeira com portais formados por juncos", mantendo consigo "a corda e a tabuleta" que possibilitam a ele "abrir a porta dupla das válvulas do Nilo". Khnemu, respondendo aos apelos do rei, prometeu "erguer o nível do Nilo, dar água, fazer as plantações crescerem".

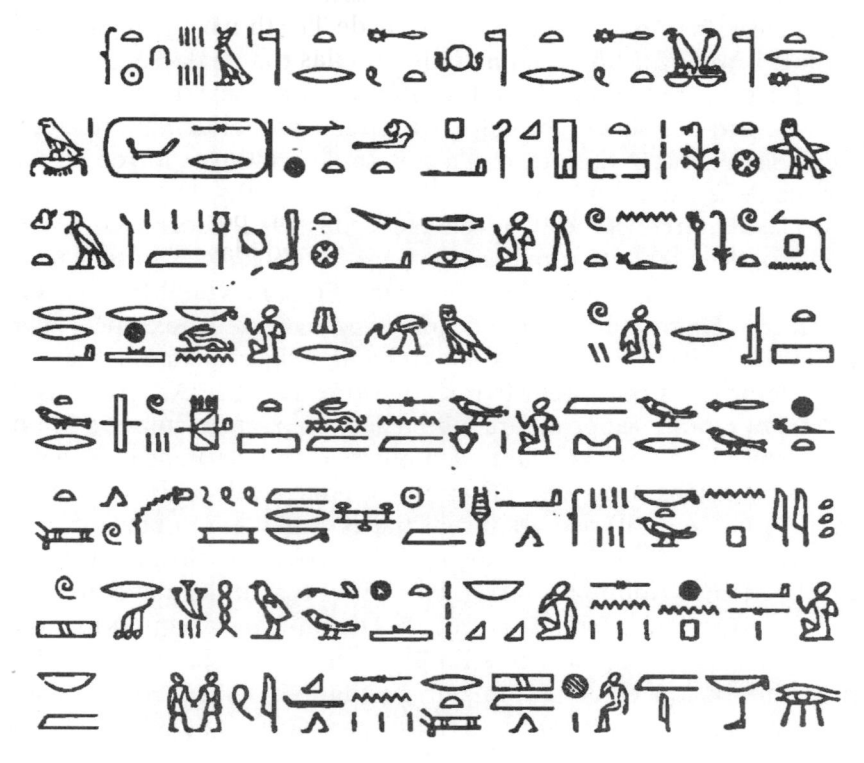

Figura 96

Uma vez que a cheia anual do Nilo estava ligada ao nascimento heliacal da Estrela Sirius, devemos nos perguntar se os aspectos celestiais ou astronômicos da história lembram não só a falta real de água (que ocorre ciclicamente até os dias de hoje), mas também a mudança (como discutido antes) no surgimento de Sirius sob um calendário rígido. Que toda a história tinha conotações ligadas ao calendário é sugerido pela declaração no texto de que a morada de Khnemu em Abu estava orientada astronomicamente: "A casa do deus tinha uma abertura para o sudeste, e o Sol subia imediatamente oposto a ela todos os dias". Isso só pode significar instalações para a observação do Sol no curso de seu movimento ao e do solstício de inverno.

Essa análise breve do uso e do significado do número sete nos assuntos dos deuses e dos homens é suficiente para mostrar sua origem celeste (os sete planetas de Plutão à Terra) e sua importância para o calendário (a semana de sete dias, um ano de 52 de tais semanas). Porém, na rivalidade entre os Anunnaki, tudo isso assumiu um novo significado: a determinação de quem era o Deus do Sete (*Eli-Sheva* em hebraico, de onde vem *Elizabeth*) e, assim, o titular Governante da Terra.

E isso, acreditamos, foi o que alarmou Rá/Marduk em sua volta para o Egito depois de seu golpe fracassado na Babilônia: a disseminação da veneração de Sete, ainda epíteto de Enlil, pela introdução da semana de sete dias no Egito.

Nessas circunstâncias a veneração de Sete Hatores, como um exemplo, deve ter sido um anátema para Rá/Marduk. Não só seu número, sete, que implicava uma veneração a Enlil, mas também sua associação com Hator, uma divindade importante no panteão egípcio, além de uma com quem Rá/Marduk não tinha uma ligação em especial.

Hator, mostramos em livros anteriores da série As Crônicas da Terra, era o nome egípcio para Ninharsag, do panteão sumério – uma meia-irmã tanto de Enki quanto de Enlil e o objeto da atenção sexual de ambos os irmãos. Uma vez que as esposas oficiais de ambos (Ninki de Enki, Ninlil de Enlil) não eram suas meias-irmãs, era importante para eles gerarem um filho de Ninharsag. Tal filho, de acordo com as regras de sucessão dos Anunnaki, seria o Herdeiro Legal indisputável ao trono da Terra. Apesar das tentativas repetidas de Enki, tudo o que Ninharsag gerou para ele foram filhas, mas Enlil teve mais sucesso, e seu Filho Primogênito foi concebido em uma união com Ninharsag. Foi intitulado Ninurta (Ningirsu, o "Senhor de Girsu" para Gudea) para herdar a posição 50 de seu pai – ao mesmo tempo privando o primogênito de Enki, Marduk, do governo da Terra.

Existiram outras manifestações da disseminação do culto ao sete e sua importância para o calendário. A história dos sete anos de seca acontece na época de Zoser, construtor da pirâmide de Saqqara. Arqueólogos descobriram na área de Saqqara um "altar alto" circular de alabastro, cujo formato (Figura 97) sugere que ele estava destinado a servir como lâmpada sagrada para ser acesa por um período de sete dias. Outro achado é de uma "roda" de pedra (alguns acreditam que ela era a base de um Onfalos, uma "pedra umbigo" oracular) que está claramente dividida em quatro segmentos de sete marcadores cada (Figura 98), sugerindo que ela era mesmo uma pedra calendário – um calendário lunar, sem dúvida –, incorporando o conceito da semana de sete dias e (com a ajuda dos quatro divisores) possibilitando uma contagem lunar de meses indo de 28 a 32 dias.

Figura 97

Calendários feitos de pedra existiram na Antiguidade, como evidenciado por Stonehenge na Grã-Bretanha e o calendário asteca no México. Que esse tenha sido encontrado no Egito deveria ser o menos espantoso, pois é nossa crença de que o gênio por trás dessas pedras-calendários, espalhadas geograficamente, foi um e mesmo deus: Thoth. O que pode ser surpreendente é esse calendário abrangendo o ciclo de sete dias, mas que também, como outra "lenda" egípcia mostra, não deveria ser inesperado.

O que os arqueólogos identificam como jogos ou jogos de tabuleiro foi encontrado quase em todos os lugares do Oriente Médio antigo, como testemunham essas poucas ilustrações de achados da Mesopotâmia, Canaã e Egito (Figura 99). Os dois jogadores movimentavam pinos de um furo para outro de acordo com lances de dados. Arqueólogos veem nisso não mais que jogos com os quais passar o tempo; mas o número usual de furos 58 é claramente uma distribuição de 29 para cada jogador – e 29 é o número de dias cheios em um mês lunar. Também existiam divisões óbvias dos furos em grupos menores e ranhuras ligavam alguns furos a outros (indicando, talvez, que o jogador podia pular para avançar nesses pontos). Notamos, por exemplo, que o furo 15 estava ligado ao furo 22 e o furo 10 ao 24, o que sugere um "pulo" de uma semana ou sete dias e de duas semanas de 14 dias.

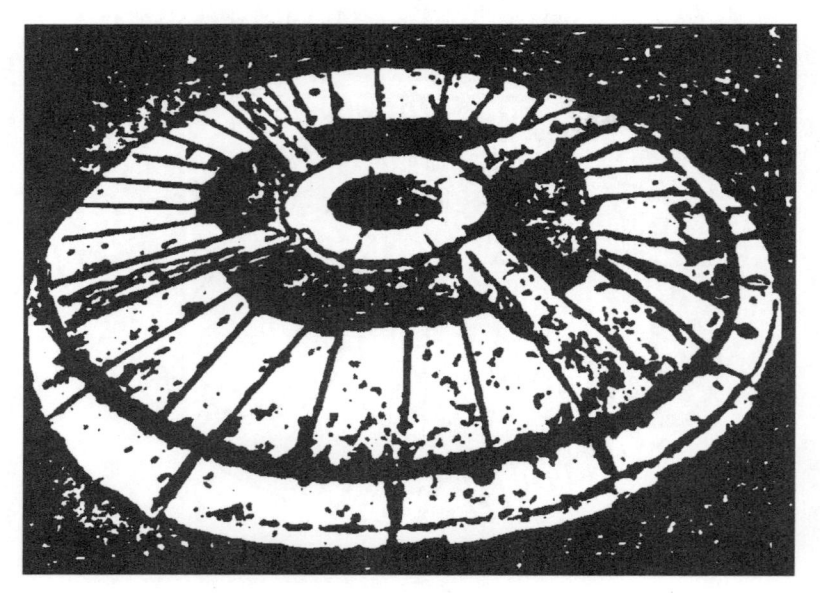

Figura 98

Hoje nós empregamos cantigas ("setembro tem 30 dias") e jogos para ensinar o calendário moderno para crianças. Por que excluir a possibilidade de que na Antiguidade também fosse assim?

Que esses fossem jogos de calendário, entre os quais pelo menos um deles, o favorito de Thoth, foi projetado para ensinar a divisão do ano em 52 semanas, é evidente a partir de uma história egípcia conhecida como "As Aventuras de Satni-Khamois com as múmias".

É uma história de magia, mistério e aventura, um suspense antigo que combina o número mágico 52 com Thoth e os segredos do calendário. A história está escrita em um papiro (catalogado como Cairo-30646), descoberto em uma tumba em Tebas, datando do século III

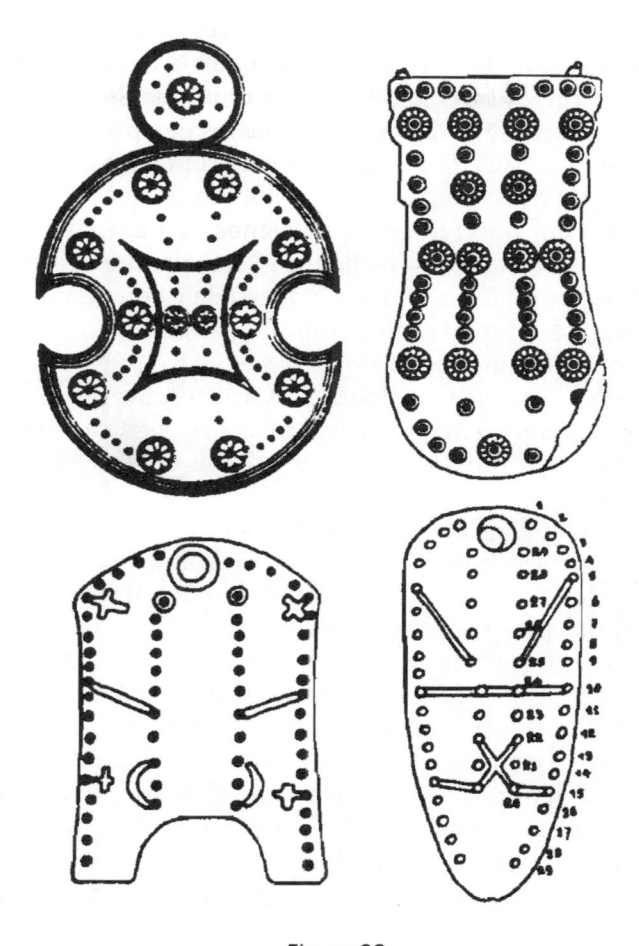

Figura 99

a.C. Fragmentos de outros papiros com a mesma história também foram encontrados, indicando que ela faz parte de uma literatura estabelecida ou canônica do Egito antigo que registrava as histórias de deuses e homens.

O herói dessa história era Satni, um filho do faraó, "bem instruído em todas as coisas". Ele não devia perambular na necrópole de Mênfis, estudando os textos sagrados nas paredes do templo e pesquisando o antigo "livro de magia". Com o tempo ele mesmo se tornou "um mago, que não tinha um comparável na terra do Egito". Um dia um velho misterioso contou a ele sobre um túmulo "onde está depositado o livro que o deus Thoth escreveu com suas próprias mãos", e no qual os mistérios da Terra e os segredos do céu eram revelados. Esse conhecimento secreto incluía a informação divina relativa "ao nascer do Sol, ao surgimento da Lua e aos movimentos dos deuses celestiais [os planetas] que estão no ciclo [órbita] do Sol". Em outras palavras – os segredos da astronomia e do calendário.

O túmulo em questão era o de Ne-nofer-khe-ptah, o filho de um rei anterior. Quando Satni pediu que lhe fosse mostrada a localização desse túmulo, o velho o advertiu de que, embora Nenoferkheptah estivesse enterrado e mumificado, ele não estava morto e podia atacar qualquer um que ousasse retirar o *Livro de Thoth* que estava alojado a seus pés. Inabalável, Satni foi em busca da tumba subterrânea e, quando chegou ao ponto exato, "recitou uma fórmula sobre ela e abriu-se um vão no chão, e Satni desceu ao lugar onde estava o livro".

Dentro da tumba, Satni viu as múmias de Nenoferkheptah, de sua esposa-irmã e de seu filho. O livro estava, de fato, aos pés de Nenoferkheptah e ele "acendeu uma luz como se o Sol brilhasse lá". Quando Satni deu um passo na direção do livro, a múmia da esposa falou, avisando-o para não avançar mais. Depois ela contou a Satni sobre as aventuras de seu próprio marido quando ele tinha tentado obter o livro que estava em uma caixa de prata, a qual estava dentro de uma série de caixas, a mais externa sendo de bronze e ferro. Quando seu marido, Nenoferkheptah ignorou os avisos e os perigos e agarrou o livro, Thoth o condenou, e a sua esposa e filho, a uma animação suspensa: embora vivos, eles foram enterrados; e, embora mumificados, eles podiam ver, ouvir e falar. Ela avisou Satni que, se ele tocasse o livro, seu destino seria o mesmo ou pior.

As advertências e o destino do rei anterior não detiveram Satni. Tendo chegado tão longe, ele estava determinado a ter o livro. Quando deu outro passo em direção ao livro, a múmia de Nenoferkheptah falou. Não havia como possuir o livro sem incorrer na ira de Thoth, ele disse: jogue e vença o "Jogo de 52", "o número mágico de Thoth".

Desafiando o destino, Satni concordou. Ele perdeu o primeiro jogo e viu-se parcialmente afundado no chão da tumba. Perdeu o jogo seguinte, e o seguinte, afundando mais e mais no chão. Como ele conseguiu escapar com o livro, as calamidades que recaíram sobre ele como resultado e como no fim devolveu o livro para seu esconderijo constituem uma leitura fascinante, mas não é essencial para nosso tema imediato: o fato de que os "segredos de Thoth" astronômicos e referentes ao calendário incluíam o "Jogo de 52" – a divisão do ano em 52 partes de sete dias, resultando no ano enigmático de apenas 364 dias do Livro dos Jubileus e Enoque.

Esse é um número mágico que nos assombra do outro lado do oceano, nas Américas; volta a nós com o enigma de Stonehenge e abre as cortinas sobre os eventos, e, resultando dele, a primeira Nova Era registrada pela humanidade.

14

O 12º Planeta – A Chave para o Enigma Óvni

Palestra na Conferência Internacional Diálogo com o Universo, Frankfurt, Alemanha Ocidental, em 26 de outubro de 1989

> Abraçar a cosmologia de Zecharia Sitchin requer uma crença na vida em outros planetas e um reconhecimento do fato de que essa vida extraterrestre, sem dúvida, visitou a Terra no passado. Para os que não leram os livros de Sitchin, isso pode parecer um tanto maluco. Nossa cultura moderna tende a rejeitar a veracidade do fenômeno óvni, bem como estudos relacionados a ele. Como resultado, muitas pessoas preferem se distanciar de qualquer discussão sobre a vida extraterrestre e as possibilidades que ela implica.
>
> Dito isso, muitas pessoas em todo o mundo acreditam que os óvnis existem. Isso fica atestado pelo número de conferências que acontecem todos os anos sobre o tema. Uma dessas conferências aconteceu em outubro de 1989, na qual meu tio Zecharia deu uma palestra, que é o próximo texto que você lerá. O texto selecionado para este capítulo é uma versão resumida dessa conferência. Embora contenha muito material com o qual você possa já estar familiarizado, ele salienta o ponto de que Nibiru, o planeta natal dos Anunnaki, tem uma órbita cíclica em que ele volta à Terra a cada 3.600 anos.

> Sitchin prossegue para demonstrar que os relatos bíblicos e o *Épico de Gilgamesh* sumério bem conhecido contam sobre ver visitantes do céu que pareciam seres humanos, mas não eram humanos – em vez disso eles eram artificiais ou parecidos com máquinas. Ele conjetura que eram robôs criados pelos antigos para os auxiliarem em uma miríade de jeitos.
>
> Existem relatos de avistamentos semelhantes hoje em dia, incitando os leitores de Sitchin a fazerem a pergunta: "Então, nós estamos vendo nos óvnis as espaçonaves ou naves de reconhecimento dos Anunnaki?". De acordo com as teorias de Sitchin, Marte foi usado como estação de transferência dos Anunnaki no passado, como evidenciado pelas muitas estruturas misteriosas e elementos daquele planeta. Sua atmosfera reduzida tornou mais fácil para uma espaçonave decolar com uma carga de grande peso, e era mais fácil interceptar a Terra de Nibiru indo primeiro a Marte.
>
> Sitchin postula que é esperado que a órbita de Nibiru coloque aquele planeta em grande proximidade com a Terra dentro dos próximos séculos. Leia esse relato fascinante, e veja o que você conclui a respeito do futuro do planeta Terra e a possibilidade de termos visitantes de longe um dia, em um futuro não muito distante.

QUANDO ME LEVANTO PARA ME DIRIGIR A VOCÊS, parece a mim que nós estamos olhando uns aos outros com certa curiosidade. Como entusiastas de óvnis, vocês sem dúvida estão se perguntando qual é meu tema. "O 12º Planeta" tem a ver com objetos voadores não identificados. E eu, por meu lado, estou me perguntando o que traz tantos de vocês a tais encontros. É evidente que, se formos acreditar na imprensa, rádio e televisão, vocês são uma pequena minoria de pessoas que acredita no impossível.

Eu também pertenço a essa minoria, embora não possa alegar ter visto um óvni ou ter sido abduzido. Contudo, percorri todo o caminho de Nova York para lhes dizer que o mistério dos óvnis *tem* uma solução. Não posso lhes oferecer uma viagem em um óvni, mas posso, e devo, levá-los em uma viagem que não é menos empolgante. É uma viagem para o futuro pelos caminhos do passado.

Embora eu não seja um especialista em óvni, posso lhes dizer que o fenômeno óvni não é uma miragem. Apesar de os círculos oficiais ainda ridicularizarem o fenômeno, o fato é que o *Wall Street Journal* publicou uma reportagem de primeira página sobre os misteriosos círculos que apareceram em um campo na Inglaterra. E até o distinto *The New York Times* considerou necessário publicar o relatório de Voronezh sobre supostas aterragens lá de um óvni em sua primeira página.

Em outras palavras, eles ainda ridicularizam – mas no fundo pensam: *Quem sabe?*

Bem, deixem-me levá-los em uma viagem para o passado e lhes dizer o que *eu* sei.

Levá-los nessa viagem envolve a investigação de um planeta que aparece entre Marte e Júpiter. Ele é um planeta bem grande, não tão grande quanto Júpiter, mas maior do que Marte. Esse planeta, senhoras e senhores, é o 12º membro do sistema solar, o tema da cosmogonia mais antiga entre os sumérios.

Os sumérios chamavam esse planeta de Nibiru, que significa "Planeta da Travessia", e seu símbolo era a Cruz. Nibiru, eles diziam, vem para a vizinhança da Terra a cada 3.600 anos, quando ele passa entre Marte e Júpiter, como está ilustrado no selo cilíndrico que mostrei a vocês.*

E, quando ele se aproxima, diziam os sumérios, os Anunnaki, o povo que mora nesse planeta, vêm e vão entre Nibiru e a Terra. E foram eles que nos contaram o que nós sabemos.

O nome *Anunnaki* significa "Aqueles que desceram dos céus". É exatamente o que o termo bíblico *Nefilim* significa. Nos Anunnaki sumérios, meus amigos, encontrei a resposta para a pergunta da minha infância: quem foram os *Nefilim*?

A história de Nibiru e de como ele veio a se tornar um membro do sistema solar é contada em um texto muito antigo que registrou a cosmogonia suméria. Arqueólogos encontraram esse texto em uma forma mais ou menos completa grafada em sete tabuletas de argila em escrita babilônica antiga. Esse texto é chamado pelos acadêmicos *Enuma Elish*, a partir de suas palavras de abertura. Os babilônicos mudaram o nome de Nibiru para "Marduk", em honra a seu deus nacional. Contudo, como e o que aconteceu permanecem iguais. Acadêmicos chamam a história de "mito". Eles chamam de mitos todos os textos sumérios sobre o que aconteceu, no início, como a Terra foi criada, como o homem foi criado. A única diferença básica entre mim e todos os outros acadêmicos é que *não* considero essas histórias "mitos". Eu as considero relatos verdadeiros do passado.

---

* N. E.: Veja figura 29.

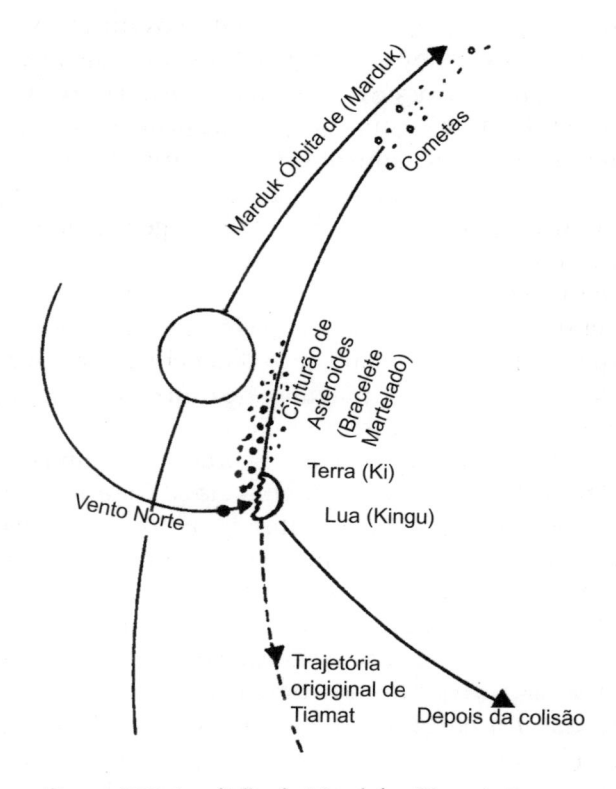

Figura 100. A colisão de Marduk e Tiamat.

Enuma Elish descreve, de modo bem científico e passo a passo, como o sistema solar foi criado. Primeiro era o Sol e seus "mensageiros", que nós chamamos de Mercúrio e um planeta maior chamado *Tiamat*, "Mãe da Vida". Depois, a série seguinte de planetas surgiu aos pares: Vênus e Marte de um lado de Tiamat; Júpiter e Saturno, Urano e Netuno no outro lado. Plutão era um "mensageiro" ou Lua de Saturno. A Terra ainda não existia. E nossa Lua era a maior entre as Luas que Tiamat tinha.

Por volta de meio bilhão de anos depois de o sistema solar chegar a esse estágio, apareceu um invasor do espaço sideral – um planeta jogado por outro sistema estelar. Esse era Nibiru/Marduk.

Dramaticamente, lemos como Marduk foi atraído para dentro do sistema solar pelo empuxo gravitacional dos planetas exteriores, mais e mais sua órbita se curvou para dentro em direção a Tiamat e, por fim, os dois se encontraram em uma série de colisões (Figura 100).

Como resultado dessa "batalha celestial", Tiamat partiu-se em duas partes. Uma parte foi esmagada em pedaços e se tornou o cinturão de asteroides (que, de fato, está situado entre Marte e Júpiter). A outra, metade intacta, foi empurrada para uma nova órbita e se tornou o planeta menor, *Terra*; puxada com ele para sua nova órbita estava o principal satélite de Tiamat – "Kingu", nossa Lua.

E o que aconteceu com Nibiru/Marduk? Como mencionei, ele foi pego em uma órbita elíptica ampla de 3.600 anos em torno do Sol. E, uma vez a cada 3.600 anos, ele volta para o mesmo ponto onde o cinturão de asteroides está hoje, para o que os sumérios chamaram "O Lugar da Batalha Celestial".

Como os sumérios sabiam tudo isso? Os que vieram para a Terra de Nibiru nos disseram – era o que mencionavam os sumérios.

É possível, é crível que alguém de outro planeta, voando pelo espaço interplanetário em direção à Terra, tenha sido a fonte de todo o conhecimento que chamamos de "civilização" – e em especial o incrível e maravilhoso conhecimento dos céus, da astronomia?

Acadêmicos que leem os textos sumérios, como leio, *mas* os tratam como "mitos", não têm explicação, nenhuma resposta.

Os mesmos estudiosos que não conseguem explicar o conhecimento astronômico fantástico dos sumérios também nunca foram capazes de explicar por que a Terra era chamada por eles de "o sétimo planeta". Se você perguntar aos nossos astrônomos sobre a Terra, eles lhe dirão que é o *terceiro* planeta: Mercúrio é o primeiro, Vênus é o segundo, a Terra é o terceiro a partir do Sol, mas esse verdadeiro quebra-cabeça é a pista para a resposta: pois a Terra é, de fato, o sétimo planeta – se começarmos a contar a partir de *fora* (Figura 101). Indo para dentro, Plutão seria o primeiro; Netuno, o segundo; Urano, o terceiro; Saturno, o quarto; Júpiter, o quinto; Marte, o sexto – e *a Terra o sétimo!*

Posso lhes dizer nesse ponto que um astrônomo americano importante que leu os meus livros me disse: "Se não existisse nenhuma outra evidência em seus livros, só esse fato, de que a Terra era chamada de 'o sétimo', me convence de que você está correto". Eu pediria a você para manter essa designação da Terra em mente. Porque, de acordo com essa contagem, Marte deveria ser descrito como "sexto" planeta e, no outro lado da Terra, Vênus deveria ser descrito como "oitavo" planeta. Foi exatamente como eles foram mencionados, e isso, como logo veremos, é uma pista da maior importância para o enigma óvni.

Essa é uma das muitas razões para eu tratar os textos sumérios não como "mitos", mas como fontes de informação factual sobre o que realmente aconteceu na Terra, na Antiguidade.

Os textos sumérios registraram o que os visitantes de Nibiru/Marduk contaram-lhes. A história, eles disseram, começa por volta

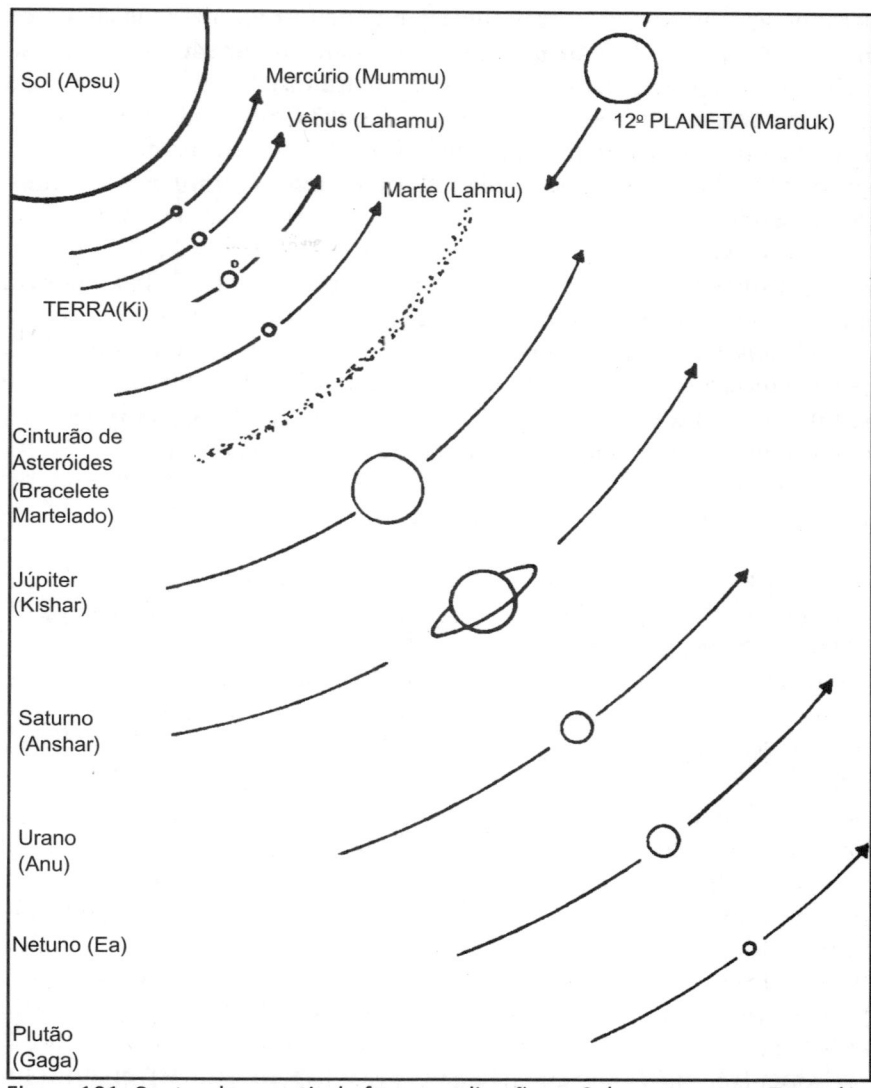

Figura 101. Contando a partir de fora, em direção ao Sol, vemos que a Terra é o sétimo planeta a partir de Plutão

de 450 mil anos atrás. Em Nibiru/Marduk, uma alta civilização tinha se desenvolvido, capaz de viagem espacial. Se pensarmos no que tem acontecido na Terra em poucos séculos, desde a Revolução Industrial, podemos compreender o que aconteceu em Nibiru. Lá, eles estavam perdendo sua atmosfera e toda a vida estava em perigo. Por uma série de incidentes que são detalhados em meu segundo livro, *O Caminho para o Céu*, eles descobriram que existia ouro na Terra. Seus cientistas decidiram que poderiam proteger a atmosfera suspendendo partículas de ouro acima dela. Um grupo de 50 Anunnaki, liderados por seu cientista-chefe, aterrissaram no Golfo Pérsico. Eles chegaram à praia e construíram seu primeiro centro metalúrgico. Outro local foi um espaçoporto. Eles chamaram seu espaçoporto de *Sippar* significando "Cidade Pássaro".

Eles tiveram, é claro, de usar naves espaciais para virem de Nibiru para a Terra, mesmo vindo de tão perto quanto Marte. Os sumérios, cuja escrita começou usando pictogramas, chamaram os pilotos e as naves de *DIN-GIR*, e aqui está como eles desenhavam ambos: como uma nave espacial com um módulo na frente (Figura 102a). Quando você separa as sílabas *DIN* de *GIR* (Figura 102b), você consegue o seguinte: uma espaçonave de onde um módulo de pouso se separou!

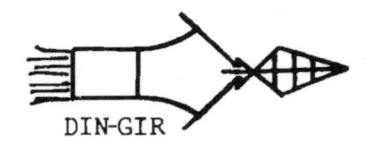

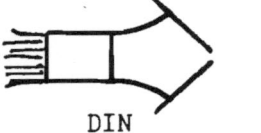

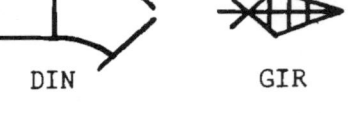

a. Uma ilustração de DIN-GIR com o módulo de pouso intacto.

b. Uma ilustração de DIN-GIR com o módulo de pouso separado do aparelho principal.

Figura 102

Depois que as águas da Grande Inundação destruíram tudo que estava na Terra, os Anunnaki construíram seu espaçoporto pós-Dilúvio na península do Sinai. Um desenho egípcio representou que tinha existido lá, no Sinai, um foguete em um silo subterrâneo, com o módulo de pouso saindo para fora, ficando acima do chão. O foguete era feito de várias partes ou estágios; na parte de baixo, vemos dois astronautas ou mecânicos trabalhando com vários mostradores (Figura 103).

Entre as muitas ilustrações em meus livros, deixe-me mostrar-lhes outros dois foguetes. Um é de três estágios, pronto para ser lançado. Outro é de um aparelho parecido com um foguete em pé em uma plataforma, que traz à mente a construção da Torre Eiffel. Esse último está em uma parte protegida do templo de um deus. Sabemos, a partir dos textos sumérios, que os deuses principais ou líderes dos Anunnaki

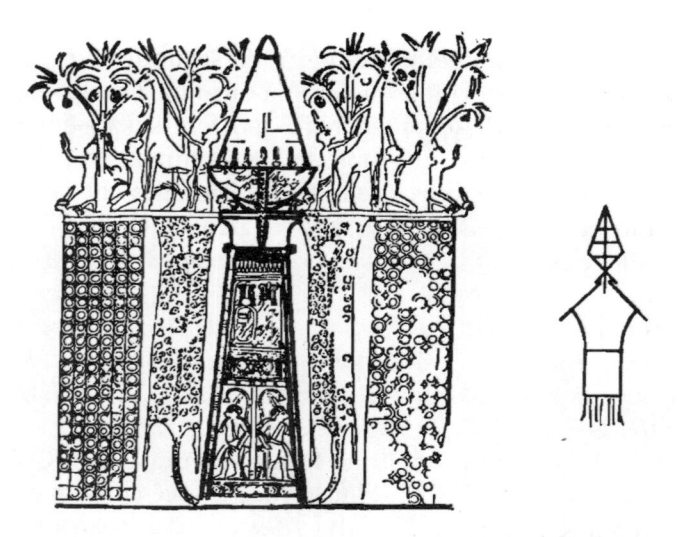

Figura 103. Antigo astronauta é visto na parte de baixo de sua espaçonave nesse desenho egípcio arcaico.

Figura 104. Um templo sumério com uma característica da época: um foguete em sua plataforma de lançamento

tinham tais componentes protegidos em seus templos, cada um com um "pássaro" aguardando em uma plataforma de lançamento (Figura 104).

Existem textos, citados em meus livros, que descrevem esses recintos e os veículos voadores guardados neles. Há também textos que descrevem não só como os Anunnaki, os chamados deuses antigos, partiram para o céu, mas também como eles voaram pelos céus da Terra. Foi encontrada uma pequena estátua em tamanho natural da deusa Ishtar – em um sítio escavado no Rio Eufrates – chamada Mari, que a mostra vestida como uma astronauta (Figura 105). Seu equipamento – um estojo de pescoço, uma mangueira de oxigênio, um capacete equipado com fones de ouvido – pode ser visto claramente no desenho (Figura 106). A mesma Ishtar também voou pelos céus da Terra: em tais casos ela estava vestida como piloto, como podemos ver nesta escultura de parede:

Figura 105. Expedição examinando o equipamento aeronáutico da deusa voadora, Museu Arqueológico, Aleppo, Síria.

Caso vocês pensem que todos os astronautas e voadores na Antiguidade eram do sexo feminino, mostro-lhes dois astronautas Anunnaki masculinos em seu uniforme oficial de desfile, como homens-águia (Figura 107). E, caso se perguntem por que astronautas deveriam estar associados com águias, lhes mostrarei o emblema dos astronautas da Apolo 11 (Figura 108), que foram os primeiros a aterrarem na lua. Vocês podem se lembrar de que quando o módulo de aterrissagem tocou na superfície da Lua, eles anunciaram ao centro de Controle da Missão em Houston: "A *águia* pousou".

Figura 106. Desenhos e representações da deusa Ishtar, vestida como uma astronauta.

Figura 107. Dois astronautas Anunnaki masculinos como homens-águia, vestidos em seu uniforme oficial de desfile.

Esses astronautas e passageiros de aeronaves, seus foguetes e aeronaves estavam escondidos da humanidade na Antiguidade? Não mesmo.

Nós podemos ver representações antigas que mostram de modo claro um foguete voando pelos céus. Em um sítio do lado do Rio Jordão, oposto a Jericó, em um local chamado Tell Ghossul, escavadores encontraram uma moradia de pedra que remonta a milhares de anos. As paredes caiadas estavam cobertas por lindos murais. Entre os desenhos fantásticos, havia alguns que pareciam aeronaves bulbosas com pernas estendidas e "olhos" que, sem dúvida, eram aparatos de iluminação. Esse é o local para onde o profeta Elias foi levado. E essa é uma ilustração da aeronave de "decolagem vertical" (Figura 109) que o profeta Ezequiel viu?

Foi um óvni, meus amigos, o que Jacó viu?

Isso não nos leva para o que afirmei no início, de que, se você acredita na Bíblia, deve ter a mente aberta sobre o fenômeno óvni?

Figura 108. O emblema da águia dos astronautas da Apolo 11.

Vamos fazer uma pausa agora e dar uma olhada em onde estivemos.

Estivemos na criação da Terra e na "Batalha Celestial" cataclísmica que aconteceu há 4 bilhões de anos.

Testemunhamos a captura do invasor, o planeta chamado de Nibiru pelos sumérios e "Marduk" pelos babilônicos, e sua transformação no 12º membro de nosso sistema solar.

Estabelecemos sua órbita, semelhante à dos cometas, que leva 3.600 anos e o traz de volta a nossa vizinhança quando ele passa entre Júpiter e Marte.

Descobrimos tudo isso por meio do conhecimento fabuloso dos sumérios, há 6 mil anos. E concluímos que o que eles sabiam, de fato, somente poderia ser conhecido pelo modo declarado por eles: os que chegaram à Terra vindos de Nibiru lhes contaram.

Figura 109. Uma representação antiga em Tell Ghossul revela o que pode ser aeronaves em decolagem vertical que fazem parte da história bíblica de Elias.

Assim, não podemos escapar à conclusão de que os *Nefilim* bíblicos, que eram os mesmos Anunnaki sumérios, existiram e, de fato, visitaram a Terra.

Vimos as representações antigas de seus vários veículos: naves espaciais, aeronaves pousando, naves voando, máquinas voadoras parecidas com foguetes, máquinas voadoras com múltiplos estágios, máquinas voadoras parecidas com esferas – com ou sem pernas estendidas – e máquinas voadoras parecidas com charutos.

Essa não é a resposta para a primeira questão intrigante sobre avistamentos de óvnis, a primeira razão para as dúvidas sobre eles: sua *variedade*. Existia uma variedade na Antiguidade; por que não agora?

Portanto, a resposta para o primeiro enigma sobre óvnis de hoje está no que os povos antigos escreveram e descreveram.

Vamos nos dedicar agora ao enigma seguinte sobre óvnis. Por que seus ocupantes são descritos em várias formas e tamanhos, sempre *parecidos com humanos, mas não humanos de verdade?*

Pedi a vocês para prestarem atenção em como os Anunnaki pareciam. Sem dúvida, vocês perceberam que eles pareciam bem humanos. De fato, são bem parecidos conosco. Mostrei a vocês até como eles se pareciam quando estavam vestidos como "homens-pássaro", os precursores dos "Anjos" das histórias bíblicas. Talvez eu devesse lhes lembrar de uma história bíblica muito interessante a respeito de Abraão. Pouco antes da destruição de Sodoma e Gomorra, quando estava sentado à entrada de sua tenda, ele "ergueu os olhos e viu três homens". Essas são as palavras bíblicas: *Três Homens*. Mesmo assim ele reconheceu, na hora, que eram seres divinos. O mesmo aconteceu quando dois deles foram a Sodoma: o sobrinho de Abraão reconheceu de imediato quem eles eram. E, quando a população de Sodoma se reuniu em volta da casa do sobrinho, os "anjos" usaram uma vara mágica para dirigir ao povo uma luz tão brilhante que ela cegou a todos.

Figura 110. Um ser divino ilustrado pelos sumérios.

Eu quero mostrar a vocês uma das ilustrações sumérias que me lembram dessa história na Bíblia (Figura 110). Esse não é um deles? – Que parece um "homem", mas não é por causa de seu capacete ou máscara de rosto e sua vara mágica?

De modo que, embora fossem de outro planeta, embora pudessem se vestir como astronautas ou pilotos, ou como "anjos", basicamente, eles se pareciam conosco. Esse fato não deveria surpreender, porque, de acordo com a Bíblia, *nós nos parecemos com eles*, portanto, eles se parecem conosco...

Todavia, não é o que as informações sobre óvni de nosso tempo descrevem. As pessoas que dizem que viram os ocupantes de óvni mentem, elas imaginam coisas?

De novo, devo ressaltar que eu mesmo nunca vi um óvni moderno nem vi os seus ocupantes. Porém, não me surpreendem os relatos e descrições. De fato, posso e vou lhes mostrar algumas das representações antigas que ilustram "seres" peculiares muito parecidos com os relatos que ouvimos atualmente.

A resposta sobre quem está sendo noticiado em geral, de novo, está no que foi visto na Antiguidade. Esses "seres" ou ocupantes "de aparência humana" *não* são, em definitivo, os Anunnaki. Então, quem foram eles no passado?

Minha resposta para vocês é: robôs humanoides.

Existe uma história suméria bem conhecida, o *Épico de Gilgamesh*, que descreve seu companheiro como um *homem artificial*. Existem incidentes registrados de encontros com seres parecidos com máquinas.

Então, essa é a solução que propus para o enigma das descrições – as descrições variadas – de seres com aparência humana nos óvnis observados.

Em seguida, vamos olhar para a questão de *por que* esses óvnis vêm e *de onde*. Acho que, a não ser e até que essas questões sejam respondidas, toda a teoria óvni fica sem uma base. Ela flutua no ar sem uma teoria por trás dela.

Para mim não existe dúvida se, como tantos relatam, óvnis vêm para nosso planeta e voam em nossos céus, a única teoria lógica seria que nós vemos agora o que nossos ancestrais viram nos tempos antigos, em tempos bíblicos, talvez até no tempo de Jesus.

Nós vemos veículos voadores que só podem ser explicados em termos de serem: a) os Anunnaki, ou seja, os *Nefilim*; e b) em termos da existência de Nibiru, o 12º membro do nosso sistema solar.

Poderia ter tal planeta lá? A resposta é um *sim* definitivo. Muitos astrônomos estão convencidos, por razões muito longas para explicar agora, de que existe outro planeta além de Plutão.

Existe tal planeta? A resposta, de novo, é *sim*. Não só por causa da evidência antiga, mas também porque tenho razões para acreditar que astrônomos, em especial com a ajuda do telescópio infravermelho lançado em 1983, *localizaram* esse planeta.

E não existe dúvida de que ele está voltando para nós.

Iremos ver nos óvnis as naves espaciais dos Anunnaki?

Não – *ainda* – *não*.

O que estamos vendo?

Aqui está minha resposta provocadora: se os relatos sobre óvnis estão corretos, estamos vendo *naves batedoras*, operadas e dirigidas não pelos Anunnaki em si, mas por humanoides – por robôs (Figura 111).

Porém, se eles ainda não vêm de Nibiru, de onde eles vêm?

Eu vou oferecer a vocês outra solução provocadora: *eles vêm de Marte*.

Como vocês sabem, Marte foi sondado mais do que qualquer outro planeta vizinho, em especial pelas espaçonaves americanas Mariner e Viking. Essas sondagens incluíram o pouso de naves na superfície de

Figura 111. Uma representação do que pode ser um humanoide extraterrestre de muito tempo atrás.

Marte, em busca de sinais de vida. Na época, elas informaram não ter encontrado sinais de vida. Contudo, esses resultados foram questionados e revisados desde então...

O que está fora de dúvidas é que a vida pode ter existido em Marte, porque em alguma época no passado Marte teve uma atmosfera mais densa do que é agora e, o mais importante: teve água. A evidência para água corrente é conclusiva, como algumas das fotos seguintes mostrarão (Figura 112).

A melhor teoria dos cientistas é de que em razão das mudanças no ângulo do eixo de Marte (o que também acontece na Terra), o clima muda de modo considerável a cada 50 mil anos mais ou menos. Portanto, é bem possível que, em alguma época remota, há alguns milhares de anos ou mais que isso, foi possível sobreviver em Marte – digamos, *ter uma base em Marte*.

Você ficaria surpreso ao saber (Figuras 113a, b) que alguns acadêmicos acreditam que as fotografias da Nasa de Marte mostram evidência de tal base?

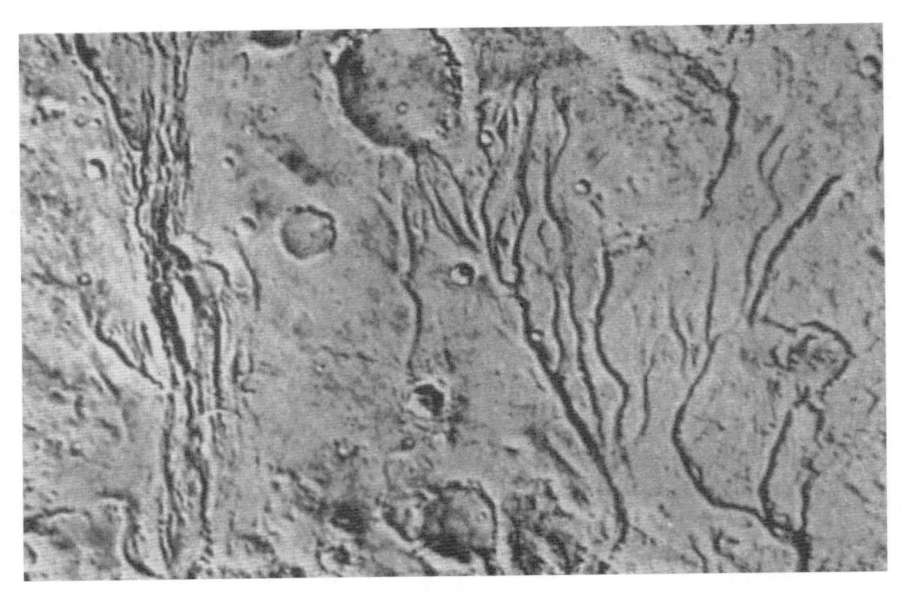

Figura 112. Uma fotografia da superfície de Marte, que ilustra o que podem ter sido antigos rios em sua superfície.

Nos últimos anos, foi dada muita atenção ao que passou a ser conhecido como *o rosto em Marte*. É uma rocha, uma rocha natural que parece – destaco a palavra "parece" – ter sido entalhada *artificialmente* e esculpida para aparentar ser um rosto humano –, o rosto de um homem com algum tipo de capacete em sua cabeça. Que a rocha existe e que parece um rosto humano não existe dúvida, como evidenciam essas duas ampliações de *duas fotos diferentes* tiradas pela espaçonave Viking em tempos distintos (Figuras 114a, b).

Agora, o que a imagem prova? Se é o que parece ser, então significa que alguém familiarizado com a forma de um rosto humano *esteve em Marte* em alguma época no passado. Poderiam os homens da Terra terem feito essa escultura? Eu duvido. Mesmo os sumérios deram o crédito para a habilidade de voar aos Anunnaki, não eles mesmos.

Então, os Anunnaki estiveram em Marte?

A resposta é um *sim* definitivo não só porque essa seria a única explicação lógica, mas também porque tenho em minhas mãos a evidência para provar isso. Esses não são apenas textos de referência sumérios

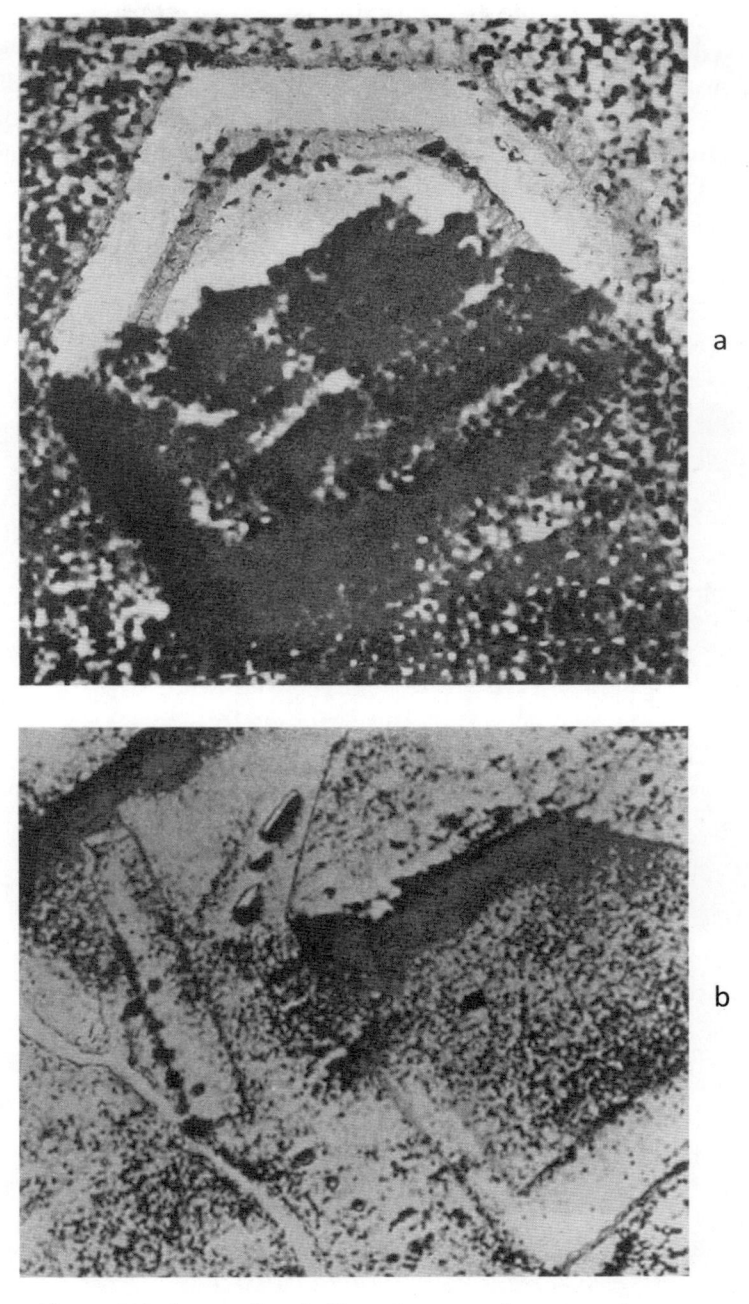

Figura 113. Fotografias da Nasa do que pode ser uma base em Marte.

sobre Marte e o que existe nele. Essa é uma ilustração de verdade em um selo cilíndrico, que os convido agora a olhar (Figura 115). Vocês podem ver no lado esquerdo o que sem dúvida é um "deus" Anunnaki. Onde ele está é claramente indicado pelo símbolo de sete pontos – o planeta cujo número é sete. Esse era, vocês vão se recordar, o número celestial da Terra. O crescente da Lua ao lado do símbolo da Terra é mais uma evidência sobre o lugar onde o "deus" está.

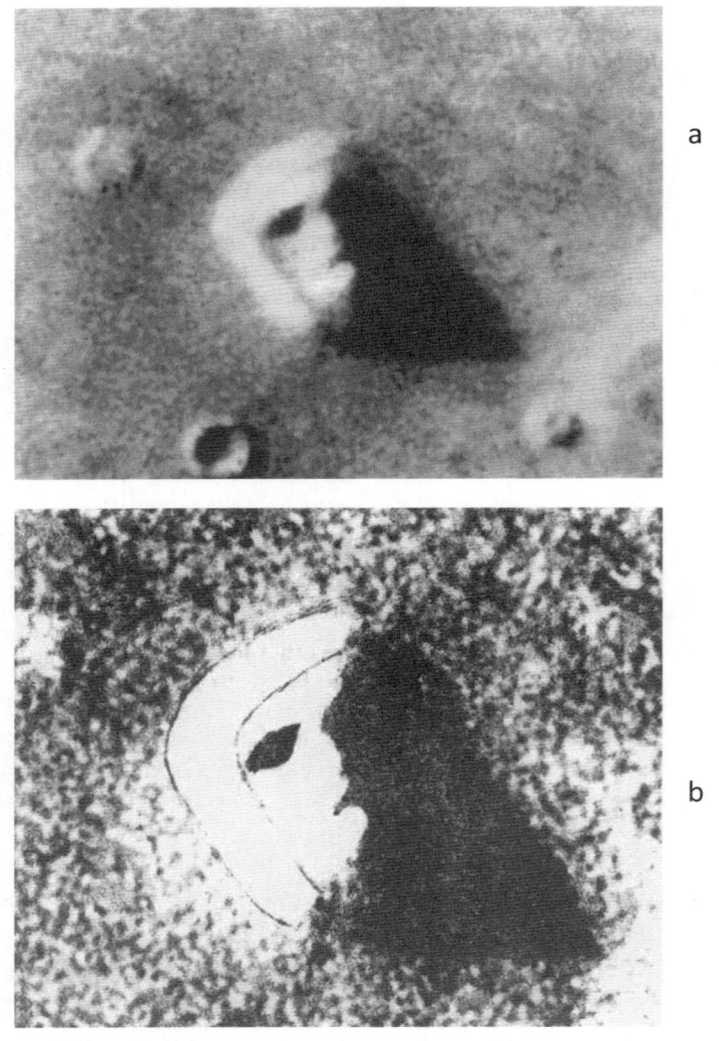

Figura 114. Fotos da espaçonave Viking do que pode ser um rosto entalhado em Marte.

Ele está acenando em cumprimento a alguém no outro lado do céu. Esse alguém está vestido como um astronauta, não como homemá-guia, mas como um homem-peixe, que é como os grupos mais antigos que vieram para a Terra eram representados. E onde está esse astronauta? Está no planeta com seis ângulos, o planeta cujo número era seis – *Marte*.

Figura 115. Essa ilustração pode ser de um deus Anunnaki no lado esquerdo acenando, do planeta Terra, para um homem peixe em Marte?

Então, quem dos Anunnaki estava em Terra enviou saudações para quem estava em Marte. E como eles iriam se encontrar também é mostrado: com a ajuda de uma espaçonave, que está no céu entre Marte e a Terra.

A minha sugestão é que os Anunnaki visitaram não só o nosso planeta Terra, mas também tiveram uma estação, um ponto de transferência, em Marte.

Sugiro, em acréscimo, que os restos de suas estruturas em Marte ainda estão lá. De fato, eles foram vistos e fotografados pela aeronave Viking. Deixe-me mostrar-lhes, primeiro, uma vista geral da área em que o "rosto" foi encontrado. Vocês verão que não muito longe do "rosto" existem ruínas peculiares. Alguns escritores se referiram a elas como "a cidade". Aqui está outra foto da área, tirada em outro sobrevoo da Viking. Alguns acreditam que determinadas ruínas aqui são restos de estruturas piramidais.

Eu não estou interessado na ruína que você consegue ver aqui. Ela ainda retém dois lados que são retos – e uma das regras na arqueologia é que "não existem linhas retas na natureza". Mais ainda, os dois lados formam um ângulo perfeito. E mais: pode-se notar uma forma em dois níveis na borda da estrutura com telhas, como se o telhado fosse uma espécie de balaustrada.

Nos limites do que alguns chamam de "a cidade" (Figura 116), existe uma estrutura muito interessante. Suas ruínas mostram claramente que ela teve um muro muito grosso cercando-a e os muros se encontram em um ângulo bem distinto.

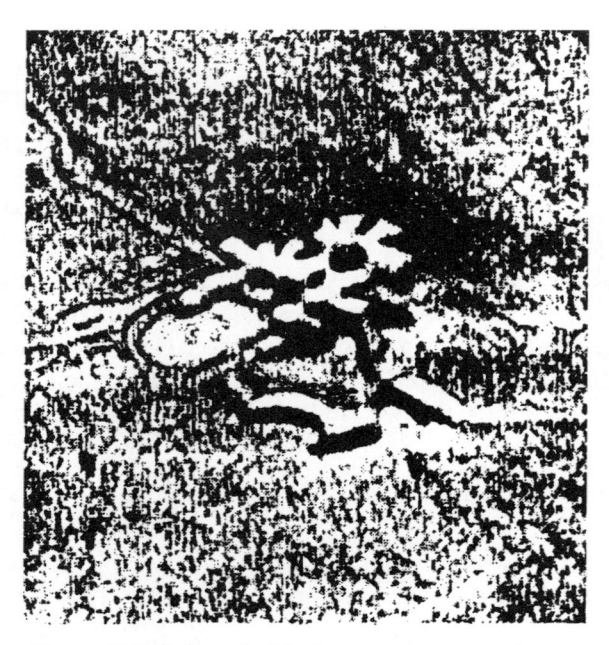

Figura 116. Ruínas de Marte, que alguns escritores chamaram de "a cidade".

Existem outras estruturas, claramente construídas artificialmente, em outras áreas em Marte. Aqui está uma delas. Nós vemos linhas retas. Ainda mais intrigante, atracadouros. É impossível serem apenas rochas naturais.

Se existiu uma base em Marte antes, pode ser que os Anunnaki a reativaram, dessa vez, usando-a para suas naves batedoras com os robôs operando-as?

No início deste ano, duas espaçonaves soviéticas Phobos desapareceram misteriosamente quando se aproximaram do planeta Marte de e seus dois satélites. Nós podemos ainda descobrir o que causou os acidentes inexplicáveis.

Até sabermos mais, uma coisa está clara: para compreender o presente nós temos de entender o passado. E, ao compreendermos o passado, descobriremos o futuro.

Epílogo

À medida que examinamos as obras de Zecharia Sitchin, seus volumes publicados, suas palestras e seus artigos, uma história alternativa de nossas origens na Terra toma forma. Ela não é derivada do criacionismo nem da teoria da evolução, mas de ambos, e mais. Os leitores de Sitchin me perguntam com frequência em que ele acreditava no que diz respeito à religião, ou a Deus. Se os Elohim na Bíblia Hebraica são os Anunnaki, então como podemos reconciliar isso com religião?

Sitchin era um homem de fé em Deus (com o D maiúsculo) e era judeu. Sua fé foi fortalecida por suas pesquisas sobre os Anunnaki. De muitos modos, o que aprendeu apoiou sua crença de que as histórias da Bíblia, nossas Lições de Vida (a Torá), são fatos históricos, não mito ou lenda ou analogia. Os Anunnaki acreditavam no "Criador de Tudo" e Sitchin pensava que os Elohim bíblicos, os Anunnaki, eram emissários daquele Criador e que suas ações eram parte do grande plano d'Ele.

Sitchin aprendeu a ler vários tipos de cuneiforme, pesquisou e aprendeu as línguas antigas. Eram linguagens semíticas e, como tal, ele sentiu que eram muito semelhantes ao hebraico, que era *sua* língua primária. Foi importante para ele ser capaz de ler e traduzir as línguas por si, para que a *nuance* do significado não ficasse perdida por uma tradução pobre ou incompleta. Ele viajou com frequência a museus e monumentos antigos e a locais sagrados no Oriente Médio, na Europa e nas Américas, para que pudesse ver em primeira mão artefatos originais. Em alguns casos, teve de lutar para ser capaz de ver algo que os curadores de museus relutavam em mostrar a ele.

No Museu Jalapa no México, por exemplo, um elefante de madeira de brinquedo (Figura 117) estava em exibição em uma das visitas de Sitchin ao museu, mas escondido em outra. Como puderam as pessoas naquela parte do mundo saber de um animal africano se não

Figura 117. Antigo elefante de brinquedo em exibição no Museu Jalapa no México, talvez fornecendo evidência de contato entre o Velho Mundo e o Novo.

existiu contato entre a América Central e a África em tempos antigos? Houve relutância por parte do museu e do governo do México em reconhecer possíveis raízes africanas pré-colombianas do povo mexicano, e talvez seja a razão de o elefante estar à mostra em um instante e ter desaparecido em seguida. Algumas vezes o conhecimento é politicamente inconveniente.

Outro artefato, uma escultura mostrando o que parecia ser um astronauta sem cabeça em uma cápsula espacial (Figura 118), não estava em exibição no Museu de Istambul na Turquia por uma razão diferente. O curador do museu tinha relutância em expô-lo e não queria que ele estivesse na mostra geral. Dessa vez era porque pensou que pudesse ser uma falsificação. Por quê? Em geral, artefatos do mesmo tipo – selos cilíndricos, utensílios, cerâmica e tabuletas de argila, por exemplo – são encontrados em grande número, mas, nesse caso, o artefato era único. Acredita-se que é o único em seu gênero. Além do mais, como foi possível que espaçonaves e astronautas existissem naquela era há tanto tempo?

Sitchin conseguiu, pelo menos por um tempo, que o artefato continuasse em exibição. Ele conseguiu mostrando ao curador que, embora pudesse ser o único item do tipo que tinha sido encontrado na Europa ou no Oriente Médio, dúzias de imagens semelhantes em desenhos nas Américas mostraram pessoas em uma posição semelhante e vestidas de modo igual.

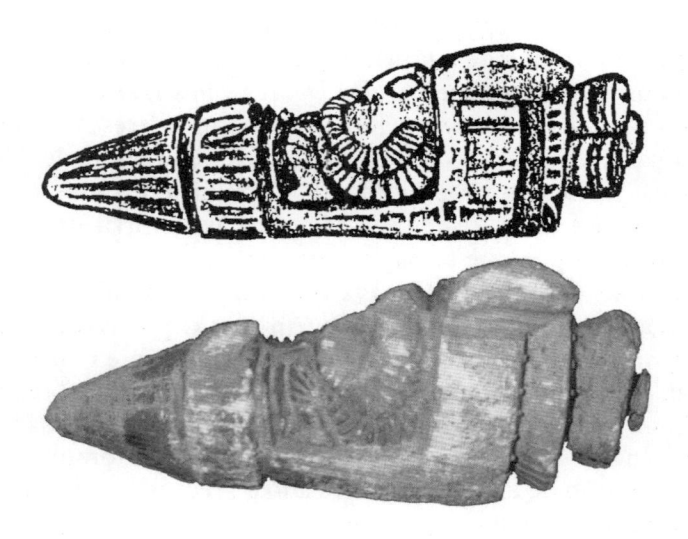

Figura 118. "O homem do espaço sem cabeça" no Museu Arqueológico de Istambul.

A história que Sitchin desvendou – ou, como ele diria, "relatou" – a partir de escritos, artefatos e desenhos antigos fornece uma explicação alternativa crível sobre as origens da Terra. Meu tio foi, afinal, um repórter por muitos anos em Israel antes de começar a escrever livros. Também foi um dos poucos acadêmicos capazes de ler, realmente, as tabuletas de argila, e interpretar o sumério e acadiano antigos. A história que revelou tornou-se seu legado na forma de sete volumes que se tornaram a série As Crônicas da Terra e de sete livros de acompanhamento que apoiaram essa série – todos baseados em textos e evidências pictóricas registradas pelas civilizações antigas do Oriente Médio. Suas teorias controversas sobre as origens Anunnaki da humanidade foram traduzidas para mais de 20 línguas e apresentadas em programas de rádio e televisão mundo afora.

O primeiro livro publicado por meu tio, *O 12º Planeta,* fornece uma visão panorâmica de seu sistema de crenças. Ele se baseia no Épico da Criação (*Enuma Elish*) e em outras fontes para discutir a criação de nosso sistema solar, da Terra e de outros planetas, a batalha celestial, os Anunnaki, *Nefilim,* Nibiru e a criação da humanidade.

O Caminho para o Céu, o segundo volume da série As Crônicas da Terra, discute a evidência de uma passagem entre o Céu e a Terra e a busca da humanidade por uma fonte de vida eterna. Alexandre, o Grande, e Gilgamesh são apenas dois dos indivíduos que buscaram a imortalidade. As instruções escritas no *Livro dos Mortos* para guiar os faraós para a imortalidade também são discutidas nesse livro.

O volume três, *As Guerras dos Deuses e dos Homens,* discute algumas das rivalidades e guerras lutadas entre os líderes Anunnaki, incluindo aquelas em que houve a participação da humanidade. Ele sugere que armas nucleares foram usadas na Terra há 4 mil anos.

O livro quatro, *Os Reinos Perdidos,* traz as histórias das Américas à luz, explicando por que os astecas pensaram que estavam dando as boas-vindas ao deus que retornava quando os conquistadores espanhóis chegaram ao Novo Mundo. Os Anunnaki precisavam de ouro. Eles o encontraram em abundância na Mesoamérica e deixaram para trás instalações para processamento de ouro e para fazer estanho.

O Começo do Tempo, o quinto volume, discute o calendário, tempo, Stonehenge e outros monumentos e templos que foram relacionados à manutenção de um ritmo sofisticado e preciso de solstícios, equinócios e eclipses. Ele explica por que o zodíaco tinha importância.

O sexto volume, *O Código Cósmico,* discute os códigos encontrados na Bíblia e outros escritos sagrados, e explica o código do nosso DNA. Códigos escondidos, números mágicos e profecia estão incluídos.

O volume final, *Fim dos Tempos,* considerado por Sitchin o volume essencial da série As Crônicas da Terra, responde à questão de quando Nibiru e os Anunnaki estarão próximos da Terra de novo. Ele reúne profecias, cálculos, astrologia e mais para responder a essa pergunta, a mais comum entre os leitores de Sitchin. Aqui está um trecho de *O Fim dos Tempos*: "Eles voltarão? Quando eles voltarão? Essas perguntas foram feitas vezes incontáveis, eles sendo os deuses Anunnaki cuja saga preencheu os meus livros. A resposta à primeira pergunta é sim; existem pistas que precisam ser levadas em conta, e as profecias da Volta precisam ser cumpridas. A resposta para a segunda pergunta preocupa a humanidade desde os eventos críticos em Jerusalém há mais de 2 mil anos. Porém a questão não é apenas se e quando. O que sinalizará a Volta, o que ela trará com ela?".

Os volumes complementares, *Gênesis Revisitado* e *Encontros Divinos,* lidam em profundidade com aspectos específicos da narrativa maior. *O Livro Perdido de Enki** usa tabuletas existentes e outros documentos para preencher as lacunas na história dos Anunnaki na Terra, como dito na voz de Enki. Ele é parcialmente fictício, mas baseado em fatos e escritos existentes. Sua voz poética é estonteante. Esse livro é o

---

*N.E.: Sugerimos a leitura de *O Livro Perdido de Enki: Memórias e Profecias de um Deus Extraterrestre*, de Zecharia Sitchin, Madras Editora.

resumo em um volume da linha de tempo dos Anunnaki, relatada em uma narrativa coesa.

O livro autobiográfico *As Expedições das Crônicas da Terra e Viagem ao Passado Mítico** contam as histórias educativas e de entretenimento das viagens de Sitchin para ver pessoalmente os artefatos, incluindo quando liderou turnês de leitores interessados. Essas histórias também fornecem novas informações, por exemplo, sobre as pirâmides de Gizé.

Seu livro final, *Havia Gigantes na Terra*,** publicado quando ele fez 90 anos – e apenas seis meses antes de sua morte –, é como uma história de detetives e mostra o verdadeiro investigador que Sitchin foi. Em seu livro final, Sitchin chega à conclusão de que duas tumbas extraordinárias são a última morada de uma deusa Anunnaki e de seu esposo semideus, e ele identifica a ancestralidade genealógica que data aos que foram os primeiros a pousarem sobre a Terra vindos de Nibiru.

Eu toquei a superfície ao resumir alguns dos conteúdos de cada um desses livros. Existe muito mais contido neles do que posso descrever em minhas poucas sentenças aqui. Incluo breves sínteses porque alguns leitores podem ficar interessados em ler mais da obra de Sitchin e, portanto, irão se beneficiar de saber onde podem ser encontradas discussões específicas. Também quero destacar o ponto de que existe uma grande riqueza de conhecimento à disposição do leitor interessado. A informação nos livros de Sitchin está baseada em evidência, pesquisa e trabalho acadêmico. Ela pode contradizer fontes mais antigas ou há muito estabelecidas, mas isso é porque Sitchin quis interpretar as informações por si, em vez de aceitar traduções-padrão que podem ter perdido ou interpretado mal possíveis significados.

Aqui está um caso apontado: muitas vezes, Sitchin cita Gênesis, capítulo 6, versículo 2 que diz, em parte: "os filhos dos deuses vendo as filhas dos homens, que elas eram formosas...". A palavra em hebraico que foi traduzida como "formosas" também significa "compatíveis", e Sitchin interpretou a citação como sendo "geneticamente compatíveis", o que expande um tanto o significado da passagem. Em vez de as filhas dos homens serem meramente bonitas, significava que elas eram capazes de ter intercurso e gerarem descendentes.

É com esse tipo de interpretação que nós descobrimos muito mais nas obras de Sitchin do que em interpretações e traduções tradicionais de documentos e artefatos antigos. Seus livros não foram volumes escritos às pressas para gerar uma renda. Eles foram o resultado de uma

---

* N. E.: Sugerimos a leitura de *Viagem ao Passado Mítico*, de Zecharia Sitchin, Madras Editora.
** N. E.: *Havia Gigantes na Terra*, de Zecharia Sitchin, obra publicada pela Madras Editora.

vida de pesquisa e fatos selecionados com todo o cuidado, apoiados por evidências materiais, de forma a não deixar dúvidas de que existia seriedade por trás de suas alegações. Ele queria educar e compartilhar informação importante. Era cuidadoso com as palavras, como mencionamos, e não discutia teorias ou respondia a perguntas com base em pesquisas incompletas sobre áreas temáticas, mesmo se estivessem associadas de modo muito próximo com tópicos que ele estivesse tratando na ocasião. Mesmo com seu irmão, meu pai, que fornecia cálculos aeronáuticos para ele, Zecharia se mantinha calado. Se disse algo, ele acreditou no que disse, porque existia evidência ampla para apoiar sua crença. Se não existia, mudava o objeto e não entraria em linhas adicionais de questionamento sobre o tópico.

Da minha parte, acho fascinante que pessoas por todo o mundo reconheçam a história do Dilúvio, a construção de uma torre para chegar ao céu e um panteão de 12 deuses com traços de personalidade com semelhança consistente. Não acho que a história de Nibiru e dos Anunnaki possa ser só um mito de povos antigos, semelhante a um romance ou outra história para diversão, porque ela contém tantas histórias tangenciais, muito detalhe sobre os ciúmes, romances, trapaças e atividades diárias dos personagens principais para ser apenas ficção. É complexa demais e desenvolvida tematicamente, e tem sua própria lógica interna.

A tecnologia dos Anunnaki é algo que também posso imaginar, uma vez que cresci na era dos computadores pessoais, celulares e mais. Vi todos esses avanços tecnológicos se tornarem menores, mais rápidos e capazes de comunicar melhor e rapidamente além de manter vastas quantidades de conhecimento. Esse conhecimento está disponível para mim com algumas batidas nas teclas do meu smartphone, e talvez no reflexo de meus óculos. Em meu smartphone semelhante ao "Me" discutido em algumas das obras de Sitchin? O "Me" nunca foi explicado por completo nas fontes que Sitchin usou para pesquisa, mas parecia ser algo tão pequeno quanto um baralho de cartas que tinha uma grande quantidade de conhecimentos.

Outra questão sobre os antigos que diz respeito ao seu uso de tecnologia: como eles extraíam e transportavam grandes rochas por longas distâncias e, depois, as arranjavam com uma precisão tão incrível em estruturas perfeitamente projetadas? Algumas dessas rochas são grandes demais para serem erguidas com a tecnologia de hoje. Os Anunnaki tinham algum tipo de *laser* que podia derreter a rocha de modo que ela pudesse ser cortada em ângulos precisos? Eles tinham um aparelho de gravidade que pôde então erguer as pedras cortadas e transportá-las por grandes distâncias, e colocá-las com tal exatidão que não foi preciso argamassa?

Talvez essa fosse a tecnologia cotidiana para os Anunnaki.

Nós descobrimos, ao olharmos para o passado, que existia muito conhecimento na época que nossos cientistas estão redescobrindo hoje. Como os sumérios sabiam sobre os planetas orbitando em torno do Sol? Como eles sabiam sobre a cor e o tamanho dos planetas exteriores ou, ou se isso importa, até que eles existiam?

Os Anunnaki contaram a eles.

Cada vez que uma peça de conhecimento antigo mencionada em um dos livros de Zecharia Sitchin era redescoberta como nova por cientistas modernos, meu tio ficava eufórico e esperançoso com o dia em que suas teorias seriam reconhecidas amplamente como verdade. Os povos antigos aceitaram que os Anunnaki pudessem voar, comunicar-se a grande distância, sabiam sobre o sistema solar e astronomia, e tinham vastas quantidades de conhecimento disponível para eles. Por que os homens modernos não podem entender isso também?

Espero pelo dia em que as teorias do meu tio sejam bem conhecidas e aceitas. O dia em que, de novo, estivéssemos de posse do conhecimento antigo e soubéssemos de onde ele veio seria um dia muito feliz para ele. Suspeito de que quando isso acontecer, contudo, ele pode não receber crédito por ser o primeiro a compartilhar esse conhecimento incrível; informação que ele descobriu e depois apoiou por evidências bem referenciadas e documentadas. A conquista de crédito e de aclamação não foi o motivo para ele escrever os livros que escreveu. Zecharia os escreveu porque era importante para ele escrevê-los – para compartilhar com o mundo o que tinha descoberto. Eu não poderia ter mais orgulho dele.

Janet Sitchin

Apêndice I
Jericó

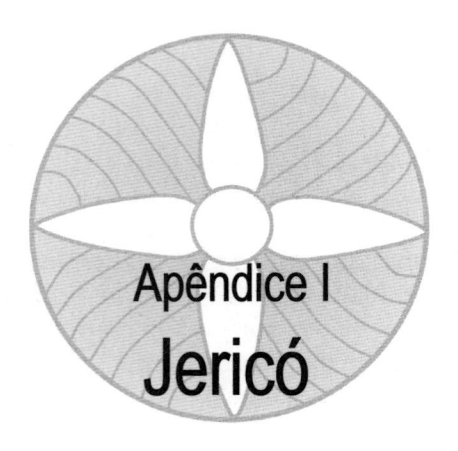

*Carta para o New York Times,
publicada em 17 de março de 1990*

> No Velho Testamento, há uma história sobre um tempo em que o Sol ficou parado e a luz do dia durou mais de um dia. De modo semelhante, nas Américas, ao mesmo tempo, existem lendas sobre um período em que o Sol não nasceu por mais de um dia. Esses acontecimentos, em lados opostos do mundo, corroboram um ao outro, como Sitchin escreve aqui em resposta a um artigo do *New York Times* de 22 de fevereiro de 1990. A carta original divulgada, escrita em 1º de março e publicada em 17 de março de 1990, é mostrada na imagem a seguir, coluna à esquerda.

PARA O EDITOR:

"Crentes Marcam Pontos em Batalha sobre a Batalha de Jericó" (artigo jornalístico, 22 de fevereiro) informa acerca da nova evidência arqueológica que corrobora a história bíblica sobre a destruição das muralhas de Jericó, também oferece, indiretamente, corroboração para um relato bíblico ainda mais incrível da mesma época.

A correlação entre evidência arqueológica e história bíblica para a cidade murada de Jericó foi tornada possível pela datação da conquista israelita da terra de Canaã (mais tarde conhecida como Palestina) para cerca de 1400 a.C., em vez de séculos mais tarde. Logo depois, lemos na Bíblia, os israelitas obtiveram uma vitória importante quando o Sol ficou parado em Gideon – nascendo, mas não se pondo por todo um

Apêndice I – Jericó

How Jericho Fell and Alexandria Burned

[Recorte de jornal com cartas ao editor: "Believers Score in Battle Over the Battle of Jericho" por Zecharia Sitchin (New York, March 1, 1990), seguida de "Academic Folklore" por Earl Anderson (Cleveland, March 2, 1990) e "Don't Blame Caesar".]

dia. Porque os acadêmicos têm sido incapazes de explicar o fenômeno, ele foi desacreditado.

Contudo, mais ou menos na mesma época, cerca de 1400 a.C., de acordo com a tradição asteca no México, o Sol não nasceu por todo um dia na Cidade dos Deuses, Teotihuacán (norte da Cidade do México). Do mesmo modo, ele falhou em nascer por 20 horas nos Andes, de acordo com uma lenda inca.

Já que um dia que não termina e uma noite que não termina são os mesmos fenômenos em partes opostas do mundo, a datação da conquista israelita em 1400 a.C., corroborada pela arqueologia em Jericó, confirmaria também a história de o Sol ficando parado em Gideon.

Zecharia Sitchin
Nova York, 1º de março de 1990.

Apêndice II
Estrada Egípcia Antiga Preserva Ligação Bíblica

*Carta para o New York Times,
publicada em 19 de maio de 1994*

> Em 8 de maio de 1994, o *New York Times* publicou um artigo relatando o descobrimento da estrada mais antiga pavimentada no mundo, localizada no Egito, perto do Lago Qarun. Zecharia Sitchin lançou mais luz sobre a área e o propósito dessa "estrada" em sua carta para o editor, escrita em 9 de maio e publicada em 19 de maio de 1994.

PARA O EDITOR:

Uma notícia de 8 de maio informa que a estrada pavimentada mais antiga do mundo foi encontrada no Egito; afirma que estudos de uma estrada antiga perto do Lago Qarun, a 69 quilômetros a sudoeste do Cairo, sugerem que ela serviu para transportar pedras cortadas. O fato histórico e o folclore local, contudo, ligam o lugar ao José bíblico e seus feitos de alimentar o Egito durante os sete anos de escassez. Minha visita recente à área sustenta essa ligação e aponta para a possibilidade de que a estrada serviu para transportar alimento, em vez de pedras.

O Lago Qarun é o resto encolhido de um lago muito maior que os geógrafos gregos e romanos chamaram Lago Moeris. Ele fica no interior e umedece uma grande depressão natural chamada Al Fayum. Cercado por um deserto árido, serviu na Antiguidade, e ainda serve, como celeiro do Egito porque em alguma época foi ligado artificialmente ao Rio Nilo por um canal. Nos dias de hoje o canal é chamado Bahr Yusof, o Caminho de Águas de José. De acordo com a tradição local, José construiu o canal e criou o lago artificial em mil dias, que é o que significa *alf yum* em árabe.

Percorrendo a área em busca de evidência para a presença israelita no Egito, pude ver claramente a extensão do antigo lago pelo fim abrupto da vegetação luxuriosa. A terra seca adjacente contém os restos do que Heródoto chamou de Labirinto – por volta de 3 mil câmaras subterrâneas que estocaram grãos por meio de aberturas no nível do chão, que ainda podem ser vistas. No meio da área de estocagem fica a pirâmide do faraó Amenemhat (Amenemés) III – o "Moeris" do antigo nome do lago.

O canal Bahr Yusof ainda está funcionando e continua a levar águas para o lago.

Zecharia Sitchin
Nova York, 9 de maio de 1994.

Índice Remissivo

A

Abraão 34, 56, 62, 69, 79, 129, 130, 132, 133, 135, 138, 140, 144, 148, 149, 157, 158, 193, 233, 271, 294, 316, 317
Acádia 9, 26, 32, 33, 34, 35, 36, 59, 61, 62
Ácidos nucleicos 152, 163
Adab 60, 61, 336
    descobertas arqueológicas, 34, 63, 69, 73, 74, 82, 90, 117, 121, 166, 196, 202, 228, 230, 232, 241, 245, 265, 268, 277, 290, 336
    como berço da civilização,
        definida 60, 61
Adão e Eva 123, 125, 165, 212
Adão, O 14, 17, 22, 75, 123, 125, 126, 140, 146, 151, 158, 164, 165, 166, 167, 212, 228
Adapa 124, 141, 166, 167
Adon Olam 149
Adoração e 39
África 21, 22, 39, 75, 124, 133, 151, 160, 166, 171, 172, 174, 177, 193, 202, 207, 221, 225, 228, 239, 288, 326
Agricultores e 280, 281
Agricultura, suméria 22, 23, 38, 49, 54, 125, 216
Aija 251, 252
Aleph 146, 147
Alexandre, o Grande 28, 32, 62, 63, 67, 68, 199, 327
Alexandria 9, 68, 191, 282, 296
América, descobrimento da 62, 157, 206, 207, 210, 211, 212, 213, 215, 216, 217, 225, 226, 227, 228, 233, 236, 238, 241, 242, 245, 247, 252, 265, 268, 270, 271, 326
Américas. Veja Novo Mundo 206, 207, 212, 215, 216, 217, 225, 227, 228, 229, 230, 268, 271, 273, 275, 276, 277, 303, 325, 326, 328, 332

Ancient Egyptian Astronomy (Parker), histórias antigas do, Povos andinos 283
Andes 210, 229, 231, 233, 236, 241, 247, 250, 251, 252, 253, 270, 273, 274, 275, 333
Anu e 98, 100, 102, 103, 105, 106, 107, 119, 126, 129, 136, 140, 141, 142, 143, 144,
    145, 151, 156, 167, 168, 174, 178, 180, 181, 186, 239, 289, 290, 309
Anunnaki 4, 11, 13, 14, 21, 23, 63, 74, 75, 77, 79, 81, 82, 84, 87, 88, 120, 122, 123,
    125, 126, 127, 129, 133, 140, 144, 145, 146, 147, 149, 151, 156, 157, 159,
    160, 161, 162, 164, 165, 167, 168, 169, 170, 188, 207, 228, 229, 230, 233,
    239, 260, 265, 278, 284, 286, 289, 293, 298, 304, 305, 306, 310, 311, 312,
    314, 316, 318, 320, 322, 323, 324, 325, 327, 328, 329, 330, 331, 336
  criação do homem na Terra, 14, 18, 19, 22, 43, 80, 91, 99, 104, 113, 115, 118,
    122, 123, 145, 161, 164, 166, 212, 213, 231, 286, 315, 327, 342
  definido, 138
    como gigantes 4, 11, 13, 14, 21, 23, 63, 74, 75, 77, 79, 81, 82, 84, 87, 88, 120,
      122, 123, 125, 126, 127, 129, 133, 140, 144, 145, 146, 147, 149, 151, 156, 157,
      159, 160, 161, 162, 164, 165, 167, 168, 169, 170, 188, 207, 228, 229, 230, 233,
      239, 260, 265, 278, 284, 286, 289, 293, 298, 304, 305, 306, 310, 311, 312, 314,
      316, 318, 320, 322, 323, 324, 325, 327, 328, 329, 330, 331, 336
Apolo 66, 94, 95, 156, 312, 315
Apsu 99, 100, 101, 102, 103, 104, 105, 109, 119, 124, 125, 126, 309
Ares 156
Argila 24, 36, 38, 42, 44, 47, 54, 55, 57, 59, 60, 68, 71, 99, 116, 123, 136, 179, 186,
    212, 228, 238, 249, 268, 278, 306, 326, 327
Argila, sumérica 24, 36, 38, 42, 44, 47, 54, 55, 57, 59, 60, 68, 71, 99, 116, 123, 136,
    179, 186, 212, 228, 238, 249, 268, 278, 306, 326, 327
Arma Brilhante 174, 179
Arte culinária 52
Artefatos visitantes avançados e, exibição de 11, 12, 17, 18, 31, 33, 44, 68, 208,
    230, 245, 247, 325, 326, 327, 329
As Crônicas da Terra (Sitchin) 13, 74, 86, 145, 228, 239, 267, 268, 293, 298, 327,
    328, 336
Assembleia dos Anciãos 54
Assíria,. 26, 30, 32, 33, 34, 36, 55, 61, 62, 69, 214, 215, 239, 249, 337, 339
    Veja também Babilônia 26, 30, 32, 33, 34, 36, 55, 61, 62, 69, 214, 215, 239, 249
Assurbanipal 32, 35, 36, 46, 97, 132
Astronomia 24, 43, 72, 81, 90, 144, 163, 227, 241, 281, 286, 290, 302, 308, 331

B

Ba'al 131, 135, 136, 189, 203
Baalbek e 76, 136, 173, 260, 276
Ba'al Zaphon 203
Babilônia 24, 26, 30, 33, 34, 36, 55, 56, 61, 62, 68, 69, 97, 98, 133, 138, 139, 215,
    285, 286, 290, 292, 298, 337, 338
  Chegada de Alexandre na 28, 32, 62, 63, 67, 68, 199, 327, 336, 337
    Beroso 338

ligação bíblica 9, 24, 26, 30, 33, 34, 36, 55, 56, 61, 62, 68, 69, 97, 98, 133, 138, 139, 215, 285, 286, 290, 292, 298
Badiyeht el-Tih e 198
Batalha celestial 90, 108, 109, 111, 117, 307, 327
Batalha Celestial 20, 164, 308, 315
  mapa celestial 20, 164, 308, 315
Beke, Charles T., 198, 199
Beke e 198, 199
Bíblia 10, 11, 17, 30, 32, 64, 65, 66, 67, 68, 69, 74, 75, 79, 97, 114, 122, 123, 124, 125, 127, 128, 130, 131, 132, 134, 135, 136, 139, 142, 143, 144, 145, 146, 147, 148, 149, 158, 165, 172, 206, 212, 215, 233, 271, 274, 275, 277, 278, 279, 284, 294, 295, 314, 317, 325, 328, 332, 338, 341, 343
  Conexão com Babilônia, punição divina, gigantes da, 338
    ligação com terras de, óvnis e, 338
      veracidade de 10, 11, 17, 30, 32, 64, 65, 66, 67, 68, 69, 74, 75, 79, 97, 114, 122, 123, 124, 125, 127, 128, 130, 131, 132, 134, 135, 136, 139, 142, 143, 144, 145, 146, 147, 148, 149, 158, 165, 172, 206, 212, 215, 233, 271, 274, 275, 277, 278, 279, 284, 294, 295, 314, 317, 325, 328, 332
Bingham, Hiram 273
Birthplace of Old World Metallurgy, The (Forbes) 44
Botta, Paul Emile 31
  casamento entre irmão e irmã 31
Brown, Robert R 57
Brugsch, Heinrich Karl 203, 204, 289
Burckhardt, Johann Ludwig 192, 193, 194
Busca de identidade dos 18, 21, 39, 53, 54, 64, 66, 67, 75, 96, 125, 136, 137, 139, 142, 151, 159, 163, 174, 182, 188, 195, 198, 199, 207, 213, 228, 229, 251, 265, 273, 276, 278, 302, 319, 327, 335

C

Caaba 67
Calendários 138, 280, 281, 283, 286, 292, 295, 299
Câmara do Rei 77, 82, 83
  pedras minerais 186
    entrada de Ninurta 77, 82, 83
Câmaras 77, 81, 82, 83, 85, 129, 182, 255, 335
Câmaras de serviço 182
Caminho dos Deuses 285
Caminho para o Céu, O (Sitchin) 7, 68, 82, 85, 88, 89, 135, 172, 188, 225, 260, 310, 327, 336
Canaã 27, 61, 136, 140, 158, 171, 172, 173, 204, 299, 332
Canal de Suez 200, 203
Canção de ninar, suméria 59
Cantaria 255, 256

Centro de Controle de Missão 172
Chaldean Genesis, The (Smith) 97
Chavín de Huántar 226, 241, 242, 245, 247, 249, 250
  definido 226, 241, 242, 245, 247, 249, 250
Chavín (Tello) 226, 241, 242, 245, 247, 249, 250, 251, 253
Cinturão de Asteroides 20, 164, 307
Círculo Olimpiano 156, 239
Ciro 28, 30, 33, 62, 124, 140
Ciúme de Thoth 288
Civil 339
  dicas em uma semana 283, 286
Civilização 7, 20, 26, 62
Colisão com Tiamat 20, 90, 108, 109
Cometas 20, 112, 307
Conhecimento e 13, 22, 26, 27, 35, 44, 45, 47, 52, 72, 73, 74, 81, 85, 86, 90, 121,
    123, 124, 125, 137, 144, 151, 152, 155, 156, 162, 167, 178, 193, 197, 206,
    212, 216, 226, 227, 231, 241, 284, 286, 288, 296, 302, 308, 315, 326, 329,
    330, 331
Contenau, Georges 31
Cosmogonia 18, 53, 74, 97, 106, 113, 121, 147, 163, 306
Cosmogonia, sumérica 18, 53, 74, 97, 106, 113, 121, 147, 163, 306
Criação, Anunnaki 14, 18, 19, 22, 43, 80, 91, 99, 104, 113, 115, 118, 122, 123, 145,
    161, 164, 166, 212, 213, 231, 286, 315, 327, 336
Criação da Terra 315
Criação do 14, 18, 19, 22, 43, 80, 91, 99, 104, 113, 115, 118, 122, 123, 145, 161,
    164, 166, 212, 213, 231, 286, 315, 327, 337, 342
  selo cilíndrico VA/243 14, 18, 19, 22, 43, 80, 91, 99, 104, 113, 115, 118, 122, 123,
    145, 161, 164, 166, 212, 213, 231, 286, 315, 327, 336
Cristão 209, 281, 282
Crocker, Richard L 57, 58
Crowfoot, Grace M 49
Cultura 241
  divisão dos céus 290
    excavação da Marduk, Nabucodonosor, 138
      regras e regulações, Veja também Assíria 14, 26, 27, 28, 36, 62, 206, 241, 250, 304
Cura genética 167
Cuzco 157, 211, 231, 232, 233, 249, 253, 254, 256, 259, 261, 262, 265, 272, 273, 274

D

Davison, Nathaniel 82
  de Laborde, Leon 193, 194
    de la Vega, Garcilaso 260
      de Leon, Cieza 82
Decifração 17, 27, 36, 58, 97, 105

Decorações/descrições e 31, 60, 242, 259
Definida 96, 144
Definido 340
  existência de, 138
Desenhos 176, 223, 270
  formação do, 13, 14, 63, 74, 91, 95, 97, 100, 106, 115, 151, 161
  "planeta perdido" 13, 30, 52, 71, 80, 85, 89, 92, 193, 230, 314, 326, 327
Desert of the Exodus, The (Palmer) 197
Dia e noite 114
Dilúvio 17, 19, 22, 23, 35, 36, 65, 75, 77, 123, 124, 125, 127, 134, 167, 169, 172, 212, 213, 228, 230, 231, 238, 251, 269, 271, 273, 277, 279, 284, 294, 295, 310, 330
  dinastia, 30, 36, 81, 231, 284, 289
    gigantes, 17, 19, 22, 23, 35, 36, 65, 75, 77, 123, 124, 125, 127, 134, 167, 169, 172, 212, 213, 228, 230, 231, 238, 251, 269, 271, 273, 277, 279, 284, 294, 295, 310, 330
DIN-GIR 310
Disciplinas 26
Discoveries of Sinai in Arabia and of Midian (Beke) 199
DNA mitocondrial 7, 123, 151, 152, 153, 154, 155, 160, 161, 287, 328, 336
Duran, Diego 215
Durch Gosen zum Sinai (Ebers) 204

E

Ea. Veja Netuno 22, 23, 100, 102, 103, 104, 105, 106, 107, 109, 111, 119, 166, 167, 239, 290, 309
Egípcio 67, 68, 80, 138, 139, 171, 180, 204, 207, 239, 280, 283, 284, 288, 289, 292, 296, 298, 310, 311
Egito 9, 27, 39, 62, 63, 66, 67, 80, 81, 82, 85, 136, 137, 138, 142, 152, 154, 155, 157, 167, 169, 170, 171, 172, 173, 189, 190, 196, 199, 202, 203, 204, 205, 216, 225, 226, 227, 242, 269, 280, 282, 283, 284, 285, 289, 292, 296, 298, 299, 301, 334, 335
Egypt, Ethiopia and the Peninsula of Sinai in the Years 1842-4845 (Lepsius) 194, 195
Ehyeh-Asher-Ehyeh 148
Eldorado 238
Elias 65, 142, 189, 192, 271, 314, 316
El Lanzon 245
Elohim e 75, 122, 126, 127, 128, 140, 145, 146, 147, 148, 149, 158, 166, 325
El-Ubaid 60, 61
Emblema 123, 176, 208, 209, 286, 287, 312, 315
Enki 21, 60, 75, 77, 100, 123, 124, 125, 126, 127, 129, 133, 137, 138, 140, 142, 151, 154, 156, 157, 161, 162, 164, 165, 166, 167, 168, 169, 170, 171, 172, 173, 174, 178, 180, 181, 182, 186, 236, 239, 284, 286, 288, 289, 290, 294, 296, 298, 328, 336

Entemena 39, 55
Enuma Elish 14, 88, 89, 91, 97, 98, 115, 122, 158, 286, 290, 292, 306, 307, 327
Épico da Criação. Veja Enuma Elish 7, 88, 97, 98, 100, 103, 111, 113, 115, 116, 118, 121, 158, 163, 231, 289, 290, 327
Épico de Erra 133
Épico de Gilgamesh 123, 167, 251, 276, 305, 318
Erech 32, 33, 34, 35, 36, 47, 54, 60, 62, 69, 251
Eridu 60, 61, 62, 124, 166, 167
Erman, Adolf 292
Esfinge 67, 80, 82, 85, 87
Eshnunna 55, 60
Estrada, Emilio 8, 133, 253, 334
Eu Canto a Canção da Mãe dos Deuses 180
Expedição de Wilson-Palmer 196, 219, 232, 238

F

Fawcett, Percy 232
Forgotten Scripts: Evidence for the Minoan Language (Gordon) 27
Forty Days in the Desert on the Track of the Israelites (Bartlett) 196
From the Tablets of Sumer (Kramer) 53
Funções dos deuses transferidas para 89, 139, 140, 160, 161, 163, 186, 280

G

Gaga 101, 102, 103, 105, 107, 108, 118, 119, 309
Gaia 155, 266
Gamliel, Rabbi 141, 144
Geb 169, 171, 182, 284
Genes 22, 75, 157, 160, 162, 163, 164, 165, 166
Gênesis Revisitado (Sitchin) 17, 19, 20, 22, 32, 33, 36, 64, 65, 75, 97, 111, 114, 115, 122, 125, 126, 130, 133, 134, 140, 144, 145, 147, 157, 158, 172, 215, 264, 277, 278, 284, 294, 295, 328, 329
Gênesis. Veja Livro do Gênesis 17, 19, 20, 22, 32, 33, 36, 64, 65, 75, 97, 111, 114, 115, 122, 125, 126, 130, 133, 134, 140, 144, 145, 147, 157, 158, 172, 215, 264, 277, 278, 284, 294, 295, 328, 329
Gigantes 8, 264, 266, 268, 270, 277
  da Bíblia 10, 11, 17, 30, 32, 64, 65, 66, 67, 68, 69, 74, 75, 79, 97, 114, 122, 123, 124, 125, 127, 128, 130, 131, 132, 134, 135, 136, 139, 142, 143, 144, 145, 146, 147, 148, 149, 158, 165, 172, 206, 212, 215, 233, 271, 274, 275, 277, 278, 279, 284, 295, 314, 317, 325, 328, 332, 338, 341, 343
    evidência de 10, 14, 18, 26, 27, 34, 49, 54, 60, 63, 79, 82, 84, 85, 94, 98, 117, 129, 152, 186, 195, 196, 197, 204, 225, 233, 284, 308, 318, 319, 320, 322, 326, 327, 329, 330, 332, 335, 339, 342
      mitos e lendas hindus 14, 17, 18, 65, 102, 108, 190, 215, 221, 236, 238, 249, 250, 252, 264, 265, 266, 267, 268, 269, 270, 271, 272, 275, 276, 277, 278, 279

Gilgamesh 12, 47, 54, 62, 123, 136, 151, 158, 159, 160, 167, 251, 260, 276, 305, 318, 327
Grande Câmara 184
Grande Galeria 77, 78, 183, 184, 186
Grande Monólito 254
Grande Pirâmide 7, 63, 65, 77, 80, 81, 82, 84, 85, 131, 168, 171, 173, 174, 178, 179, 180, 182, 184, 186, 187
Grécia 27, 49, 62, 66, 271
Gregoriano 282
Gudea 39, 40, 41, 62, 298
Guerra 41, 54, 55, 79, 100, 103, 117, 126, 155, 156, 169, 171, 173, 174, 176, 177, 178, 180, 181, 239
Guerra e 54
Guerras das Pirâmides. Veja Primeira Guerra da Pirâmide; Segunda Guerra da Pirâmide 7, 77, 168
Guerras dos Deuses e dos Homens, As (Sitchin) 7, 132, 168, 225, 267, 284, 328, 336
GUG ("Determinadora de direção") Pedra 184

H

Habilidades de cura 137
Hale-Bopp e 120
　1996 TL66 e, 120
Ham 239
　artefato homem espacial sem cabeça, 254, 288
　　civilização helênica 239
Havia Gigantes na Terra (Sitchin) 8, 264, 329, 336
Heye, George C. 238
　mitos e lendas hindus 238
Hino a Enlil o Todo-Benevolente 128, 129
Historical Geography of Arabia; Israel in the Wilderness, The (Foster) 196
Homem 17, 19, 22, 57, 97, 98, 116, 122, 145, 158, 189, 236, 294
　civilização do 13, 14, 18, 19, 20, 23, 24, 26, 27, 33, 34, 41, 42, 43, 45, 48, 49, 55, 57, 58, 59, 60, 61, 62, 69, 75, 90, 98, 206, 209, 210, 211, 217, 221, 227, 228, 233, 239, 241, 270, 277, 278, 284, 289, 292, 308, 309, 336, 342, 350
　criação do 14, 18, 19, 22, 43, 80, 91, 99, 104, 113, 115, 118, 122, 123, 145, 161, 164, 166, 212, 213, 231, 286, 315, 327, 337, 342
　necessidade de deus do 17, 19, 22, 57, 97, 98, 116, 122, 145, 158, 189, 236, 294
Hórus 137, 152, 154, 155, 156, 169, 171, 179, 180, 181, 283, 284, 288, 289
Humanoide extraterrestre 319

I

Incas 249
Investigações sobre a Archeologia Brazileira (Netto) 233

Ishkur 228
Ishtar 55, 133, 136, 170, 176, 177, 181, 239, 288, 311, 312, 313
Izapa e 233, 234, 236
  como mineradores com ferramentas, 343
    movimento de, 233, 234, 236
Izapa Sculpture (Norman) 234

J

Jardim do Éden 19, 22, 123, 125, 165, 228, 236
Javé e 14, 17, 30, 32, 113, 122, 123, 124, 125, 126, 127, 128, 129, 130, 131, 132, 133, 134, 135, 136, 137, 138, 139, 140, 141, 142, 143, 144, 145, 146, 147, 148, 149, 158, 167, 172, 189
Jebel Mussa e 191, 192
Jericó 8, 49, 61, 128, 136, 294, 314, 332, 333
Júpiter 20, 73, 74, 89, 90, 91, 92, 93, 94, 96, 100, 102, 106, 108, 109, 113, 119, 227, 267, 293, 306, 307, 308, 309, 315
Justiça 55, 56, 57, 59, 69, 135, 139, 296
Justiça, sumérica 55, 56, 57, 59, 69, 135, 139, 296

K

Kadesh Barnea (Trumbull) 204
Kampfer, Engelbert 30
Kauffmann-Doig, F. 232
Kenko 255
Khnemu 296, 297
Kilmer, Anne D. 57, 58
King, L. W., 97, 117
Kingu 106, 107, 108, 110, 111, 112, 116, 117, 118, 119, 307, 308
Kish 34, 54, 60, 61, 62
Kishar 100, 102, 103, 105, 106, 119, 309
Kramer, Samuel N., 53, 55, 57

L

La Ruta de Wirakocha 261
La Souveraine des Dieux (Dhorme) 180
Lei de Bode 96
Lenda de Adapa, A 166
Lepsius, Karl Richard 194, 195, 196, 197, 284
Letters from Egypt; Ethiopia and Sinai (Lepsius) 194
Ligações com a Bíblia 271
Lipit-Ishtar 55
Livro da Respiração 288

Livro de Enoque 295, 296
Livro de Jó 57, 127, 130
Livro do Deuteronômio 128
Livro do Gênesis 19, 22, 114, 115, 122, 172, 264, 277, 278, 294
Livro dos Jubileus 172, 295, 303
Livro dos Mortos 80, 154, 288, 292, 328
Localização do 100, 104, 114, 141, 142, 172, 174, 188, 195, 196, 199, 261, 267, 272, 302
Lugal-e Ud Melam-bi 131, 174

M

Machu Picchu 253, 261, 262, 273, 274
Malbim 66
Manco Capac 231
  humanidade 10, 13, 14, 17, 19, 21, 22, 23, 24, 26, 56, 69, 74, 75, 79, 125, 126, 127, 140, 145, 166, 167, 172, 212, 228, 233, 234, 277, 280, 289, 296, 303, 314, 327, 328, 344
  antes do Dilúvio, 22, 35, 36
    ensinamento da, 231
Marduk e 33, 68, 79, 89, 90, 91, 98, 99, 105, 106, 107, 108, 109, 110, 111, 112, 113, 114, 115, 116, 117, 118, 119, 126, 129, 131, 133, 137, 138, 139, 140, 147, 156, 166, 169, 174, 181, 182, 280, 284, 285, 286, 288, 289, 290, 292, 298, 306, 307, 308, 309, 315
Marte 20, 74, 86, 87, 89, 90, 91, 92, 93, 94, 96, 100, 101, 102, 106, 113, 119, 156, 227, 239, 293, 305, 306, 307, 308, 309, 310, 315, 318, 319, 320, 321, 322, 323, 324
Matemática, sumérica 24, 26, 43, 54, 69, 81, 86, 227, 241, 269, 281, 286
Medicina 22, 26, 46, 47, 54, 69, 162, 286
Medicina, sumérica 22, 26, 46, 47, 54, 69, 162, 286
Médicos, sumérios 46, 47, 69, 137
Memphis-Heliópolis 202
Mercúrio 20, 92, 99, 101, 102, 106, 113, 119, 239, 307, 308, 309
Mesopotâmia 9, 21, 22, 24, 26, 31, 32, 33, 34, 36, 45, 46, 47, 49, 52, 58, 60, 64, 69, 73, 75, 77, 97, 125, 129, 130, 131, 133, 134, 144, 155, 170, 186, 215, 227, 238, 239, 274, 278, 284, 292, 299
Metalurgia 22, 24, 26, 44, 45, 69, 228, 230
Meyer, Edward 283
Mineração 21
  na África 21, 22, 44, 124, 220, 221, 226
Miscellaneous Babylonian Texts (Barton) 179
Moisés 39, 40, 123, 124, 129, 135, 137, 138, 148, 149, 167, 189, 190, 191, 192, 195, 197, 198, 199, 200, 205
Monastério de Santa Catarina 190, 193
Monólito Raimondi 244

Monstros e 106, 114, 162, 266, 292
Monte Mussa 193, 194, 195, 196, 197, 198, 204
Monte Santa Catarina 173, 190, 191, 192
Monte Serbal 188, 193, 194, 195
Monte Sinai 14, 135, 137, 188, 189, 190, 191, 192, 193, 194, 195, 196, 197, 198, 199, 202, 203, 204
   importância Anunnaki 14, 135, 137, 188, 189, 190, 191, 192, 193, 194, 195, 196, 197, 198, 199, 202, 203, 204
Morada de 22, 98, 144
Morada Divina 144
Música e canção, sumérica 58, 59
"Mythen von dem Gotte Ninib" (Hrozny) 177

N

Nannar/Sin 55, 127, 134, 135, 136
Napoleão 27, 62, 188, 199, 200
Naymlap 215, 236, 252
  alfabeto do Oriente Médio antigo 215, 236, 252
Nefilim 17, 18, 19, 20, 21, 22, 23, 65, 66, 67, 74, 75, 93, 94, 98, 127, 144, 145, 167, 278, 279, 306, 316, 318, 327
Nefilim como 17, 18, 19, 20, 21, 22, 23, 65, 66, 67, 74, 75, 93, 94, 98, 127, 144, 145, 167, 278, 279, 306, 316, 318, 327
  no Novo Mundon 345
    na América do Sul 17, 18, 19, 20, 21, 22, 23, 65, 66, 67, 74, 75, 93, 94, 98, 127, 144, 145, 167, 278, 279, 306, 316, 318, 327
Nefilim e 17, 18, 19, 20, 21, 22, 23, 65, 66, 67, 74, 75, 93, 94, 98, 127, 144, 145, 167, 278, 279, 306, 316, 318, 327
Nergal 125, 133, 134, 139, 177, 178, 179, 181, 182, 285
Neteru ("os guardiões") 66, 68
Netuno 20, 73, 90, 92, 93, 95, 96, 100, 102, 104, 106, 107, 109, 111, 118, 119, 121, 227, 293, 307, 308, 309
Nibiru 7, 14, 73, 74, 84, 87, 88, 89, 91, 118, 120, 121, 126, 129, 140, 141, 142, 144, 145, 146, 149, 151, 156, 163, 164, 227, 228, 229, 231, 233, 239, 278, 284, 290, 293, 304, 305, 306, 307, 308, 309, 310, 315, 318, 327, 328, 329, 330
Ningirsu 39, 40, 56, 298
Ninharsag 75, 132, 151, 169, 170, 171, 179, 180, 181, 182, 183, 239, 298
  posição numérica de 50,
    na Segunda Guerra da Pirâmide 75, 132, 151, 169, 170, 171, 179, 180, 181, 182, 183, 239, 298
Nínive 9, 32, 33, 35, 46, 61, 62, 69, 97, 293
Ninkarrak 167
Ninmah 157, 161, 162, 164, 165, 180, 181
Ninti ("ela que dá vida") 236, 239

Ninurta e 98, 126, 129, 131, 132, 133, 134, 137, 138, 139, 156, 170, 173, 174, 176, 177, 178, 179, 180, 181, 182, 183, 184, 186, 239, 281, 285, 298
Nipper 59
Noé 23, 65, 75, 123, 126, 172, 173, 277, 294, 295
Novo Mundo 345
  "Atlantes" e lança-chamas e, 222
    "barbados" e, 210, 224, 225, 236, 238, 238, 252, 275
      primeiros colonos 8, 14, 206, 207, 215, 228, 229, 231, 264, 265, 268, 271, 275, 276, 278, 328
Novo Testamento 17, 147, 281

O

Obelisco Tello 214, 242
O Código Cósmico (Sitchin) 7, 151, 328, 336
Olam 142, 143, 144, 145, 146, 148, 149, 336, 346
  de Olam a Olam 142, 143, 144, 145, 146, 148, 149
Olam e 142, 143, 144, 145, 146, 148, 149
Ollantaytambu 257, 258, 260, 261, 262, 272, 273, 274
On the Royal Highway of the Incas (Ubbelohde-Doering) 249
Órbita 89, 307, 112
  tempo orbital, 346
    direção retrógrada, 120
      sinal de, 18, 19, 20, 21, 23, 72, 74, 88, 89, 90, 95, 96, 103, 104, 106, 107, 111, 112, 113, 114, 116, 118, 120, 121, 141, 144, 227, 231, 302, 304, 305, 307, 308, 315
  Veja também planetas específicos 18, 19, 20, 21, 23, 72, 74, 88, 89, 90, 95, 96, 103, 104, 106, 107, 111, 112, 113, 114, 116, 118, 120, 121, 141, 144, 227, 231, 302, 304, 305, 307, 308, 315
Osíris 137, 152, 154, 156, 171, 283, 284, 288

P

Palmer, E. H., 196, 197, 198
Pardo, Luis A., 254, 257
Parker, Richard A., 283, 292, 337
  artes teatrais, sumérias, 57, 59, 206, 216
    produtos de petróleo, uso sumério de, 45
      faraós, 283, 292
Passagem Sul 199
Pássaro Divino 186
Pedra ápice 18, 27, 35, 36, 40, 42, 45, 47, 55, 60, 66, 67, 77, 80, 81, 85, 136, 182, 183, 184, 186, 187, 193, 196, 215, 216, 217, 218, 219, 221, 223, 225, 226, 232, 234, 236, 238, 242, 244, 245, 247, 249, 250, 251, 252, 253, 254, 255, 256, 257, 258, 259, 260, 265, 268, 269, 270, 271, 272, 273, 274, 275, 276, 277, 298, 299, 314

Pedra Ápice, Grande Pirâmide 186
Pedras 41, 44, 46, 53, 61, 71, 179, 182, 184, 186, 196, 221, 231, 242, 247, 255, 256, 257, 258, 259, 260, 265, 272, 273, 299, 330, 334
Penteados e adereços de cabeça 49
Pesquisa 11, 13, 14, 18, 66, 163, 198, 329, 330
Pinches, T. G., 290, 291
Pirâmides 18, 27, 32, 64, 67, 69, 77, 80, 81, 82, 85, 87, 137, 168, 169, 171, 181, 186, 202, 217, 226, 232, 233, 236, 241, 242, 247, 269, 270, 284, 329
Planetas 347
  nascimento dos, 34, 97, 100, 103, 107, 154, 233, 283, 286, 289, 297
    ilustrados em selos cilíndricos, 13, 18, 73, 74, 88, 89, 90, 91, 92, 93, 95, 96, 99, 100, 101, 102, 103, 104, 105, 106, 107, 108, 109, 111, 113, 118, 120, 156, 158, 164, 227, 239, 291, 293, 298, 302, 304, 307, 327, 331
Planetas, conhecimento sumério de, 12 planetas, Urano e Netuno, descrições, zodíacos 13, 18, 73, 74, 88, 89, 90, 91, 92, 93, 95, 96, 99, 100, 101, 102, 103, 104, 105, 106, 107, 108, 109, 111, 113, 118, 120, 156, 158, 164, 227, 239, 291, 293, 298, 302, 304, 307, 327, 331
Plutão 18, 73, 90, 92, 93, 94, 95, 100, 102, 107, 111, 118, 119, 121, 227, 293, 298, 307, 308, 309, 318
Pós-diluviana, início da 23
Posnansky, Arthur 274
  impressão, suméria, 42
    habilidade de procriação, 41, 44, 124, 158, 165, 204, 275, 278, 289, 320
    provérbios, sumérios 274
Primeira Guerra das Pirâmides 289
Primeiros colonos (Novo Mundo) 215, 216, 217
Ptah 123, 154, 169, 170, 171, 182, 239, 284, 289, 296
Puma Punku 275

Q

Questão 11, 14, 34, 54, 73, 81, 88, 113, 120, 122, 126, 136, 138, 141, 144, 145, 146, 156, 158, 176, 199, 205, 206, 232, 247, 271, 273, 277, 278, 292, 295, 302, 316, 318, 328, 330
Quetzalcoatl 138, 207, 208, 209, 210, 225, 226, 269
Quetzalcoatl e 138, 207, 208, 209, 210, 225, 226, 269

R

Radiação, suméria 48, 104, 105, 180, 183, 184, 288
Rá, veja também Marduk 67, 137, 138, 139, 156, 168, 169, 170, 171, 181, 182, 241, 247, 280, 284, 285, 286, 288, 289, 290, 292, 296, 298
Recordações na América do Sul 268
Reinos Perdidos, Os (Sitchin) 8, 157, 206, 216, 221, 230, 268, 269, 275, 328, 336
Religion of the Ancient Egyptians (Osborn) 289

Representação 91, 92, 93, 117, 129, 141, 204, 221, 252, 286, 316, 319
Retratos 218
  cabeça de pedra 217, 221, 225, 226, 238, 247, 269, 270, 271
Roberts, David 193
Robinson, Edward 193, 194
Roda 53, 60, 227, 298
Rota de pesquisa 163
Rota do Êxodo e 193
  visitação ao, 348
    como vulcão 193

S

Sacsahuaman 253, 255, 256, 257, 259, 260, 272, 274
Sarça Ardente 148, 190, 191
Sargão da Acádia 34, 36
Satélites 89, 91, 94, 95, 96, 106, 108, 109, 110, 112, 113, 118, 121, 324
Saturno 18, 20, 73, 92, 93, 94, 96, 100, 102, 106, 107, 108, 109, 111, 118, 119, 156, 293, 307, 308, 309
Savoy, Gene 232
Sayhuiti-Rumihuasi 254
Schliemann 274
  escolas sumérias 274
Segunda Guerra das Pirâmides e 173
Segunda Pirâmide 77, 80, 85
Selos cilíndricos 13, 47, 59, 60, 71, 117, 129, 140, 236, 326
Sentado em um trono 40, 141, 142, 234, 316
Sete, número 13, 41, 106, 108, 109, 124, 128, 129, 133, 141, 144, 184, 242, 281, 290, 292, 293, 294, 295, 296, 298, 299, 300, 303, 306, 322, 327, 334
Seth 22, 152, 154, 155, 156, 158, 171, 173, 283, 284
Sethe, Kurt 283
Seven Tablets of Creation, The (King) 117
Sexagesimal 43
Shalmaneser 32, 214, 215
Sharrukin 34
Shem 24, 138, 144, 171, 172, 173, 239
Shu 169, 284
Shuruppak 60, 61, 76
Sin 9, 127, 134, 135, 136, 139, 170, 181, 238, 239
Sinai: Ancient History from the Monuments (Palmer) 9, 14, 68, 77, 79, 80, 81, 127, 131, 132, 133, 134, 135, 137, 156, 159, 167, 169, 170, 171, 173, 178, 188, 189, 190, 191, 192, 193, 194, 195, 196, 197, 198, 199, 200, 202, 203, 204, 236, 239, 260, 296, 310
Sinai, península 9, 14, 68, 77, 79, 80, 81, 127, 131, 132, 133, 134, 135, 137, 156,

159, 167, 169, 170, 171, 173, 178, 188, 189, 190, 191, 192, 193, 194, 195, 196, 197, 198, 199, 200, 202, 203, 204, 236, 239, 260, 296, 310
Síndrome de Williams 164
Sistema de leis 55
Sistema legal 55
Sistema legal, sumério 55
Sitchin, Amnon 3, 4, 5, 7, 8, 10, 11, 12, 13, 14, 15, 16, 17, 19, 26, 63, 64, 65, 68, 88, 91, 120, 122, 155, 168, 188, 206, 207, 221, 230, 264, 265, 280, 281, 304, 305, 325, 326, 327, 328, 329, 330, 331, 332, 334, 336
Sitchin, Janet 3, 4, 5, 7, 8, 10, 11, 12, 13, 14, 15, 16, 17, 19, 26, 63, 64, 65, 68, 88, 91, 120, 122, 155, 168, 188, 206, 207, 221, 230, 264, 265, 280, 281, 304, 305, 325, 326, 327, 328, 329, 330, 331, 332, 334, 336
Sitchin, Zecharia 3, 4, 5, 7, 8, 10, 11, 12, 13, 14, 15, 16, 17, 19, 26, 63, 64, 65, 68, 88, 91, 120, 122, 155, 168, 188, 206, 207, 221, 230, 264, 265, 280, 281, 304, 305, 325, 326, 327, 328, 329, 330, 331, 332, 334, 336
Sítio Izapa 31, 34, 35, 36, 60, 232, 233, 234, 242, 245, 247, 249, 251, 252, 254, 255, 256, 257, 269, 272, 311, 314
Sítios hititas 60, 232, 247, 249, 254, 255, 256, 261, 262, 263, 265, 274, 275, 276
Smith, Eli 97, 193
Sodoma e Gomorra 79, 132, 133, 158, 271, 316
Sodoma e Gomorra e 79, 129, 132, 133, 134, 158, 271, 316, 317
Strings of Musical Instruments: Their Names, Numbers, and Significance (Kilmer) 58
Suméria 13, 18, 19, 24, 26, 36, 38, 41, 45, 47, 49, 53, 54, 55, 59, 61, 68, 69, 75, 77, 124, 129, 134, 135, 136, 138, 227, 280, 281, 284, 290
Supremacia na Terra 23, 45, 79, 98, 129, 133, 136, 138, 139, 140, 155, 156, 174, 194, 267, 280, 281, 289, 292, 293

T

Tabuletas no fim do 31, 33, 35, 36, 40, 44, 47, 54, 55, 57, 59, 68, 71, 73, 85, 97, 98, 136, 177, 180, 182, 186, 228, 252, 268, 278, 290, 295, 306, 326, 327, 328
Teotihuacán 226, 269, 333
Terceira (pequena) Pirâmide, 82, 85, 350
  Veja também Grande Pirâmide 82, 85
Terra 8, 10, 12, 13, 14, 16, 17, 18, 19, 20, 21, 22, 23, 24, 25, 34, 36, 63, 65, 66, 67, 68, 72, 74, 75, 77, 79, 82, 86, 87, 89, 90, 91, 92, 94, 95, 97, 98, 99, 103, 109, 111, 112, 113, 114, 115, 116, 117, 118, 119, 120, 121, 122, 123, 124, 125, 126, 129, 133, 135, 136, 137, 138, 139, 140, 142, 144, 145, 146, 147, 149, 151, 155, 156, 157, 158, 164, 166, 168, 169, 174, 176, 177, 180, 182, 184, 188, 207, 210, 212, 227, 228, 233, 236, 239, 241, 259, 263, 264, 265, 266, 267, 268, 269, 271, 275, 277, 278, 280, 281, 284, 285, 288, 290, 293, 298, 302, 304, 305, 306, 307, 308, 309, 310, 311, 312, 315, 316, 319, 320, 322, 323, 325, 327, 328, 329, 336

Têxteis, sumérios 48, 49
Textiles, Basketry and Mats in Antiquity (Crowfoot) 49
Textos das Pirâmides 142
Thoth e 137, 138, 139, 152, 154, 155, 171, 178, 182, 207, 225, 226, 241, 269, 280, 284, 285, 286, 288, 289, 292, 296, 299, 300, 302
Tiahuanaco 210, 211, 226, 250, 254, 259, 262, 274, 275
Tiamat 20, 89, 90, 99, 100, 101, 102, 103, 105, 106, 107, 108, 109, 110, 111, 112, 113, 114, 115, 116, 117, 118, 158, 307, 308
Tianaku 275
Tollan 221, 265, 269, 270, 271
Torontoy 256
Torre de Babel 19, 24, 125, 215, 228, 230, 269, 271
Transporte, sumério 44, 52, 53, 257
Tribos Perdidas de Israel 213, 215
TUG 49
Túneis subterrâneos 245
Turnês 329

U

Umma 55, 60, 61, 350
  como civilização sem precedentes 55, 60, 61
Ur 9, 34, 39, 45, 47, 55, 56, 58, 60, 61, 62, 69, 127, 134, 135, 136, 233
Urano 20, 73, 90, 92, 93, 100, 106, 107, 108, 109, 119, 155, 164, 227, 293, 307, 308, 309
Uranus (mitologia grega) 266
Urnammu 55
Ur-Nammu 39, 56, 62
Uruk 34, 52, 60, 61, 251
Uso de produtos de petróleo 4, 35, 44, 45, 46, 53, 56, 60, 75, 79, 122, 125, 126, 130, 133, 134, 137, 144, 152, 221, 257, 266, 281, 282, 298, 330

V

Valera, Blas 260
Vale Sagrado 256, 273
Velho Testamento 10, 17, 19, 24, 28, 30, 32, 35, 56, 65, 113, 157, 172, 189, 193, 206, 212, 266, 277, 332
Vento Norte 108, 112, 114, 307, 351
  associação com número dez, 351
    recusa em concordar com divisão 108, 109, 112, 114, 213, 307
Vento Norte empurrando para localização celeste 108, 112, 114, 307
Vênus 20, 92, 100, 101, 102, 106, 113, 119, 136, 145, 239, 307, 308, 309
Veracity of the Hexateuch, The (Bartlett) 204
Vestimenta, sumérica 269

Vestuário 49
Vida, origem da 11, 17, 19, 20, 22, 31, 35, 43, 44, 47, 53, 59, 63, 66, 80, 90, 94, 96, 99, 103, 104, 108, 109, 110, 111, 113, 115, 116, 124, 137, 142, 145, 152, 154, 162, 163, 164, 170, 179, 189, 200, 228, 278, 287, 288, 304, 309, 319, 327, 330
Viracocha 157, 207, 210, 211, 226, 227, 228, 261, 265, 273, 274, 275
Viracocha e 157, 207, 210, 211, 226, 227, 228, 261, 265, 273, 274, 275
Visão de Jacó 65
Vulva 37, 170, 183
Vyse, Howard 81, 82, 83, 85, 86

W

Wadi 132
Wilson, Charles W., 196
World of the Midrash, The (Lehrman) 141

Z

Zeus 126, 155, 156, 203, 266, 267, 268
Zigurates 69, 77

Livros de Interesse Relacionado

Havia Gigantes na Terra

Deuses, semideuses e ancestralidade humana, a evidência de DNA alienígena, de Zecharia Sitchin

O Livro Perdido de Enki

Memórias e profecias de um Deus Extraterrestre, de Zecharia Sitchin

As Crônicas da Terra:

O 12º Planeta (Livro I)
O Caminho para o Céu (Livro II)
As Guerras dos Deuses e dos Homens (Livro III)
The Lost Realms (Livro IV),
When Time Regan (Livro V)
The Cosmic. Code (Livro VI)
Fim dos Tempos (Livro VII)
de *Zecharia Sitchin*

DNA of Gods

The Anunnaki Creation of Eve and the Alien Batle for Humanity, de Chris H. Hardy, Ph.D.

Slave Species of the Gods

The Secret History of the Anunnaki and Their Mission on Earth, de Michael Tellinger